李振興
簡宗梧　注譯

新譯東萊博議（上冊）

三民書局印行

國家圖書館出版品預行編目資料

新譯東萊博議／李振興,簡宗梧注譯.——二版三刷.
——臺北市：三民，2021
面；　公分.——(古籍今注新譯叢書)

ISBN 978-957-14-4922-7（上冊:平裝）
ISBN 978-957-14-4923-4（下冊:平裝）
1.東萊博議 2.注釋 3.春秋史

621.737　　96020613

古籍今注新譯叢書

新譯東萊博議(上)

注譯者　李振興　簡宗梧
發行人　劉振強
出版者　三民書局股份有限公司
地　址　臺北市復興北路386號(復北門市)
　　　　臺北市重慶南路一段61號(重南門市)
電　話　(02)25006600
網　址　三民網路書店 https://www.sanmin.com.tw

出版日期　初版一刷 1991年7月
　　　　　二版一刷 2009年6月
　　　　　二版三刷 2021年4月
書籍編號　S030530
ISBN　978-957-14-4922-7

三民書局

刊印古籍今注新譯叢書緣起

劉振強

人類歷史發展，每至偏執一端，往而不返的關頭，總有一股新興的反本運動繼起，要求回顧過往的源頭，從中汲取新生的創造力量。孔子所謂的述而不作，溫故知新，以及西方文藝復興所強調的再生精神，都體現了創造源頭這股日新不竭的力量。古典之所以重要，古籍之所以不可不讀，正在這層尋本與啟示的意義上。處於現代世界而倡言讀古書，並不是迷信傳統，更不是故步自封；而是當我們愈懂得聆聽來自根源的聲音，我們就愈懂得如何向歷史追問，也就愈能夠清醒正對當世的苦厄。要擴大心量，冥契古今心靈，會通宇宙精神，不能不由學會讀古書這一層根本的工夫做起。

基於這樣的想法，本局自草創以來，即懷著注譯傳統重要典籍的理想，由第一部的四書做起，希望藉由文字障礙的掃除，幫助有心的讀者，打開禁錮於古老話語中的豐沛寶藏。我們工作的原則是「兼取諸家，直注明解」。一方面熔鑄眾說，擇善而從；一方面也力求明白可喻，達到學術普及化的要求。叢書自陸續出刊以來，頗受各界的喜愛，使我們得到很大的鼓勵，也有信心繼續推廣這項工作。隨著海峽兩岸的交流，我們注譯的成員，也由臺灣各大學的教授，擴及大陸各有專長的學者。陣容的充實，使我們有更多的資源，整理更多樣化的古籍。兼採經、史、子、集四部的要典，重拾對通才器識的重視，將是我們進一步工作的目標。

古籍的注譯，固然是一件繁難的工作，但其實也只是整個工作的開端而已，最後的完成與意義的賦予，全賴讀者的閱讀與自得自證。我們期望這項工作能有助於為世界文化的未來匯流，注入一股源頭活水；也希望各界博雅君子不吝指正，讓我們的步伐能夠更堅穩地走下去。

序

《東萊博議》原書名《左氏博議》，是宋人呂祖謙，人稱東萊先生的名著。後人多以《東萊左氏博議》稱之，更簡稱《東萊博議》，為人所傳誦。它原本不是為闡揚經旨傳義而作，《四庫全書》卻將它歸入經部春秋類，而與《春秋左傳正義》視為一類，後來如《叢書集成初編》則將它歸入史地類。其實作者在序文中，開宗明義就說是「為諸生課試之作」，因指導諸生課試之文，「思有以佐其筆端」，而有此作。此書之所以能廣為流傳，恐怕也不是因為它可以「經緯世教，扶植人心，有裨於聖學」（胡鳳丹語），而是正如瞿世瑛所說，它「恃所操之機熟，所積之理多，隨所命而強赴之，亦莫不斐然可觀，以取盈篇軸，以僥倖得當於有司之目」有以致之。南宋以後，科舉考經義，沿承最久。仕途既然是士子唯一的出路，而科舉又為士子入仕主要的管道，課試之書，自然為士林所重。王樹之說：「士之習舉業者，代聖賢立言，其託體最尊，其措詞貴達，無取乎卑靡龐雜也。」而《東萊博議》「明乎義利之分，理亂得失之蹟，古今事為之變，典章名物之繁，英光浩氣，伸紙直書，按之聖賢精微之奧，不爽毫釐，得是書而讀之，於以擴其識、晰其理、鬯其機，無卑靡龐雜之習，具海涵地負之觀，真升堂入室之階梯也」，王氏或許揄揚過度，但也沒有過於離譜。如今我們雖然沒有科舉考試，但各階段的入學考試，以及各種就業考試或升等考試，都考「國文」一科，必有「作文」一題，一向都以議論文為主。如今坊間有關議論文作法的書，雖然汗牛充棟，但大體都是形式的指導，和原則的提示，至於如何建立新的觀點？如何充實典故？如何運用譬喻？如何翻空出奇？如何承轉？如何迴應？能讓讀者充實腹笥、實受其益，目前恐怕沒有比《東萊博議》更好的書了。

瞿世瑛校刊本，說明：「宋本於篇目之下，詳載《左氏》傳文，今以文繁，且《左傳》在今日人人習誦，不須贅列，惟標注某公某年，以便稽考。」如今《左傳》已不再是人人所習誦，傳文也非人人能懂，所以本書仍然不列傳文，而以「題解」白話簡述其始末，以作為閱讀《博議》的背景資料。

本書因篇幅浩大，所以力求簡要，加以本書重在文章寫作，而不在名物訓詁，因此以新譯為主，語譯能交代清楚的，更不再注釋。注釋以隱文僻句的出處說明，及語譯時未能詳明者為限，所以與坊間同類的書相比，就顯得注釋很少。新譯部分與坊間語譯，出入很多，讀者不妨詳加比較，自可判斷其優劣高下。

「研析」部分重在文章脈絡的分析，變巧手法的探究，偶爾也探討到思想的層面，只是用來提供讀者欣賞與分析的端緒。文章的精華與奧妙，有待讀者自己心領神會，而且欣賞與分析，常因角度不同而有不同的結果，各人所悟不同，所得不一，希望讀者不要被本書所提供的「研析」所拘限。

本書由本人與李振興兄共同執筆，前十四卷由本人執筆，後十一卷由振興兄完成。由於學殖所限，粗陋疏謬，在所難免，尚祈 博雅方家，予以匡正。

民國八十年六月　　簡宗梧謹識

編按：本書初版印行於民國八十年，因內容紮實嚴謹，廣受士林學子與讀者採用，歷年來已多次加印銷行。早期限於物質條件，以鉛字活版排印，排版字體較小，且字體經多次印刷後，已漸模糊，不利閱讀。現本局投入無數人力物力自行研創之中文電腦排版字體已臻完成，字形美觀穩重；為讓讀者獲得更好的閱讀效果，適值本書再版之際，乃採用最新電腦字體，以較大字號重加排印，除改正舊版少數誤植外，並分成上下二冊裝幀，以利攜帶和閱讀。特此說明。

新譯東萊博議　目次

卷二

卷三

卷四

卷五

卷六

卷七

卷八

卷九

卷十

卷十一

卷十二

卷十三

下冊

卷十四

卷十五

卷十六

卷十七

卷十八

卷十九

卷二十

卷二十一

卷二十二

卷二十三

卷二十四

卷二十五

導讀

簡宗梧

一、作者事略及著述

呂祖謙，字伯恭（西元一一三七—一一八一年），人稱東萊先生。祖先為萊州人，八世祖龜祥，知壽州，所以遷到壽春。六世祖夷簡，為仁宗名相；家徙開封。五世祖公著，也在哲宗時居相位，《宋史》稱宋興以來，宰相以三公平章重事者四人，呂家父子竟居其二，所以為士林所豔羨。高祖希哲，曾任兵部員外郎，得罪新黨，出知相州。曾祖好問，為資政殿學士，封東萊郡侯，移居婺州。祖父弸中，為右朝請郎，贈右正議大夫。其父大器，為右朝散郎，贈朝請大夫。家世顯赫，可見一斑。

祖謙本其家學淵源，得中原文獻之傳，所以根柢深厚，只是年少時，性褊急，後來讀到孔子「躬自厚而薄責於人」的話，便一改平時忿急之性，而心平氣和。因此朱熹就說：「學如伯恭方是能變化氣質。」祖謙曾跟林之奇、汪應辰、胡憲三位先生就學，又和張栻、朱熹為友，三人齊名，世稱東南三賢。隆興元年（西元一一六三年）進士及第，又中博學宏詞科。

歷任太學博士兼史職。在輪對時，勉孝宗以聖學。免父喪後，召為祕書郎、國史院編修官、實錄院檢討官，重修《徽宗實錄》，遷著作郎。又奉詔取臨安書坊所謂《聖宋文海》而重編，乃輯建隆以後、建炎以前諸賢文集，精加校正，取其辭理之醇，有補治道者，以類編次，定為一百五十卷。書成，孝宗賜名為《皇朝文鑑》（後人稱之為《宋文鑑》）。

祖謙之學以關洛為宗，與朱熹共同擇取周（敦頤）、張（載）、二程（頤、顥）之書，分類輯纂，而成《近思錄》十卷。祖謙所編之書，除《皇朝文鑑》及《近思錄》外，又取韓愈、柳宗元、歐陽修、曾鞏、蘇洵、蘇軾、張耒之文凡六十餘篇，各標舉其命意布局之處，示學者以門徑，而為《古文關鍵》二卷。又為范祖禹《唐鑑》二十四卷作注。

祖謙長於經史，於《詩》、《書》、《春秋》，多究古義。著有《古周易》二卷、《增修東萊書說》三十五卷、《呂氏家塾讀詩記》三十二卷。其於《春秋》則研究《左傳》而有三書：一為《左傳類篇》六卷，取左氏之文分別為十九目；此書久無傳本，惟散見《永樂大典》中。二為《左氏博議》二十五卷。三為《左氏傳說》二十卷、《左氏傳續說》十二卷。於史學方面，乃取司馬遷年表大事記之目，編年繫月，以記春秋以後大事，始於周敬王三十九年（西元前四八一年），迄漢武帝征和三年（西元前九〇年），其書作於淳熙七年（西元一一八〇年），每一日排比一年之事，本想寫到五代，後因病作罷。另作《大事記通釋》三卷，如說經家之綱領，專錄經典中要義格言，以及歷代名儒議論；《大事記解題》十二卷，則如經之有傳，略具本末，而附以己見，舉凡《史記》和《漢書》之同異，以及《通鑑》得失，都為之縷析而詳辨，又在典章、制度、名物、象數有旁見側出者，都夾注在句下，使讀者得推闡貫通之。朱子稱《大事記》「精密為古今未有」，而《解題》「煞有工夫，只一句要包括一段意思」。《四庫全書提要》說「祖謙此書，去取詳略，實有深意，而議論正大，於古今興衰治忽之理，尤多所發明」。

此外，又著《少儀外傳》二卷，為訓課幼學而作，取《禮記・少儀》為名，其中雜引前賢之懿行嘉言，及立身行事、應世居官之道。《歷代制度詳說》十二卷，分十三門，前列制度，敘述簡賅，後為詳說，議論明切。此書採輯事類，或為答策之備，本為家塾私課之用，其後展轉傳錄而付梓。

祖謙死後，其弟祖儉及從子喬年，先後掇拾遺稿，為《文集》十五卷；以家範、尺牘之類為《別集》六卷；策問、進卷之類為《外集》六卷；年譜、遺事之類為《附錄》三卷。另外又集其論說為《麗澤論說集錄》十卷。

以上所列各書，除《左傳類編》，因無傳本，故不為收錄之外，各書都收入《四庫全書》之中，其著述為後世所重，由此可見。其晚年會友之地——麗澤書院，在華城中，在其死後，郡人即以為祠，其受敬重，可見一斑。

祖謙於《宋史》有傳，傳中述其著作，尚有〈閫範〉、〈官箴〉、〈辨志錄〉、〈歐陽公本末〉，其或收入《外集》、《別集》中。另在《宋史・藝文志》著錄《春秋集解》三十卷（陳振孫《直齋書錄解題》謂其十二卷，或疑三十卷為呂居仁本）、《宋通鑑節》五卷、《呂氏家塾通鑑節要》二十四卷。晁公武《郡齋讀書志》更錄有呂氏《史說》十卷，其著述之豐，可以概見。

呂氏除於《宋史》有傳外，傳記資料尚見於《宋史新編》、《史質》、《南宋書》、《皇朝道學名臣言行外錄》、《伊洛淵源錄新增附錄》、《伊洛淵源續錄》、《考亭淵源錄初稿》、《南宋館閣錄》、《南宋館閣續錄》、《宋人軼事彙編》、《宋詩紀事》、《宋元學案》、《宋元學案補遺》、《南宋文範作者考》、《金華賢達傳》、《金華先民傳》、《景定嚴州續志》、《新安志》等。宋人文集述及東萊先生的也很多，如朱熹《晦庵集》有〈呂氏家塾讀詩記後序〉、〈婺州金華縣社倉記〉、〈跋呂伯恭日記〉、〈題伯恭所抹荊公目錄〉、〈問呂伯恭三禮編次〉、〈書近思錄〉、〈書臨漳所刊四經後〉、〈跋辨志錄〉、〈跋呂伯恭書說〉、〈呂伯恭畫像贊〉、〈祭呂伯恭著作文〉等十一文；周綸《文忠集》有〈祭呂伯恭禮部文〉、〈跋呂伯恭日記〉、〈論文海命名〉、〈繳進文鑑序〉、〈皇朝文鑑序〉；張栻《南軒集》有〈閫範序〉；樓鑰《攻媿集》有〈辨志錄序〉、〈東萊呂太史祠堂記〉、〈祭呂太史文〉；魏了翁《鶴山集》有〈呂氏讀詩記後序〉、〈跋朱呂學規〉；程珌《洺水集》有〈書皇朝文鑑後〉；陸游《渭南文集》有〈跋呂伯恭書後〉；真德秀《西山文集》有〈南軒東萊帖跋〉、〈東萊與劉公帖〉、〈東萊大愚二先生祠記〉；王柏《魯齋集》有〈古易音訓〉、〈古易跋〉、〈跋勅額代明招作〉、〈跋麗澤諸友帖〉；劉黻《蒙川遺稿》有〈東萊呂成公贊〉；袁甫《蒙齋集》有〈東萊書院竹軒記〉、〈鄞縣學乾淳四先生祠記〉；韓元吉《南澗甲乙稿》有〈呂伯恭真贊〉；葉適《水心集》有〈祭呂太史文〉；陳傅良《止齋集》有〈祭呂大著文〉；陸九淵《象山集》有〈祭呂伯恭太史〉；陳亮《龍川集》有〈祭呂東萊文〉、〈又祭呂東萊文〉等。年譜有二，明阮元聲編〈東萊呂成公年譜〉一卷，另有一不著錄撰人〈呂東萊太史年譜〉一卷，收入《東萊文集》附錄，都是研究呂東萊所可以參考的資料。

二、呂氏的左傳著述

依據《宋史・藝文志》，呂祖謙有關春秋類的著作，有：《春秋集解》三十卷，《左傳類編》六卷，《左氏博議》二十卷，《左氏說》一卷，由其門人張成招標注《左氏博議綱目》一卷，門人編《左氏國語類編》二卷。依據陳振孫《直齋書錄解題》，則有《春秋集解》十二卷，《左傳類編》六卷，《左氏國語類編》二卷，《左氏博議》二十卷，似為門人抄錄的《左氏說》三十卷。其間略有出入。

《直齋書錄解題》以為三十卷本的《春秋集解》，是呂本中的本子，其所見十二卷本，只是自「三傳」而下集諸家之說，各記其名氏，而其所取，也不過是陸（佃）氏、兩孫（覺、明復）氏、兩劉（敞、絢）氏、蘇（轍）氏、程（頤）氏、許崧老、胡文定數家而已，大體如杜諤《春秋會義》，所擇頗精，卻沒有自己的議論。

至於《左傳類編》六卷和《左氏國語類編》二卷，是就事實制度論議分門別類，前者分十九門，後者分十六門，都是資料的編纂。

《左氏博議》是為諸生課試而作，為佐其筆端，而取左氏書治亂得失之跡，加以疏說。

在宋時此書為經生揣摹科舉文章的讀本，所以流行很廣。

另外有《左氏說》。此書在《宋史・藝文志》著錄一卷，而《直齋書錄解題》和《文獻通考》則著錄三十卷，並且說：「於《左氏》一書多所發明，而不為文，似一時講說，門人所鈔錄者。」既為門人所鈔錄，也就有多寡之別了。《四庫全書》收《左氏傳說》十二卷，又從《永樂大典》輯得《左氏傳續說》十二卷。

他的《春秋集解》、《左傳類編》及《左氏國語類編》，既然是偏重資料的收集，而缺乏自己的議論，那麼我們要看呂氏有關《春秋左氏傳》的見解，就有待《左氏傳說》、《左氏傳續說》及《左氏博議》了。《左氏傳說》和《左氏傳續說》，當然不免有宋儒「好軋先儒」之習，但《四庫全書提要》以為其說多中肯，「於朝祭、軍旅、官制、賦役諸大典，及晉、楚興衰、列國向背之事機，詮釋尤為明暢」。至於《左氏博議》，重在課試，基本上它不是闡發《左傳》之作，而是藉《左傳》所載所評之事，論天下治亂之理，正如他自己在序文所說的：「凡《春秋》經旨，概不敢僭論，而枝辭贅喻，則舉子所以資課試者也。」

三、本書特性與讀法

由於呂氏在著作本書時，對「《春秋》經旨，概不敢僭論」，所以它基本上不是闡揚經義之作，它只是藉《左傳》所記所評之事，「枝辭贅喻」，「以資課試者」，所以是科舉的範文，是議論文（宋時所謂的策論時文）作法的教材，而論辨或糾正經旨傳義，只是偶一涉及而已。

儘管它不是專為論辨經旨傳義之作，但讀它之後，有益於讀「傳」時，開拓視野，殆無可疑。由於它是為「資課試者」而作，所以如瞿世瑛所說：「其所是非，大抵出於方執筆時偶然之見，非必確有所低昂軒輊其間，及其含意聯詞，不得不比合義類，引眾理以壯其文。」所謂時文，是希望「僥倖得當於有司之目」，要在場屋中脫穎而出，便不能在經旨傳義中陳陳相因，了無新意，而必須尋求一個新的角度，採取異乎尋常的觀點，用故實，借譬喻，重視修辭方法，考究行文技巧，而產生說服力。因此我們不能以呂氏之說為「定論而不可奪」。因為這正如瞿世瑛所說：「苟欲反其所非以為是，易其所是以為非，亦必有眾理從而附會之，而淺見者亦將駭詫之，以為定論矣。」真理雖然只有一個，但仍有其多面性，我們惟有開拓視野，採取多元觀點，才能觀照真理的全面。尤其就研習文章作法的立場來說，不論是見仁，或是見智，只要公的理能通達人心，言之成理；或婆的理能比合義類，斐然可觀，就可以兩取而讀之。我們如果能用這種態度來讀呂氏《左氏博議》，那麼《朱子語錄》所謂「極為詳博，然遣詞命意頗為傷巧」的「傷巧」，就不是缺點而是優點了。

呂東萊是理學家，重「誠意、正心、修身」的內聖工夫，甚於「齊家、治國、平天下」的外王作為，因此他的議論，常常「反復抉摘於古人之情偽者」，這種「誅心」的推衍，或不免有厚誣古人之嫌，尤其今日社會，比較強調外在行為的法律責任，或不免覺得那種強調「慎獨」的道德修為，並不合今日講求權利義務的法治要求。但讀其文應知其人，知其人應知其時，時空不同所造成的認知差距，是作為本書讀者所應該調適的。

研習文章作法既為研讀本書的主要目的，那麼有關本書的思想立場，倒成為較次要的問題，因此在研習本書時，應該仔細分析它翻案的技巧，看它如何運用譬喻，如何提引史事，如何起文，如何承轉，如何作結，如何使文章氣勢磅礴，如何產生說服力，作為以後我們寫作的參考，同時它所引的史事與借喻，都可成為我們日後取用之資。這些對於我們寫作能力的提升，將產生很大的作用。

四、本書篇數與版本

依呂東萊〈左氏博議序〉，本書著於屏居東陽之時，依其〈年譜〉，乾道三年（西元一一六七年）五月，持母喪居明招山，那年冬天有學子來講習者，次年冬，授業於曹家巷，已有《左氏博議》。依《宋史・藝文志》、《直齋書錄解題》及《文獻通考》，則本書為二十卷。但《丁氏藏書志》載有元刊巾箱本，便已二十五卷。依楊紹和《楹書隅錄》所記，《天一閣書目》所記明正德本，也是二十五卷；明時還有劉氏安正堂刊本，標題是《新刊京本詳增補注東萊先生左氏博議》，同是二十五卷。《四庫全書提要》以為祖謙門人張成招標注《左氏博議綱目》一卷，可能被書商將它散入本書各篇，後來傳本，總是在每題之下，附載《左氏》傳文，中間徵引典故，亦略注釋，所以就析為二十五卷。

《四庫全書提要》還提到：「楊士奇別有一本十五卷，題曰『精選』，黃虞稷稱明正德中有二十卷刊本，今皆未見。」但胡玉縉《四庫提要補正》以為所提明正德本，應是二十五卷。《四庫全書》係採浙江巡撫採進本。其本有董其昌名字二印，又有朱彝尊收藏印，是舊帙之可寶者。因為當時坊間所傳，都是十二卷本，不但篇目不完整，字句也多妄削。而今坊間所見大多是清劉鍾英《輯注東萊博議》四卷本，只收八十六篇，所選的篇章文字，也多所刪削，正如胡鳳丹所說：「去取未精，頗多闕略。」當係古絳張明德所訂本。《四庫全書》本，校於乾隆五十年（西元一七八五年）六月。道光十八年（西元一八三八年），錢塘瞿世瑛參合明本、元本、文瀾閣本，及平湖胡氏所藏宋槧本，加以校刊，為後來採足本者之所從。清同治戊辰（西元一八六八年）輯刊《金華叢書》本（退補齋藏板），及光緒戊子（西元一八八八年）雲陽義秀書屋重雕足本，都是取瞿氏校本加以重刊，是目前較好的板本，也是如今新譯的主要藍本。

目前在坊間所看到有語譯的《左氏博議》，或稱為《白話東萊博議》，都是取八十六篇的節錄本，不但因去取未精，不足以知其全貌，更因刪削篇章文字，使文氣承轉，跳脫唐突，實不可取。

如今傳世的二十五卷足本，都說此書有一百六十八篇，但《四庫全書》在卷十少了一篇嚴華夷之辨，強調「治戎狄如治姦民」的〈晉里克帥師敗狄〉，在卷十二少了一篇強調「天下之可畏者，在於夷狄其心」的〈秦晉遷陸渾之戎〉，因兩篇於滿清入主中國之時，多少要犯忌，所以實際上只收一百六十六篇。而瞿氏校刊本，並非官修，篩選的尺度沒那麼嚴，所以多此二篇，才是真正的足本。

《左氏博議》雖經瞿世瑛悉心讎校，但依瞿氏校本所雕刊各版，卻又不免有所歧異，本書仍本著瞿氏「參校諸本，舍短從長，衷於一是，不復分注，以便觀覽」的原則，加以處理，使它成為目前最好的足本，是我們禱盼的心願。

卷一

鄭莊公共叔段

隱公元年

【題解】鄭伯是鄭莊公（西元前七五七—前七〇一年），段是小於莊公三歲的弟弟。莊公是難產而生的，所以得不到母親姜氏的歡心。姜氏求立共叔段而沒有成功。莊公即位後，在母親的請求下，封弟弟於現在河南省滎陽縣東南的京城。因為京城太大，所以鄭相祭仲加以勸阻，莊公不聽。莊公二十二年（西元前七二二年），共叔段將作亂，莊公先發制人，共叔段在眾叛親離之下，逃到鄢地，為莊公所敗，而又逃亡到共地（今河南省輝縣）。

《左傳》說共叔段不奉守為人之弟的本分，也說莊公沒有盡到教導弟弟的責任。呂祖謙則以為錯在鄭莊公，是莊公陰險狠毒，設下圈套，引誘弟弟走入陷阱，然後名正言順地除掉他。還蒙騙當時的人與後世的人，並說他害人而害己，所以認定莊公是最陰狠的人，也是最愚蠢的人。

釣者負魚，魚何負於釣？獵者負獸，獸何負於獵？莊公負叔段，叔段何負於莊公？且為鉤餌以誘魚者，釣也；為陷穽以誘獸者，獵也。不責釣者而責魚之吞餌，不責獵者而責獸之投穽，天下寧有是耶？

莊公雄猜陰狠，視同氣如寇讎，而欲必致之死。故匿其機❶而使之狎，縱其欲而使之放，養其惡而使之成。甲兵之強，卒乘❷之富，莊公之鉤餌也；百雉❸之城，兩鄙❹之地，莊公之陷穽也。彼叔段之冥頑不靈，魚耳！獸耳！豈有見鉤餌而不吞，過陷穽而不投者哉？導之以逆，而反誅其逆；教之以叛，而反討其叛。莊公之用心亦險矣！

莊公之心以謂：亟治之，則其惡未顯，人必不服；緩治之，則其惡已暴，人必無辭。其始不問者，蓋將多叔段之罪而斃之也。殊不知叔段之惡日長，而莊公之惡與之俱長；叔段之罪日深，而莊公之罪與之俱深。人徒見莊公欲殺一叔段而已！吾獨以謂封京之後，伐鄢❺之前，其處心積慮，曷嘗須臾而忘叔段哉？苟興一念，是殺一弟也；苟興百念，是殺百弟也。由初暨末，其殺段之念殆不可千萬計，是亦殺千萬弟而不可計也。一人之身，殺其同氣，至於千萬而不可計，天所不覆，地所不載，翻四海之波，亦不足以湔其惡矣。莊公之罪顧不大於叔段耶？

吾嘗反覆考之，然後知莊公之心，天下之至險也。祭仲之徒，不識其機，反諫其都城過制，不知莊公正欲其過制；諫其厚將得眾，不知莊公正欲其得眾。是舉朝之卿大夫皆墮其計中矣。鄭之詩人❻不識其機，反刺其不勝其母以害其弟，不知莊公正欲得不勝其母之名；刺其小不忍以致大亂，不知莊公正欲得小不忍之名。是舉國之人皆墮其計中矣！

舉朝墮其計，舉國墮其計，莊公之機心猶未已也！魯隱之十一年，莊公封許叔，而曰：「寡人有弟，不能和協，而使餬其口於四方，況能久有許乎？」其為此言，是莊公欲以欺天下也。魯莊之十六年，鄭公父定叔❼出奔衛，三年而復之，曰：「不可使共叔無後於鄭。」則共叔有後於鄭舊矣！段之有後，是莊公欲以欺後世也。既欺其朝，又欺其國，又欺天下，又欺後世，噫嘻！岌岌乎險哉，莊公之心歟！

然將欲欺人必先欺心，莊公徒喜人之受吾欺者多，而不知吾自欺其心者亦多。受欺之害，身害也；欺人之害，心害也。哀莫大於心死，而身死亦次之。受欺者身雖害，而心固自若；彼欺人者身雖得志，其心固已斲喪無餘矣。在彼者所喪甚輕，在此者所喪甚重。本欲陷人，而卒自陷。是釣者之自吞鉤餌，獵者之自投陷穽也。非天下之至拙者，詎至此乎？故吾始以為莊公為天下之至險，終以莊公為天下之至拙。

【注釋】❶機　指機心，深沉巧詐的心。❷卒乘　士卒和車乘。春秋時兵車一乘，配甲士三人，步卒七十二人，為戰爭的主力。❸百雉　城牆面長三百丈。城面高一丈長三丈為一雉。古代侯伯之城方五里，計每面長九百丈，即三百雉，依古制大都城不能過百雉。但京已超過，所以祭仲加以勸阻。❹兩鄙　兩處的邊地。共叔段收西鄙和北鄙為自己的城邑，鄭莊公縱容而不加制裁。❺鄢　地名。本是妘姓之國，被鄭武公所滅，地在今河南省鄢陵縣北而稍西。❻鄭之詩人　指《詩經‧鄭風‧將仲子》，《詩序》以為這首詩是針對這件事而發。朱熹則以為是情詩，東萊依《詩序》而立說。❼鄭公父定叔　為共叔段的孫子。

【語譯】釣魚的人對不起游魚，游魚有什麼對不起漁夫的？獵人對不起走獸，走獸有什麼對不起獵人的？鄭莊公對不起共叔段，共叔段有甚麼對不起鄭莊公的？況且，做魚餌來誘游魚上鉤的，是漁夫；布陷阱來誘捕走獸的，是獵人。不責備漁夫而責備游魚吞餌上鉤，不責備獵人而責備走獸掉入陷阱，天下哪裏有這種道理？

鄭莊公是有雄心多猜忌而且陰險狠詐的人，看待同胞兄弟如匪寇仇人一般，而一定要將他置於死地。因此，隱匿其深沉機詐的心，而使共叔段輕忽怠慢；又放任共叔段的貪欲，而使他肆無忌憚；並縱容他的惡行，使他成為禍害。甲冑兵器的強固，士卒車乘的充裕，是莊公所施放的鉤餌；三百方丈的城牆，西北兩處的邊地，是莊公所布下的陷阱。叔段的愚昧無知正如游魚、如走獸，豈有見到鉤餌而不吞食，經過陷阱而不掉入的道理？起初引誘他去做違道逆理的事，而回過頭來以他的違逆為理由去誅殺他；縱容他反叛，而回過頭來以反叛為口實去討伐他。鄭莊公的用心也夠險詐了。

鄭莊公的意思以為：如果早一點誅殺他，那他的惡跡不明顯，別人必然不服；如果延些時日再辦他，那他的惡行已暴露出來，別人也就沒話說了。起初所以不去管他，就是要讓叔段多積些惡行，而後好誅殺他。卻不知叔段的惡行日益增長，而莊公的惡行也隨著一起增長；叔段的罪孽日益加深，而莊公的罪孽也隨著一起加深。別人只見到莊公想殺叔段而已！我則認為，在將京邑封給叔段之後，討伐鄢邑之前，莊公處心積慮，何嘗有片刻的時間忘掉叔段呢？若心中興起一次念頭，是殺一個弟弟；若興起一百次念頭，就是殺一百個弟弟啊！從頭到尾，莊公殺叔段的念頭，大概不下千萬次而難以計算，那也就是殺千萬個弟弟而無法計算了。以一個人，殺害他的同胞兄弟，到了千萬個以上而無法計算，實在是天所不能庇護，地所不能包容，翻起四海的波濤，也不足以洗清他的罪惡。莊公的罪惡難道不大於叔段嗎？

我曾經反覆思考，然後才知道莊公的心機，實在是天下最陰險的。祭仲他們這些人，不明白莊公的心機，因他所封的都城太大，超過禮制而勸諫，不知莊公正希望超過禮制；又勸諫莊公，說叔段豐厚的田邑將使他得到龐大的群眾，不知莊公正希望他能得到龐大的群眾。可說全朝的卿大夫都中了莊公的計謀。鄭國的詩人不明白莊公的心機，反而作詩諷刺他無法抗拒母親的強求而害了弟弟，不知道莊公正希望能得到無法抗拒母親的名義；又諷刺莊公由於小事不能忍耐而招來大禍，不知莊公正希望能得到小不忍而招大禍的名義，這可說全國人都中了他的計謀！

整個朝廷都中了他的計謀，全國人民都中了他的計謀，而莊公的心機還不停止！魯隱公十一年，莊公伐許之後，封許叔，而且還說：「我有個弟弟，都不能與他和睦協力，而使他寄食在別的地方，難道我還能長久保有許國嗎？」莊公說這些話，是想藉以欺瞞天下人。魯莊公十六年，叔段的孫子公父定叔出奔到衛國去，三年之後，莊公才召他回來，說：「不可以讓叔段在鄭國沒有後代。」其實，叔段在鄭國有後代已有多年了。叔段有後代在鄭國，只是莊公想藉以欺騙後世的人，以掩飾他誅殺叔段的罪行。莊公既欺騙了在朝廷的官員，又欺騙了全國的國民，又欺騙全天下人，繼而欺騙後世的人，莊公的心術是多麼陰險啊！

然而，想要欺騙別人必先欺騙自己的良心，莊公只喜歡別人有很多事被他欺騙，而不知道自己欺騙自己良心的事情也就很多了。被欺騙的禍害，只是外在的身體受傷害；而欺騙人的禍害，是內在的良心受到戕害。最悲哀的事莫過於心死，而身體的死亡都還在其次呢！被欺騙的人身體雖然受到傷害，而良心仍安泰不變；欺騙人的人身體雖然得志滿足，良心卻已殘害無遺了。被欺騙的人損失非常輕微，而欺騙人的人，就損失慘重了。本來想要陷害人，而最後卻正陷害了自己。正如釣魚人自己吞下鉤餌，獵人自己掉入陷阱一般。如果不是天下最愚笨的人，怎會落到這種地步呢？所以我開始時以為莊公是天下最陰險的人，最後卻以為莊公是天下最愚笨的人。

【研　析】本文分四部分，即一般論說文的起承轉合，第一段先立論，二、三段是解說，四、五段是引申，第六段是結論。起首新穎，結論奇巧，全文結構嚴密，說理氣勢十足，是一篇很好的議論文。

文章一開始即排比譬喻，以引人入勝。作者把鄭莊公縱弟成惡，然後殺之，譬喻為放餌以釣魚，設陷阱以捕獸。這種以簡單比喻複雜，以易知說明難知，很有說服力。同時，又用結構相似的句法，接二連三地排比起來，不但意象明確，又使音節鏗鏘，產生令人難以反駁的氣勢。

作者運用譬喻與心中已有定見的設問，意在言外地提出他的主題，判定莊公誘殺其弟的罪狀，成為不可移易的定論。這是很卓絕的起筆手法，是我們應當細加品味，並可在日後加以靈活運用的。

第二部分說明罪在莊公的理由，強調莊公用心之險。在第二段承前段的譬喻，說明肇因於莊公的計謀，誘導了共叔段，第三段則說明莊公殺弟，何以大費周章，是為掩自己之罪、杜別人之口。

第三部分說明莊公用心至險，以至蒙騙了世人。第四段就空間而言，以祭仲的勸阻，說明朝臣全中了他的計，再舉鄭詩，說明舉國的人都中了他的計謀，由局部說到全部。第五段則以時間而言，舉《左傳》兩段記載，說明莊公還想欺天下、欺後世。由當世說到後世。可見文章的層次非常分明。

最後一段說明欺人先自欺其心，所以雖欺盡天下人，結果自己是最大的受害者；並回應第一段的譬喻，將全篇的警策置為結論。用「至險」「至拙」對比，構成駢句，新巧而深刻有力，頗有「言有盡而味無窮」的效果。

呂氏此文，雖然令人十分激賞，但就事論事，不免有失公允。這完全是作者年輕氣盛，操穎利之筆鋒，論事務求新巧而毫不留情，所以完全歸咎莊公，以為共叔段是無辜的。其實，共叔段不悌，《左傳》早有定評；再說，鄭莊公即位時才十五歲，奉母親之命而封土給弟弟，哪裏會是設釣餌以誘殺弟弟？何況莊公忍讓了二十二年，到最後不得不興兵除害，說他處心積慮預設陷阱，恐怕是不公平的。所以呂氏在中年以後所著的《春秋左氏傳續說》，也說「莊公初間亦未便有殺弟之意」了。

潁考叔還武姜

隱公元年

【題解】在魯隱公元年（西元前七二二年），鄭莊公起兵打敗了弟弟（事見前篇題解），於是把母親姜氏安置在城潁，發誓不到黃泉地下，永不見面。不久以後，莊公就後悔了。潁考叔知道了以後，就找機會獻給莊公一些東西，莊公賞賜他吃飯，吃的時候把肉放在一邊不吃。莊公問起原因，他說要留給母親。莊公說：「你有母親可送，我卻沒有！」潁考叔故作驚訝，在莊公說明原委並表示悔意之後，他說：「這沒什麼好擔心，只要挖地到有泉水的地方，就可以相見了。」莊公很高興地照做了。《左傳》引君子之言，讚美潁考叔不但愛自己的母親，還使莊公也能愛他的母親，真是個純孝的人。

呂祖謙惋惜潁考叔為鄭莊公文過飾非，不能曉之以天理，以致莊公不能成為舜或曾參；也惋惜莊公不遇孔孟而只遇考叔而已。

物之逆其天者，其終必還。凡出於自然而莫知其所以然者，天也。羽之浮，石之沉，矢之直，蓬之曲，土之止，水之動，自古固然而不可加損❶，庸非天乎？苟以人力勝之，則羽可積而沉也，石可載而浮也，矢可揉而曲也，蓬可扶而直也，土可墾而動也，水可壅而止也。人力既窮，則未有不復其初者焉。不積之，則羽還其天而浮矣。不載之，則石還其天而沉矣。不揉之，則矢還其天而直矣。不扶之，則蓬還其天而曲矣。止者土之天也，墾者窮則土之止固自若也。動者水之天也，壅者窮則水之動固自若也。有限之力，豈能勝無窮之天也耶？

子之於父母，天也。雖天下之大惡，其天未嘗不存也。莊公怒其弟，而上及其母，因之城潁，絕滅天理，居之不疑。觀其黃泉之盟，終其身而無可移之理矣。居無幾何，而遽悔焉。是悔也，果安從而生哉？蓋莊公自絕天理，天理不絕莊公。一朝之忿，赫然勃然，若可以勝天。然忿戾之時，天理初無一毫之損也，特暫為血氣所蔽耳。血氣之忿，猶溝澮焉，朝而盈，夕而涸，而天理則與乾坤周流而不息也。忿心稍衰，愛親之念油然自還而不能已。

彼潁考叔特迎其欲，還之端而發之耳。其於莊公之天理，初無一毫之增也。考叔之見莊公，不感之以言，而感之以物；不感之以物，而感之以天。愛其母者，莊公之與考叔同一心也。同一心是同一天也，其啜羹，其舍肉，其遺母，皆天理之發見者也。考叔以天示之，莊公以天受之。故不下席之間，回滔天之惡，為蓋世之善。是豈聲音笑貌能為哉？惜夫考叔得其體而不得其用，故亦不能無遺憾焉。

方莊公語考叔以誓母之故，考叔盍告之曰：「醉之所言，醒必不踐；狂之所行，瘳必不為。既醒而猶踐之，則其醉必未醒也；既瘳而猶為之，則其狂必未瘳也。君之誓母之辭，未悔則必以為是；既悔則必知其非。知其非而憚改焉，是猶未悔也，是猶以為是也。」莊公苟聞此言，則其私情邪念冰泮雪消，而無復存者矣。考叔乃曲為之說，俾莊公闕地及泉，陷於文過飾非之地。莊公天理方開，而考叔遽以人欲蔽之。可勝歎哉！不特蔽莊公之天理，當考叔發闕地及泉之言，考叔胸中之天理所存亦無幾矣！故開莊公之天理者，考叔也；蔽莊公之天理者，亦考叔也。

向若莊公幸而遇孔孟，乘一念之悔，廣其天理而大之。六通四闢，上不失為虞舜❷，下不失為曾參❸。豈止為鄭之莊公哉？惜夫莊公之不遇孔孟而遇考叔也。

【注釋】❶加損　指改變。加，增加。損，減少。❷虞舜　舜，為古帝名，父頑、母嚚、弟傲，都想殺舜，舜始終不失人子之道，以孝聞名，堯將帝位禪讓給他，國號為虞。❸曾參　人名，春秋魯南武城人。名參，字子輿，為有名的孝子。孔子弟子，後世稱為宗聖。

【語　譯】事物若違背了它原本的天性，終究會回復到它原來的樣子。凡是出於自然而不知其所以然，就是天性。例如羽毛在水中會浮起，石頭在水中會下沉，箭桿是挺直的，蓬草生來彎曲，土是靜止不動，水則流動不止，這些情況自古至今都是這樣而不可改變，這難道不是天性嗎？如果以人力勉強扭轉事物的天性，則羽毛可以累積起來而沉入水中，石頭可因有所承載而浮在水面，箭桿可加以揉製而使它彎曲，蓬草可加以扶持而使它挺直，土壤可加以開墾而使它移動，水流可以堵塞而使它靜止。若所外加的人力消失了，則沒有不回復到它的本性的。不加以累積，則羽毛回復到它的天性而浮在水面。不加以承載，則石頭回復到它的天性而沉入水中。不加以揉製，則箭桿回復到它的天性而挺直。不加以扶持，則蓬草回復到它的天性而彎曲。靜止不動是土壤的天性，若開墾翻動的力氣用盡，則土壤又依然靜止。流動不止是水的天性，若堵塞的力氣不存在，則水又流動如初。以有限的人力，豈能勝過無窮的天性？

子女對父母的感情，是天性使然。即使是天下罪大惡極的人，他的天性未嘗完全泯滅不存。鄭莊公氣憤弟弟叔段，而牽涉到母親，將她囚禁在城潁。若說莊公滅絕天理，可當之無疑。再看他所說「不到黃泉不相見」的誓言，終其一生，似無可改變的道理。過不了多久，就非常後悔了。這種後悔的心意，是從哪裏產生出來的呢？其實莊公自絕於天理，天理並不棄絕莊公。突發的忿怒，洶湧澎湃，好像可以勝過天理。然而忿戾之氣發作的時候，天理並無絲毫的減少，只是暫且為一時衝動所產生的怒氣所蒙蔽。一時的怒氣，就像溝渠的水流，可能早晨是滿溢的，到了傍晚就乾涸了，而天理則周流於天地之間永不止息。忿怒之氣稍見減退，愛慕親情的心，就油然回轉，而難以克制。

潁考叔只是逢迎莊公的心意，使他回復到根本的天性而滋生出來。這對於莊公的天理，並沒有絲毫的增益。考叔進見莊公，起初並不用言語去說動他，而以留肉的事去感動他；不以一般的事物感動他，而以天理去啟發他。愛自己的母親，莊公和考叔的心是相同的。同樣的心也就是同樣的天性，考叔將湯與肉留下來，請求能讓他帶回家給母親嚐，都是天理啟發下的表現。考叔以天理啟示莊公，莊公則因其天性而接受啟發。所以在一席飯之間，挽回滔天的惡行，而為絕世的善行。這豈只是和悅的聲音與親切的容貌所能做到的？可惜考叔也只是掌握了天理的本體，卻沒有善加運用，因此也不能不感到遺憾。

當莊公把棄絕母親的緣由和誓言告訴考叔時，考叔何不告訴他說：「酒醉時所說的話，醒後一定不會去實行；狂病時的作為，痊癒後一定不再去做。既然酒醒了，還去實行，那就未必真醒了；痊癒後還有同樣的行為，那狂病也未必真正痊癒。國君您絕不再見母親的誓言，如果不曾後悔，就表示您以為這樣做是對的；既然後悔了，就表示您明白這樣做是不對的。知道不對卻怕去改正，那就表示沒有真正悔悟，仍以為這樣做是對的。」莊公如果聽到這樣的話語，他的私情和邪念必會像冰雪般融化了。考叔卻不直接以天理說服莊公，讓莊公挖地到有泉水的地方，再和母親相見，更陷於掩飾過失的地步。莊公的天理才剛開啟，考叔又馬上以人情慫念蒙蔽他。真是教人感慨啊！不僅只有莊公的天理被蒙蔽了，當考叔說出掘地及泉的計畫時，考叔胸中所存的天理也沒有多少了！所以，啟發莊公天理的人是考叔，蒙蔽莊公天理的人也是考叔。

當時莊公若有幸而遇到孔子、孟子等聖人，則必趁著他一念之間所生的悔意，增廣其天理，而使它擴大。通於天地四方，使他能像虞舜那樣，至少也做得到像曾參的境地，傳名聲於後世，豈僅做個鄭莊公而已？只可惜莊公遇到的不是孔孟聖賢，而只是遇到潁考叔而已。

【研　析】潁考叔能以孝事親，打開鄭莊公與母失和的僵局，為《左傳》所稱許，引詩讚美他純篤的孝心，感人至深，所以能推己及人。呂祖謙則標新立異，責潁考叔不能本乎天理，趁莊公追悔之際，宏揚孝道，使他成為孝子的典範，頗有《春秋》責備賢者之意。

這篇文章和上一篇一樣，不從本題立論，而提出「物有自然之性，人力雖然暫且扭曲，但人力停止，即復本初」的說法，作為全文立論的張本。第二段即推論：親情是天性。莊公一時忿戾，但天理不絕，所以必然還其本性。第三段責怪潁考叔此時不能廣以天理，而迎其人欲。第四段論考叔該如何以公理勸諫，並深責考叔以人欲蔽莊公之天理。第五段慨歎莊公不能遇孔孟而成為孝子。

這篇議論的作法，是先找定立足點：孝是天性、是天理。於是從討論天性天理為「起」，強調天理雖可能一時被掩蔽，但不可能滅絕。然後推論骨肉之情是天性，因母違背天理，必然後悔，責潁考叔不感之以天理而迎其欲，以「承」前段。再「轉」論考叔如何勸之；而後以痛惜莊公不遇聖人、不能廣其天理作「結」，回應起首，成為首尾圓合的結構。

周鄭交惡

隱公三年

【題解】鄭武公、莊公先後擔任周平王的卿士，掌理政事。但平王又同時信任虢公，鄭莊公不高興，平王否認這回事，於是讓王子狐到鄭國為人質，而鄭國也讓公子忽到成周為人質。魯隱公三年（西元前七二〇年）三月平王死。周人準備把政事交給虢公。四月，鄭國派祭仲領兵割取了溫地的麥子，秋天又割取了成周的穀子，於是周、鄭交惡。

《左傳》說君子以為言不由衷，有人質也沒有用，只要互相體諒，又以禮相約束，即使沒有人質，誰也挑撥不了他們。呂祖謙則以為《左傳》不正名分，不辨尊卑，不責備鄭國的背叛，只責怪周王欺騙是不對的，並以此感歎平王東遷後王室沒落，人心式微，於論理中流露感慨，而為一篇好文章。

天子之視諸侯，猶諸侯之視大夫也。季氏❶之於魯，如二君矣，而世不並稱之曰魯季；陳氏❷之於齊，如二君矣，而世不並稱之曰齊陳。蓋季氏雖強，猶魯之季氏也；陳氏雖強，猶齊之陳氏也。烏可以君臣並稱而亂其分乎？

周，天子也；鄭，諸侯也。左氏敘平王莊公之事，始以為周鄭交質，終以為周鄭交惡。並稱周鄭，無尊卑之辨。不責鄭之叛周，而責周之欺鄭，左氏之罪亦大矣！吾以為：左氏信有罪，周亦不能無罪焉。

周之東遷也，鄭伯入為卿士，君臣之分猶在也。君之於臣見賢則用之，見不賢則去之，復何所隱哉？平王欲退鄭伯而不敢退，欲進虢公而不敢進，巽懦暗弱，反為虛言以欺其臣。固已失天子之體矣，又其甚，至於與鄭交質！交質，鄰國之事也。今周降其尊，而下質於鄭；鄭忘其卑，而上質於周。其勢均，其體敵，尊卑之分蕩然矣！未交質之前，周為天子，鄭為諸侯；既交質之後，周與鄭等諸侯耳。然亦何所憚哉？溫之麥、洛之禾，宜其稇載而不顧也。向若平王始惡鄭伯而亟黜之，鄭雖跋扈，不過一叛臣耳，吾天子之尊猶自若也。苟與之質，是自處以列國❸，而不敢以天子自處矣。鄭人之心以謂：彼之子來質於我，我之子往質於彼，見其與吾同，而不見其與吾異。歲推月移，豈知周之為君哉？一旦用兵而不忌，非諸侯之叛天子也，是諸侯之攻諸侯也。使周素以天子自處，至尊至嚴之分，鄭遽敢犯乎？惟周以列國自處，故鄭以列國待之，天下亦以列國待之，左氏亦以列國待之。周不自伐，鄭必未敢伐之也；周不自卑，人必未敢卑之也。無王之罪，左氏固不得辭，周亦分受其責可也。

雖然，《左氏》所載君子之言，固出於左氏之筆，然亦推本當時君子之論也。其論周鄭，概謂之二國，而無所輕重。是當時之所謂君子者，舉不知有王室矣！戎狄不知有王，未足憂也；盜賊不知有王，未足憂也；諸侯不知有王，亦未足憂也，至於名為君子者，亦不知有王，則普天之下，知有王室者，其誰乎？此孔子所以憂也，此《春秋》所以作也，此《春秋》所以始於平王也。

【注釋】❶季氏　魯國的公族，為莊公弟季友的後裔。自季友立僖公以後，其子孫季孫行父、季孫宿等，世為大夫，執掌魯政，權勢極盛達兩百年。❷陳氏　陳完的後裔。陳完即田敬仲，陳厲公之子，陳亂而逃齊，改為田氏，子孫世為卿，到田和列為諸侯，田和之子篡齊。❸列國　大國，在春秋戰國時代指諸侯國。

【語譯】天子看待諸侯，就如同諸侯看待大夫。季孫氏在魯國擁有權勢，就使魯國好像有兩個國君一樣，但世人不因此而將他與君並稱「魯季」；陳氏在齊國擁有權勢，也使齊國好像有兩個國君一樣，但世人不因此而將他與君並稱為「齊陳」。因為季孫氏勢力雖強，仍只是魯國的大夫；陳氏的勢力雖大，也只是齊國的大夫。怎麼可以將君臣並稱而亂了名分呢？

周是帝王，鄭只是諸侯。左丘明敘述周平王與鄭莊公之間的事時，起初稱為「周鄭交質」，末了則稱為「周鄭交惡」。將周與鄭並稱，不辨明他們地位的尊卑。不去責備鄭背叛了周，而責備周欺騙了鄭，左丘明的罪過可大著呢！我認為：左丘明固然有罪過，周也不能說完全沒有罪過！

周平王東遷後，使鄭伯入朝為卿士，這時，君臣的名分仍然存在。君王對待臣下，賢能的就重用他，不賢能的就罷免他，又有什麼好隱瞞的呢？周平王想黜退鄭伯而不敢退，想進用虢公也不敢用，懦弱畏怯，反而以假話欺騙臣下。這樣做固然已失天子的身分，又更進一步與鄭伯交換兒子為人質。交換人質，是國與國之間的事。如今周王室貶抑自己的尊貴，而下與鄭國交換人質；鄭國忘記自己的卑微，而上與周王室交換人質。他們的勢力相當，身分成了對等，尊上與卑下之分，已蕩然無存了！尚未交換人質之前，周是帝王，鄭是諸侯；交換人質之後，周和鄭都等於是諸侯。既然如此，鄭國有什麼好害怕的呢？溫地的麥子、洛陽的稻子，他們當然就把它收割下來滿載而去，無所顧忌了。當初，若平王在開始厭惡鄭伯的時候，就馬上罷黜他，則鄭伯雖然囂張跋扈，也只不過是個叛臣而已，天子的尊嚴仍一如往常。如果與鄭交換人質，那就是以諸侯自處，而不敢以天子自居了。鄭伯心中以為：周平王的兒子來我國做人質，我的兒子前往周做人質，只看出周王室與我鄭國身分地位是同等的，看不出有什麼不同的地方。則年歲久了，還有誰知道周王是天下之君主呢？一旦用兵攻犯，也沒有忌諱，不以為是諸侯反叛天子，而以為是諸侯攻伐諸侯罷了。假使周平王向來就以天子之位自居，保有至高無上的尊嚴，鄭國豈敢遽然冒犯呢？只是周平王以諸侯的地位自居，所以鄭國以對諸侯的態度待他，天下人也以對諸侯的態度待他，左丘明當然也以對諸侯的眼光看待他了。周王室如果不是自己先貶抑自己，鄭國必定不敢攻伐它；周平王若不是先輕視自己，別人必定不敢卑視他。目中無王的罪過，左丘明固然無可推辭，周天子也應當分擔罪責。

雖然，《左氏春秋》所記載的君子之言，乃出於左丘明的手筆，然而也是根據當時一般君子人的言論。他們談論到周與鄭時，一概視同兩國而並稱，沒有尊卑輕重之分。可以說當時所謂的君子之人，心目中全然沒有王室的存在了！戎狄之人心目中沒有周天子，不足為憂；盜賊之輩心目中沒有周天子，不足為憂；諸侯各國心目中沒有周天子，也不足為憂。至於名為君子的人，心目中竟也沒有周天子，則普天之下，心目中還有王室的人，還有誰呢？這就是孔子所以憂心忡忡的，也是孔子所以作《春秋》的緣由，更是《春秋》之作起於平王的緣故。

【研 析】同一個地區，在不同的立足點，就可能看到不同的景觀；同一件事物，從不同的角度，就可能產生不同的評價。要使文章避免人云亦云的毛病，就需要與眾不同的觀點，而這觀點又必須有顛撲不破的理論為依據，才能出語不凡，言人之所未言。

周鄭交質這件事，《左傳》以君子之言，批評周平王言不由衷，不夠真誠，縱然以人質取信，也無濟於事。這本是無可厚非的立論，但呂祖謙本乎孔子正名分之義，評《左傳》將周王視為列侯是不應該的，以引出一篇鏗鏘有力的議論文字來。

第一段論君臣名分之不可亂；第二段指出《左傳》無尊卑之辨，亂了名分；第三段轉說周平王懦弱，不能嚴守立場，自取其辱；第四段慨歎連君子都不知王室之尊，而引出「此孔子所以憂也，此《春秋》所以作也，此《春秋》所以始於平王也」擲地有聲的結論來。全文以名分為中心，以孔子的主張為依歸，在當時來說已是最具權威的立論依據了。

宋穆公立殤公

隱公三年

【題　解】宋穆公(西元前七二八—前七二〇年在位)是宋宣公(西元前七四七—前七二九年在位)的弟弟，宣公把國位傳給弟弟而不傳給兒子與夷。穆公病時，召大司馬孔父，要求死後還位給哥哥的兒子與夷。雖然孔父表示要奉穆公的兒子馮，可是穆公不答應，他認為：「我哥哥以為我賢，才傳位給我，我如今不讓回給哥哥的兒子，算什麼賢人？為了發揮哥哥的遺德，我非如此不可！」於是命令公子馮住到鄭國去，傳位給與夷，是為殤公。《左傳》讚美宋宣公知人善任，所以讓位給弟弟，兒子仍然能繼位，這是君命出乎義的緣故。

可是十年之後，華督弒殤公，立公子馮為莊公(西元前七一〇—前六九二年在位)，所以呂祖謙以為宋宣公不生於堯舜之世，無堯舜之德而效法堯舜之行以為奇、以為高，實不足取法。不能因時制宜，不能因人制宜，必然自取其敗。

人皆愛奇，而君子不愛奇；人皆愛高，而君子不愛高。君子之情未嘗不與人同也，而愛惡與人異者，何也？蓋物反常為怪，地過中為偏。自古自今，惟一常也；自南自北，惟一中也。是常之外而復求奇焉，斯怪矣；是中之外而復求高焉，斯偏矣。是故眾人之所謂奇，即君子之所謂怪也；眾人之所謂高，即君子之所謂偏也。至貴莫如金，至多莫如粟，然食粟則生，食金則死，反常之害蓋如此。適百里之都而必行千里之路，其行愈速，其都愈失，吾又知中之果不可過也。

君子所以行不貴苟難，說不貴苟察，治民無可傳之政，治兵無可喜之功者，曷嘗厭奇而畏高哉？奇若果奇，則君子已先出於奇矣；高若果高，則君子已先出於高矣。其逡巡退縮，終莫肯就者，非不愛奇也，不愛怪也；非不愛高也，不愛偏也。苟惟不然，則避赫赫之名，受碌碌之毀❶，果人情也哉？

有國者傳之子，常道也，中道也。宋宣公以為是未足以為奇，必傳於弟以為奇焉；是未足以為高，必傳於弟以為高焉。一傳穆公而使之逐其子❷，再傳殤公而使之殺其身❸。公羊氏以為：君子大居正❹，宋之禍，宣公為之。其說既無以加矣。

吾嘗推宣公之意，必以為聖人建國，使父子之相繼者，為眾人設也。堯何人哉！不傳之子而傳之舜；舜何人哉！不傳之子而傳之禹。吾何為以眾人自處，而不慕堯舜至奇至高之行乎？殊不知道無不常亦無不中，傳賢之事，自眾人視之，則以為奇以為高。自堯舜視之，則見其常而不見其奇也，見其中而不見其高也。扛萬鈞❺之鼎，烏獲❻以為常，而他人以為勇；游千仞❼之淵，沒人❽以為常，而他人以為神。未至堯舜而竊效焉，是懦夫而舉烏獲之鼎，稚子而入沒人之淵也，何往而不敗哉！

【注釋】❶碌碌之毀　被詆毀為平凡庸碌。❷逐其子　《左傳》及《史記・宋微子世家》都說穆公逐其子公子馮。依《公羊傳》則逐二子，另一位為左師勃。❸殺其身　桓公二年，宋華督因孔父嘉之妻美，乃殺孔父而取其妻，殤公怒，華督遂弒殤公，而迎立穆公之子馮於鄭，是為莊公。❹大居正　以守正為大。❺鈞　三十斤為一鈞。❻烏獲　戰國時秦國大力士，後來為大力士之通稱。❼仞　周代八尺為一仞，漢制七尺為一仞，東漢末年以五尺六寸為一仞。❽沒人　熟知水性，能潛水的人。

【語譯】一般人都喜歡奇特，而君子並不喜歡奇特；一般人都喜歡高超，而君子並不喜歡高超。君子的性情未嘗不與一般人相同，而所愛與所惡卻與一般人不同，這是什麼道理呢？那是因為事理違反了常軌，就是怪誕；事物措置不適中，就是偏差。自古以來，事理惟求常軌；從南到北，事物只求適中。在常軌之外再求奇特，就成為怪誕；在適中之外另求高超，就成為偏差。所以，一般人所謂的奇特，就是君子人所謂的怪誕，一般人所謂的高超，就是君子人所謂的偏差。人世間沒有比黃金更稀有貴重的，沒有比粟米更眾多平凡的，然而以粟米為糧食可以維持生命，吞食黃金則導致死亡，違反常軌的害處大體就是這樣。前往百里之外的都城卻走了千里的路程，走得愈快離都城就愈遠，我們因此可知凡事求其適中而不可太過。

君子人所以在行為上不求特別難能可貴，在言辭上不求精確細察，治理人民沒有值得稱頌的政績，帶領軍隊沒有值得稱慶的戰功，又何嘗是因為厭惡奇特而避高超呢？其實，若所謂的奇特是真奇特，則君子早就有奇特的表現了；若所謂的高超是真高超，則君子早就有高超的表現了。君子之所以猶疑退縮，始終不肯去趨附，並不是不喜歡奇特，而是不喜歡怪誕；並不是不希望高超，而是不希望偏差。要不然君子規避顯赫的聲名，而寧可被人詆毀為平凡庸碌，這難道是人之常情嗎？

國君傳位給兒子，是合乎常理的，也是適當的。宋宣公卻以為這樣做稱不上奇特，必須傳位給弟弟才稱得上奇特；又以為這樣做算不得高超，必須傳位給弟弟才算得上高超。因此，先傳位給穆公，結果使穆公驅逐了自己的兒子；然後，穆公又傳位給殤公，結果使殤公遭到殺身之禍。公羊高認為：君子以守正為大，宋國所發生的禍害都是因為宣公而造成的。這樣說是最確切不過了。

我曾經推求宋宣公的原意，必定以為古代聖王建國傳位，制定父子相承的制度，是為常人所設的。而唐堯是多麼不平凡，不將帝位傳給兒子而傳給虞舜；虞舜又是多麼了不起，不將帝位傳給兒子而傳給夏禹。我為什麼要以常人自居，而不仰慕且效法堯舜極為奇特、極為高超的行為呢？卻不曉得道是不違反常軌也不偏離適中的，傳位給賢能的人這樣的事情，在常人的眼裏，認為是奇特的行為，是高超的表現。在堯舜的眼裏，則認為這是合於常道的，並不顯得奇特；也認為這是恰當的，並不顯得高超。就像扛負三十萬斤重的大鼎，在烏獲來說，是稀鬆平常的，而常人則以為勇猛過人；潛游於萬丈深淵，在潛水夫來說，是習以為常的，而常人則以為出神入化。宋宣公並沒有修養到堯舜至聖至德的境地，卻要效法他們傳位於賢的行為，就如同沒有勇力的人去舉烏獲所舉的大鼎，幼小的孩子躍入潛水夫所潛的深淵，怎麼可能不失敗呢！

【研　析】古人論文，常有全文以某個字為「眼目」的說法，如果我們要在這一篇找眼目的話，那該是「常」字。文章第一段，指出「自古自今，惟一常也」，提出「常」為立論的張本，而提「常」字共有九次。為避免反覆出現的次數太多，還用了與「常」相對的「奇」字，全文提了十四次。又為增加文章的氣勢，以「中」和「常」相提並論，也出現七次；與「奇」相提並論是「高」字，也出現十四次。從這些統計，我們不難看出全篇架構的大概。

宋宣公以為弟弟賢，於是傳位給弟弟而為穆公，穆公為了不負所託，他也不傳子而傳給兄之子而為殤公。兩人的動機都是值得稱道的，但呂祖謙卻以殤公終究被弒，來認定他們傳位是違反常道，所以認定宣公啟了宋的禍端。平心而論，這對宣公是不公平的。

本文第一段提出人皆好奇，而君子則重常道，強調反常為怪，反常有害。第二段承前段說明君子非不愛奇、非不愛高，而是不愛怪、不愛偏。第三段即指出宋宣公違反常道而召禍，第四段即推論宋宣公好奇好高，效堯舜之行，但不合時宜，不稱其德，所以致敗。全文以「君子守常道」為大前提，再以「宣公不傳子是愛奇而不守常」為小前提，推論宣公非君子而啟禍端。這正是邏輯學上標準的定言三段論，當然言之成理，而有說服力。其實殤公是被華督所弒，導源於華督欲奪孔父嘉之妻，而殺孔父嘉，乃為殤公所不容，華督先發制人，弒殤公而迎立公子馮。把這些事歸咎到宣公，也不免太攀誣古人了。

衛州吁

隱公三年

【題解】衛莊公夫人莊姜，是娶自齊國，美而無子，而以戴媯所生的兒子為她的兒子，就是後來即位的桓公（西元前七三四—前七二〇年在位），但這時莊公寵嬖所生的州吁，恃寵生驕而好兵，為莊姜所厭惡，石碏曾勸諫莊公（西元前七五七—前七三五年在位），不能太寵州吁，但不被接納，而石碏的兒子石厚，和州吁來往密切，石碏也無法禁止，於是在桓公即位後，告老退休。隱公三年（西元前七一九年）州吁弒桓公而自立，但情勢不安，於是向石碏請教安邦定位之計，石碏教他們透過陳侯去覲見周王，才能名正言順，而石碏卻待他們到陳國時，請陳侯把他們抓起來，由衛國派右宰去把州吁殺掉，而自己也派家宰去把石厚殺掉，《左傳》讚美石碏大義滅親，呂祖謙則以為石碏諫莊公之時，已太遲了。禍要止於未萌之時，害要防於未見之日，強調君子應當以除惡念為首務。

未見之情，人所未知；未動之情，己所不知。歷舉天下之事其迹可指者，使人評之曰孰為善，孰為惡；孰為忠，孰為邪；孰為是，孰為非；孰為誠，孰為偽，猶參差而不得其情，況於情之未見於外者乎！此色厲內荏，面剛心柔之徒，所以每誤天下後世也。情之未見者難知如此，抑又有甚難知者焉！博者必盜，當博之初，未有為盜之情也，然財匱則必至於盜；詈者必鬬，當詈之初，未有決鬬之情也，然忿極則必至於鬬。蓋博則有盜之理，詈則有鬬之理。其情未動，其理已萌，非獨人不能覺，己亦不能自覺焉，豈非天下之至難知者乎？

莊公之寵州吁，不過溺於所愛而已，初不知其基篡弒之禍也。雖州吁受寵之初，亦未嘗有篡弒之心也，及因寵而驕，因驕而縱，因縱而暴，莊姜惡之，桓公忌之，州吁始憂不能自免，而求免之心生矣。有篡國之利誘其前，有殺身之禍迫其後，而弒逆之謀成矣。彼州吁之初心豈自料至此哉？石碏之諫善矣，惜其進言之晚也。方碏之諫州吁，既有寵矣，既好兵而不禁矣。有寵而驟奪之，能無怨乎？不禁而驟禁之，能無忿乎？借使莊公聽之，父子之際所傷已多矣，況又不聽乎！碏苟能止於未萌，則桓公不至於弒，州吁不至於逆，國不至於危，子不至於戮矣。雖討賊之忠凜然與衛國相終始，吾猶恨其不能消患於未形，而徒救患於已形也。

嗚呼！衛至褊也，州吁至微也，其篡爭猶蠻觸氏之戰❶，一切不足論也，吾獨因州吁之事有所懼焉！殺人不忌者，世謂之暴；冒貨無極者，世謂之貪；沉湎昏縱者，世謂之荒；陰賊詭譎者，世謂之險。苟無故加人以四者之謗，其不慍見者幾希❷。抑不知世之所共指者，特情之已發，事之已彰者耳。吾平居暇日，一偏於怒，則雖未嘗殺人，而一念之暴已藏於胸中矣；一偏於愛，則雖未嘗冒貨，而一念之貪已藏於胸中矣；未能寡慾，則雖無沉湎之過，而一念之荒已藏於胸中矣；未能平心，則雖無陰賊之過，而一念之險已藏於胸中矣。四者之根藏於胸中，伏而未發，雖吾亦不自知其惡也。是不猶州吁受寵之初，篡弒之惡已藏於胸中而不自知乎？迨夫一念之惡藏於胸中者既熟，遇事則見，遇物則動，外之惡習召內之惡念，內之惡念應外之惡習。以惡合惡，若川之決，若火之燎，有不能自制者，吁亦危矣！

君子之治心，當明白四達，俾秋毫❸之不正無所容，而後可苟容秋毫之不正焉。猶播一粒之稊稗❹，雖初未見其害，假之以歲月，潤之以雨露，未有不芃然為多稼之賊者。蓋既有此根，必有此苗，欲除稊稗之害，當除稊稗之種可也。然則禁過者苟未知過之所由生，而何暇州吁之笑哉！

【注　釋】❶蠻觸氏之戰　比喻微小之爭。本《莊子・則陽》的寓言，有一個國家在蝸牛的左角，叫觸氏；另個國家在蝸牛的右角，叫蠻氏，常為爭地而戰，死傷無數。❷幾希　無幾；很少。❸秋毫　比喻微細的事物。本指鳥獸到秋天時所長出來的細毛。❹稊稗　泛指田中有害於稻麥的雜草。本是二種實如小米，不能食用的禾本科植物。

【語　譯】還沒表露的情，他人無從知曉；還沒萌動的情，連自己都不會察覺。歷舉天下有跡可考的事件，讓人評論，說何者為善，何者為惡；何者為忠，何者為邪；何者為是，何者為非；何者為誠，何者為偽，尚且所見不一，而無法識得實情，何況是還沒表露出來呢！這就是那些表面威嚴十足而內心膽怯，或表面剛強而內心柔弱的人，所以會使天下後世的人判斷錯誤的原因。情未表露的，已這樣難以知曉，而還有更難知曉的呢！愛賭博的人將淪為竊盜，但當賭博的時候，並沒有當盜竊的意念，到了財物匱乏之時，則演變為竊盜；相互辱罵的人必至於相互鬥毆，而剛辱罵時，彼此並沒有打鬥的意念，忿怒到了極點時，則必相互鬥毆。所以，賭博有成為竊盜的理，辱罵有引起決鬥的理。其意念雖未啟動，其理卻已萌生了，非但別人不能察覺，就連自己也不自覺呢！這豈不是天下最難知曉的嗎？

莊公寵愛州吁，只是過分疼愛自己的兒子，開始時並不知道這將導致弒手足篡君位的禍事。州吁雖然受父親寵愛，開始時也未嘗有弒君篡位的心意。其後因受寵而驕橫，因驕橫而縱恣，因縱恣而暴虐，導致莊姜的厭惡及桓公的疑忌，州吁乃開始擔憂將不免有禍，謀求免禍的心因此而生。有篡國的利益在前誘惑，又有殺身之禍在後逼迫，弒君叛逆的計謀也因此而形成了。州吁在起初豈會料到有這樣的結果？石碏勸諫莊公是好的，只可惜他進言太晚了。當石碏勸諫莊公不能太寵州吁時，州吁受寵已深，對兵戈的愛好也沒有被禁止。如果將其原有的寵愛驟然奪去，能不生怨恨嗎？原本不被禁止的事驟然被禁，能不生忿怒嗎？即使莊公聽從勸諫之言，則莊公父子之間的感情也將大受傷害，又何況莊公不能聽從呢！石碏若能在禍害未萌之前先諫止，則桓公不至於被弒，州吁不至於成叛逆，衛國不至於發生危害，石碏的兒子也不至於被殺了。雖然石碏討賊護國的心凜然長存於衛國，我仍然很遺憾他不能消除災禍於未形成之前，而徒然拯救禍患於形成之後。

唉！衛是狹小的國家，州吁也是微不足道的人物，這種小國的篡弒之爭有如蝸牛角上的蠻氏之戰，根本不值得討論，我卻以為州吁的事應有所戒懼！殺人無所忌憚的，世人稱之為暴虐；貪愛財貨不知節制的，世人稱之為貪婪；沉迷而昏瞶放縱的，世人稱之為荒淫；陰險暴惡詭譎不正的，世人稱之為險詐。若無緣無故以這四種罪名去詆毀他人，能不生氣的實在很少。卻不知世人所共同指責的，只是那些已表露出來的情，已彰顯出來的事。我平常的時候，些微小事引起了忿怒，雖然不曾殺人，而暴虐之念已存於胸中；些微小事引起了貪愛，雖然不曾貪取財貨，而貪慾之念已存於胸中；不能清心寡慾，雖然沒有沉湎昏惑，而荒淫之念已存於胸中；不能平心靜氣，雖然沒有陰險行惡，而險詐之念已存於胸中。若這四種惡念的根苗藏在胸中，隱伏而未發，即使是我們自己也不知有此惡念。這不就如同州吁受寵之初，篡位弒君的惡念藏伏於胸中而不自知嗎？惡念藏伏於胸中，時機成熟，則遇到事情就顯露，遭遇外物就動念，外在的惡習引發內在的惡念，內在的惡念應合外在的惡習。使惡習與惡念相合，有如川河潰決，野火燎原，一發不可收拾而不能自制。到了這種地步，州吁的處境就很危險了。

君子修養心性，應當求澄澈明達，不使絲毫不正之念存於胸中，而後才能包容外在的細微不正，而不受影響。如同播下一粒稊稗的種子，雖然起初看不出會有什麼禍害，若給它成長的時間，並用雨露去滋潤，則沒有不繁茂而成為各種農作物之害的。因此，有這樣的根，必會生出這樣的苗，想要除去稊稗之害，就當先除去稊稗的種子。然而盡忠勸諫以避免過失的人，若根本不明白過失是從哪裏產生的，如何不被州吁之徒所取笑呢！

【研　析】本文大體可分四段，第一段說明情未表露，別人無從知道；情未動而理已萌，可是人並不自覺，所以情是難以捉摸的。這是全文立論的張本。第二段說明莊公寵州吁，並不知道會造成禍害，州吁起初也沒有篡弒之心，到後來主客觀情勢形成不得不篡弒之勢，石碏勸諫之時，主客觀情勢已難以扭轉。第三段指出小國篡弒是小事，原沒有討論的價值，但不知一念之惡為害之大，常為人所疏忽，這是大事，就值得注意。第四段論君子修身，要先正心去惡念，以除禍害根苗。

本篇作法與前幾篇略有不同，因為前幾篇是有意在立論上標新立異，而本篇則討論另外的問題。前幾篇猶如從不同的立足點，指出不同的景觀，本篇則另闢蹊徑，而所見則別有洞天，兩種方法都可以達到避免人云亦云以求新奇的效果。

臧僖伯諫觀魚　隱公五年

【題　解】魯隱公五年（西元前七一八年），隱公要到棠（今山東省魚臺縣西南）去看人捕魚以為戲樂，臧僖伯（即公子彄，字子臧，是魯孝公之子）勸阻說：「凡是物品不能用在祭祀和兵戎上，它的材料不能用來製作禮器和兵器的，國君都不要有所舉動。」隱公就說：「我是打算去視察邊境的。」臧僖伯託病不肯前往，隱公還是去了。

呂祖謙認為要勸戒國君所樂之事，不外戒之以禍、喻之以理、悟之以心，而以悟之以心最為有效。臧僖伯勸阻不成，就是因為未能悟之以心的緣故。

遊宴之逸，人君之所樂也；諫諍之直，人君之所不樂也。以其所不樂，而欲奪其所樂，此人臣之進諫所以每患其難入也。然則進諫之道將奈何？曰：進諫之道，使人君畏吾之言，不若使人君信吾之言；使人君信吾之言，不若使人君樂吾之言。戒之以禍者，所以使人君之畏也；諭之以理者，所以使人君之信也；悟之以心者，所以使人君之樂也。

舉天寶之亂，而不能輟驪山之行❶；舉臺城之圍，而不能解憲宗佛骨之惑❷，豈非徒以禍戒之，而未嘗以理諭之耶？論朝會之禮，而不能止莊公之觀社❸；論律呂之本，而不能已景王之鑄鐘❹，豈非徒以理諭之，而未嘗以心悟之耶？蓋禍固可使人畏，然遇驕慢而不畏者，則吾說窮矣；理固可使人信，然遇昏惑而不信者，則吾說窮矣。臧僖伯之諫隱公，先之以不軌不物之禍❺，次之以蒐狩治兵之理，其言深切著明，可使人畏，可使人信，然訖不能回隱公觀魚之轅者，殆未嘗以心悟之也？

彼隱公之心，方溺於觀魚之樂，雖有顯禍，將不暇顧；雖有至理，將不暇信。僖伯無以開其心，而徒欲奪其樂，亦疏矣。為僖伯者，誠能以吾道之樂，易觀魚之樂，使隱公之心怡然自得，睟於面，盎於背，暢於四支❻，則反視世之所共嗜，若犬馬，若聲色，若珠玉，若文繡，曾土芥瓦礫之不如也。雖與之觀天池之鯤❼，龍門之鯉❽，鬣翻雲而鱗橫海者，猶不足以易吾之真樂，況一勺之棠水乎？

吾嘗論之，人君之遊宴，畏人之言而止者，是特不敢為而未知其不當為也；信人之言而止者，知其不當為而未知其不足為也。惟釋然心悟，然後知其不足為，知其不足為，雖勸之為亦不為矣！

【注　釋】❶舉天寶之亂二句　事見《資治通鑑》卷二四三。唐敬宗於寶曆元年（西元八二五年），要到驪山溫泉，左僕射李絳、諫議大夫張仲方等屢諫不聽，拾遺張權輿，伏於紫宸殿下，叩頭諫道：「以前周幽王在驪山為犬戎所殺，秦始皇葬在驪山而秦亡，唐玄宗在驪山建宮殿而有安祿山之亂，先帝臨幸驪山而享年不長（穆宗死時年三十）。」唐敬宗卻說：「驪山如果那麼凶險，我應該去驗證一下。」所以仍然前往，而當天回來。對左右說：「我不是好好的，那些叩頭勸諫的話，怎麼可信！」敬宗第二年被害，年僅十八。驪山在今陝西省臨潼縣東南，唐玄宗於此置華清宮，即楊貴妃浴身處，為溫泉勝地。❷舉臺城之圍二句　事見《舊唐書》及《新唐書》韓愈本傳。元和十四年（西元八一九年），唐憲宗遣使往鳳翔迎佛骨，入宮三日，才送佛寺，韓愈上表勸諫，說明古代帝王在位都很長，漢明帝佛法傳入中國，在位才十八年，其後亂亡相繼，在位不久。宋、齊、梁、陳、元魏以下，敬事佛法，年代更短，唯梁武帝在位四十八年，前後三次捨身施佛，宗廟祭祀不用牲牢，自己吃素，後來卻為侯景所逼，餓死臺城。唐憲宗大怒，要將韓愈處死，後經裴度等力救，才貶為潮州刺史。臺城，在今江蘇省江寧縣北，玄武湖邊。❸論朝會之禮二句　魯莊公二十三年（西元前六七一年）夏天，莊公去齊國看祭祀社神，曹劌以不合禮制勸阻之，但莊公不聽。事見《左傳》及《國語》。❹論律呂之本二句　依《國語・周語下》周景王於他在位的第二十三年（西元前五二二年），將鑄大鐘，單穆公以為不可，王不聽而問伶州鳩，伶州鳩論音樂之道以勸阻之，王仍不聽。次年鐘成，王再過一年而崩逝。也見於《左傳》昭公二十一年。律呂，為樂律之統稱。因古代樂律有陽律、陰律各六，合為十二律，陽六曰律，陰六曰呂，乃合稱律呂。❺不軌不物之禍　臧僖伯說演習祭祀和兵戎以端正法度，叫做軌；選取材料以製作重要器物，叫做物。事情不合於軌和物的，叫做亂政。❻睟於面盎於背暢於四支　本指君子將仁義禮智根植在心中，發出純和溫潤的神色，表現於顏面，反應於肩背，以至於手足四肢。語本《孟子・盡心上》，而為有德者之儀態。❼天池之鯤　寓言中大海中能化為鵬的大鯤魚。依《莊子・逍遙遊》，說北冥有魚，名叫鯤，鯤也不知幾千里大，變化為鳥，就叫做鵬，鵬的背也不知有幾千里寬。怒而飛起，牠的翅膀就像垂天之雲。這鳥在海上運行不息，將徙於南冥，而南冥就是天池。❽龍門之鯉　在龍門力爭上游的鯉魚。依辛氏《三秦記》，河津，一名龍門，水險不通，連魚鱉也都游不上去，江海大魚集於龍門下，能上得去就化為龍。所以有所謂「一登龍門，聲價十倍。」而科舉落第，則稱暴鰓龍門。

【語　譯】嬉戲宴遊的逸樂，是國君所喜歡的；疾直的勸諫，則是國君所不樂意聽的。想以他所不樂意聽的話，奪去他所喜歡的事，所以為人臣者進諫時，總是憂慮國君難以聽得進去。那麼勸諫之道應該如何呢？我認為：勸諫之道，與其使君王懼怕我所說的話，不如使君王相信我所說的話；而與其使君王相信我所說的話，又不如使君王樂於聽從我所說的話。以災禍去警告，可以使君王懼怕；用道理去說明，可以使君王相信；而讓君王心中有所感悟，才可以使君王樂於聽從。

張權輿舉出玄宗天寶年間的安史之亂，並不能阻止唐敬宗前往驪山溫泉；韓愈舉出梁武帝餓死臺城的慘劇，也不能阻止唐憲宗接迎佛骨，這豈不是只以災禍警告，而未曾以道理說明？曹劌說明君王間朝會的禮制，並不能阻止魯莊公前往齊國觀看社祭；伶州鳩談論音樂之道，也不能阻止周景王鑄造大鐘，這豈不只是說明道理，而未曾感悟其心？因此，災禍固然可以使人懼怕，若遇到傲慢而無所畏懼的人，我們說的話就無濟於事了；道理固然可以使人信服，若遇到昏庸迷糊而不能明理信達的人，我們說的話也就無濟於事了。臧僖伯勸諫隱公，先以祭祀兵戎及器物不合法度的禍害作為警告，再說明春冬狩獵及治兵的道理，他的言辭深切而顯明，可以使人畏懼，也可以使人信服，而最後仍不能止住隱公觀魚的車馬，那該是沒有使他的心確實有所覺悟吧？

那時隱公的心正沉迷於觀魚的樂趣，雖將有明顯的禍害，也沒有工夫去顧慮；雖然有明確的道理擺在跟前，也沒有工夫去相信。臧僖伯並沒有開悟隱公的心，而只想奪除他的樂趣，這勸諫也未免太粗疏了！站在僖伯的立場，若真能以我輩習道之樂，去替代觀魚之樂，使隱公的心，怡然自得，於是純和溫潤的神色，表現於顏面，反應於四體，這時隱公回頭看世俗所共有嗜好的，像名犬駿馬、聲樂女色、珠寶玉器、五彩織錦等，連泥土草芥、瓦片碎石都還不如呢！這時雖願與他共同觀賞海中大鯤魚、躍龍門的鯉魚，或鰭能翻雲、鱗能橫海的大魚，也不足以替代得到真正的快樂，更何況是小小的棠地之水呢？

我曾經討論過，大概為人君者嬉戲宴樂，因害怕別人諍諫而停止的，只是不敢做，而不知道那是不應該做的；若因信服別人所說的道理而停止，只是知道不應該去做，而不認為那是不值得去做的。惟有心中覺悟，然後才能知道那是不值得做的，知道那是不值得做的，即使有人勸他，他也不會去做了！

【研　析】本文暗取《論語・雍也》孔子所謂「知之者不如好之者，好之者不如樂之者」，也將進諫之道分為三個層次：「使其君畏之者不如使其信之者，使其信之者不如使其樂之者」，為全篇立論的張本，作為文章的第一段。第二段是列舉古事，印證進諫失敗，大多只是恐之以禍，而不能喻之以理；或只是喻之以理，而不能悟之以心。然後再點到題目，指出臧僖伯諫觀魚，就是沒有悟之以心所以無效。第三段說明魯隱公已溺於觀魚之樂，只有悟之以心，才能收效。第四段從「不敢為」不如「知其不當為」，「知其不當為」不如「知其不足為」，說明使其釋然心悟而不肯為，那才是根本之道，以呼應前面所說的三個層次，以收束全文。

臧僖伯諫隱公觀魚，這當然是對的。既然是對的，就難以發揮議論。但呂祖謙將進諫之道分為三個層次，於是推論出一大篇議論來，並且列舉歷代故實，支持自己的論點，以增加說服力，這都是寫議論很可取法的方式。

鄭敗燕

隱公五年　鄭敗北戎　隱公九年　楚敗鄧　桓公九年　商密降秦　僖公二十五年　鄭敗宋　成公十六年　楚滅舒庸　成公十七年　楚敗吳滅舒鳩　襄公十五年　晉滅肥　昭公十二年　晉滅陸渾　昭公十五年　吳敗楚取餘皇　昭公十七年　吳敗胡沈陳三國　昭公二十三年　越敗吳於檇李　定公十四年　越敗吳於笠澤　哀公十七年

【題　解】隱公五年（西元前七一八年）四月，鄭人侵襲衛國，衛人帶領南燕軍隊攻打鄭國，鄭國的祭足、原繁、洩駕帶領三軍在其前，由曼伯和子元偷偷率領制地的軍隊襲其後，燕人戒懼鄭國的三軍，而沒有防備從制地來的軍隊，所以被打敗。鄭國以虛虛實實誤導燕人，而打敗了燕軍，呂祖謙借此以論用兵之道。

用兵使詐的事，在《左傳》記載不少，所以呂祖謙就將隱公九年鄭敗北戎等十二件事（詳見題目所列），全部放在一起加以統括，但文中除了提到鄭敗燕和鄭敗北戎之外，其他一概不提。

兵者，君子之所長，小人之所短，此理之必然，而世未有知其然者也。吾嘗以是理試語於眾矣，談兵之士勃然而見難曰：「君子何為而名君子？」吾應之曰：「誠而已矣！」「小人何為而名小人？」吾應之曰：「詐而已矣！」難者曰：「果如是，則兵者乃小人之所長，而君子之所短也。萬物皆賤詐，惟兵獨貴詐。君臣相詐，則其國危；父子相詐，則其家敗；兄弟相詐，則其親離；朋友相詐，則其交疏；商賈相詐，則其業廢。至於用兵，小詐則小勝，大詐則大勝。小人長於詐，故其用兵亦長；君子短於詐，故其用兵亦短。自曼伯❶以降，制勝不同，同歸於詐。是數子者，苟以君子長者之道處之，安能成其功乎？故儒家之小人，兵家之君子也；兵家之君子，儒家之小人也。彼區區忠信誠愨，何足稱於孫吳❷之門哉？」

吾應之曰：「吾姑言其理耳。今子舉前古之事以攻之，以子之事證吾之理，益知兵非君子莫能用也。春秋諸子所以能收一日之功，特以小人而遇小人耳，若君子遇之，雖聚鄭楚秦晉十餘國之眾為一軍，合曼伯子突❸十餘人之知為一將，吾知談笑麾之綽綽乎有餘裕矣。吾非為大言以誇眾也，亦理之必然者也。蓋君子之於兵，無所不用其誠，世未有誠而輕者，敵雖欲誘之，烏得而誘之？世未有誠而貪者，敵雖欲餌之，烏得而餌之？世未有誠而擾者，敵雖欲亂之，烏得而亂之？用是誠以撫御，則眾皆不疑，非反間之所能惑也；用是誠以備禦，則眾皆不怠，非詭謀之所能誤也。

「彼向之所以取勝者，因其輕而入焉，因其貪而入焉，因其擾而入焉，因其疑而入焉，因其怠而入焉。一誠既立，五患皆除，兕無所投其角，兵無所投其刃，曼伯子突之徒無所投其詐矣。豈特曼伯子突之徒哉？縱使盡號召自古之知兵者環而攻之，聚而謀之，雖極其詐計至於百，君子待之一而已矣；又極其詐計至於千，君子待之亦一而已矣；又極其詐計至於萬，君子待之亦一而已矣。彼之詐至於萬而不足，我之誠守其一而有餘，彼常勞而我常佚，彼常動而我常靜，以佚制勞，以靜制動，豈非天下常勝之道乎？然則天下之善用兵者，不得不歸之君子，用兵之善者，固無出於君子矣。

「然自古書帝籍而勒景鐘❹者，黥髡盜販❺相望於史，而宋襄❻陳餘❼之流每以仁義為天下笑，抑又何也？蓋盡小人之術者，方無愧於小人之名；盡君子之道者，方無愧於君子之名。世之所謂小人，已極其術，稱小人之名者也；世之所謂君子，未得其道，託君子之名者也。以偽君子對真小人，持一日之誠而欲破百年之詐，安得而不敗哉？舉斧以伐木，苟不能仆焉，謂斧之鈍則可，謂木勝斧則不可也；酌水以沃火，苟不能息焉，謂水之微則可，謂火勝水則不可也。安得以宋襄輩遂疑君子之短於兵哉？」

【注釋】❶曼伯　鄭國公子，名忽，後為鄭昭公（西元前六九七—前六九五年在位）。❷孫吳　孫武和吳起。孫武，齊人，為吳王闔廬任為將，破楚，顯名諸侯，著《孫子兵法》。吳起，衛人，曾任魯、魏、楚為將，也有兵法傳世，所以常以二人為兵家之代表。事見《史記・孫子吳起列傳》。❸子突　鄭國公子，名突，字子元，隱公五年與曼伯以制地的軍隊，出其不意，敗南燕。隱公九年，北戎侵鄭，鄭伯怕戎兵從後超越來進犯，子突說：「我們可以派勇而無剛的兵士，和敵人一接觸就後退，而我們設下三批伏兵等著他們，戎人輕率而不整肅，貪婪而不團結，戰勝了各不相讓，戰敗了各不相救，看到財物，只顧前進，遭遇伏兵，必快奔逃。」果如其言，鄭兵把戎軍截斷，前後夾攻，大敗戎軍。子突，後為鄭厲公（西元前七〇〇—前六九七年在位）。❹勒景鐘　立大功，將姓名刻載在大鐘之上。春秋時，晉大夫魏顆，得結草之報，俘秦將杜回，其功勳銘於景公鐘之上，後來以景鐘為褒功的典故。❺黥髡盜販　指淪為罪犯、盜匪或販夫走卒。黥，古代肉刑之一，於額上刺字，即墨刑。髡，古剃髮之刑。❻宋襄　（？—西元前六三七年）春秋時，宋國國君，宋桓公子，姓子，名茲父，繼齊桓公為諸侯盟主，西元前六三八年與楚兵戰於泓水，楚兵強大，他以仁義之師自命，等待楚兵渡河列陣後再戰，結果大敗受傷，於次年不治而死。❼陳餘　（？—西元前二〇四年）秦末大梁人，初與張耳投陳勝的義軍，取趙地後，遊說武臣自立為趙王，武臣死，又別立趙歇為王，趙歇也封陳餘為代王，後來張耳降漢，與韓信軍共擊殺陳餘。事見《史記・張耳陳餘列傳》。

【語譯】用兵是君子所擅長，小人所不擅長的，這是必然的，而世俗卻不知道其中的道理。我曾經試著把這個道理告訴眾人，那些談論用兵的人變了臉色地問我說：「君子為什麼被稱為君子？」我回答說：「他們能做到一個誠字罷了！」「小人為什麼被稱為小人呢？」我回答說：「他們擅長一個詐字罷了！」責問我的人說：「如果是這樣，那麼用兵乃是小人所擅長，而為君子所不擅長。人世萬事萬物都鄙賤詐術，只有兵家崇尚詐術。君臣相欺詐，國家必至於傾危；父子相欺詐，家庭必至於破敗；兄弟相欺詐，親情必將疏離；朋友相欺詐，交情必趨於疏淺；商人相欺詐，事業必將敗壞。至於用兵之道，使小詐得小勝，使大詐獲大勝。小人長於用詐，所以也長於用兵；君子拙於使詐，所以也拙於用兵。自曼伯以來，制勝之道，各有不同，但總歸於用詐取勝。這些常勝的兵家，如果以君子長者之道來處理用兵的事，怎麼可能成就這些戰功呢？因此，儒家所謂的小人，是兵家的君子，而兵家所謂的君子，卻被儒家視為小人。那些謹守忠信誠懇的人，在孫吳兵家之門如何能得到稱許呢？」

我回答說：「我姑且講述其中的道理。今天您例舉古代的事來責問我，其實以您所舉之事來驗證我所說的道理，更能看出不是君子是不能用兵的。春秋時候各兵家所以能得一時的戰功，只是因為小人遇上小人的緣故，如果遇上君子，即使聚集鄭楚秦晉等十餘國之眾成為一支軍隊，集合曼伯、子突等十餘人的才智在一個將領的身上，但我仍然知道君子能在談笑間指揮軍隊，對付他們是綽綽有餘的！我不是在眾人面前加以誇張說大話，而是在道理上必然是這樣的。因為君子用兵，沒有不盡其誠的。世上沒有盡心誠懇的人會輕忽的，敵人雖想要誘騙他，怎麼能誘騙呢？世上沒有盡心誠懇的人會貪婪的，敵人雖想要利誘他，怎麼能利誘呢？世上沒有盡心誠懇的人會紛亂沒有主意的，敵人雖想要擾亂他，怎麼能擾亂呢？以坦誠懇切來安撫部下，領導軍隊，則眾人都信服不疑，不是反間計所能迷惑的；以誠懇切實來守備防禦，則眾人不敢有所懈怠，不是任何陰謀詭計所能陷害的。

「從前他們所以能打勝仗，是因對方的輕忽而上當，因對方的貪婪而進入圈套，因對方陣營的紛擾而得逞，因對方相互的疑懼而被陷害，因對方守備的懈怠而使人有機可乘。如果以誠立信，以上五種禍患都可免除，連犀牛也用不上牠的銳角，兵刃都找不到縫隙，曼伯、子突之輩也無法使其詐術。又豈止是曼伯、子突之輩呢？縱使號召自古以來所有善於用兵的人，包圍而攻打他，聚集而騷擾他，雖然使用上百個險詐的計謀，君子所對付的方法，只有一個——誠而已；又使用上千個險詐的計謀，君子所對付的方法，也只有一個——誠而已；再極盡上萬個險詐的陰謀，君子所對付的方法，仍只有一個——誠而已。在君子來說，敵人使用了上萬個詐謀還不足以得逞，我謹守著一貫的誠意而綽有餘裕，敵人經常勞神費力，而我則安逸以待，敵人常動而我則常靜，以逸待勞，以靜制動，豈不是用兵常勝之道嗎？那麼，天下間最能用兵的，不得不歸之於君子；用兵用得最好的，也沒有人能勝過君子了。

「然而自古以來，有功的人將姓名留於帝王的功勞簿上，刻載在大鐘之上，後來犯了罪被刺字、剃髮，或淪為盜匪及販夫走卒的，前後連綿不斷，不知凡幾，而宋襄、陳餘之輩以仁義之名而為天下所笑，這又是什麼緣故呢？因為極盡小人的所作所為，才無愧於小人之名；極盡君子之所作所為，才無愧於君子之名。世上所謂的小人，都已極盡其小人作為，稱得上是真小人了；而世上所謂的君子，根本不得君子之道，卻假託君子之名。以偽君子來對付真小人，僅持守著短暫的一日之誠，卻想突破百年的詐計，怎麼可能不失敗呢？舉斧頭以砍伐樹木，如果樹木不能砍倒，說斧頭太鈍是可以的，認為木頭勝過斧頭就不可以了；用瓢子取水去澆火，如果火不能熄滅，說水太少是可以的，認為火勝過水就不可以了。怎麼可以因宋襄公之流打了敗仗，就懷疑君子不擅於用兵呢？」

【研　析】本篇採問答體，取〈答客難〉、〈解難〉等賦體的形式。第一段是引論，說明「談兵之士」的主張：兵不厭詐，小人擅於用詐，所以用兵為小人所長。第二段是正論，反駁「談兵之士」的主張，提出君子之誠，非詭謀所能誤。第三段是引申，詳論「誠足以破詐」，所以誠是用兵常勝之道。第四段是結論，說明宋襄、陳餘等以君子自居，卻自取敗辱，實際上只是偽君子對真小人，才遭落敗，不足以否定「惟君子長於用兵」的道理。

賦體多用排比，本篇也多用排比。排比句能增加文章的氣勢，但必須配合各種內容，表現多樣的統一，表達共相的分化，才有其效果。如本篇第一段：「君臣相詐，則其國危；父子相詐，則其家敗；兄弟相詐，則其親離；朋友相詐，則其交疏；商賈相詐，則其業廢。」雖五句排比，因各有所指，所以不嫌重複拖沓。但第三段：「雖極其詐計至於百，君子待之一而已矣；又極其詐計至於千，君子待之亦一而已矣；又極其詐計至於萬，君子待之亦一而已矣。」雖只三句，但意思一樣、內容一樣，所以就顯得累贅了，這是我們使用排比句所不能不注意的。

呂祖謙的文章善用借喻，常用於文章的開頭，作為立論的基礎，但本篇則用於結論，以加強結論的氣勢，各有妙用，這是我們要善加揣摹體會的。

卷二

隱公問羽數於眾仲

隱公五年

【題解】魯隱公五年（西元前七一八年）九月，魯國將祭仲子（惠公夫人，桓公之母）廟，又打算在廟內獻萬舞。隱公向眾仲詢問執羽舞的人數，眾仲回答：「天子用八行，諸侯用六行，大夫四行，士二行。」隱公於是用六佾舞。

呂祖謙感慨周公雖制禮作樂，但在周公死後，成王用天子的禮樂祭周公，於是魯國就沿用天子的八佾，違背周公所訂的法度。隱公時要祭仲子，覺得用八佾不妥，問眾仲而用六佾，這是改革歸正的契機，可惜隱公和眾仲都沒有把握，於是後來連卿大夫都用了八佾，也就難怪孔子說：「是可忍也，孰不可忍也！」

問之名何如哉？問道者未達其道，問禮者未習其禮，問塗者未識其塗，問俗者未通其俗。凡謂之問者，非有所未知必有所未安也。故晉人不問晉，齊人不問齊，秦人不問秦，楚人不問楚，豈非心知之，身安之，無所復待於問耶？

隱公生於魯、長於魯、君於魯，其視魯之舞樂用於禘祠烝嘗❶，不知其幾祭也；動於屈伸綴兆❷不知其幾成❸也。至於考仲子之宮，始問羽數於眾仲，豈真有所不知耶？是必其心有所大不安也。自成王以天子之禮樂祀周公，至於隱公蓋數百年矣。以成王之賢而賜之，以伯禽❹之賢而受之，舉世莫知其非也。其後因而用之群公之廟，舉國亦莫知其非也。隱公生於數百載之後，獨能疑數百載之非，其心蹙然不安，而發於問焉，其天資亦高矣。

眾仲告之以先王之正禮，使六羽之獻，復見於仲子之廟，不可謂無補也。然隱公之問，豈止為仲子一廟而已哉？特因仲子之廟而發耳。為眾仲者，盍申告之曰：「周公制禮作樂，以致太平。天子八佾，諸侯六佾，是乃周公所作之樂也。周公制是樂舞之數，蓋欲行之天下，傳之萬世也。周公在諸侯之位，而僭天子之樂，豈非欲尊周公之身，而廢周公之樂耶？周公欲行之天下，而子孫已亂之；周公欲傳之萬世，而身沒已違之。使周公而有知，吾知其不享魯祭矣！君盍因是舉，正禮樂之僭，復諸侯之舊？告於天子，告於周公之廟，使天下再見周公之禮樂。是魯有二周公也。今獨用六佾於仲子之廟，是以禮處仲子，而不以禮處周公，何其待仲子之厚，而待周公之薄耶？」苟眾仲能為此言，隱公能為此舉，則可以尊王室，可以服諸侯，可以塞亂臣賊子之原，五伯之首不在齊桓而在隱公矣。

　　雖然，此非所以責眾仲也。當成王祀周公以天子之禮樂，雖召公、畢公❺之賢，未嘗固爭，至孔子始慨然有言曰：「魯之郊禘❻非禮也，周公其衰矣！」蓋必入聖人之域，然後知聖人之心。降聖人一等，雖召公、畢公猶不能盡知，況眾仲乎？惟眾仲一失其機，故僭悖之習，流及後世，甚至於季氏以陪臣❼之微，傲然舞八佾於庭，重形孔子之嘆焉。嗚呼！隱公之問，在於三家❽未興之前；孔子之嘆，在於三家既盛之後。防於未興之前，眾人之所易；禁於既盛之後，聖人之所難。吾是以益為隱公惜也！

【注　釋】❶禴祠烝嘗　祭名，祠為春祭，禴為夏祭，烝為秋祭，嘗為冬祭。❷屈伸綴兆　指樂舞的進退和排列位置。《禮記・樂記》：「屈伸俯仰，綴兆舒疾。」❸幾成　指樂曲奏過幾回。樂曲一終為一成。❹伯禽　周公的兒子，受封於魯。見《史記・魯周公世家》。❺召公畢公　周成王的兩個賢臣。召公，周文王庶子，名奭，采邑在召，所以稱召公，成王時與周公分陝而治，有德政。畢公，也是文王庶子，名高，封於畢，治東郊。❻郊禘　郊祭之禘。即祭天而以始祖配之。魯禘祭不合法度，孔子歎之。見《論語・八佾》。❼陪臣　古代諸侯的大夫對王的自稱。意指重（ㄔㄨㄥˊ）臣，是臣子的臣子。諸侯為王之臣，而自己又為諸侯之臣，故以自稱。❽三家　指三桓，即桓公之子共仲、叔牙、季友的後代，為孟孫、叔孫、季孫三家，在魯國很有勢力，他們在家廟用八佾，孔子斥之。見《論語・八佾》。

【語　譯】「問」這件事是怎麼發生的？問道的人是因為還沒明達道理，問禮的人是因為還沒嫻熟禮儀，問路的人是因為還沒認識路徑，問俗的人是因為還沒通曉習俗。大凡一個人有所詢問，如果不是對某些事物有所不知，必然是身心有所不安。所以晉人不去詢問晉國人的事物，齊人不去詢問齊國人的事物，秦人不去詢問秦國人的事物，楚人不去詢問楚國人的事物，難道不是因為心裏都知道了，習以為常，沒有什麼需要去問人家了嗎？

魯隱公誕生在魯國，成長於魯國，又君臨魯國，他看到的魯國樂舞，用於春夏秋冬四時的祭祀，不知道有多少次了；隨著樂曲的演奏，舞步的進退和位置的排列，也不知見過幾回了。直到仲子廟落成祭祀的時候，才向眾仲詢問執羽舞的人數，難道他是真的不知道嗎？想必是他心中有很大的不安吧！自從周成王以天子的禮樂祭祀周公，到魯隱公已經好幾百年了。以成王的賢明做這樣的賞賜，以伯禽的賢能竟也接受了，那時全天下沒有人知道這樣做是不對的。後來因而就把這種禮樂用到歷代魯公的廟祭中，全魯國也沒有人知道這樣做是不對的。隱公生於好幾百年之後，只有他能懷疑這沿襲數百年的錯誤，心中局促不安而提出疑問，他的天資可算是很高了。

眾仲告訴隱公有關先王的正禮，而使六羽樂舞重現於仲子廟中，不能說對傳統錯誤無所補救。然而隱公所詢問的，又豈止是仲子一廟而已？只是借仲子一廟發問罷了。那時眾仲為什麼不進一步告訴他說：「周公制禮作樂，使天下太平。天子八佾，諸侯六佾，乃是周公所制定的樂舞。周公制定這些樂舞的行列人數，是希望能推行於天下，流傳於萬世。周公身居諸侯之位，卻在祭他時僭用天子的樂舞，豈不是想要尊崇周公，反而廢棄周公所制定的禮樂？周公想把制定的樂舞推行於天下，而子孫卻破壞了它；周公想把這種樂舞流傳於萬世，而死後就被違背了。假使周公死而有知，我相信他不會接受魯國這種祭祀。國君何不藉此機會，糾正魯國在禮樂上的僭越，恢復諸侯應有的禮制？向周天子請命，祭告於周公之廟，使天下人重見周公所制定的禮樂。如此一來，魯國就有兩個周公了（指隱公可以成為另一個周公）。今若僅用六佾樂舞於仲子廟，那是以正禮祭祀仲子，而不以正禮祭祀周公了，陛下為什麼要對待仲子這麼厚，卻對待周公這麼薄呢？」如果眾仲能這樣說，隱公也能聽從而遵行，則上可以尊崇王室，使其他的諸侯信服，下可以阻塞亂臣賊子的禍源，那麼五霸之首將不是齊桓公而是魯隱公了。

雖然如此，我並不是要責備眾仲。當周成王以天子的禮樂來祭祀周公時，就連召公、畢公兩位賢人也未曾據理力爭加以勸阻，直到孔子才感慨地說：「魯國的禘祭不合法度，周公的禮樂已經衰敗了！」大概必定要進入聖人的境界，然後才能理解聖人的用心。只要比聖人低一等，即使賢如召公、畢公，也不能完全了解，更何況是眾仲呢？可是眾仲一旦錯過了這個機會，便使得僭越悖亂的惡習，繼續流傳到後世，甚至於季氏以諸侯之臣的卑微身分，也傲然用八佾之舞於宗廟，更使孔子感歎不已。唉！隱公向眾仲詢問樂舞的羽數，是在三家的勢力尚未興起之前；而孔子的感歎，是在三家壯盛之後。凡事情防範於還沒發生之前，是一般人都容易做到的；假如在事情蓬勃發展之後才來禁止，即使聖人也都難以辦成。我因此更為隱公感到惋惜！

【研　析】本篇可分四段，第一段是引子，說明凡有所問，不是有所未知，就是有所未安，以「起」全文。第二段「承」前段，說明隱公之所以會問，就是心所未安，而他對沿襲數百年之非，有所不安，可見天資很高。第三段「轉」論眾仲，說他的回答，固然不無正面的影響，但不能更進一步正禮樂之僭。第四段結論，「合」論眾仲和隱公，說眾仲不能知聖人之心，並惋惜隱公未能及時匡正禮樂之僭。

由於眾仲告之以先王的正禮，使魯國用六佾於仲子之廟，這是值得記上一筆的正禮大事，其中最該稱許的，本該是眾仲，可是呂祖謙不作此論，而先推崇隱公能提出問題，再評眾仲未能因勢利導，但第四段又說這也不能全怪眾仲，因為當年連召公、畢公都不能據「禮」力爭，再以感喟眾仲失去正禮的機會，導致後來連大夫都用了八佾，造成聖人都難以力挽狂瀾的局面作結。如此推論，既有新意，又使文章波瀾迭起，這是他高明的地方。

隱公辭宋使

隱公五年

【題解】魯隱公五年（西元前七一八年），鄭莊公會合周天子的軍隊和邾國的軍隊，攻打宋國，進入了外城，宋國派使者向魯國告急。隱公知其危急，打算出兵救援，問宋使說：「軍隊到了哪裏？」使者騙他說：「還沒到國都呢！」隱公震怒，推辭不出兵。

呂祖謙藉此說明詭辯之術不足恃，《戰國策》中辯士舌底翻蓮以成事，也只是僥倖而已，不幸如宋使不能成事的例子，一定很多，只是不被記載而已。

始吾讀《戰國策》，見儀秦❶髡衍❷之徒，駕其詭辯玩時君於股掌之上，驟使之喜、驟使之怒，驟使之憂、驟使之樂。指川為陸，亦從而謂之陸；指虎為羊，亦從而謂之羊。雖有耳目鼻口，不得自用，而聽辯士之所用。抵掌❸扼腕❹，俯弔仰賀，反晦明於呼吸，變寒暑於須臾，其三寸之舌，實百萬生靈之司命也。及精思而博考之，然後知詭辯初不足恃，彼《戰國策》所載，特幸而成功者耳。

吾姑以兩端明之：趙魏攻韓華陽❺，韓告急於秦，秦不救韓。遣陳筮❻見穰侯❼，穰侯曰：「事急乎？」陳筮曰：「未急也。」穰侯怒曰：「冠蓋相望❽，告敝邑甚急，公來言未急，何也？」陳筮曰：「彼韓急則將變而他從，以未急故復來耳。」穰侯曰：「公無見王，請今發兵救韓。」八日而敗趙魏於華陽之下。是說也，世皆以為工也。鄭伐宋，入其郛，宋人使來告於魯隱公。公聞其入郛也，將救之，問於使者曰：「師何及？」對曰：「未及國。」公怒，乃止，辭使者曰：「君命寡人同恤社稷之難，今問諸使者，曰師未及國，非寡人之所敢知也。」是說也，世皆以為拙也。吾以為陳筮之言未急，宋使之言未及國，其說初無異者。陳筮幸而遇穰侯之聽，故人以其說為工；宋使不幸而遇隱公之怒，故人以其說為拙。陳筮得其時者也，非智也；宋使失其時者也，非愚也。使陳筮而遇隱公則為愚，使宋使而遇穰侯則為智。愚智初無定名，工拙初無定論。以是而推之，凡戰國之策士所以能動時君之聽者，皆出於幸而已，豈區區之說真足恃哉？

杜預謂宋使忿隱公知而故問。是大不然：宋使以鄭師之伐告急於魯，魯隱公問鄭師之所及遠近，此人情之常也。雖聞其入郛，然問諸道路，不如問其使者之為審，則知而復問，亦人情之常也。況宋使之使指專在於鄭師，隱公其可捨鄭師而問他事乎？是則師何及之語，隱公之所當問也，宋使之所當答也。彼使者苟非狂惑喪心，何自而起其忿乎？其所以發未及國之言，蓋亦如陳筮之謀，欲以激魯侯之救耳。不意逢隱公之暴怒，不得嗣進其說，遂至於辱命而歸。是以知詭辯之果不足恃也！自陳筮言之，則回穰侯不救之心，其說似有功；自宋使言之，則沮隱公欲救之意，其說深可罪。利害禍福，特繫乎所逢之時耳。

後世徒見《戰國策》所載百發百中，遂以為正論不如詭辯，君子不如策士。殊不知《戰國策》之書，策士之所作也，書出於策士之手，必不自揚策士之非。其一時之謀議，成者則載之，敗者則刪之；中者則載之，失者則刪之。如陳筮之徒，幸而有功，則大書特書，以示後世；如宋使之徒，敗人之事，不載於書，亦不知其幾何矣？惟合《戰國策》而觀之，然後知策士之謀，得不償失，利不償害。初不能使人之必聽也，吾故表而出之，以為策士之戒。

【注釋】❶儀秦　指張儀和蘇秦。蘇秦（生年不詳，卒於西元前三一七年），戰國時東周洛陽人，最初遊說秦惠王併吞天下，不被任用。後來遊說燕、趙、韓、魏、齊、楚六國，合縱抗秦，佩六國相印，為縱約之長，後來為張儀所破。張儀（生年不詳，卒於西元前三〇九年），戰國時魏人，相傳和蘇秦同為鬼谷子門生，蘇秦合縱六國以抗秦，秦惠王任張儀為相，以連橫遊說六國，使六國背棄縱約而共同事秦。《史記》皆有傳。❷髡衍　指淳于髡和公孫衍。淳于髡，戰國齊稷下人，以博學、滑稽、善辯著稱，齊威王任為大夫，諷威王罷長夜之飲，改革內政，數度出使諸侯，皆完成使命，見《史記・滑稽列傳》及〈孟子荀卿列傳〉。公孫衍，即犀首，在張儀死後，入相秦，曾佩五國相印。《史記》有傳，附於張儀之後。❸抵掌　擊掌。《戰國策・秦策一》：「（蘇秦）見說趙王於華屋之下，抵掌而談，趙王大悅。」❹扼腕　手握其腕，表示激怒、振奮或惋惜。❺趙魏攻韓華陽　發生於韓釐王二十三年（西元前二七三年）。事亦見《史記・韓世家》。華陽，山名，在鄭州管城縣南四十里（今陝西省境）。❻陳筮　本書依《史記・韓世家》作陳筮。《史記索隱》引徐廣之說，一本作陳筌，而《戰國策》作陳茶。但今本《戰國策》作田笭。❼穰侯　（?—西元前二六五年?）即魏冉，戰國秦人，秦昭王母宣太后之異父弟，自惠王、武王任職用事。昭王立，年幼，魏冉為政，封於穰，舉白起為將，先後伐韓、魏、齊、楚，於是秦更強，而魏冉權傾一時。昭王三十六年免相，以范雎代之。《史記》有傳。❽冠蓋相望　指官吏或使臣，一路上絡繹不絕。冠，禮帽。蓋，車蓋。借指官吏。

【語　譯】起初我讀《戰國策》時，見張儀、蘇秦、淳于髡、公孫衍等策士，運用他們的詭辯伎倆，玩弄各國君主於掌股之上，一下子讓他們喜，一下子使他們怒，一下子令他們憂，一下子使他們樂。策士指河川為陸地，國君也跟著說它是陸地；策士指虎為羊，國君也跟著說牠是羊。這些國君雖然也有耳目口鼻，卻不自己做主來使用它，而聽任詭辯之徒所擺布。使國君為之擊掌握腕，或低頭感傷或抬頭慶賀，於呼吸之間變黑暗為光明，於須臾之間變嚴寒為酷暑，其三寸之舌實操縱了百萬生靈的命運。當我經過精密的思索再廣博的考察之後，才知道詭辯之術其實不足以為恃，《戰國策》一書中所記載的，只是僥倖成功的特例。

我姑且以兩件事來說明：趙魏兩國進攻韓國華陽，韓國向秦國告急討援，秦國並不打算出兵救韓。韓國派遣陳筮去見穰侯，穰侯問說：「事態緊急嗎？」陳筮回答說：「還不很緊急。」穰侯很生氣的說：「貴國前來告急的使臣一路上絡繹不絕，閣下卻來告訴我說情況並不危急，這是什麼意思？」陳筮說：「韓國若真危急了，必已歸從他國，就因為情況還不算危急，我才再來請救兵呀！」穰侯說：「閣下不必再去見我國君了，我馬上請求國君發兵解救韓國。」八日之後，秦國便大敗趙魏聯軍於華陽山下，陳筮的說辭，世人都認為非常有技巧。第二個例子是鄭國攻伐宋國，大軍已侵入宋國國都的外城，宋國派遣使者向魯隱公告急。隱公聽說鄭軍已入宋國國都的外城，有意出兵救援，便問使者說：「鄭軍攻到哪裏了？」宋國使者回答說：「還沒攻入都城！」隱公聽了大為震怒，打消了出兵的念頭，向宋國使者推辭說：「貴國國君要求寡人共同體恤社稷的安危，而今我詢問使者，卻告訴我說鄭軍還未攻入都城，這不是寡人所能了解的。」宋國使者的說辭，世人都覺得非常的拙劣。我則認為陳筮說情況並不危急，宋使說還沒攻入都城，兩人的說辭並沒有什麼差異。只是陳筮很幸運，所說的話穰侯聽得進去，所以世人認為他說得有技巧；宋使則不幸而引起隱公的憤怒，所以世人認為他說得拙劣。其實陳筮只是遇到好時機，並不是因為聰明智巧；而宋使只是沒有得到好時機，並不是因為愚笨拙劣。假使陳筮遊說的對象是隱公，結果將使人以為他是愚笨庸劣的使者；若宋使遊說的對象是穰侯，結果也將使人以為他是聰明智巧的使者。因此，愚庸和明智並不是定稱，智巧和拙劣也沒有定論。以這種觀點去推論，則戰國時的策士，所以能說動時君，使他們言聽計從，都出於僥倖而已，哪裏是他們小小的辯術足以憑恃的呢？

杜預認為宋使會作如此的回答，是因氣惱隱公明知故問。其實不然：宋使因鄭國軍隊的攻伐而向魯國告急，魯隱公詢問鄭國軍隊已經攻到何處，這是人之常情。雖然聽說鄭國已攻入宋都外城，然而向不相干的路人打聽消息，還不如詢問宋國的使者更為明確，所以雖然聽到了消息仍然再詢問，也是人之常情。何況宋國使者是專為鄭軍攻宋而來的，隱公怎可不顧鄭國軍隊而詢問其他的事呢？既然如此，則鄭國軍隊已攻打到何處，是隱公所該問的，也是宋使所該答的。宋國使者若不是狂惑而喪失心智，從何引發忿惱之念呢？他之所以說鄭軍還未攻入都城的話，想必是有如陳筮的計謀，想激魯侯出兵救宋。沒想到卻引起了隱公的暴怒，不得繼續遊說之詞，以至有辱使命而回。由此可知詭辯之術果然不足以為恃！從陳筮來說，他能轉變穰侯無意出兵的念頭，他的遊說似乎有莫大的功勞；從宋使來說，他打消隱公有意出兵的意圖，他的遊說則是莫大的罪過。利害禍福只是關係著所逢的時機而已。

後世的人只見《戰國策》記載策士的遊說，百發百中，就認為正理之論不如詭辯之術，君子之說不如策士之辯。殊不知《戰國策》這本書，是策士所作的，書既然出於策士之手，必然不會去張揚策士的缺失。他們一時的謀議，若成功了就記載下來，失敗了就刪去不記；若得逞了則留下記錄，不得逞則棄而不提。如陳筮之輩，僥倖而有功，則大書特書，以示於後世；而如宋使之輩，失敗者的事，不記載於書中的，也不知還有多少？惟有合上《戰國策》此書，而縱觀古今，然後才能知道策士的謀略，得不償失，利不償害。這樣的論調，當時不能使人完全聽信，我特地指出來，以作為策士的戒惕。

【研析】我們仔細推敲這篇文章，可知作者立論，是依魯隱公辭宋使而不救，認定陳筮激穰侯救韓的成功，完全是僥倖。於是斷言《戰國策》只是將策士僥倖得逞的加以大書特書而已，所以更進一步論定：策士之謀，得不償失。這種層層推論，是演繹的，不是歸納的，前提並不確定，立論也不堅實，可是他用了最標準的「起承轉合」的議論文作法，於是也產生了令人信服的效果。

宋使答魯隱公，與陳筮激穰侯，固然有點相似，但是並不完全相同。秦不救韓，所以陳筮激穰侯；魯將救宋，宋使何必激魯隱公？陳筮能揣機心，而宋使不度君意，應是成敗的關鍵，而戰國時代君王善用策士以成事者，於史冊斑斑可考，豈能一筆抹殺？呂氏為文，先點明主題，為議論之張本，說明自己以前也被誤導，如今有所醒悟。這種現身說法，指出你的想法正是他以前錯誤的想法，是很具有說服力和吸引力的。第二段舉出陳筮激穰侯以救韓，與宋使答魯隱公相似，可是一個成功另一個失敗了，於是他說其成敗無關智愚，只是幸與不幸而已。這當然是言之成理。第三段駁杜預「宋使忿隱公明知故問」之說，以鞏固他自己的觀點。第四段說明《戰國策》是成於策士之手，成功的被記載，失敗的被刪削，其實策士之謀，恐怕敗多於成，所以得不償失、利不償害。經他如此推論，也就順理成章了，讀者由此可深體文章三昧。

鄭伯侵陳大獲

隱公六年

【題解】魯隱公六年（西元前七一七年），鄭國侵襲陳國，俘獲很多人和財物，這導源於往年鄭國要和陳國媾和，陳桓公以為宋國和衛國才足以掛慮。「鄭何能為」？所以不顧陳公子五父的勸諫，沒有答應，才招致這次鄭伯入侵，陳國損失慘重。《左傳》引君子之言，說「善不可失，惡不可長」，呂祖謙稱許《左傳》的評論，以為「何能為」是「一言喪邦」。舉出古往今來，多少以為「何能為」而輕忽，招致嚴重後果的例子，強調「掉以輕心」的可怕。

盛怒不發於微罪，峻責不加於小疵，此人情之常也。陳侯不許鄭伯之請成，遂至於見伐，其失講信修睦之義固可責矣。然春秋諸侯，一戰一和，一通一絕，習以為常，如陳侯之罪，晉楚齊秦以降，莫不有之也。左氏乃深排而力詆之，至以謂如火之燎于原不可鄉邇❶。雖大無道之君責之不過如是，何其遠於人情耶？以左氏之言，較陳侯之過，猶犯笞杖之罪，而加斧鉞之刑；逋升斗之租，而責倉廩之粟。苟左氏愚人也則可，使左氏少知治體，豈容若是之舛耶？辭之嚴，責之峻，是必有深意存於其間也。

天下之事，成於懼而敗於忽，懼者福之原也，忽者禍之門也。陳侯以宋衛之強而懼之，以鄭之弱而忽之，遂以為鄭何能為而不許其成。及兵連禍結，不發於所懼之宋衛，而發於所忽之鄭，則忽者豈非禍之門耶？雖鄭師之所侵，不過毀盧舍，敺老弱，略牛馬，然推「鄭何能為」之一語，實亡國敗家之本，殆古人所謂「一言而喪邦」者也。秦弱百姓而備匈奴❷，豈非懼匈奴之勢強，而謂百姓何能為乎？然亡秦者非匈奴也，乃何能為之百姓也；漢抑宗室而任外戚❸，豈非懼宗室之勢迫，而謂外戚何能為乎？然亡漢者非宗室也，乃何能為之外戚也。晉武帝以戎狄何能為而不徙❹，故卒亡於戎狄；隋煬帝以盜賊何能為而不戒，故卒亡於盜賊。以至項羽之視高帝❺，王莽之視漢兵，梁武之視侯景❻，明皇之視祿山❼，皆始以為何能為，而終至於敗亡也。是則陳侯「何能為」之一語，實千載亂亡之所自出，左氏安得不深排而力詆之乎？

嗚呼！君子之論，常得其本；眾人之論，常得其末。凡人臣之深戒人君者，必曰暴虐也、淫侈也、拒諫也、黷武也，皆人君之大禁也。至於論桀紂幽厲之惡，亦必以前數者歸之。殊不知是數者，皆末也，其本果安在哉？人君必謂民怨何能為，故敢暴虐；必謂財匱何能為，故敢淫侈；必謂爭臣何能為，故敢拒諫；必謂窮兵何能為，故敢黷武。是則何能為者，萬惡之所從生也。苟不探其本，則何能為之言，雖有致亂之端，而未有致亂之形；雖有可畏之實，而未有可畏之迹。非知幾之君子，孰能遏滔天之浪於涓涓之始乎？深矣哉！左氏之論也。

【注　釋】❶如火之燎于原不可鄉邇　像火燃原野，不可接近。原為《書・盤庚》上的文字，為《左傳》所引。鄉邇，原作嚮邇，指面對走近。❷秦弱百姓而備匈奴　依《史記・秦始皇本紀》，秦始皇三十二年，得「亡秦者胡」的圖籙，於是使蒙恬發兵三十萬，北擊匈奴地，加築長城。❸漢抑宗室而任外戚　漢抑宗室而有七國之亂，西漢末葉外戚王氏、丁氏、傅氏專權。王家有五人同日封侯，世稱五侯，終至為王莽所篡。❹晉武帝以戎狄何能為而不徙　依《通鑑輯覽》晉武帝太康十年，任用戎狄為都督都尉，太子洗馬江統作〈徙戎論〉，朝廷不能用，後五胡亂華，西晉滅亡。❺高帝　指漢高祖。項羽以為劉邦不足為患，鴻門宴未殺劉邦，後來劉邦滅項羽。❻侯景　南朝梁懷朔鎮人，初為北朝魏爾朱榮將，後歸高歡，高歡死，附梁，梁封為河南王，舉兵叛變，攻破建康，梁武帝被圍於臺城而餓死，侯景自立為漢帝，後為梁將陳霸先、王僧辯擊敗，逃亡時被部下殺死。❼祿山　即安祿山，唐營州柳城人，本姓康，初名軋犖山，隨母嫁而改姓名，通曉諸族語言，唐玄宗（即明皇）時，任平盧、范陽、河東三鎮節度使。天寶四年冬起兵叛亂，先後攻陷長安、洛陽，稱雄武皇帝，國號燕，後為其子所殺。

【語　譯】微小的罪過不會引發極度的忿怒，微小的錯失不會施加嚴峻的責備，這是人之常情。陳侯不答應鄭伯和解的請求，以致被攻伐，陳侯有失講信修睦的道義，本來是可以責備的。然而春秋時候的諸侯，時而爭戰，時而講和，時而通好，時而絕交，原本是習以為常的事，像陳侯這樣微小的罪過，晉楚齊秦以下，各國沒有不犯的。左丘明卻深為排斥而極力批評，甚至比喻這件事像火燒原野，不可接近。即使是大惡無道的國君，所遭受的譴責也不過如此，陳侯所遭受的責備為何這麼嚴苛而不近人情呢？以左丘明的評論，來衡量陳侯的過失，猶如只犯了應加以笞杖之罪，卻處以斧鉞之刑了；又如只拖欠了幾升斗的租稅，卻催繳一倉庫的粟糧。如果左丘明是個愚庸不知輕重的人，那也就罷了，如果說左丘明略知治國的體要，豈能如此離譜？《左傳》言辭這樣的嚴厲，責備如此的苛刻，想必有深一層的含義存在於其中。

天下事都因戒懼而能成功，因輕忽而導致失敗，因此，戒懼是福分的源頭，輕忽則是災禍的門檻。陳侯由於宋衛兩國勢力強大而深加戒懼，由於鄭國的弱小而掉以輕心，就認為鄭國沒什麼作為而不答應與他和解。一旦兵禍連連，外患不已，這禍患卻不是來自他所戒懼的宋衛，而來自他所輕忽的鄭國，則輕忽豈不是禍亂的門檻嗎？雖然鄭國軍隊的入侵，只是毀壞房舍，欺凌老弱，掠奪牛馬，然而推其原，陳侯所說「鄭國能夠作什麼」這一句話，實在是使國家敗亡的禍根，該是古人所謂的「一句話就可以招致亡國」的那種話了。

秦朝剝削老百姓而加強防備匈奴，豈不也是戒懼匈奴勢力的強大，而認為老百姓能夠怎樣呢？然而使秦帝國覆亡的不是匈奴，而是被認為不能夠怎樣的老百姓；漢朝壓抑宗室而任用外戚，豈不也是戒懼皇族的勢力強大，而認為外戚不會怎樣嗎？然而滅亡西漢王朝的不是宗室，而是被認為不會怎樣的外戚。晉武帝認為戎狄不能夠怎樣，而不將他們遷出關外，終於使西晉亡於戎狄之手；隋煬帝認為盜賊不能有什麼作為，而不加以警戒，終於使隋朝斷送於盜賊之手。至於項羽眼中的劉邦，王莽眼中的漢兵，梁武帝眼中的侯景，唐明皇眼中的安祿山，都是在開始時，認為他們不會怎樣，而終於導致敗身亡國。如此，則陳侯所說「不能夠怎樣」這一句話，實在是千百年來禍亂敗亡的源頭，左丘明怎能不深加排斥而極力批評呢？

唉！君子所作的評論，常能點出癥結的所在；而一般人的論點，則局限於枝節末葉。凡為人臣所深戒於人君的，如暴虐無道、淫佚奢侈、拒不納諫、窮兵黷武等，都是為人君者的大忌。至於評論夏桀、商紂、幽王、厲王的罪行時，也必將前數項罪名歸在他們身上。殊不知這幾項罪名都是末節，根本的癥結究竟在哪裏呢？這些為人君的，必然說民心怨怒不能怎樣，所以敢暴虐無道；必然說財庫匱乏沒有什麼關係，所以敢淫佚奢侈；必然說諫臣不能夠怎樣，所以敢拒不納諫；必然說窮兵黷武不會怎樣，所以敢輕易發動戰爭。可見「不能夠怎樣」這句話，是導致萬惡的根源。若不去探究根本，則「不能夠怎樣」這句話，雖是導致動亂的原因，卻沒有立刻形成動亂；雖說有可怕的事實會發生，卻沒有明顯的可怕跡象。若不是見微知著的君子，誰能在滔天的大浪尚未形成之前，就先遏止涓涓的細流呢？由此可知，左丘明的論點是多麼深刻啊！

【研　析】全篇是在闡發：「天下之事，成於懼而敗於忽，懼者福之原，忽者禍之門。」起首以《左傳》對陳侯失其修睦之義，嚴辭峻責，必有深意，作為全文起首，以引出自己的見解。第二段一開始，即揭櫫全文主題，然後推衍排開，先說陳侯以鄭弱而忽之，說：「鄭何能為？」這句話實為亡國敗家之本。第三段引許多歷史上的君主，都是輕忽某些人，以為他們不會怎樣，終為他們所敗的例子，以說明輕忽之可怕。第四段則指君主常輕忽某些事以致亂，探其本，都是以為「何能為」而掉以輕心所致，歎《左傳》之論有深意作結，以首尾呼應。這種第一段引言，第二段正論，第三段舉證，第四段作結，則是議論文的另一種作法。用這種寫法，最後的結論，不但要確立第二段的正論，還要呼應第一段的引言。

全文用了十五次「何能為」，每舉一人一事，都點出「何能為」，為全文之眼目，以強化其警惕。如果不是眼目主題之所在，則過多的重複應用，是一般行文的大忌。

鄭伯朝桓王

隱公六年　鄭伯請釋太山之祀　隱公八年　虢公作卿士於周　隱公八年　鄭伯以齊人朝王　隱公八年　鄭伯以王命討宋　隱公九年　羽父會鄭伯伐宋　隱公十年　蔡人衛人郕人不會王命　隱公十年　王與鄭人蘇忿生之田　隱公十一年　鄭伯以璧假許田　桓公元年　王伐鄭　桓公五年

【題解】魯隱公六年（西元前七一七年）鄭莊公到成周，第一次朝覲周桓王，周桓王怒其往年的侵擾而不加以禮遇，周桓公黑肩向桓王說：「我們周室東遷，多虧晉國和鄭國的幫忙，好好對待鄭國以鼓勵來朝覲的人，都還怕人家不來了呢！怎麼能不加禮遇呢？我看鄭國不會再來了。」

呂祖謙將此事與隱公三年「周鄭交惡」、隱公十一年「王與鄭人蘇忿生之田」、桓公五年「王伐鄭」四事並列，以為《左傳》論這些事都只隨事立論，未能得事外之理。因「周鄭交惡」已有專篇討論，所以呂氏於此篇目下，不列「周鄭交惡」，而另列相關而實際沒有加以討論的隱公八年「鄭伯請釋太山之祀」等七篇。

君子之論事，必使事為吾用，而不使吾為事所用。古今之事，所當論者不勝其多也，苟見事之難者，亦從而謂之難，見事之易者，亦從而謂之易，甚者反遷就吾說以就其事，豈非為事所用乎？所貴乎立論者，蓋欲發未明之理，非徒議已見之迹也。若止論已見之迹，是猶言火之熱、言水之寒、言鹽之鹹、言梅之酸，天下之人知之，何假於吾說乎？惟君子之立論，信己而不信人，信心而不信目，故能用事而不用於事。見在此之事，則得在彼之理；見在前之事，則得在後之理。眾人徒知是事，而君子獨知事外之理焉。試舉一二以明之：

春秋之初，鄭之事周，其叛服不一，人之論者亦不一，然皆隨事立論，鮮有得事外之理者。鄭伯朝周，桓王不禮之。眾人之說不過以王不禮之為非，此《左氏》之所已言也。君子論之，則以為王綱既墜，傲固招禍，卑亦納侮。如夷王下堂見諸侯❶，禮雖卑而周益衰；襄王從晉文之召❷，禮雖卑而晉益僭。是知桓王之失，不專在於不禮鄭伯，而在於不能振王綱。此事外之理，《左氏》之所未言也。

周鄭交惡，眾人之說，不過以畀虢公之政，此《左氏》之所已言也。君子論之，則以為王者之於諸侯，有畏之之迹則驕，無畏之之迹則服。在平王世，將用虢公而不敢用，反與鄭交質，鄭知周畏之，故於將用虢公之初，凌犯王室，蹂踐麥禾，略無所憚。在桓王世，將用虢公而即用之，未嘗猶豫，鄭伯知周不畏之，故於既用虢公之後，奉承王命，朝會征討，初不敢違。是知周鄭交惡，不在於用虢公，而在於畏鄭。此事外之理，《左氏》之所未言也。

桓王與鄭伯蘇忿生之田❸，由是失鄭。眾人之說，不過謂有錫田之名，而無錫田之實，此《左氏》之所已言也。君子論之，則以為蘇忿生既叛，其田非周之所有，與之以虛名，固足以起鄭之怨。然蘇忿生者，王室之卿士，蘇忿生之田，王室之田。叛臣盜據王之土地，王不能自取，反假他人以取之，安得不取輕於鄭乎？是知鄭之叛周，不專在於怨周，而在於輕周。此事外之理，《左氏》之所未言也。

桓王奪鄭伯政，率諸侯伐鄭，反為所敗。眾人之說，不過謂不當奪鄭伯之政，此《左氏》之所已言也。君子論之，則以為鄭伯之政，在所當奪，特桓王不能正其名耳。當鄭伯擅釋泰山之祀之時❹，以廢祀而討之，其名豈不正乎？當鄭伯以璧假許田之時❺，以專地而討之，其名豈不正乎？使於是時討之，其名正，其義順，鄭將覆亡之不暇矣！桓王當其時而不能討，遷延數年，乃無故而奪其政，伐其國，宜鄭之不服也。是知桓王之致敗，不在於奪鄭伯政，而在於奪之非其時。此事外之理，《左氏》之所未言也。

鄭既敗王師，乃斂兵而止。眾人之說，不過謂鄭伯苟欲自救，此《左氏》之所已言也。君子論之，則以為鄭伯未勝則使祝聃射王，其事甚悖；既勝則使祭足勞王，其辭甚恭。其前之悖，蓋出於真情，欲以取一時之勝；其後之恭，蓋出於矯情，欲以避天下之責。雖杜預亦信以為志在苟免而不悟，是鄭伯不惟能欺當時，其遺姦餘詐猶能欺千餘年之杜預，可謂險矣！盜賊以盜賊自處，其情猶可恕；盜賊以君子自處，其情尤可誅。是知論鄭伯者，不當信其苟免之言，而當疾其詐為苟免之言。此事外之理，《左氏》之所未言也。

大抵論事之體，與敘事之體不同。敘事者，載其實；論事者，推其理。彼方冊❻之所載，既敘其事之實矣，論者又從而述其事，曾不能推事外之理，是與敘事者無以異也，非所謂論事也。況方冊既已敘之，何待吾復為贅辭以敘之？雖削吾之論，於彼之事，豈能有所損益乎？是吾之論，反待彼之事而立；而彼之事，不待吾之論而明也。故善論者，事隨於論；不善論者，論隨於事。善論者，事資於論；不善論者，論資於事。苟論資於事，是論反為事之累也，尚何以操筆為哉？

【注釋】❶夷王下堂見諸侯　周夷王元年（西元前八九四年），始下堂而見諸侯。夷王燮，懿王子。懿王崩，共王弟辟方立，是為孝王，孝王崩，諸侯復立夷王。❷襄王從晉文之召　周襄王二十一年（西元前六三二年），亦即魯僖公二十八年，晉文公率諸侯敗楚兵於城濮，作王宮於踐土，讓周襄王來此慰勞，以晉文公為侯伯。因晉文公不去王畿之地朝王，而讓周王到踐土，所以稱為「召」。❸桓王與鄭伯蘇忿生之田　魯隱公十一年（西元前七一二年），桓王取鄔、劉、蔿、邘之田於鄭，而與鄭人蘇忿生之田——溫、原、絺、樊、隰郕、欑茅、向、盟、州、陘、隤、懷。蘇忿生為周武王時司寇，而受封於溫，此時蘇氏叛王。桓王並不實際擁有那十二邑。❹鄭伯擅釋泰山之祀之時　魯隱公八年（西元前七一五年）鄭伯請求捨棄對泰山的祭祀，而祭祀周公，用泰山旁邊的祊地，交換魯國在許地附近的土田。當年鄭桓公封鄭，還封給他泰山附近的祊地，作為助祭泰山時齋戒沐浴的居所，後來周王不出巡，泰山之祭也就廢弛了，所以鄭國有祊地而派不上用場。當年周成王建王城，有遷都的意圖，就賜周公許田，作為魯公朝王時的住宿之地，後來在這地方建了周公的別廟，祊地近於魯，許田近於鄭，鄭莊公想用祊地換魯國的許田，怕魯國以周公別廟為搪塞的理由，所以他就說要捨泰山之祀而祀周公。❺鄭伯以璧假許田之時　魯桓公元年（西元前七一一年）桓公與鄭國修好，鄭人請求再祭祀周公，完成祊田的交換。魯桓公答應了，三月鄭莊公就多用了璧玉來交換了許田。❻方冊　指典籍。古人多以木板和竹簡記載。用以書寫的木板稱為方，而聯編竹簡稱為冊。或作方策。

【語　譯】君子評論事情，必定要使事為我所用，而不要使自己為事所用。從古到今發生的事件，可以加以評論的，多得不可勝數，如果見困難的事情，就跟著說它是困難的，見容易的事情，也跟著說它是容易的，甚至反過來改變自己的立場與說法，去遷就事情，這難道不是讓自己為事所用了嗎？立論可貴的地方，就在於啟發事情表面上未能明現的道理，並非只是議論已經顯現出來的跡象。若僅止於議論已經顯現的跡象，就如同說明火是炙熱的，水是寒冷的，鹽的味道鹹，梅的味道酸一樣，這是天下人都知道的，又何必再借自己的議論去說明呢？因為君子建立論點時，相信自己的觀點而不輕易苟同他人的看法，相信心中所作的判斷，而不只是相信眼睛所見到的，所以能巧妙的用事，而不被事所用。也因此能見這一件事，而得到另一件事的道理；見前一件事，而得知後一件事的道理。一般人只能知道事情，而君子獨能明白事情之外所啟發的義理。我試舉一兩件事作說明：

春秋時代初期，鄭侯事奉周王，時而反叛，時而歸服，後人的評論也各有不同，然而都是隨著事件的經過而有所評論，很少能從事件之外推求其中的事理。鄭伯朝見周王，周桓王不加以禮遇，一般人的評論，不過是認為周王未能禮遇鄭伯是不對的，這是《左傳》上已說明的。君子則認為周朝的綱紀既已敗壞，周王驕傲無禮固然招致禍端，即使謙卑低下也可能遭受侮辱。例如周夷王下堂接見諸侯，用禮雖然謙卑，而周朝的威勢則更為衰微；周襄王聽從晉文公的召請，用禮雖然謙卑，而晉國的僭越就更為嚴重。由此可知周桓王的過失，不完全在於不能禮遇鄭伯，而在於不能振作王朝的綱紀。這事件之外的道理，是《左傳》所沒有提到的。

周鄭交惡這件事，一般人的評論，不過是認為導因於周王將政事轉交給虢公，這是《左傳》上已說明的。君子則認為為王者對於諸侯，若有畏懼的跡象，則諸侯將驕縱不馴；若沒有畏懼的反應，則諸侯將馴服順從。平王在位時，想重用虢公掌政卻不敢進用，反而與鄭國交換人質，鄭國知道王室心存畏懼，所以後來周王一把政事交給虢公的時候，鄭國就侵犯王室，蹂躪掠奪溫地與洛邑的稻麥而無所忌憚。桓王在位時，想重用虢公就馬上任用，沒有絲毫猶豫，鄭伯知道周朝不怕鄭國，所以在虢公掌政之後，奉承王命，朝覲會見，奉命征討，不敢有所違逆。由此可知周鄭交惡，起因不在於周王使虢公掌政，而在於畏懼鄭國。這事件之外的道理，是《左傳》所沒有提到的。

周桓王將蘇忿生的采邑賜給鄭國，因此而失去鄭國的向心力。一般人的評論，不過是認為是空有賜田之名，而沒有賜田之實，這是《左傳》上已說明的。君子評論，則認為蘇忿生既已反叛周王，他的采邑已非周王所有，把這些田賜給鄭伯是虛有其名，固然足以引起鄭國的怨怒。但事實上蘇忿生原是周王室的卿士，因此蘇忿生的田邑，就是王室的田邑。一個反叛的臣子盜據了王室的土地，周王無法自己取回，反要假借他人之手來取回，如何不被鄭伯所輕視呢？由此可知鄭伯之所以反叛周朝，不完全是對周王的怨恨，而在於對周王的輕視。這事件之外的道理，是《左傳》所沒有提到的。

周桓王剝奪了鄭伯在王室中的權位，又率領各國諸侯討伐鄭國，結果反為鄭國所擊敗。一般人的評論，不過是認為桓王不應該剝奪鄭伯掌王政的權位，這是《左傳》上已說明的。君子評論，則認為鄭伯掌理王政的權位，本來桓王就應當可以奪除，只是桓王沒有以正當的名義去奪除罷了。當鄭伯擅自廢止泰山之祀的時候，就可以廢祀的理由去討伐他，不是名正言順嗎？當鄭伯以璧玉要和魯國交換近許的田邑時，以佔取土地的理由討伐他，不是也名正言順嗎？在這些時機上進行討伐，名正義順，鄭國將求其不被滅亡都怕來不及呢！而桓王不能利用這些時機及時征討，遷延數年之後，才無緣無故奪取鄭伯掌王政的權位，又討伐他的國家，鄭伯自然不服氣。由此可知桓王所以失敗，並不在於不該奪去鄭伯掌理王政的權力，而在於奪除得不是時候。這事件之外的道理，是《左傳》所沒有提到的。

鄭伯既已擊敗王室的軍隊，乃收兵而止。一般人的評論，不過是認為鄭伯舉兵只求自救而已，這是《左傳》已說明的。君子的評論，則認為鄭伯的計策，在不能戰勝時，則將派遣祝聃射殺桓王，這樣的行為悖亂犯上到了極點；若能戰勝，則派遣祭足慰勞桓王，而其言辭非常恭敬。鄭伯先前的悖亂是出於真情，以取得一時的勝利；其後的恭順是出於矯情，想藉此以逃避天下人的指責。杜預為《左傳》作注，也相信鄭伯是為了免於殺身之禍，而不能領悟鄭伯的用心，因此鄭伯不僅欺瞞了當世的人，其姦詐尚且能欺騙千年之後的杜預，這種機心真是夠陰險了！盜賊以盜賊的名義自居，這樣的情懷猶可寬恕；盜賊而以君子的名義自居，這種情懷更不可原諒。由此可知評論鄭伯的人，不該相信他為只求免於殺身之禍的說辭，而當痛責他只為自救免難的謊言。這事件之外的道理，是《左傳》所沒有提到的。

大抵說來，論事的文章與敘事的文章，體式並不相同。敘事的文章是記載事實的，論事的文章是推究事理的。典籍中所記載的，既已敘述了事實，評論的人仍只是敘述事實，並不能推究事外之理，這與敘事文章就沒有什麼不同，而不是所謂的論事之文了。何況典籍中已經敘述了事實，我們又何必再費辭去說呢？即使刪去我們的文辭，難道會有影響嗎？因此我們的論述，必須依附已發生的事件來立論；而那件事並不需我們的論述，就已經很明顯了。所以善於評論的人，是以論為主，以事為附；不善於評論的人，是以事為主，以論為附。善於評論的人，是用事證明論；不善於評論的人，則是用論批評事。若立論只是批評零碎的事件，則這種評論反而成為該事不必要的累贅，又何必去操筆立論呢？

【研　析】這一篇可以說是呂祖謙為自己立論的與眾不同作辯護，表示自己不是故意標新立異，而是別人只見事物的表層，他則在探究事理的根本。然後一口氣列出五件周桓王與鄭莊公之間的是是非非，來說明他都是在發人之所未發。

通常我們在強調某一個論點，或在表明某一個立場時，為了要使人信服，就必須提出較多的例證。例證是層層轉深，或多項平列，在形式上都是要加以考究的。如果是層層轉深，那就要在「前提」上用工夫，由表入裏，由淺轉深，範圍越縮越小，口氣越來越肯定。如果採多項平列，則要求某種程度的整齊，在眾多整齊之中，造成氣勢，讓人覺得即使否定其一，也難以全部推翻，產生懾服別人的力量。本篇即以「……此《左氏》之所已言；……此事外之理，《左氏》之所未言也」的反覆使用，造成整齊之美，又有眾多而有力的氣勢。

陳五父如鄭涖盟歃如忘

隱公七年

曹太子朝魯樂奏而歎　桓公九年　晉侯受玉惰　僖公十一年　齊君語偷　文公十七年　公孫歸父言魯樂　宣公十四年　趙同不敬　宣公十五年　晉侯見魯侯不敬　成公四年　鄭伯授玉視流而行速　成公六年　郤錡將事不敬　成公十三年　成子受脤不敬　成公十三年　苦成叔傲　成公十四年　衛孫文子聘魯無悛容　襄公七年　齊高厚相太子會諸侯皆不敬　襄公十年　齊侯衛侯不敬　襄公二十一年　蔡侯享於鄭不敬　襄公二十八年　穆叔見孟孝伯語趙孟語偷　襄公三十一年　趙孟對劉定公以

吾儕偷食朝不謀夕 昭公五年　單子視下言徐 昭公十一年　宋公與叔孫昭子語相泣 昭公二十五年　魏獻子南面 昭公三十二年　邾子執玉高魯受玉卑 定公十五年

【題解】魯隱公七年（西元前七一六年），陳國與鄭國媾和，陳五父到鄭國參加盟會，和鄭莊公立盟時，歃血而意不在盟，鄭大夫洩駕就說五父恐怕不免於禍，五父於桓公六年（西元前七〇六年）被蔡人所殺。

這是盟會失禮，終至死亡的例子。呂祖謙羅列了類似的例子二十一條，以為他們失禮失態，貽笑大方，都是他們平常不誠正修身，才在會盟之時，無意之間失禮失態。呂祖謙在本題之下，列了桓公九年「曹太子朝魯樂奏而歎」等二十篇，但在文中真正提到的，只有隱公七年「陳五父如鄭涖盟歃如忘」、桓公九年「曹太子朝魯樂奏而歎」、僖公十一年「晉侯受玉惰」、昭公二十五年「宋公與叔孫昭子語相泣」四件而已。

春秋之際，盟會聘享，人皆視升降語默之節，為吉凶禍福之占。其矯誕不經，世所共知也，吾猶有所疑焉。

觀人之術，在隱不在顯，在晦不在明。顯與明，人之所畏也；隱與晦，人之所忽也。人之所畏，雖小人猶知自飾；人之所忽，雖君子不能無疵。蓋畏則加意，而忽則多不加意耳。苟不能乘其不意，而徒觀其加意之時，則令色足恭，矯偽蠭起，其本質真態，亦何自而見哉？涖眾之容，必肅於燕閒之日；對賓之語，必嚴於私昵之時。又況盟會聘享之際，金石❶在庭，籩豆在席，擯相❷在前，三揖❸在下。旦失色於堂，暮傳笑於國；片言之誤，可以啟萬口之譏。人情好勝而惡辱，豈不能勉強於須臾耶？今考《左氏》之所載，其周旋揖遜，辭氣容貌，可嗤可指者，相望於冊，此理之不可曉者也。

嗚呼！吾得之矣，凡人之情，為惡於人之所不見，為善於人之所見。欲以欺世而售其姦，胡不反觀一身，以近取譬乎？肝受病則目不能視，腎受病則耳不能聽，脾受病則口不能食，心受病則舌不能言。肝也、腎也、脾也、心也在內，而人所不見者也；目也、耳也、口也、舌也在外，而人所見者也。受病於人之所不見，則其病必發於人之所見矣。是故隱顯晦明，本無二理。隱之所藏，待顯而露；晦之所蓄，待明而彰。

彼春秋之公、侯、卿、大夫，未嘗致力於暗室屋漏之學❹，及盟會聘享之際，雖欲勉強修飾，終有時而不能揜。歃血而忘者❺，不自知其忘也；受玉而惰者❻，不自知其惰也；奏樂而歎者❼，不自知其歎也；相語而泣者❽，不自知其泣也。方正冠鳴佩，儼然肅然，自謂中禮，而不知人已議其後矣。平居暇日暗室屋漏之所為，至於此時，如遇明鏡，無不發見。吾是以知顯者隱之影，明者晦之響也。

君子欲無得罪於眾，必先無得罪於獨；欲無得罪於朝，必先無得罪於家。苟徒以一日之敬，而蓋終身之邪，是濁其源而揚其流，斧其根而溉其葉也。雖然，春秋之時，旁觀竊議者，特為瞽、史之學者耳，而愆失繆戾，已不能逃其目，使有知道者立於其側，又將若之何？

【注　釋】❶金石　指鐘磬類的樂器。古樂器以匏、土、革、木、石、金、竹、絲為八音。❷擯相　即儐相。迎賓為儐，贊禮為相，後來稱贊禮的人為擯相或儐相。如婚禮中的男儐相和女儐相。❸三揖　指卿、大夫、士。古禮規定這三種人向君王行禮時，君王須還揖，所以稱三揖。❹暗室屋漏之學　指誠意正心修身之學。暗室，指幽暗隱密的地方。屋漏，古時指室內西北角幽暗處。都是不易為人所見之處。一個人能在別人看不到的時候，也不做見不得人或問心有愧的事，常稱不欺暗室，或不愧屋漏。❺歃血而忘者　指陳五父於立盟宣誓時心不在焉。題解所說陳五父（陳公子佗）的事，依杜預注：「志不在歃血。」❻受玉而惰者　指接受周王圭玉時怠慢不敬。魯僖公十一年（西元前六四九年），晉惠公已入主晉國，周襄王派召武公及內史過，賜晉侯命圭，晉惠公受玉時舉止怠慢，內史過以為惠公不能長有晉國。其子懷公，即位一年為晉文公所殺。❼奏樂而歎者　指曹太子在魯國當食而歎。魯桓公九年（西元前七〇三年），曹太子朝魯，魯國待之以上卿之禮，宴享時，剛獻酒奏樂，曹太子歎息，魯大夫施父以為曹太子必有憂，次年曹桓公卒。❽相語而泣者　指叔孫婼和宋元公，於飲宴中語而相泣。魯昭公二十五年（西元前五一七年）春，叔孫婼為季孫迎宋公女，於宴樂中相語而泣，大夫樂祁以為二人皆將死，冬，二人皆死。

【語　譯】春秋時候，諸侯大夫間的結盟、會見、訪問、宴享，當時人都以參與者的舉止言語是否合於節度，作為吉凶禍福的徵兆。這其間的矯詐荒唐，不合當度，是世人都明白的，而對這些事情，我還有些疑惑。

觀察人的方法，在隱蔽處而不在顯露處，在暗處不在明處。顯露處與明處，是人們所顧忌的；隱蔽處與暗處，是人們所忽視的。人們所顧忌的，即使是小人也知道要加以掩飾；人們所忽視的，即使是君子也難免有缺失。因為人們有所顧忌必加以留意，所忽視的則不留心在意。若不能考察他不在意之時，而只是觀察他刻意表現的作為，則多的是顏色和悅，態度謙恭，矯情虛偽的行為，而他的本質真態要從何處去觀察呢？一般人面對大眾時的表情，一定比閒居無事時嚴肅；應對賓客時的言辭，一定比和親友聊天時莊重。又何況在盟會聘享的時候，有鐘磬等樂器擺置在庭前，盃盤等禮器排列在席上，贊禮的儐相肅立在前面，卿、大夫、士等官員也陪侍在庭下。早晨在廟堂上失態，當晚就可能傳遍全國，被人恥笑；不小心說錯一句話，也可能招致千萬人的譏笑。人之常情喜歡得榮譽而厭惡被侮辱，難道就不能在重要的場合中特別謹慎嗎？而今我考察《左傳》中的記載，各國官員在外交場合的周旋應對，言辭舉止失態，足以令人發笑和指責的，整本書中處處可見，這其中的緣由實在讓人不解。

唉！現在我知道了，大凡人之常情，總是在別人看不到的時候作惡，而在別人看得到的時候為善。想因此欺世盜名玩弄詐術的人，何不回過頭來看看自己，以自己作個比喻呢？肝有病視力就受影響，腎有病聽覺就不好，脾有病食慾就差，心有病舌頭就有問題。肝、腎、脾、心都在體腔的內部，是人所看不到的；眼、耳、口、舌則在軀體表面，是人可以看得到的。雖然患病是在人所看不見的地方，症狀卻必表現在人所看見之處。所以隱顯暗明，本來是同一種道理。在隱蔽處所藏的，必然會在顯著的地方表露出來；暗處所蓄集的，必定會在明處呈現出來。

那些春秋時代的公、侯、卿、大夫等人，平時都沒有努力於誠意正心的修身之學，一旦參加結盟、會見、訪問、宴享的場合，即使想極力的掩飾自己的缺失，也難免有掩飾不住的時候。譬如在立盟宣誓時心不在焉的，並沒有察覺到自己失禮；接受圭玉怠慢不敬的，並不覺得自己怠慢；當宴享獻酒奏樂時歎息的，並沒有察覺到自己的失態；在宴樂中談話時哭泣的，並沒有察覺到自己哭泣的忘形。當他們正端整衣冠，使玉佩發出聲響，表現一副嚴謹恭敬的樣子，自以為舉止合乎禮儀，卻不知道旁人已在背後議論紛紛了。平日閒暇無事及在隱密幽暗之處的行為，在這時都不知不覺的表現出來，就好像遇到明亮的鏡子一樣，沒有不被看清的。我因此知道顯著處的表現是隱蔽處的影子，明處的表現是暗處表現的對應。

有修養的君子不想在大眾面前得罪犯錯，必須在自己一個人時不犯罪犯錯；想不得罪於朝廷，就必須先不得罪自己的家邑。如果妄想以一天的敬慎，去遮掩一生的邪惡罪行，就如同把水源弄汙濁了，卻想去澄清下游，把樹根砍斷了，而去灌溉枝葉。雖然如此，在春秋時候冷眼旁觀而私下評論的人，只不過是些太師和太史等學過一些禮儀的人，而錯失和違逆已逃不過他們的耳目，如果有通曉天下之道的賢者站在旁邊，可不知又是什麼情況？

【研　析】《左傳》記載很多外交場合失禮失態的言行，總有人預言這些失態者將死亡，結果都十分靈驗。呂祖謙不談這些預言，而專就他們為什麼會有那麼多的失禮失態，加以討論。認為他們是因為平日不能誠意正心，才會在重要場合醜態百出。

全文三部分可分為五段，第一、二段是引論，三、四段是正論，第五段是結論。引論提出問題，正論解答問題，結論提出主張。引論分兩個層次，首先對那些禍福的預言置疑，這是引論的引子，其次就那些人何以會在眾人矚目時失態置疑，這才是他真正要討論的問題。正論提出答案，認為他們並不是不想揚己之長、隱己之短，但缺陷總是難以完全掩飾。那是因為「受病於人之所不見，則其病必發於人之所見。」首先以身體症狀比喻，然後才落實討論到盟會聘享的失態。最後提出「君子欲無得罪於眾，必先無得罪於獨」的主張作結。

本篇推論方式又成另一種結構，由「甲事」引入「乙事」，然後由遠而近，由外圍而漸入核心，盤旋轉入，再畫龍點睛並回應前文作結。

隱公問族於眾仲

隱公八年

【題解】魯隱公八年（西元前七一五年），魯司空無駭死了，公子翬為他請求諡號和氏族名，隱公向眾仲詢問關於氏族的事。眾仲回答說：「天子以有德的人為諸侯，因其所生而賜姓，分封土地而賜氏。諸侯以字為諡號，後人以此而為氏族，歷代任此官職而有功，就以官為氏族名，也有以封邑為氏族的。」於是隱公就讓無駭以字為氏族，而稱為展氏。

呂祖謙於此篇乃抒發感慨，以為譜牒之學不可不講，也應知一己視聽言動喜怒哀樂之所自。是借題發揮的寫法。

天下之事簡則易知，繁則難知，此理之常也。至於氏族之說，則反是焉。氏族莫繁於古，而知之者甚易；氏族莫簡於今，而知之者甚難。

三代之時曰姓者，統其祖考之所自出者也，百世而不變者也；曰氏者，別其子孫之所自分者也，數世而一變者也。天子建德，因生以賜姓，其得姓雖一，而子孫別而為氏者，不勝其多焉。有以王父之字為氏者矣，有以先世之謚為氏者矣，有以所居之官為氏者矣，有以始封之邑為氏者矣，枝分派別，千塗萬轍。初若參錯紛亂而難考，及徐而視之，有綱有條，猶指諸掌焉：孟、仲、季❶、臧❷、東門❸、子叔❹，同出於魯也；游❺、國❻、豐❼、印❽、公父❾、伯張，同出於鄭也；向❿、華⓫、蕩⓬、樂⓭、鱗魚、仲老，同出於宋也；欒⓮、高⓯、崔⓰、國⓱、叔仲、東郭⓲，同出於齊也。尋其流可以知其源，尋其葉可以知其根，抑何易耶！

自秦漢以來，氏族之制出於上之所賜，下之所更者，絕無而僅有，至於世守一氏，傳千餘年而不變者，天下皆是也。其變非若古之屢，其列非若古之多，可謂簡而易知矣。然人罕有能辨氏族之源者：王之氏一也，吾不知出於元城之王耶，宜春之王耶，邛成之王耶？劉之氏一也，吾不知出於陶唐之劉耶，奉春之劉耶，元海之劉耶？其能明辨而不惑者鮮矣。氏之馬者，未必能辨其為馬服之馬及馬矢之馬⓳也；氏之石者，未必能辨其周衛之石及後趙之石也。

古之氏族繁，而知之者反多；今之氏族簡，而知之者反少。在古則宜難而反易，在今則宜易而反難，其說果安在耶？蓋由譜牒[20]之明與廢而已。譜牒明，則雖難者猶且知之，況其易者乎？譜牒廢，則雖易者猶不知之，況其難者乎？吾以是知譜牒之學不可不講也。

世之學者，仰則欲知天文，俯則欲知地理。大則欲知治亂興衰之迹，小則欲知草木蟲魚之名。至於己之氏族，吾祖考之所自出，則茫然不知，豈不可恥乎？不知吾祖考氏族之所自，是固可恥也，乃若吾一身之間，視而不知視之所自，聽而不知聽之所自，言而不知言之所自，動而不知動之所自，以至喜怒哀樂皆不知其所自，是又大可恥也。不知吾祖考氏族之所自，問諸明譜學者足矣；不知吾一身視聽言動喜怒哀樂之所自，將問諸何人乎？噫！

【注　釋】❶孟仲季　應為孟、叔、季。春秋魯桓公之子，除莊公即位外，慶父之後為孟孫氏、叔牙之後為叔孫氏、季友之後為季孫氏，號稱三桓。❷臧　春秋時魯孝公之子公子彄，食邑於臧，因以為氏。❸東門　春秋魯莊公之子公子遂，字襄仲，居東門，號稱東門襄仲，後人因以為氏。❹子叔　《孟子．公孫丑下》有子叔疑，此以字為氏。❺游　春秋鄭穆公之子公子偃，字子游，其後以游為氏，而有游吉。❻國　春秋鄭穆公之子公子發，字子國，即子產之父，子產之子為國參。亦以字為氏。❼豐　春秋鄭穆公之子公子豐。其子為公孫段，其孫於是以王父字為氏，而有豐施。❽印　春秋時鄭有印段，字子石，與公孫段並稱二子石；其子印癸。❾公父　《元和姓纂》：「魯季悼子紇生穆伯，穆伯生文伯歜，文伯歜生成伯，成伯生頃，頃為公父氏。見《世本》。」則公父氏出於魯。❿向　《元和姓纂》：「宋桓公子向父盻，盻孫戌為左師，子孫氏焉。」⓫華　春秋宋戴公子考父，食采於華，子孫以采邑為氏。⓬蕩　春秋宋桓公字子蕩，子孫以祖父字為氏。⓭樂　依《左傳》，春秋時宋有樂轡、樂善、樂祁、樂溷、樂茷、樂得等。⓮欒　春秋齊惠公之子公子欒堅，其子孫以欒為氏，而有欒施。⓯高　春秋時齊國有二高氏，一為齊文公之子公子高，高孫傒為齊上卿，以王父字為氏。一為齊惠公之子公子高祈，其子高彊別為一族。⓰崔　齊丁公嫡子季子讓國叔乙，食采於崔，於是以崔為氏。⓱國　齊太公之後，齊國有國氏，代為上卿，有國莊子、國武子、國景子、國惠子等。⓲東郭　齊桓公之後，《左傳》有東郭偃，棠姜即東郭姜。春秋時齊公族大夫，居東郭、南郭、北郭者，皆以地為氏。⓳馬服之馬及馬矢之馬　馬氏本出嬴姓，為伯益之後。趙王子趙奢，為惠文王將，封馬服君，子孫以馬為氏。另有漢大司徒馬宮，本為複姓馬矢，後因仕學，改姓馬。⓴譜牒　記述氏族或宗族世系的書。

【語　譯】天下事簡單的就容易知道，複雜的就難以知曉，這是一般的常理。有關氏族的問題則正好相反。氏族的源流沒有比古代更繁複的，而想要分辨清楚卻非常容易；氏族的脈絡沒有比現代更簡單的，而想要辨別清楚卻極為困難。

夏商周三代的時候稱之為姓的，是統括祖先的血緣根脈，即使傳之百世也不會更易；稱之為氏的，則為辨後代子孫的流裔而區分的，往往經過幾個世代就有所變更。古代天子以有德的人為諸侯，以其所生而賜為姓，所得的姓雖只是一個，而後世子孫分別為氏的，則多得很。有以王父的字為氏名的，有以先祖謚號為氏名的，有以所任官職為氏名的，也有以封邑為氏名的，枝分派別，千塗萬轍。乍看之下參差錯雜，紛亂而難以考證，然而仔細觀察之下，則有條不紊，猶如掌上手指，清楚分明：孟、仲、季、臧、東門、子叔同出於魯國；游、國、豐、印、公父、伯張同出於鄭國；向、華、蕩、樂、鱗魚、仲老同出於宋國；欒、高、崔、國、叔仲、東郭則同出於齊國。尋著支流可以找到源頭，尋著枝葉可以找到根處，是多麼容易呢！

從秦漢以來，氏族之名出於君上所賜，而子孫擅自更易的，絕無僅有；至於世世代代保守著一個氏名，流傳千餘年而不變的，全天下比比皆是。這其中的變化既不如古代頻繁，而其旁脈分支又不如古代繁多，可說是簡單而易知的了。然而一般人少有能辨明氏族源流的：同樣是王氏，我們不知道是出於元城的王氏，或宜春的王氏，還是邛成的王氏？同樣是劉氏，我們也不知道是出於陶唐的劉氏，或奉春的劉氏，還是元海的劉氏？能夠明白的辨別而無所疑惑的人少之又少。名為馬氏的，未必能辨別其為馬服的馬或是馬矢的馬；名為石氏的，未能辨別其是出自周衛的石氏，還是後趙的石氏。

古代氏族繁雜，知曉的反而多；現代氏族簡單，而能明辨的反而少。古代的本該難以辨別，反而容易分辨；現代的本該容易分辨，反而難以辨別，原因究竟在哪裏呢？那是由於譜牒的清楚或廢絕所造成的。若譜牒清楚，則氏族雖繁複而難明，尚且能夠辨明，何況是簡明而易知的呢？

若譜牒已經廢絕，則氏族雖簡明而易知，尚且無法辨明，何況是繁複而難明的呢？我們因此而知道研究譜牒的學問不能不講求。

世間的讀書人研究學問，總希望能仰知天文，俯察地理。從大處著眼，希望能明白治亂興衰的前因後果；從小處著眼，則希望能通曉草木蟲魚等名物。至於自己的氏族名稱，先祖的源流，為人子孫卻茫然不知道，這難道不可恥嗎？不知道自己祖先氏族的源流，固然是件可恥的事，若對於自己本身，看而不知道所看的根由，聽而不知道所聽的根由，說而不知道所說的根由，動而不知道所動的根由，以至喜怒哀樂都不知道其根由，這就更可恥了。不知道自己祖先氏族的源流，只要請教精通譜牒之學的人就可以明白了；不知道自身視聽言動及喜怒哀樂的根由，又有什麼人可以請教呢？唉！

【研析】因為本篇純是借題發揮，而不是與人論辯，所以它的段落雖然仍是起承轉合，但重點不同，其謀篇布局，也就不同於其他篇章。

第一段用極簡單的文字，提出「氏族莫繁於古，而知之者甚易；氏族莫簡於今，而知之者甚難」，為全文立論的骨幹，也作為借題發揮的基礎。然後由第二、三段承之加以說明，第二段說明古氏族繁而易知，第三段說明今氏族簡而難知。第四段論其中原因，是譜牒之明與廢所以致之，於是強調譜牒之學不可不講求。文章到此已很完整，應可結束。但本文的主題不在此，所以借此衍生餘論，借題發揮而有第五段。慨歎世之學者，欲知天文地理、治亂興衰之跡、草木蟲魚之名，卻不知祖考之所自出，實在可恥，不過這些還可以問之於人；如果連自身視聽言動喜怒哀樂之所自都不知的話，那就更為可恥，而且還無人可問呢！這才點出寫本文的主題。

我們如果以畫龍作譬喻，第一段猶如大筆一揮，定出全龍的脈絡，第二、三段是用細筆勾勒鱗爪，第四段是具其首尾，第五段則為點睛，使其神采盡出。

卷三

滕薛爭長

隱公十一年

【題解】魯隱公十一年（西元前七一二年）春天，滕侯和薛侯都到魯國來朝見，為了行禮的先後，起了爭執，薛侯以為薛國先受封，所以應該先行禮，但滕侯以為他和魯同是姬姓，比較親所以該先行禮。魯隱公就派了羽父向薛侯請求退讓，說他到薛國朝見，也不敢跟其他任姓的諸侯爭先，於是薛侯就答應了。

《左傳》記載了這件事，但沒有加以評論，呂祖謙對魯隱公大為讚賞，說他降大國之尊，委婉求薛侯退讓，也沒助長滕侯氣燄，平二國之爭，並引申出「致強之道始於弱，致弱之道始於強」的道理來。

以辭服人主於直，世之通論也，吾以謂辭之直，固可使人之服，然亦可以起人之爭。天下之理至於直而止，今反曰起人之爭，何耶？蓋聞過而喜者，君子也；聞過而怒者，眾人也。君子心口為一，故其與人辨，心既屈則口亦屈；眾人心口為二，故其與人辨，心雖屈而口不屈。辭之直者，固可以服君子矣。苟與眾人辨，則在我雖直，在彼雖曲，苟恃吾之直而與之較曲直，彼安肯內訟其曲而甘處於不勝之地乎？其勢必與吾辨，辨而不勝必爭，爭而不勝必忿，忿心一生，其禍有不可勝言者矣。君子常少，眾人常多，則辭之直者，利天下少，而害天下多。信如是，則辭不可以直乎？曰非直之罪也，有其直之罪也。使吾不有其直，亦何自而起人之爭哉？

昔滕侯❶薛侯❷朝于魯，滕，同姓也，所當先也；薛，異姓也，所當後也。方其爭長，舉魯國之人孰不知滕之直而薛之曲乎？為隱公者，若主滕之直，責薛之曲，則滕將自矜其直而益驕；薛將自恥其曲而益忿。使隱公之辭果出於此，非徒不能解二國之鬭，乃合二國之鬭也。惟隱公不有其直而婉其辭，未嘗明言薛侯之曲，乃退託於卑下寡弱之域，以己而喻人，其辭曰：「寡人若朝於薛，不敢與諸任齒❸，君若辱貺寡人，則願以滕君為請。」其言巽順和易，紆餘閒暇，不躁不迫，不矜不揚。想薛侯聞之，必自思曰：「為主者謙抑如此，為賓者當如何耶？為大國者謙抑如此，為小國者當如何耶？」雖有忿戾之心，游泳此言，如隨春風，如醉醇醪，見魯之恭而不見滕之傲也；見魯之遜而不見滕之爭也。向之虛氣驕色，固已雲散霧除而無復存矣。吾以是知魯之善為辭令也。

嗚呼！屈己服人近於弱，屈人服己近於強。凡人之情，未有不恥弱而喜強者。然我欲服人，人亦欲服我，兩強不相下，其爭何時而已乎？隱公降大國之尊，而屈於小國之卑，其始雖若弱，然以片言而平二國之爭，強孰大焉？故致強之道始於弱，致弱之道始於強，非忘強弱者，孰能真知強弱之辨哉？

【注　釋】❶滕侯　滕為國名，周文王之子錯叔繡，武王封於滕，今山東省滕縣西南十四里有古滕城，即滕國。此滕侯於魯隱公七年立位，不知其名與謚。自叔繡至滕宣公十七世，乃見於《春秋》。❷薛侯　薛為國名，任姓之國。依《左傳》定公元年，薛之祖先為奚仲，奚仲為夏朝車正之官，所以封於夏代，早於滕侯之封。依《國語・晉語四》，黃帝之子十二姓，任為其中之一，所以薛也是黃帝之後。薛本居薛城，今山東省滕縣南四十里，後來遷邳，也稱下邳，在今江蘇省邳縣東北。後又遷上邳，即仲虺城，在薛城之西。春秋以後又遷下邳。❸不敢與諸任齒　不敢和其他任姓諸侯論長幼先後。齒本指年紀，而引申為長幼大小的排列，猶言序齒；或直取並列之意。魯隱公之所以這樣說，正因為他前頭所說的：「周之宗盟，異姓為後」的關係。

【語　譯】以言辭折服別人，主要就是要「直」，這是一般人共同的說法，但我認為言辭的直，固然可以使人折服，卻也可能引發爭端。天下的理，推究到最後就是一個「直」字，我卻說它會引發爭端是為什麼呢？因為一個人聽到別人指出自己的過錯而會高興的，那只有君子才能做得到；聽到別人指出自己的過失而生氣，那是絕大多數人的反應。君子心口如一，所以和人爭辯，心服之後也就口服了；但絕大多數的人，心口是不一的，所以和人爭辯，雖然心服，口還是不服，因此言辭理直的，固然是可以說服君子。但和一般人論辯的話，雖然我直而他不直，如果我們仗著這一點而和他計較是非曲直的話，他怎麼肯反省自己的錯而甘心服輸呢？他勢必還要跟我們辯，辯不贏於是就爭，爭不贏於是就忿怒，一旦引發忿怒之心，衍生的禍害就很難說了。有德的君子常是少數，一般常人畢竟是多數，所以言辭的直，有利於天下少，而有害於天下多。真是這樣的話，言辭就不可以直嗎？這不是「直」本身的錯，而是擁有「直」的人的不對。假使我們不有其直而用其直的話，哪裏會引起人家的爭端呢？

以前滕侯、薛侯到魯國來朝會，滕是同姓諸侯，是應當在前的，薛是異姓諸侯，理當在後。當他們在爭哪一個居長的時候，全魯國的人誰不知道滕侯理直薛侯理屈呢？假使魯隱公支持滕侯而責怪薛侯，那滕侯將仗恃理直而更驕矜得意；薛侯將因自己理屈感到恥辱而更為憤怒。所以隱公真的這樣說這樣做的話，不但不能化解二國的爭鬥，還會促成二國的爭鬥。但隱公不仗恃「直」而委婉其辭，沒有明指薛侯的不對，而退託在卑下弱小的境地，以自己比喻別人，他說：「寡人如果到薛國朝見，不敢和任姓諸侯論先後，如果承蒙君王的賜愛，希望能同意滕侯的請求。」言辭非常謙遜平易，和緩從容，不毛躁不急迫，不驕矜不自大。相信薛侯聽了，一定自己會想一想：「當主人的這樣謙卑自制，當賓客的應當怎麼樣？大國國君這樣謙卑自制，小國國君應當怎樣？」這時雖有忿怒悖逆之心，聽了這些話，如薰沐在春風裏，如沉醉在醇酒中，只見魯君的謙恭，而不見滕君的倨傲；只見魯侯的遜讓，而不見滕侯的爭強。原先虛張的氣勢、驕傲的臉色，早已煙消雲散而不存在了。我們因此知道魯君是善於言辭的。

唉！委屈自己服從別人，是近乎弱者的行為，委屈別人聽從自己，是近乎強者的表現。大體人之常情，沒有不是恥於當弱者，而喜歡當強者。但我要別人服我，別人也要我服他，兩強不相讓，這爭執到什麼時候才會停止呢？魯隱公降抑大國的尊貴，而屈居小國的卑微。開始的時候好像很卑弱，但幾句話就平息了兩國的爭執，有誰比他更強的呢？所以致強之道從處於弱開始，致弱之道從居於強開始，不是一個不計較強弱的人，誰真的知道強弱的辨別呢？

【研析】呂祖謙在《左氏博議》的文章有兩大類型，一是駁《左氏》的議論，而別出心裁，從另一個角度加以評論。另一類是別人沒有評論過，由他加以評斷。兩類文章寫法固然不同，但求其翻空出奇、言人之所未言，則完全一致。所以寫後一類的文章，也總是先提出一般人對某些問題的共同看法，然後提出自己獨特的見解與其對立，以吸引讀者。

本文分三個步驟來完成，首先說明「一般人都以為以辭服人，主於直」，他卻以為「辭直可引起爭執」。翻空出奇，以自問自答鋪衍開來，說明「辭直可以服君子，卻不足服眾人」，「辭直利少而害多」。接著才評論滕薛爭長，隱公化解的事。在這一段中，呂氏為了敘述生動，所以充分馳騁「歷史的想像」(historical imagination)，設身處地，揣摩歷史人物當時的心態。這種近乎小說「全知觀點」的運用，是一種比較「感性」使文章生動、義理暢順的方式。最後再提出近乎矛盾而值得深思的警策——致強之道始於弱，致弱之道始於強——作結，令人再三玩味思考。

潁考叔爭車

隱公十一年

【題　解】魯隱公十一年（西元前七一二年）五月，鄭莊公為了攻打許國，在太宮授兵器，子都和潁考叔爭奪兵車，潁考叔挾起車轅跑出去，子都拔戟追上去，追到大路，沒有追到。七月攻許城，潁考叔拿著莊公的「蝥弧」旗，率先登城，子都在城下把潁考叔射下城來。入許城後，莊公以公豬及雞犬，詛咒射潁考叔的人。《左傳》引君子之言，評莊公失政刑，因為「政以治民，刑以正邪」，如今「既無德政，又無威刑」，以至於邪，然後加以詛咒，實在無益。

呂祖謙對這件事，只評潁考叔而不評鄭莊公，以為潁考叔於隱公元年，能在賜食的時候，捨肉思親，以挽回莊公念母之心。在十年之後，竟不能推事親之心於宗廟軍旅。所以「孝子不匱，永錫爾類」潁考叔不足以當之。

理之在天下，猶元氣之在萬物也。一氣之春，播於品物，其根其莖，其枝其葉，其華其色，其芬其臭，雖有萬而不同，然曷嘗有二氣哉？理之在天下，遇親則為孝，遇君則為忠，遇兄弟則為友，遇朋友則為義，遇宗廟則為敬，遇軍旅則為肅，隨一事而得一名，名雖至於千萬，而理未嘗不一也。氣無二氣，理無二理，然物得氣之偏，故其理亦偏，人得氣之全，故其理亦全。惟物得其偏，故蕕之不能為薰，荼之不能為薺，松之不能為柏，李之不能為桃，各守其一而不能相通者，非物之罪也，氣之偏也。至於人則全受天地之氣，全得天地之理，今反守一善而不能相推，豈非人之罪哉？

潁考叔以孝聞於鄭，一言而回莊公念母之心，其孝固可嘉矣，使考叔能推是孝而極之，則塞乎天地，橫乎四海，凡天下之理未有出於孝之外也。奈何考叔有是孝而不能推之，伐許之役，反爭一車而殺其身，可勝惜哉！其與莊公問答之際，溫良樂易，何其和也！其與子都❶鬭爭之際，忿戾穰奪，何其暴也！一人之身，前後相反如此。當賜食之時，則思其親；至授兵之際，獨不思其親乎？當捨肉之時，則思其親；至挾輈❷之際，獨不思其親乎？前則思之，後則忘之，是見親于羹，而不見親于車也。苟考叔推事親之敬，為宗廟之敬，必不敢爭車於大宮矣；推事親之肅，為軍旅之肅，必不敢挾輈於大逵矣。惟其不能推，故始得純孝之名，終不免犯鬭狠危父母之戒也。

或曰：「考叔之伐許，輕身以先登，豈亦不能推其孝乎？」吾應之曰：「爭車者，私也，所以為不孝也；先登者，公也，所以為孝也。愛其身者，事親之孝；忘其身者，事君之忠，忠孝豈有二道乎？曾子以戰陳無勇為非孝❸，則考叔之勇，正曾子所謂孝也。然考叔不死於先登之傷，而死於子都之射，死於私，不死於公，君子安得不責之乎？此吾所以深惜其不能推也。

「昔《左氏》嘗舉『孝子不匱，永錫爾類』❹之詩，以美考叔。自今觀之，能捨肉而不能捨車，則其孝有時而匱矣；能化莊公而不能化子都，則其類有時而不能錫矣。考叔三復是詩，能無愧乎？《左氏》以此詩而美考叔之孝，吾請移此詩以責考叔之非！」

【注　釋】❶子都　即公孫閼。為鄭大夫。《詩・鄭風・山有扶蘇》：「不見子都，乃見狂且。」《毛傳》：「子都，世之美好者也。」那麼《孟子・告子上》：「至於子都，天下莫不知其姣也。不知子都之姣者，無目者也。」可能是說同一個人。其殺潁考叔，鄭莊公竟不加刑，其得寵可見。❷挾輈　挾起車轅。鄭伯在太宮授兵器，其中有兵車繫「蝥弧」旗，為先鋒大將所用，潁考叔與子都爭取此兵車，潁考叔挾起車轅（這時沒有套馬拉車）搶先帶走，子都追趕不及，可見考叔力氣不小。❸曾子以戰陳無勇為非孝　《禮記・祭義》：「曾子曰：『身也者父母之遺體也，行父母之遺體，敢不敬乎？居處不莊，非孝也；事君不忠，非孝也；涖官不敬，非孝也；朋友不信，非孝也；戰陳無勇，非孝也……。』」陳，同「陣」。❹孝子不匱永錫爾類　見《詩・大雅・既醉》。《左傳》於隱公元年引之以讚美潁考叔的純孝。

【語　譯】理存在於天下，就像元氣存在於萬物。春天這一股氣息，散布到大地的萬物之上，它們的根莖枝葉、花朵色澤、氣味香臭，雖有萬般的不同，但何嘗有兩種不同的氣呢？理行於天下，待雙親則為孝，待君主則為忠，待兄弟則為友，待朋友則為義，對宗廟則為敬，對軍旅則為肅，隨著事物對象的不同，分別賦予一個德目名稱，德目名稱雖然可以有千萬個，但其中的理未嘗不是只有一個而已。天地間的氣只有一種，人間的理也只有一個，但萬物得到的氣是偏而不全的，所以其理也是有所偏的，只有人得氣之全，所以其理也是全的。因萬物所得的不全，所以有臭味的蕕草不能成為有香味的薰草，苦荼不能成為甜薺，松不能成為柏，李不能成為桃，各守其特性而不能相通，這不是物本身的罪過，而是氣有所偏的緣故。至於人則承受完整的天地之氣，也全得天地之理，如果也僅守其中的一善，而不能加以推廣，這豈不是人的罪過嗎？

潁考叔以孝聞名於鄭國，一句忠言挽回了鄭莊公懷念母親的心意，這孝心固然值得讚許。假使潁考叔能夠推廣孝心到達極致，便能充塞天地橫溢四海。舉凡天下之理沒有超乎孝以外的，只可惜潁考叔有這孝行而不能推廣，在伐許的戰役中，反而只為爭一輛兵車而招殺身之禍，多可惜呀！當他和莊公問答的時候，溫和善良，樂觀平易，多麼詳和！當他和子都鬥爭的時候，憤忿乖戾，動手搶奪，多麼暴戾！同在一個人的身上，前後表現了完全相反的特質。當莊公賜食的時候，他想到了他的母親；當莊公在頒授兵器的時候，他就不想到他的母親嗎？當他把肉羹留下來的時候，他是想到他的母親；當挾著車輈跑掉的時候，他就不想到他的母親嗎？前面的事他想到，後面的事他輕忽了，是他在見到肉羹時，心目中有母親，見到兵車的時候，心目中沒有母親。假使潁考叔能夠推廣事奉雙親的誠敬之心，而為祭祀宗廟的誠敬之心，他就一定不敢在太宮爭車了；推廣事奉雙親的謹肅態度，而為處理軍旅的謹肅態度，他就一定不敢挾著車輈跑到大路上去了。

就是他不能推展發揚，所以當初能得「純孝」的美名，終究不免犯了「好勇鬥狠以危父母」的戒規。

或許有人說：「穎考叔在攻打許國的時候，奮不顧身率先登上城牆，難道這也不算是推廣他的孝嗎？」我回答說：「與人爭車是為私事，所以是不孝；率先登城是為公事，所以是孝。愛惜自己的生命，是屬於事親之孝，為國而奮不顧身，是屬於事君之忠，忠孝難道是不同的道嗎？曾子以為作戰不勇敢就是不孝，可見穎考叔奮勇作戰，正是曾子所謂孝的表現。但穎考叔並不是死於率先登城敵人加之於他的傷害，而是死於子都的暗箭，是死於私仇而不是死於公戰，君子怎能不責備他呢？這就是我深深惋惜他不能推展孝行的原因。

「以前《左氏》曾引『孝子不匱，永錫爾類』這兩句詩來讚美穎考叔。但現在看來，他能捨肉不吃卻不能捨車不爭，那麼他的孝心有時是匱乏不夠的；他能感化鄭莊公卻不能感化子都，可見他有時也不能以孝心感動他的同類。穎考叔再三吟詠這詩句時，他難道能不慚愧嗎？《左傳》以這詩句讚美穎考叔的孝行，我倒是想請用這詩句來批評穎考叔的不是哩！」

【研　析】雖然呂祖謙沒有學過邏輯學，但這一篇用的是邏輯學上最基本的三段論法，「氣無二氣，理無二理，物得氣理之偏，人得理氣之全」是大前提，「穎考叔不能推事親於宗廟軍旅，守一善而不能相推」是小前提，於是得到「穎考叔不得理氣之全，是為可疵」的結論。

當然呂氏的文章，不只是平直的三段論法，而是層層翻駁，而波瀾迭起。大體分四個段落，第一段說明大前提，先說明氣無二氣，是說「物」而言；再說明理無二理，是就「人」而言，然後再以「猶之不能為薰」等四例，說明物得氣之偏。至於人得理氣之全，在當時已是公論，所以不加說明。在這段以「人」與「物」駢列，交替論述以層層轉深。第二段論潁考叔不能推事親於宗廟軍旅，先稱許其孝，再說他不能推廣，以致爭車而殺其身，然後以賜食之時，與授兵之時對比並列，推論他不能推廣事親之心，如果能夠，必不敢爭車，必不敢挾輈，這時又以爭車和挾輈並列。全段都以排比句式，層層轉深。文章至此，似乎可以作結，呂氏卻翻轉開來，設別人問、自己回答，而為第三段。這一段稱許他伐許時，輕身先登，勇於戰陣，是曾子所謂的孝。可是他不死於先登之傷，而死於子都之射，不死於公而死於私，所以可責之。層層翻駁，似痛似惜。最後是跟《左氏》唱反調，說潁考叔捨肉羹而不食，卻不能捨車而不爭，所以「其孝有時而匱」；能感化莊公而不能感化子都，所以「其類有時而不能錫」。而以「此詩足以責考叔之非，而不足以美考叔之孝」作結，翻空出奇，令人叫絕。

使用三段論法，前提的確定，是推論的先決條件。本文的大前提——物得氣之偏，故其理亦偏；人得氣之全，故得理之全。這在理學全盛的宋代，是無可疑議的。他們講求理和氣，以為人之所以異於禽獸者亦在於此。以今日生物學的觀點看來，就可能斥為無稽之論，所以這項推論就起了根本的動搖，這是我們今天寫文章不能不注意的。

此外，潁考叔爭車於太宮，只是爭取為國立功的機會，何況挾輈以逃，並不是和子都鬥得你死我活，他死於奮勇登城之時，並非死於私鬥，所以呂氏之論並不公允。但呂氏之說具有說服力，正是其文的奇絕所致，這更是我們不能不加以注意的。

齊魯鄭入許

隱公十一年

【題解】魯隱公十一年（西元前七一二年），魯、齊、鄭共同伐許國，潁考叔拿著「蝥弧」旗率先登城，雖被射冷箭而跌下，但瑕叔盈又舉「蝥弧」登城，向四周呼喊：「國君登城了！」於是鄭國軍隊全都登城，打入許國，許莊公逃到衛國。齊國要把許國讓給魯隱公，魯隱公不敢接受而送給鄭國。鄭莊公要許大夫百里幫助許叔在許的東部，以治理許國，並表示他沒有長久佔有許國意圖。另派公孫獲駐許西部，要他不作長駐的打算。《左傳》評鄭莊公有禮，因為許國違背法度就討伐它，服罪了就寬恕它，揣度德行而處理，衡量力量而辦事，待時機而動，不連累後人，可以說是知禮。

呂祖謙不談論鄭莊公對許國的安排，而專論三國讓功不居利的美德，頗有警世之意。

共患易，共利難。患者人之所同畏也，利者人之所同欲也。同有畏心，其勢必合；同有欲心，其勢必爭。自古及今，變親為疏，變恩為怨，變黨為讎，鮮不以共利者，吁！亦難矣！

吾觀三國之克許，何其善處於功利之間也！當伐許之際，先登者鄭之大夫❶，而齊魯之大夫無與焉；畢登者鄭之師，而齊魯之師無與焉。是則克許之功，獨出於鄭，以許歸鄭，固其所也。然常人之情，戰則避患而居後，勝則爭利而居前，不慙己之無功，反不容人之有功。昔鄧艾鍾會同將兵而伐蜀矣，人皆知平蜀者鄧艾之功也，而鍾會反攘其功而殺之❷。王渾王濬同將兵而伐吳矣，人皆知平吳者王濬之功也，而王渾反攘其功而劾之❸。使齊魯之君亦如鍾會王渾之用心，則三國之禍，吾知其始於克許之日矣。

許地雖褊，然亦古之建國也。一兔在野，百人逐之，一金在地，百人競之，況一國之利乎！今舉以與齊，齊不敢受；舉以與魯，魯不敢受。計其義，推其功，而卒歸之於鄭焉。嗚呼！孰謂春秋爭奪之世，而復見群后❹德遜之風乎？許國之破，鄭師克之，齊魯推之，為鄭伯者，固可安受而無愧也。且不絕許之祀，不縣許之疆，將何所待耶？鄭伯之意，豈不曰：「克許者雖我師之功，然齊魯之師亦與有暴露之勞也，三國同其勞，一國專其利，彼雖不校，吾獨不愧於心乎？」此所以啟許叔之封也。齊魯無功而不敢奪人之功，鄭雖有功而不敢恃己之功。是善處無功者，莫如齊魯；善處有功者，莫如鄭也。是心也，豈特可用之戰陣之間哉？凡與人共利者，大而共政，小而共財，推是心而居之，將無入而不自得矣。

雖然，伐許之役，所以全其美者，由彼此之善處也，苟與人共利，我雖推之，彼益競之，則將奈何？吾以謂使齊魯推其功，而鄭專其功，在齊魯者，不害其為美；使我推其利，而人專其利，在我者不害其為廉。盡其在我，聽其在人，可也！吾又發之以告與人共利者。

【注釋】❶先登者鄭之大夫　指潁考叔及後繼的瑕叔盈。詳見題解。❷昔鄧艾鍾會同將兵而伐蜀矣三句　蜀漢炎興元年（西元二六三年），魏派遣鄧艾、鍾會帥師伐蜀，蜀帝劉禪投降。後來，鍾會誣鄧艾以謀反。後鍾會以謀反伏誅，鄧艾亦被襲殺，見《三國志・鄧艾鍾會傳》。❸王渾王濬同將兵而伐吳矣三句　晉咸寧五年（西元二七九年）晉大舉兵分道伐吳。太康元年（西元二八〇年）三月，王濬以舟師入石頭城（今南京），吳主孫皓出降，次日王渾渡江，憤愧之餘，上表奏王濬違詔，不受節制。見《晉書・王濬傳》。❹群后　指眾諸侯。后，可為官長之稱。《書‧畢命》：「三后協心，同底于道。」

【語　譯】人與人相處，共患難容易，共享利就困難了。因為患難是人所共同畏懼的，而享利是人所共同想望的。有了相同的畏懼對象，情勢上必然會合作；有了相同的利益目標，情勢上必然會爭奪。從古到今，那些變親近為疏遠，變恩愛為怨恨，變同黨為仇敵，很少不是因共利而造成的，唉！共享其利真是不容易呀！

我看齊、魯、鄭共同征服許國，是多麼善於處理功和利的事情！當攻打許城的時候，率先登上城牆的是鄭國的大夫，齊魯大夫不在其中；全部登上城牆的是鄭國的軍隊，齊魯的軍隊不在其中。那麼征服許國的功勞，完全屬於鄭國，以許國歸屬於鄭國，是理所當然的。但人之常情，作戰時總是為了避免傷害而躲在後面，戰勝時總是為了取得利益而跑在前頭，不慚愧自己沒有立戰功，反而不容許別人擁有戰功。以前鄧艾和鍾會共同帶兵去伐蜀，人們都知道滅蜀是鄧艾的功勞，而鍾會為了搶他的功勞而害死他。王渾和王濬共同帶兵去伐吳，人們都知道滅吳是王濬的功勞，而王渾為了搶他的功勞便彈劾他。假使齊魯二國的國君也像鍾會和王渾那樣存心害人，那麼三個國家的禍害，我們就可以斷言必從征服許國的那一天開始。

許國土地雖然狹小，可也是建國很早的國家。一隻兔子在野地，就會引來一百人去追捕牠，一塊黃金掉在地上，就可能有一百人去搶它，何況是一個國家的利益呢！現在要把許國交給齊國，齊國不敢接受；要交給魯國，魯國不敢接受。衡量其理，推究其功，最後終歸於鄭國。唉！誰料在這春秋紛爭攘奪的時代，而又見到諸侯德讓之風呢？許國被攻破，是鄭國軍隊力拼贏得的，齊魯推讓戰利品，鄭伯是可以心安理得受之無愧。何況他還不斷絕許國宗廟的香火，不將許國併成鄭國的一縣，將等待什麼呢？鄭伯的意思，難道不是說：「征服許國雖是我鄭國軍隊的功勞，但齊魯的軍隊也有行軍在外日曬雨淋之苦，三國同樣的勞苦，由一國獨享其利，他們雖然不計較，我難道不會有愧於心嗎？」這正是他封許叔的原因。齊魯二國沒有立下戰功，而不敢掠奪別人的戰功，鄭國雖然立下戰功，而不敢仗恃自己的戰功。所以善處於無功之位的，莫過於齊侯和魯侯；善處於有功之位的，莫過於鄭伯。這種心態，難道只可用在戰陣之間嗎？凡是和人同享其利的，大的如共掌國政，小的如共理財產，只要有這種心境去處理，將無不成功而無不自得。

雖然，伐許的戰役，所以能有那麼圓滿的結局，是由於他們彼此之間善於處理，假如和人共有其利，我雖然一再推讓，對方卻爭得更厲害，那將怎麼辦？我以為假使齊魯推讓戰功，而鄭國獨享戰功，對齊魯來說還不失其為美；假如我推讓利益，而別人獨享利益，對我來說仍然不失其廉讓的美德。一切盡其在我，而聽任別人怎麼做，又有什麼不可以呢！我又說明這一點以告訴與人共有利益的人。

【研　析】唱反調或翻案，固然可以標新立異，從不同的角度，用不同的觀點，雖同是讚許，也依然可以推陳出新。《左傳》稱許鄭伯有禮，而呂祖謙從「共患易，共利難」的觀點，稱許鄭伯是「善處於有功者」，同時稱許齊侯和魯侯，都是「善處於無功者」。

呂氏首先提出「共患易，共利難」，並解釋何以易、何以難，作為全篇立論的基礎。接著說明齊魯鄭入許，完全是鄭國立的功，然後說到人情避患爭利，看別人立功必心存嫉妒，以結束三國鼎立的滅蜀、滅吳之役為例，即是如此。第三段強調許國雖小，也是古之建國，有利當前，竟能互讓，所以對齊魯鄭大加推許，以為能有此心，將無入而不自得。最後說到我們有共利推讓之心，而對方卻得寸進尺，那怎麼辦？而他提出「盡其在我，聽其在人」作結。

通觀全文結構，雖然大致可分四段，卻不是採用「起、承、轉、合」的形式，而是以三段論辯再加餘論作結。「共患易，共利難」是大前提；齊魯鄭能共患又能共利，是小前提。所以齊魯鄭能如此，十分不易，這是結論。最後再提出我有推讓共利之心，別人沒有，那該怎麼辦的問題，這是旁出推衍。推論若能警闢，頗能使文章翻空出奇，但旁溢太多，則不免離題而成蔓枝，這是我們寫議論文採用這種方式時，要特別小心的。

息侯伐鄭

隱公十一年

【題　解】隱公十一年（西元前七一二年）因鄭國和息國之間有言語上的衝突，息侯就帶兵伐鄭，結果大敗而回。《左傳》批評息侯不省察德行、不衡量力量、不親近親戚、不辨別是非、不反省罪過，犯了五項錯誤而去討伐人，是自取敗辱，並預知息國將亡。

呂祖謙在討論這件事情時，並沒有別出心裁，故意標新立異，而強調個人應當「安常立命」，而在結論說明當富貴時人家奉承我，貧賤時人們欺凌我，他們所奉承和欺凌的，是富貴和貧賤，而不是「我」，立論絕妙而見新意。

居賤惡勞，居貧惡困，居難惡辱，皆禍患之招也。天下之理，賤不與勞期，而勞自至；貧不與困期，而困自至；難不與辱期，而辱自至。是猶形影之相隨、聲響之相應也。豈有形能離影，聲能離響者乎！不知其不可離而欲離之，此所以連臂而自投於禍患之網也。

君子以謂：勞者賤之常，困者貧之常，辱者難之常。彼其所以冒於禍患者，特不能處其常而已。自處於勞，則在賤而安矣；自處於困，則在貧而安矣；自處於辱，則在難而安矣。

處小國之道，亦猶是也，處小國者，當卑，當遜，當忍恥，當屈身，豈不以弱者小國之常耶？息❶之為息，在春秋之時，至微也，介乎大國之間，雖祇慄危懼，猶恐不能自保，況敢與人爭乎？當其與鄭違言之際，息侯盍自咎曰：小大之不敵，天也；小國之見陵於大國，亦天也，天實為之，吾其敢逆天乎？今乃不勝一朝之忿❷，忘其小而犯大，宜其自取覆敗，而五不韙❸之責皆萃其身也。然鄭息俱有違言，鄭之大，不先加兵於息，息之小，反先加兵於鄭。何耶？蓋小國之心，常疑人之陵我，故忿心易生，此息師所以先動也。

是心也，非特息侯為然，凡人之處於困阨窮弱之地，其最不平者，莫甚於人之陵我。吾將有以曉之：當貴盛之時，人之奉我者，非奉我也，奉貴者也；當貧賤之時，人之陵我者，非陵我也，陵賤者也。奚以知其然耶？使吾先貴而後賤，我之為我自若也，而奉我者遽變而見陵，則回視前日之奉我者，豈真奉我乎？使吾先賤而後貴，我之為我亦自若也，而陵我者遽變而見奉，則回視前日之陵我者，豈真陵我乎？彼自奉貴者耳，我何為而喜？彼自我陵賤者耳，我何為而怒？心者我之心，固將治我之事也，何暇助貴者之喜，助賤者之怒哉！

【注釋】❶息　姬姓小國，在今河南息縣，後為楚所滅，成為楚邑。因為和鄭國同為姬姓，所以《左傳》說他「不親親」。❷一朝之忿　一時的憤怒。是根據《論語・顏淵》：「一朝之忿，忘其身以及其親，非惑與？」❸五不韙　五個不應該。是指《左傳》所評「不度德、不量力、不親親、不徵辭、不察有罪。」詳見題解。

【語　譯】身處卑賤的地位而厭惡辛勞，身在貧窮的環境而厭惡困頓，身受苦難的時候而厭惡屈辱，這都是招惹禍害的根由。天下的常理就是這樣，卑賤並不召喚辛勞，辛勞就自己來了；貧窮並不召喚困頓，困頓就隨著來了；苦難並不召喚屈辱，屈辱就相伴而至。它們就好像形影相隨、聲響相應一樣。天下哪裏有形體可以離開影子，發聲而不響應的呢！明明知道不可相離而一定要擺脫，這等於是相拉手臂而自己投身於禍害之網。

君子以為：辛勞是卑賤者的常態，困頓是貧窮者的常情，屈辱是苦難者的常事。他們招致禍害的緣由，是他們不能處於常態而已。能自處於辛勞之中，那麼在卑賤之位也能泰然了；能自處於困頓之中，那麼在貧窮之境也能安然了；能自處於屈辱之中，那麼在苦難之時也能平安了。

身為小國的立國之道，也是一樣的，居於小國的地位，應當卑微、謙遜，應當忍受恥辱，應當委屈其身，這難道不是弱者小國的常態嗎？息國在春秋時代是極微小的國家，又介於大國之間，雖然敬慎戒懼，還唯恐不能自保，何況是跟人家爭呢？當他和鄭國有言語衝突的時候，息侯為什麼不自責：大小相差太大，根本不是對手，先天就這樣的；小國被大國欺侮，這也是很自然的事，這既然是上天造成的，我難道敢違背天意嗎？如今竟不能忍受一時的憤怒，忘了自身的弱小而去侵犯大國，當然是會自取敗亡的，而犯了五個罪狀的責任都加在他的身上。然而鄭國和息國，都在言語上不痛快，強大的鄭國不派兵攻打息國，反倒是小小的息國先出兵攻打鄭國，這是為什麼呢？大概是小國的心理，總是懷疑別人藐視我欺負我，所以容易生氣，這正是息國的軍隊先出動的原因。

其實這種心理，並不是只有息侯才這樣。大體人們處在困頓窮弱的境地，最感到憤恨不平的，莫過於人家藐視我欺負我。這一點我將有所說明：當富貴的時候，別人奉承我，其實並不是奉承我這個人，奉承的是富貴；當貧賤的時候，別人欺凌我，其實也不是欺凌我這個人，欺凌的是貧賤。怎麼知道是這樣呢？假使我先富貴而後貧賤，我依然還是我，但奉承我的人卻突然改變態度欺凌我，那麼回想當初奉承我的人，難道真的是奉承我嗎？假使我先貧賤而後富貴，我還是以前的我，但欺凌我的人突然改變態度奉承我，那麼回想當初欺凌我的人，難道真的是欺凌我嗎？他們奉承的是富貴，我有什麼好欣喜的？他們欺凌的是貧賤，我有什麼好憤怒的呢？心是我自己的心，理當來做我自己的事，哪有閒工夫為錦上添花的人高興、為落井下石的人生氣呢！

【研　析】為貧賤困弱者提出安常立命的妙方，是全篇精華之所在，也是全文立意之所在，但文章的推衍，則是以安常立命為主幹。文章先提出賤則勞、貧則困、難則辱，是不可相離，知其不可離而欲離，必有禍害。第二段承此，說明君子將它習以為常，便能隨遇而安。第三段說息侯不能安常，自取敗辱。評論「息侯伐鄭」，應該到此已盡，作者卻別出心裁，轉而分析息侯是因自卑感作祟，才會反應如此劇烈。於是第四段為貧賤困弱者作心理建設，把他真正要說的話安置進去。到此，文章似乎突然漫衍開來，他卻以控馭自如，在精妙的結語中綰合安常立命，使它成為完整而周密的結構。這巧妙的架構，是很值得我們玩味探索的。

羽父弒隱公

隱公十一年

【題解】魯惠公逝世的時候，太子允年紀太小，所以就讓長庶子息攝政，即為魯隱公。隱公十一年，公子翬（羽父）向隱公表示：他願意去殺太子允，以換取太宰的職位。隱公表示他沒有霸佔的意圖，而即將營建菟裘，作為告老退位的住所。公子翬怕大禍臨頭，倒過來在太子允那裏誣陷隱公，請求太子允答應讓他除掉隱公。太子答應了，公子翬派人到寪氏家刺殺隱公，並栽贓給寪氏，太子即位，即為魯桓公。呂祖謙評這件事，以為隱公「為義不盡」所致。

嗚呼！敗天下為義之心者，隱公之弒也。利者人之所趨，義者人之所憚。使為義而無禍，人猶且不肯為，況重之以禍乎？隱公輕千乘之國，而推之桓公，桓公反不亮其心而弒之，有甚高之節，而罹甚酷之禍，世將指隱公為戒，而諱言義矣。是隱公之弒，非隱公之不幸，乃道義之不幸也。君子所恃以勝小人者，惟有福善禍淫之戒，僅可以動愚俗，既有隱公之變，則平日所恃以勝小人之具索然矣。此有志之士所以憤天道之無知，撫遺編而浩歎也！

吾之所聞則異於是焉。人皆以為隱公之弒，敗天下為義之心，吾獨以為隱公之弒，可以勉天下為義之心。是何耶？隱公之禍，非坐❶為義也，乃坐為義不盡耳。隱公遜國之節，心甚明，迹甚顯。當桓公幼弱之時，隱公苟有他志，微見風采❷，立可齏粉❸。桓公在隱公之掌握，十有一年，不惟無纖芥之隙，又且長育而輔翼之，上有天，下有地，其心迹不可誣也。所可恨者，特為義不盡，貪數年之權，而去位不亟耳。惟其去位不亟，故貪慕顧惜之形見於外，羽父因得入殺桓公之謀焉。使隱公勇退，高蹈之風，凜然在人，則不仁者不敢至其牆，不義者不敢至其廬❹，況敢以戕殺之謀、狗彘之行浼我乎？今羽父敢對隱公明發戕殺之言而不忌，是隱公貪慕顧惜之形有以召之也。隱公尚不自警，方且告羽父曰：「為其少故也，吾將授之矣！使營菟裘❺，吾將老焉。」「將」之一字，是隱公貪慕顧惜之心形於言者也。當授即授，何謂「將授」？當營即營，何謂「將營」？投機之會，間不容髮，豈容有所謂「將」者耶？此所以招羽父之侮❻，起桓公之疑，而迄至於殺其身也。

噫！隱公遜國之義，心如此之明，迹如此之顯，秋毫不盡，遽受大禍，況心迹未如隱公之所見者，其敢不自勉乎？以是知：大恩與大怨為鄰，大名與大辱為朋。隱公之於桓公，恩可謂大矣，少有不盡，遂變而為大怨；隱公之遜魯國，名可謂大矣，少有不盡，遂變而為大辱。然則君子之為義，夜以繼日，不敢不用其極者，非特就義，亦所以避禍也！向無隱公之禍迫之，則為義者，立一善，修一行，沾沾自足，怠而不復前矣。

抑又嘗反覆觀之，隱公之禍，實生於自恕焉。隱公之心以謂：吾遜國之志，左右知之，卿士亦知之，國人知之，諸侯亦知之。吾終不有魯國決矣，幸桓公之少，尚可偷安居位，少假歲月，然後脫屣而去之，人未必見責也。彼桓公無故而得一國，寧不能忍歲月之淹乎？然隱公雖自恕，而不知桓公之不我恕也。人之欲自恕者，其可不鑑隱公之覆轍乎？隱公之禍，既可以激自怠之志，又可以破自恕之私。凡人之所以不能為義者，自怠耳，自恕耳。一經此變，二病俱瘳，蕩蕩平平之義路，可以長驅而橫騖矣。故曰：「勉天下為義之心者，隱公之弒也。」

【注釋】❶坐　致；導致。如蘇軾〈贈上天竺辯才詩〉：「坐令一都會，勇丈禮百足。」❷微見風采　稍有表情臉色示意。《漢書．王莽傳上》：「莽色厲而言方，欲有所為，微見風采，黨與承其指意而顯奏之。」❸齏粉　細粉，指屍骨無存。《梁書．武帝紀上》：「一朝齏粉，孩稚無遺。」❹至其廬　入其室。與「牆」相比，更為接近，猶如所謂登其門牆，入其堂奧。❺菟裘　地名，故地在山東泗水境，因魯隱公營菟裘以為告老之地，所以後人用以稱告老退隱的居處。❻招羽父之侮　指進獻齷齪的計謀，汙染了耳朵，受到屈辱。

【語譯】唉！挫敗天下行義之心的，就是魯隱公被弒這件事。利是人們所競相爭取的，義是人們所敬畏逃避的。即使行義而沒有禍害，一般人都還不肯去做，何況還會招來大禍呢？魯隱公不貪愛擁有千輛兵車的魯國，而要讓給弟弟桓公，桓公反而不明白他的心意把他殺了，使一個有高尚節操的人，遭受殘酷的禍害，世人將以隱公的事深為警惕，而不敢再談義了。所以隱公的被殺，不僅是隱公個人的不幸，也是道義的不幸。一個君子可以仗恃用來勝過小人的，惟有為善有福、行淫受禍的警惕，它可以使愚俗之人有所改變，如今既然有魯隱公行義受禍的變故，那麼平日仗恃用以勝過小人的利器就沒有了。這正是有志之士憤慨天道無知、天理不明，撫著古籍而長歎的呀！

我所知道的，就跟這說法不同。人都以為隱公被殺這件事，挫敗了天下行義之心，我卻獨以為隱公被殺，可以激勵天下行義之心。這是為什麼呢？隱公的禍害，不是因為行義而招致的，是因行義不徹底而招致。隱公讓國的節度，心意很清楚，形跡也表現得很明顯。當桓公還年小勢弱的時候，隱公如果別有用心，只要稍有表情暗示，桓公馬上就屍骨無存。桓公在隱公的掌握之下，達十一年之久，不但沒有絲毫的嫌隙，而且又長年保育他輔助他，上有皇天，下有后土，隱公的心跡是不可誣衊的。令人感到憾恨的，是他行義不夠徹底，貪戀幾年的權位，而沒有趕緊退位罷了。就因他不急著退位，所以貪慕戀棧之情表露在外，羽父才會乘機提出殺桓公的計謀。假使隱公急流勇退，那超於世俗的風範，更令人敬畏，那些不仁的人不敢走到他的門牆，不義的人不敢走近他的身邊，怎敢獻那些殺人的陰謀、禽獸的行為來汙辱他呢？如今羽父膽敢當隱公的面前獻殺桓公的計謀而不忌諱，那是隱公有貪慕戀棧的形跡才招致的。這時隱公還不知自我警覺，尚且告訴羽父說：「那是因為他年紀小的緣故，我才在位呀！我將傳位給他了，派人在菟裘建築房舍，我將要退位養老了。」「將」這一個字就將隱公貪慕戀棧之情，表現在言語之中了。當傳位就立刻傳位，還說什麼「將傳位」？該建房舍就馬上營建，還說什麼「將營建」？做事要選定最好的時機，這時機稍縱即逝，短暫得容不下一根頭髮，哪裏容許有個「將」的緩衝時間呢？這正是招致羽父的汙辱、讓桓公起疑心，乃至惹上殺身之禍的原因。

唉！隱公讓國之義，心意已表白如此清楚，形跡也表現如此明顯，就只那麼一點點不夠徹底，突然招受大禍，更何況那些心跡沒有像隱公表現那麼明朗的人，怎敢不自我勉勵呢？由此可以知道：大恩和大怨就像是鄰居，大美名和大恥辱就像是朋友。隱公對桓公，恩惠可以說很大了，就因為稍微不夠圓滿，於是就變為大怨；隱公讓魯國給桓公，美名可以說很大了，就因為稍微不夠圓滿，於是就變為殺身的大辱。所以君子行義，日日夜夜不敢懈怠，不敢做得不徹底，不僅是心向道義，同時也為了防範禍害呢！假使沒有隱公這件禍害的敦促，那麼行義的人，只要做一件善事，做一件義行，就沾沾自喜而感到滿足，於是就鬆懈下來懶於更進一步了。

我們再反覆體察，隱公的禍害，實在是因為他的自我寬容所造成的。隱公的內心以為我終將讓國的心意，左右的人都知道，卿士們也知道，國人知道，諸侯也知道。我終究不會長久擁魯是早已決定了，但幸虧桓公年紀還小，我還可以暫且居於君位再多一段時間，到那時就像脫鞋子那樣毫不吝惜的離開，別人也未必會責怪我。那桓公平白得了國家，難道不能多忍一段時間嗎？雖然隱公自我寬容，而不知道桓公並不能寬容他。人們想自我寬容，豈能不以隱公作為前車之鑑嗎？所以隱公的遇害，既可以刺激那自我懈怠的心志，又可以破除那自我寬容的私心。大體人們之所以不能行義的，都是因自我懈怠和自我寬容的緣故。經過隱公遇害的變故，兩個毛病全該治好了，那麼平平坦坦的行義之路，將可以長驅直入極力馳騁了。所以我說：「勉勵天下行義之心的，就是隱公被殺的這件事。」

【研　析】本篇以批評魯隱公「為義不盡」為立論的中心，而文章卻以「魯隱公之死，對行義者的教訓是什麼？」作為脈絡。一開始就說隱公之死，挫敗天下為義之心，令君子憤慨而浩歎。第二段突然翻轉過來，說他倒認為隱公遇害，可以激勵天下行義之心，然後說明隱公為義不盡，戀棧而招禍。第三段說明恩怨榮辱是一線之隔，為義不盡，就被恩將仇報，所以這件事可砥礪為義者，不敢自足自怠。第四段又揣摩隱公有自恕心態，所以為義不盡，因此又說隱公之弒，可以使砥礪為義者不敢自恕。然後以「隱公之死，給為義者的教訓是為義務盡，不可自怠自恕」作結。

呂祖謙擅長於作翻案文章，所以先說明一般人的看法為第一段，第二段的翻轉造成文章很大的波瀾，然後提出他立論中心，再用第三段作輔助說明。第四段則更進一層分析其心態，也為文章所謂「勉天下為義之心」，作更進一步的說明。一方面鞏固其「為義不盡」的批評基礎，一方面循著文章的脈絡，以「自恕」綰合「自怠」，充實其「勉天下為義之心」者的內涵，使他的翻案論斷雖然太標新立異，卻也言之成理，真令人不得不佩服。

臧哀伯諫納郜鼎

桓公二年

【題　解】魯桓公二年（西元前七一〇年）春天，宋國太宰華父督攻殺司馬孔父嘉而娶其妻，觸怒了宋殤公，華父督就弒殤公而迎公子馮於鄭，立為莊公。他怕各國諸侯會討伐他，所以分別賄賂了齊侯、陳侯、魯侯和鄭伯。魯桓公得到郜鼎，在四月把它安放在太廟裏，魯大夫臧哀伯（名達，僖伯之子）力加勸阻。他認為國君宏揚道德阻塞邪惡，以監百官，都還怕有所疏漏，如今將人家賄賂的器物放在太廟，給百官作壞榜樣，百官以後有受賄情事，將如何懲罰？國家敗壞由於百官失德，而百官的失德，主要是受寵而賄賂公行。周武王滅商，把九鼎遷到王城，還有人認為不妥，更何況邪惡叛徒賄賂的郜鼎，怎能放到太廟來？這番諫言並不為魯桓公所接受。《左傳》借周內史的話加以批評，預料臧哀伯的子孫在魯國將長享祿位，因為國君違背禮制，他沒有忘記以德勸諫，對他推崇備至。

呂祖謙對這件事，大做翻案文章，以為魯桓公既有弒隱公之惡，人人可殺之，對桓公忠心，那對魯隱公是不公平的。所以說：「始亂者羽父也，成亂者哀伯也，正名定罪，不當置哀伯於羽父之下。」給臧哀伯判了重罪！

鄰國之賢，敵國之讎也；權門之良，公門之蠹也。蕭何❶韓信❷之徒，高祖❸視之則為忠，項羽❹視之則為賊；杜欽❺谷永❻之徒，王鳳❼視之則為忠，漢室視之則為賊。然則篡君之忠臣，庸非治世之賊臣耶？

臧哀伯之諫郜鼎，其言則是，其所與言者則非也。臣弒君，凡在官者殺無赦；子弒父，凡在官者殺無赦。桓公以弟弒兄、以臣弒君，凡在魯國者，雖牧圉廝養❽之賤，皆可剸刃以戮之，況哀伯魯之世卿❾，有祿於國，有賦於軍❿，有職於祭，寧忍坐視而不救乎？力能討則誅之，可也；力不能討則去之，可也。今乃低首下心，日趨於朝，又發忠言以裨其闕，其於桓公信無負矣，獨不負於隱公耶？斬關之盜，人不責其穿窬;殺人之囚,人不責其鬭毆,以斬關而概穿窬,餘事也;以殺人而概鬭毆,微罪也。彼桓公親為篡逆而不忌,況可責其取亂人之一鼎乎?宜其說之不納也。由前言之,則不忠,由後言之,則不智。一進說而二失具焉,人謂哀伯為賢,吾不信也。

嗚呼!嚴尤匈奴之策⓫,奇策也,然君子不謂之奇,以其所告者王莽⓬耳;陳子昂明堂之議⓭,正議也,然君子不謂之正,以其所告者武后⓮耳;臧哀伯郜鼎之諫,忠諫也,然君子不謂之忠,以其所告者桓公耳。觀人之言,當先考其所處之地,然後聽其所發之言。苟失身於篡逆之區,雖有忠言嘉謀,未免為助亂也。以亂助亂,其罪小;以治助亂,其罪大。濟之以淫侈,佐之以暴虐,凶德參會,神怒人怨,適所以趣其誅而速其死,此以亂助亂之罪小也;導之以典型,規之以箴諫,使亂人之身安固而不可拔,忠臣孝子之憤亦無自而雪,此以治助亂之罪大也。向若桓公用哀伯之言,動遵法義,自附於逆取順守⓯之說,則終無彭生之禍⑯，而隱公之目永不瞑於地下矣，哀伯之罪，顧不大耶？吾嘗謂羽父之請，為桓公畫篡國之謀；哀伯之諫，為桓公建保國之策。始亂者羽父也，成亂者哀伯也，正名定罪，不當置哀伯於羽父之下。

【注釋】❶蕭何　漢沛縣人，原為小吏，輔佐劉邦建立漢朝，後來論功第一，封酇侯。西漢典章制度大多由他所訂，為西漢開國名相。見《史記・蕭相國世家》。❷韓信　漢淮陰人，善於用兵，助劉邦滅項羽，封齊王後改封楚王，再貶為淮陰侯，後為呂后計殺，與蕭何、張良並稱漢興三傑。見《漢書・韓信傳》或《史記・淮陰侯列傳》。❸高祖　指漢高祖劉邦（西元前二五六－前一九五年），漢開國帝王，沛縣人，初為亭長，與項羽共滅秦，後來又滅項羽而有天下，定都長安，在位十二年。見《史記・高祖本紀》。❹項羽　秦末下相人（今江蘇宿遷縣西），少有奇才，能扛鼎，從叔父起兵吳中，大破秦兵，率諸侯入關，殺秦帝，自立西楚霸王，後為劉邦所敗，在烏江自刎。見《史記・項羽本紀》。❺杜欽　漢南陽人，為漢成帝元舅，阿附大將軍王鳳。王鳳以他為大將軍武庫令。見《漢書・杜欽傳》。❻谷永　漢長安人，以對賢良策上第，精通《京氏易》，善言災異，附王鳳，官至大司農。見《漢書・谷永傳》。❼王鳳　漢東平人，元帝王皇后之弟，襲父位為平陽侯，成帝即位後，為大司馬大將軍、領尚書事，權傾一時，公卿側目，王家以此極盛，卒至後來王莽篡漢。見《漢書・元后傳》。❽牧圉廝養　養牛馬和充當廚房勞役的人。養牛曰牧，養馬曰圉。廝養，即廝役，是從事析薪炊烹勞役的人，古人以此為賤役。❾世卿　世代為卿。卿為朝中重臣。❿有賦於軍　古代以田賦出兵，卿養有軍隊。⓫嚴尤匈奴之策　王莽即位，拜十二部將，領三十萬軍，備三百日糧，同時分十路並出，以追匈奴，嚴尤請縱先至者深入霆擊，王莽不聽。見《漢書・匈奴傳》。⓬王莽　（西元前四五－西元二三年）漢東平陵（今山東歷城縣）人，元皇后之姪，父早死，折節讀書，廣交名士，聲譽極盛，平帝時為大司馬，秉政後以恭儉得人望，封安漢公，弒平帝，立子孺，自稱攝皇帝，不久自立，改國號為新，在位十五年，為漢光武所滅。見《漢書・王莽傳》。⓭陳子昂明堂之議　陳子昂，唐射洪人，於光宅元年上疏主張依《周禮・月令》建明堂之制。明堂，為明政教之堂。⓮武后　即武則天（西元六二四—七〇五年），為高宗皇后，於高宗死後，廢中宗、睿宗，改國號為周，為中國歷史上唯一女皇帝，富於權略，善於用人，執政達四十多年，晚年朝政日壞。中宗復位後，病死，諡則天皇后。見《新唐書・后妃傳》。⓯逆取順守　用武力取得政權後，用禮教治國。《漢書・陸賈傳》：「且湯武逆取而以順守之，文武並用，長久之術也。」⓰彭生之禍　指魯桓公被齊公子彭生折脅而死，發生於魯桓公十八年。桓公夫人文姜，為齊襄公之妹，與齊襄公私通，為桓公怒責，齊襄公設宴饗桓公，讓公子彭生抱桓公上車，折其脅而死。

【語譯】鄰國的賢才，對敵國來說便是仇人；權臣門下的幹才，對國君來說便是侵蝕國本的蠹蟲。蕭何和韓信這些人，在漢高祖看來是忠臣，在項羽看來則是亂臣賊子；杜欽和谷永這幫人，在王鳳看來是忠臣，在漢皇室看來是亂臣賊子。這麼說來，一個篡位之君的手下忠臣，難道不是太平盛世的奸臣嗎？

臧哀伯為郜鼎諫阻的事，他說的話都沒有錯，但他諫阻的對象錯了。臣子殺了國君，在朝為官的人都應該毫不留情地把叛臣殺了；兒子殺了父親，在宮廷或家邑裏的人都應該毫不猶豫地把逆子殺了。魯桓公是身為弟弟殺了哥哥、身為臣子殺掉國君的人，凡是在魯國的人，就算是牧牛養馬聽差的低賤之人，也都可以拿著刀子把他給殺了，更何況臧哀伯是魯國的世卿，在國中有俸祿，在軍中有兵賦，在祭典中有職位，怎能忍心坐視這件事而不管呢？他的力量如果足以討伐桓公，是可以把他殺了；力量不足以討伐，那就離職而去不也可以嗎？如今哀伯卻忍氣低頭，每天趕赴朝廷，又發忠言以補救桓公的缺失，他實在沒有對不起桓公，難道不會對不起隱公嗎？攻關殺將的大盜，人家不責備他挖牆偷竊的行為；殺人的囚犯，人家也不責怪他打架鬥毆的行為，因為以攻關殺將來比挖牆偷竊，那挖牆是小事；以殺人比鬥毆，那鬥毆是輕微的罪過。桓公連篡弒的事都不顧忌，取亂臣賊子的一個鼎，又有什麼好責備呢？當然他的諫言是不會被接納的。就前面的事來說，他是不忠，就後面的事來說，他是不智。一次的進說而有兩失，人家都說臧哀伯是賢者，我可不以為然。

唉！嚴尤提出對待匈奴的策略，可以說是奇策，但君子不說它奇，因為他所獻策的對象是王莽；陳子昂所獻的明堂之議，可以說是正議，但君子不說它正，因為他所獻議的對象是武則天；臧哀伯對郜鼎的事所提的諫言，可以說是忠諫，但君子不說它忠，因為他所進諫的對象是魯桓公。觀察一個人的言論，應當先探討他所處的境地，然後再聽他所發的言論。假使失去操守處在篡奪叛逆之下，雖然有忠言良謀，都不免助長邪惡。以邪惡助邪惡，它的罪過還小；以良正助長邪惡，那罪過就大了。因為以淫侈引導他，以暴虐幫助他，使他惡上加惡，弄得天怒人怨，正足以加速它的報應和崩潰，這是以邪惡助邪惡的罪過比較小；以法度引導他，以箴言忠諫規戒他，使邪惡的人地位更鞏固而難以推翻，使忠臣孝子的冤屈憤慨無法伸張昭雪，這種以明正助長邪惡的罪過實在太大了。

以前假使魯桓公採納了臧哀伯的忠言，言行都遵守法度義理，自己比附於武力取得政權，以禮教治國的商湯武王，那就沒有被彭生殺死的災禍到來，隱公在地下將永遠死不瞑目了，哀伯的過錯，難道不大嗎？我曾說羽父的請求，為桓公策劃了簒國的陰謀；哀伯的勸諫，為桓公建立了保國的計策。所以策動桓公之亂的是羽父，成全桓公之亂的是哀伯，要正名分定罪刑，哀伯的罪名可不在羽父之下。

【研　析】臧哀伯郜鼎之諫是忠諫，這是天經地義的；忠臣進忠言，進忠言者為忠臣，也應該是無可疑義的。那麼依三段論證，可以得到「臧哀伯是忠臣」的結論。呂祖謙卻推翻了「進忠言者為忠臣」的前提，以作翻案文章。

如何推翻「進忠言者為忠臣」的命題呢？呂祖謙第一步從「鄰國之賢，敵國之讎也；權門之良，公門之蠹也」，推論到「簒君之忠臣，為治世之賊臣」的結論來，這是第一段。第二段則提出魯桓公是簒國之君，那麼臧哀伯就成治世之賊臣了，所以直指其不忠，而對簒國之君，諫以貪賄之小罪，則為不智，於是否定了臧哀伯之賢。接著第三段參以史事，說明「觀人之言，當先考其所處之地，然後聽其所發之言」，臧哀伯失身於簒弒之君，又進忠言嘉謀，實助紂為虐，其罪大矣。第四段就說出哀伯之罪不在羽父之下的驚人結論來。

呂氏為文好奇，把一個公認進忠言嘉謀的賢者，定下滔天大罪，但自有他的邏輯推理。以其「忠於寇讎，罪無可逭」，立論未嘗不嚴正，文章排宕而出，層折不窮，不但指其不忠，更責其不智，還說以亂助亂罪小，以治助亂罪大，直叫人百口莫辯。不過這也讓一直讚美呂祖謙的朱字綠，不得不為臧哀伯說話，因為隱公、桓公都是魯惠公之子，與敵國外寇不同，既已成魯君，為臣者如不能死又不能逃，守位於朝廷之上，就沒有不進忠謀的道理，就像建成太子死，唐臣不可不忠於太宗，建文失蹤，明臣不可不忠於成祖。魯桓公罹彭生之禍，是魯國之恥，隱公在地下有知，是不是以此為快，因此才肯瞑目，恐怕也大有問題。不過呂氏文章雄奇，在這一篇倒是展露無遺。

晉穆侯❶命二子名及晉封曲沃

桓公二年　曲沃莊伯伐翼　隱公五年　王伐曲沃　隱公五年　曲沃武公伐翼　桓公三年　曲沃伯殺小子侯　桓公七年　王命曲沃伯為晉侯　莊公十六年

【題　解】晉穆侯在條地戰役的時候，太子出生，命名為仇。在千畝之役又生一子，命名為成師。大夫師服以為怨偶才稱仇，並預言晉將亂。惠公二十四年（西元前七四五年）封成師於曲沃。師服又以為弱本強枝，必不能維持長久。惠公三十年晉大夫潘父弒晉文侯仇之子昭侯，要納桓叔（成師）而沒成功，晉人立了昭侯之子為孝侯。但惠公四十五年，桓叔的兒子曲沃莊伯伐翼（晉都）殺孝侯，翼人立孝侯的弟弟為鄂侯。隱公五年（西元前七一八年）曲沃莊伯再伐翼，鄂侯奔隨，周王立其子哀侯而伐曲沃。桓公三年（西元前七〇九年）曲沃莊伯之子武公帥師伐翼，桓公七年再伐而殺哀侯之子小子侯。莊公十六年（西元前六七八年）終以曲沃伯為晉侯。距桓叔封曲沃不到七十年。

呂祖謙以為聖人定嫡庶長幼之分，以杜兄弟爭國之門，痛責晉穆侯溺於私愛，終致曲沃之禍，周王又寵而秩之，造成篡奪之禍，史不絕書，當以晉與周為禍首。

千萬世之爭端，非人力之所能塞也。凡有血氣之屬，利小則爭亦小，利大則爭亦大。國者，其千萬世之大爭端乎，集人之所同欲聽而不可得者，以奉吾之耳；集人之所同欲視而不可得者，以奉吾之目；集人之所同欲嗜而不可得者，以奉吾之口；集人之所同欲享而不可得者，以奉吾之身。聚天下之大利而萃之於此。有國者雖欲絕爭奪之禍，然傳諸後世，其子孫以謂均襲先君之業，均出先君之胄，年相若也，貌相若也，材氣相若也，智力相若也，彼何為而獨尊，我何為而獨卑？彼何為而獨強，我何為而獨弱？爭心一起，是豈人力之所能禦乎？昔之聖人，知人力之不能禦也，於是反求諸天，而得塞之之術，曰嫡庶長幼之分，是分既立，而爭奪之門始閉矣。

嫡與長，天之所生，而非人之所能使為嫡為長也；庶與幼，亦天之所生，而非人之所能使為庶為幼也。嫡者天實嫡之，庶者天實庶之，長者天實長之，幼者天實幼之。今聖人制為定分，傳於長嫡，為支子❷者，咸知其出於天而不出於人。命當為庶，初非人之賤我也；命當為幼，初非人之後我也。仰視嫡長之貴，如垤之於嶽，如瀆之於海，如石之於玉，如魚之於龍，如鳥之於鳳，如獸之於麟，邈然超軼，非吾流輩。其自然之尊，蓋判於有生之初，天既命之，豈人之所敢干哉？由開闢以來，所以共守是分而不敢變者，非專畏聖人也，畏天也。是故微子不敢代紂❸，目夷不敢代襄公❹，子西不敢代昭王❺，季札不敢代諸樊❻，以數子之賢，苟承祀繼統，可以大前人之業，可以啟無窮之基，然終逡巡卻避者，豈非不忍以一國之私欲利害，而啟千萬世爭奪之禍乎？

嫡庶長幼之定分，歷聖歷賢，歷古歷今，不敢輕變。晉穆侯何人也，乃敢首亂之，溺於私愛，命名之際，妄有輕重❼，馴致曲沃之禍，卒覆宗國❽。為周王❾者，又從而寵秩之，自古聖人所恃以塞千萬世之爭端者，至是皆壞，世始知人可勝天，庶可奪嫡，幼可凌長，簒奪之禍，史冊相望。納中國於戎狄夷貊之域者，未必非晉與周啟之也！

噫！至貴之無敵，至富之無倫，染指⑩垂涎者至眾也。使勇者守之，遇勇之倍者則奪之矣；使智者守之，遇智之尤者則奪之矣。守以盟誓，則有時而渝；守以法度，則有時而廢；守以城郭，則有時而隳；守以甲兵，則有時而衄⑪。惟守之以天，然後人莫敢與之較。是則嫡庶長幼定分之出於天，乃有國者之所恃也。民恃吏，吏恃國，國恃天，為國而無故亂天之定分，是自伐其恃也。嗚呼！殆哉！

【注釋】❶晉穆侯　周唐叔虞八世孫，在位二十七年（西元前八一一—前七八五年）。❷支子　古稱承襲先祖的嫡長子為宗子。其餘的眾子都稱支子。❸微子不敢代紂　依《史記‧殷本紀》：「帝乙長子曰微子啟，母賤不得嗣。少子辛，辛母正后，辛為嗣。帝乙崩，子辛立，是為帝辛，天下謂之紂。」依《呂氏春秋》，帝乙本想立微子啟為太子，但太史據法力爭而作罷。微子啟《論語》稱他為殷三仁中的一個。❹目夷不敢代襄公　目夷字子魚，宋桓公的庶長子，依《左傳》記載，桓公病了，太子茲父（襄公）請立目夷，說他「長且仁」，但目夷不受，說襄公「能以國讓」即為大仁，即位才順理。後來宋襄公以目夷為司馬。❺子西不敢代昭王　子西即公子申，為楚平王的長庶子，平王死後，令尹子常以太子年少，加以母親本為太子建所聘，所以非嫡，而要立子西，子西怒責足以亂國，不但不接受，還要殺子常，子常懼而立太子，即為楚昭王，詳見《左傳》昭公二十六年。❻季札不敢代諸樊　春秋時吳王壽夢有四子，依次是諸樊、餘祭、餘昧、季札，而以季札最賢。壽夢欲立季札，季札不肯受。壽夢死，諸樊除喪後，要立季札，季札堅辭。見《左傳》襄公十四年。❼命名之際妄有輕重　兩個兒子皆生於作戰之時，太子名仇，依杜預《集解》：「意取戰相仇怨。」次子生於千畝之戰，「意取能成其眾。」取意有所不同，古「怨耦曰仇」，是惡名，成師為美名。❽曲沃之禍卒覆宗國　晉穆侯之孫昭侯伯立（文侯仇之子），封文侯弟成師於曲沃（今山西聞喜縣東），號桓叔，其後世代攻晉，是為曲沃之禍。至曲沃武公滅晉，故稱卒覆宗國。詳見題解。❾周王　指周釐王，或稱僖王（古釐、僖通），在位五年（西元前六八一－前六七六年）。依杜預《集解》惠公立於西元前六七六年末，封武公則為周釐王。❿染指　此喻沾取非分的利益。春秋時楚人獻黿給鄭靈公，公子宋食指大動，但靈公不給公子宋吃，公子宋憤而染指於鼎。靈公怒，公子宋先發制人而弒靈公。詳見《左傳》宣公四年。⓫衄　衂的俗字。挫敗。

【語　譯】千秋萬世的爭端，實在不是人力所能杜絕的。凡是有血氣的動物，有小利就有小爭執，有大利就有大爭執。一個國，那可是千秋萬世大爭特爭的目標，因為有了它，可以集一般人都想聽而聽不到的，來供我聽；集一般人都想看而看不到的，來供我看；集一般人都想吃而吃不到的，來供我吃；集一般人都想享用而享用不到的，來供我享用。可說是聚集天下之大利在於此。擁有國的君主，雖然想要杜絕爭奪的禍害，但傳到後代，那些子孫都說他們要承襲先君的基業，都說他們是先君的後代，年齡相近，相貌也相彷彿，材氣相似，智力也差不多，為什麼他就獨尊，而我為什麼就卑微？為什麼他獨強，我為什麼就該弱？爭執之心一產生，這哪裏是人力所能阻止的？古代的聖人，知道人力難以阻止，因此就回過頭來求之於天，而得到杜絕爭奪的方法，那就是定嫡、庶、長、幼之分，這名分確定之後，爭奪之門才杜絕了。

嫡和長是天生的，不是人力所能夠使他成為嫡子或長子；庶和幼也是天生的，而不是任何人使他成為庶子或幼子的。嫡子是天讓他成嫡子，庶子是天讓他成庶子，長子是上天讓他成長子，幼子是上天讓他成幼子。如今聖人制定了名分，傳位給年長的嫡子，作為其他支子的人，都知道這是出於天意而不是出於人為。命中註定為庶子，原本不是人家有意看不起我；命中註定為幼子，原本也不是人家有意把我放在後頭。仰望嫡長的尊貴，就像土丘比山嶽，像小溝渠比大海洋，像石頭比美玉，像游魚比蛟龍，像飛鳥比鳳凰，像走獸比麒麟，遠超過我們，不跟我同一族類的。這自然的尊貴，在生下來就與眾不同。既然是上天所賦予的，豈是人敢去爭取的呢？從奠定規模以後，人們所以守著名分而不敢改變，並不是只敬畏制定名分的聖人，而是敬畏天意的安排。因此微子不敢取代商紂，公子目夷不敢取代宋襄公，子西不敢取代楚昭王，吳季札不敢取代諸樊，以這幾位公子的賢能，如果能承其祭祀繼其大統，是可以光大前人的基業，可以奠定綿延永世的基礎，但他們終究躊躇不前而退避的，難道不是不忍心為了擁有一個國家的私欲利害，而開啟千秋萬世爭奪不已的禍害之門嗎？

嫡庶長幼的名分定制，經歷多少聖賢，經歷多少時間，都不敢輕易改變。晉穆侯是什麼人物，竟敢率先擾亂它，沉溺於個人的偏愛，為兒子取名的時候，妄敢有輕重厚薄之分，終於導致曲沃之禍，覆亡了宗國。當周王的，又跟著特別優寵曲沃武公而封給名位，自古聖人所依仗用以杜絕千秋萬世爭端的制度，到此毀壞，於是世人開始認為人力可以改變天命，庶子可以篡奪嫡子的權位，幼弟可以淩駕到兄長之上，從此篡位奪權的禍害，在史書上就沒有中斷過。堂堂中國淪落到戎狄夷貊野蠻爭奪的境地，不見得不就是晉穆侯和周釐王所開導的呢！

唉！最尊貴和最富有的地位，羨慕而想侵佔的人是很多的。派有勇力的人去守住它，遇到更有勇力的人就把它奪走了；派有才智的人去守住它，遇到更有才智的人就把它奪走了。用盟約和誓言來維護，有時還會變卦；用法律和制度來維護，有時也會被廢置；用城郭來保護，有時會被摧毀；用武力來保護，有時會被打敗。只有守之以天命，然後才沒有人敢來較量。所以嫡庶長幼定下名位出之於天，是擁有國家的人最有力的保障。人民因官吏的存在而有保障，官吏因國家的存在而有保障，國家因天命的存在而有保障，治理國家的人無緣無故擾亂了天定的名分，簡直是自毀長城，啊！多危險呀！

【研　析】「語不驚人誓不休」，由晉穆侯對兒子命名不慎，竟歸罪他「納中國於戎狄夷貊之域」。晉穆侯地下有知必頓足道：「這話從何說起？」

且看呂祖謙從何說起。第一段先說千萬世之爭端，是人力所難以杜絕，人有利必爭，更何況是聚天下大利的國君之位？聖人想出歸於天命的辦法，定嫡庶長幼之分。接著說明這嫡庶長幼是天生的，怨不得人，於是利之所在，仍然相安無事，微子、目夷、子西、季札之才，也不敢取代嫡長之位。第三段痛責晉穆侯取名時偏愛次子，釀成曲沃之禍，周王又寵而秩之，破壞聖人的定制，開啟後世無窮的篡奪之禍。最後以嫡庶長幼定分出自於天，是有國者最有利的保障，而以悲歎他們自毀長城作結。

本篇文章是呂祖謙借晉穆侯為子命名和曲沃之禍，論嫡庶長幼是安定天下的定制，歸諸天命，令人恨不得、急不得、爭不得。若說晉穆侯啟歷史篡奪之禍，納中國於蠻貊之域，是不大公平的。因為篡奪之禍前已有之，在他之前廢嫡立庶，所在多有，穆侯僅於命名時有所輕重，桓叔之封，已在其孫立位之後。再說目夷、子西、季札都是在晉穆侯以後，何以不受其影響而有篡奪之心？所以本篇文章固然雄邁，論宗法制度，規定嫡長繼嗣之法，有安定國家的功能，確有見地，至於對晉穆公之評，不免為文之驚人而厚誣古人，一般寫作議論文，應避免如此。

卷四

楚侵隨

桓公六年

楚敗隨　桓公八年

【題解】魯桓公六年（西元前七〇六年），楚武王帶兵侵犯隨國，派薳章去談判，而把軍隊駐在瑕地等待消息，隨國派少師主持和談。楚大夫鬬伯比認為漢水東邊小國，是因楚國武力的壓迫才使他們團結起來的，他認為要驕縱最大的隨國，便會使小國離心，將對楚國有利。而隨國少師人很驕大，楚軍應隱藏精銳而讓他看疲弱的士卒，可以使他更驕大。可是另一大夫熊率且比，認為隨國有季梁在，這樣做無濟於事。鬬伯比卻說這是為日後打算。因為少師會得到隨君的信任。少師看了楚國的疲弱之兵，主張追擊楚軍，季梁識破而極力諫阻，要他修政而親兄弟之國。隨侯接受季梁的勸阻而楚國也不敢攻打。兩年之後，隨國沒有參加沈鹿之會，楚王親伐隨國，季梁建議先向楚人表示降服，待對方不答應而後戰，可以激怒我軍以提高士氣，並懈怠敵軍的鬥志。但少師認為要速戰速決。隨侯出兵時，望見楚軍，季梁說楚王在左軍，要先攻右軍，右軍缺乏良將，我們可以取勝，待右軍敗，眾人離散，問題就解決了。但少師說不和楚王正面作戰，就是貶抑自己，隨侯不聽季梁的話而兵敗逃走，戎車和少師都被楚所獲。隨侯請和，楚王原不答應，鬬伯比說上天已去掉了隨國的心腹大害，將不那麼容易滅掉它，所以楚國就答應訂盟約而退兵了。

呂祖謙就鬬伯比的深謀和機心加以分析，認為其機心之深密，數千百年來仍為人所不見，他的分析或不免過於深化，但確有他獨到的見解。

昔之傾人之國者，匿其機而使人陰墮其計，非受害之後莫能悟，何其深也！方始墮其計，終日奔走馳驅，聽其所役，投於禍患而不自知。及師已喪，國已破，回視前日之所蹈者，無非陷穽，然後噬臍❶頓足，有不可追之悔。吁！亦晚矣。謀之深者豈復有加於此耶？曰：「有！使敵人既敗而識吾之機，猶未足為深也！天下固有奇權密機，非特敵人既敗尚不知其所以然，雖至於數千百年之後，亦不知其所以然，可謂極天下之至深矣！」吾觀鬬伯比❷之謀隨，未嘗不三歎其深也！

世之論鬬伯比之謀者，不過謂季梁❸之正，終不能勝少師❹之寵，季梁之諫，必有時而不用也，少師之說，必有時而用也。吾之謀雖未行於今，終必行於後。嗚呼！是何足以窺鬬伯比之機乎？人見隨侯初拒少師追楚之請，從季梁修政之諫，以為伯比之謀未行也，而不知其謀已深行乎其間矣！市中有虎，曾參殺人❺，必三至而後信，其始告之者，明知其不信也；其再告之者，亦明知其不信也。明知其不信，而瀆告之者何耶？蓋有一則有二，有二則有三，無兩人之說居其前，雖有善譖者無以成三至之說也。其始之不信，所以成其後之信也。知此則可以窺伯比之機矣。

隨侯之始拒少師，所以成其後之從；隨侯之始從季梁，所以成其後之拒。季梁者，隨之望，其君素所畏者也。伯比以謂吾苟欲一舉而成功，彼少師雖愛，豈能使其君遽違素所畏者之諫乎？今先示弱以誘少師，則少師必有伐楚之請，季梁必有修政之諫，隨侯迫於平日之所畏，必勉從季梁而拒少師。使季梁之諫虛用於無事之時，及其有事而又諫，其君必以為瀆矣。隨之所恃者獨一季梁而已，季梁之術既窮，則吾他日之舉兵，誰復齟齬於其間哉？蓋人之情，迫於不得已而勉從所畏者之言，不過能一從之耳，至於再，豈肯復從之乎？迫於不得已而勉拒所愛者之說，不過能一拒之耳，至於再，豈能復拒之乎？不待至於再也，其勉從所畏之時，雖曰從之，而已有不平之心矣；其勉拒所愛之時，雖曰拒之，而已有不忍之心矣。隨侯一念之不平，發於始從季梁之諫，積而至數年，其不平日增，當楚再駕之際，季梁之諫安得而不廢乎？一念之不忍，發於始拒少師之說，積而至數年，其不忍日深，當梁再駕之際，少師之說安得而不入乎？是拒生於從，而從生於拒也。想隨侯恐懼修政之時，舉國交賀，頌其君納諫之明，而不知伯比欣然獨笑，已入於吾之機矣。兆破隨之機於數年之前，收破隨之功於數年之後。伯比之機微矣哉！

吾嘗深考伯比之謀，既假毀軍之詐，而中少師之欲；復假少師之請，而激季梁之諫；復假季梁之重，而致隨侯之懼；復假隨侯之止，而增少師之慚；復假少師之寵，而沮季梁之策。置毫末之毒於少師之心，而一國君臣展轉薰染，自勝自負，自起自仆，自予自奪，如輪如機，不得少息，吾端坐拱手，不動聲色而徐制其弊焉。雖事往迹陳，書之簡牘，讀者猶不知其端倪，況於當時自墮其網者乎？然則將何以自免？曰：無受焚之地，則烈火不能焚玉；無受病之地，則癘氣不能病人。鬬伯比謀隨累年，不乘其潰敗之餘，一舉平之，反以敵遺子孫；勇於伐隨，而怯於滅隨，非前工而後拙也，以少師既死，則隨無受病之地也。嗚呼！小人之根未去，則雖從諫不足喜；小人之根既去，則雖軍敗不足憂，為國者其務去小人之根也哉！

【注釋】❶噬臍　自噬已到肚臍的部位，無可挽救。多用以比喻悔之晚矣。在此取不知不覺中自我殘害之意。❷鬬伯比　楚大夫，若敖之子，令尹子文之父。❸季梁　隨國之賢者。❹少師　疑是官名，其人之姓名不可知。❺曾參殺人　春秋戰國之際，費人也有名叫曾參，與孔子門人曾子同名，而犯殺人之行。有人來告訴曾子的母親，說曾子殺人了，曾母不信，織布自若；第二個人來說，她仍織布而不相信；到第三個來說的時候，曾母踰牆而走。見《戰國策·秦策二》。與市中有虎，同為眾口鑠金的故事。

【語譯】古代要傾覆別人的國家，都是隱藏其心機而使人迷迷糊糊的中了他的計謀，不等到受害之後是不能明白的，那樣的心計多麼深密啊！當人們剛中計的時候，整天奔走忙碌，完全聽他的指揮差遣，投身於禍患之中而不自知。等到軍隊覆沒了，國家破滅了，回頭看看自己以前所踩的，沒有不是人家設計好的陷阱，然後才知道自己一直在殘害自己，頓足後悔都已經來不及了。唉！要挽救已經太遲了。謀略難道還有比這樣更深密的嗎？我說：「有的！使敵人在覆敗之後，認清了我的心機，這還不算深密呢！天下就有奇特的權謀、隱密的心機，不但敵人失敗之後還不知道緣由，就算到數千百年之後，後人也不知道根由，那才是天下最深密的呢！」我觀察鬬伯比對付隨國的謀略，未曾不再三慨歎其謀略的深密！

一般人討論鬬伯比的謀略，只不過說鬬伯比認為季梁的正直，鬥不過少師所得的寵信，季梁的諫言，必然有不用的時候，少師的主張，必有被採用的時候。我的謀略雖然在今天不能實現，但必在以後可以實現。唉！這怎麼算了解鬬伯比的心機呢？人們看見隨侯當初拒絕少師追擊楚軍的請求，而聽從季梁修明政事的諫言，以為伯比的謀略沒有進展，而不知道他的謀略已經開始在暗中運作了呢！說市集中有老虎，傳言曾參殺人，必然是要一而再、再而三才會令人相信，而剛開始說的人，是明知人家不會相信的；第二個說的人，也明知道別人不會相信的。明知道別人不會相信，而還要去褻瀆再三告訴人家，這是為什麼？那是因為有一就有二，有二就有三，假使沒有兩個人傳播於前頭，雖然有擅於挑撥離間的人，也不能達到三個人都說所造成的效果。剛開始的不相信，是造成後來相信的基礎。知道這一點才可以知道鬬伯比的心機謀略。

隨侯起初對少師建議的拒絕，正是促成日後對他主張的聽從；隨侯起初對季梁諫言的聽從，正是促成日後對他主張的排斥。季梁這個人是隨國眾所仰望，為隨君一向敬畏的人。伯比以為我如果想一舉而成功，那少師雖為國君所寵愛，但怎麼能夠使國君突然去違背一向敬畏的人的諫言呢？如不現在先顯示楚軍的疲弱來引誘少師，那麼少師一定會提出伐楚的請求，季梁必然會提出修明國政的諫言，隨侯迫於平日對季梁的敬畏，必定會勉強聽從季梁的諫言，而拒絕少師的請求。使季梁的諫言用在國家無事之時，等到國家有事之日再提出諫言，他的國君必定會認為他太過分了。隨國所可以仗恃的賢者，就只季梁一個而已，季梁的策略既然施展不出，那麼我以後再興兵而來，還有誰可以跟我過不去呢？一般人之常情，迫於不得已而勉強聽從自己敬畏的人的話，只不過能聽從一次罷了，到了第二次，哪裏肯再聽從呢？迫於不得已而勉強拒絕自己所喜歡的人的話，也不過能拒絕一次罷了，到了第二次，哪裏還能再拒絕呢？不必等到第二次，當勉強聽從所畏的人的時候，雖然是聽從了，但已經有不平之心了；當勉強拒絕所愛的人的時候，雖然是拒絕了，但已經有不忍之心了。隨侯不平的念頭，已產生在原先聽從季梁諫言的時候，累積了幾年下來，那不平之心日日增長，當楚國再發兵前來的時候，季梁的諫言哪有不被廢置的道理？隨侯不忍心的念頭，已產生在當初拒絕少師請求的時候，累積了幾年下來，那不忍之心日日加深，當楚國再興兵前來的時候，少師的主張哪有不被接納的呢？所以後來的拒絕是因早日的聽從而產生，後來的聽從是因早日的拒絕所造成。想到隨侯惶恐地修明國政之時，全國交相慶賀，讚美他們國君接納諫言的英明，卻不知道伯比正高興地暗笑，他們已進入我的算計之中了。破隨之契機已卜定在數年之前，而收破隨之功卻在數年之後，伯比的心機可真是入微而令人難以察知啊！

我曾深入考察伯比的謀略，既借扭曲軍容的詐術，挑起少師為國建功的驕大慾望；又借少師追擊楚軍的請求，激出季梁忠正的諫言；又借季梁語重心長的諫言，致使隨侯對他有敬而遠之的心態；又借隨侯不能接受其建議，以增加少師有不如季梁的不快；又借少師的得寵，來詆毀季梁的策略。放置一點毒在少師的心上，一國君臣便相互薰染，使他們互有勝負、互有起伏、互有得失，就像輪子，也像機器，轉動起來，就不能停止，而我只要端坐垂手，不動聲色從容地等它出毛病來制住它。這些事雖然已成歷史的陳跡，也寫在簡冊之上，但讀者還是不知道其中來龍去脈，更何況當時自己中計入網的人呢？然而有沒有方法跳出這個羅網呢？我說：沒有可供焚燒的空間，烈火不能焚毀玉石，沒有接受病源的管道，瘴癘之氣也不能侵害到人。鬬伯比陰謀滅隨國那麼多年，不趁其潰敗的時候，一舉把隨國消滅，反而留下後患；當初勇於伐隨，而後又怯於滅隨，並不是早先的謀略精妙，往後就拙劣了，因為少師既然死了，那隨國就沒有受病的管道了。唉！小人的根苗還在，則國君雖然接納忠言也不足為喜；小人的根苗既已拔除，則國家雖打了敗仗也不足為憂，治理國家的人務必要盡力除去小人的根苗呀！

【研　析】呂祖謙言人之所未言，發人之所未發，他不說別人目光如豆，見識短淺，而說此「奇權密機」，「雖至於數千百年之後，亦不知其所以然」，所以其見解分析，容易為人所接受，而又絲毫不減其「通情達變，觀察入微」自居者的地位，這正是其文章的高妙處。

本文第一段從陰謀得逞，受害者不到噬臍之日不能恍悟，說明其機之深。但他接著說，事後知機，那還不夠深，要事成之後千百年，竟無人能知，這才深呢！鬬伯比謀隨，便是如此。這種層層轉緊，然後點題，是很能吸引人的開場白。第二段提出一般人對這件事的評論，都只見皮毛，而提出「曾參殺人，必三至而後信」，來指述鬬伯比運用的就是這個謀略。第三段是說明隨君寵少師，少師驕侈，而季梁得眾望，鬬伯比如何利用其中的矛盾，巧施連環計而坐享其成。第四段說明整個連環計的動力在少師的身上，少師既死，隨仍不可輕侮。然後提出「為國者其務去小人之根也哉」作結，也成為全篇之警策。

本文除起首巧妙，還在說明巧計連環之時，絲絲入扣之外，結論更為精妙。把鬬伯比謀隨而不滅隨，說得頭頭是道，使連環計的理論基礎，更為堅實。同時提出警策，文章便關乎世教，而賦予更積極的意義。

魯為班後鄭

桓公六年　齊衛戰鄭於郎　桓公十年

【題解】魯桓公六年（西元前七〇六年），北戎攻打齊國，齊人派人到鄭國求援，鄭國太子忽領兵救援齊國，把戎軍打得大敗，太子忽俘虜了戎的主帥大良和小良，斬下三百個戎軍帶甲的首級，獻給齊國。齊人饋送各國來協助的諸侯大夫，讓魯國來排各國的先後次序，魯國把鄭國排在後面。鄭太子十分不滿，於是在兩年之後，邀了齊國，齊國則讓衛國一起去攻魯國。

呂祖謙認為鄭太子忽沒有「盡其所當為，無足誇人」的想法，於是心為外物所左右，始而驕，繼而怯。他援古戒今，說一個人為外物所左右而不能自主，就更沒有資格去主宰國家。

天下之事，有當為者，有不當為者。凡當為者，皆常也；凡不當為者，皆過也。曰是、曰正、曰善，皆所當為也；曰非、曰邪、曰惡，皆所不當為也。事雖有萬而不同，豈有出於此兩端之外者哉？

古今以驕矜為通患，抑亦未之思也。盍反觀吾之所行，果不當為耶，方且愧懼之不暇，何敢誇人？果當為耶，則亦飢食渴飲之類耳，何足誇人？是天下本無可誇之事，彼驕矜之心，亦何自而生乎？目當視而反盲，耳當聽而反聵，則為殘疾人矣，苟目能視，耳能聽，始可謂之無疾之人，豈有持此以誇世者哉？雖舜之孝、禹之功、皋陶之謨❶、稷契之忠❷、夷齊之清❸、孔孟之學，冠萬世而絕出者，其實皆人之所當為也。世之人僅有一善如毛髮，遽自衒以為過人之行，亦惑矣。人之為人，非聖人莫能盡也。今受人之形，而反自謂過人，豈將翼而飛，鬣而馳❹耶？甚矣其惑也！

鄭太子忽之救齊，雖曰有功，然捄❺災卹鄰，亦諸侯之所當為耳，遽軒然❻伐其功，輕周室之爵祿，而欲躐之，又從而加忿兵於魯。嗚呼！使小國有功，而可躐處於大國之上，則臣有功可陵其君，子有功可傲其父矣，曾不如無功之為愈也！吾嘗觀鄭忽始敗戎師之時，因二帥，陳俘馘❼，振旅而獻乎齊，氣吞諸侯，邈視王爵。餼餽之際，暫為人所先，亟連三國之兵而伐之，何其壯也！及其嗣位，微弱不振，為國人所賤，其出奔，其復歸❽，斥其名而赴諸侯，曾不以君視之。甚者詆以狡童狂童之稱❾。其受侮受辱，一至於此，前日之壯氣安在耶？

蓋忽之為人，得志則氣盈，而自視其身不勝其大，人少慢之，以不能平；失志則氣涸，而自視其身不勝其小，人共賤之，反不能較。其中初無所主，惟視外物以為輕重，隨物而盈，隨物而涸，隨物而大，隨物而小，終身為物所驅，乍驕乍沮，乍勇乍怯，己亦不能自必也。一身且不能自主，況欲主人之國哉？

【注　釋】❶臯陶之謨　臯陶的謀略。臯陶，相傳為舜之名臣，掌刑獄之事。《尚書》有〈臯陶謨〉一篇，記臯陶之事，所以以此為典故。❷稷契之忠　稷和契的盡職盡分。稷，即棄，相傳為周之始祖，教民播種五穀，堯舉之為司農。契，相傳為商的始祖，為舜之名臣，助禹治水有功，任為司徒。見《史記・周本紀》及〈商本紀〉。❸夷齊之清　伯夷和叔齊清高的風範。伯夷、叔齊為商孤竹君之二子，相傳其父遺命立次子叔齊為嗣，但叔齊讓位伯夷，伯夷不受，叔齊亦不即位，二人先後逃到周。逢周武王伐紂，二人叩馬諫阻，武王不聽而滅商，二人恥食周粟，採薇而食，終於餓死首陽山，事見《史記・伯夷列傳》。《孟子・萬章下》稱伯夷為聖之清者。❹鬣而馳　成為野獸而奔馳。鬣，獸類頸領上的毛。❺捄　通「救」。拯救。《戰國策・秦策五》：「諸侯必懼，懼而相捄，則從事可成。」❻軒然　高起貌。❼俘馘　指殲滅敵人。俘，被活捉的敵人。馘，從敵人屍首上割取左耳，以計殺敵之數。❽及其嗣位五句　鄭莊公死，太子忽立，是為昭公。但祭仲為宋莊公所劫持，要他立太子忽的弟弟突。祭仲允諾，昭公奔衛。突即位為厲公，在位四年欲除祭仲，事敗而出居邑櫟，祭仲再迎立昭公復位。❾詆以狡童狂童之稱　《詩・鄭風・山有扶蘇》，《毛傳》《鄭箋》都說是刺忽之詩，其中有「不見子充，乃見狡童」之句，又有〈狡童〉一詩，《毛傳》《鄭箋》也都以為刺忽之作。更有〈褰裳〉：「子不我思，豈無他人，狂童之狂也且。」《毛傳》：「思見正也，狂童恣行，國人思大國正己也。」《鄭箋》：「狂童恣行，謂突與忽爭國，更出更入而無大國正之。」呂祖謙據此而說太子忽被稱為狡童和狂童。

【語　譯】天下的事，有應當做的，也有不應當做的；凡是應當做的，都是正常的，凡是不應當做的，都是過失。凡是對的、正當的、好的，都是應當做的；凡是不對的、不正的、壞的，都是不應當做的。事情雖然有千萬種的不同，難道還有這兩種以外的嗎？

自古以來，都以為驕矜是一般人的通病，就沒有仔細去思考這個問題。為什麼不回過頭來看看我自己所作所為，如果是不應當做的，感到慚愧惶恐都來不及了，怎敢向人誇耀呢？如果是應當做的，那就跟飲食飢渴一樣的平常，又有什麼足以向人誇耀的？因此天下原本沒有什麼可炫耀的事，那驕矜之心是怎麼產生的呢？眼睛應當看得見，看不見是不正常的；耳朵應當能聽，聽不見是不正常的；那都是殘障的人。如果眼睛能看，耳朵能聽，才能算是沒有殘疾的人，難道有人以此向世人誇耀的嗎？雖然像舜的孝順、大禹的功績、皋陶的謀略、稷和契的盡職、伯夷和叔齊的清高、孔子和孟子的學問，都是高居萬世之上的傑出者，其實也都是人所應當做的，世人竟然有像一根毛髮那麼小的善行，就馬上自誇是異乎常人的行為，這未免太迷惑了。其實人在為人方面，不是聖人的話是不可能十全十美的。如今有了人的軀殼，反而以為自己跟一般人不一樣，難道是像鳥類一樣長了翅膀去高飛，或像獸類一樣長了鬣毛去奔馳？真是迷惑糊塗啊！

鄭國太子忽的率兵救齊，雖然可以說有功，但救助受害者，撫恤鄰邦，說來也是諸侯所應當做的事，卻昂然自得而誇耀功勞，輕視周王室所封賜的爵位俸祿，而想跨越其等級名分，接著還忿然發兵攻打魯國。唉！假使小國有功，就可以越居在大國之上，那麼臣子有功也可以凌駕在他的君主之上，兒子有功也可以傲視他的父親了，那還不如沒有立功來得好些！我們看看鄭太子忽當初打敗戎兵的時候，俘獲了兩員大將，陳列了俘虜和敵人的左耳，以嚴整的軍容把戰果獻給齊國。那時氣勢之大，簡直可以吞掉諸侯，也不把王爵看在眼裏。在齊國餽贈鮮肉的時候，一時被別人佔先了，就急於聯合三國的兵力去討伐別人，氣概是那麼宏壯啊！等他繼位為君，卻微弱不堪，為國人所看輕，他的出奔於衛和回國復位，人都直指其名，說他到諸侯之國去，不把他當國君看。甚至就罵他是虛有其表的狡童和狂妄的狂童。他受侮受辱，竟到如此地步，當年的雄邁之氣到哪裏去了？

大體說來，鄭忽這個人，得志的時候就氣滿，覺得自己比誰都大，人家稍為怠慢他，他就以為這是令人氣憤不平的事；當他失志的時候就氣竭，覺得自己比誰都小，人們都鄙視他，倒反而不敢計較。他心中沒有什麼主見，只是根據外物來定自身輕重的標準，隨著外物而意滿，隨著外物而氣衰，隨著外物而自大，隨著外物而自卑，終身為外物所驅使。一下子驕傲，一下子沮喪，忽然勇敢、忽然怯弱，自己都沒有一定的憑準。像他這種人連自己都不能自主，怎能還想去主宰眾人的國家呢？

【研　析】鄭太子忽因一時救齊伐戎的勝利，便趾高氣揚惹是生非，一副器小易盈的模樣；而在權位之爭，因一時失去祭仲支持，便惶恐逃離不敢對抗，一副軟弱怕事的樣子。他畢竟只是一個使氣任性不能老謀深算的人，這是一般對太子忽的批評。呂祖謙從「平常心」出發，而歸結到人當自主，不為外物左右。對太子忽的批評，另闢蹊徑。

第一段論天下事雖有千萬種，大別只有當為與不當為而已。第二段接著論既然當為，就只是平常事，一如目之能視、耳之能聽，不足以誇人，甚至連古聖賢之功績德業，都是人之所當為，都該待之以平常心，不足矜喜。於是指斥因小功小善而自炫者，惑矣！第三段敘述鄭太子忽始而驕，繼而怯。最後一段分析其得志則氣盈，失志則氣涸，是因心無所主，惟視外物，所以為外物所驅遣。一身且不能自主，如何主宰眾人之國？

本篇同上篇一樣，置警策於最後，使文章更關乎世教，而且不只說一般人，更直說在位者。另外在第二段從耳之能聽，目之能視，最最平凡，說到最不平凡的聖賢之業，都是平常事，以張大其涵蓋的範圍；第三段從鄭太子忽「何其壯也」，說到「壯氣安在」，作最強烈之對比，以強化其隨外物氣盈氣涸的說明。這些極化兩端的寫法，常使文章波瀾起伏，氣勢洶湧，顯得格外壯闊動人。

鄭太子忽辭昏

桓公六年　鄭昭公之敗北戎至昭公奔衛　桓公十一年

【題解】齊僖公有意把女兒文姜嫁給鄭太子忽，太子忽辭謝了。人家問他原因，他說齊大非耦，並引《詩》「自求多福」的話，說明盡其在我，不依賴大國。等到太子忽打敗戎師，齊侯再提這門親事，太子忽仍然辭謝。祭仲說「一定要接受，國君姬妾很多，你沒有外援，將不能繼承君位。其他公子突、公子亹、公子儀都可能立為國君。」公子忽不聽，後來鄭莊公死，祭仲即立太子忽而為昭公，但祭仲卻被宋莊公所誘騙挾持，要他立公子突，祭仲與宋人立盟，鄭昭公逃到衛國，於是立公子突而為厲公。後人或歸咎太子忽不能依大國以鞏固自己，呂祖謙則以為鄭太子辭婚是對的，為國者當自立，太子忽不好，但不能以人廢言。對他「自求多福，在我而已」的話，十分激賞，甚至認為他有自立之言，而無自立之實，最後還是落得依人得禍，說得透闢淋漓。

為國者當使人依己，不當使己依人。己不能自立，而依人以為重，未有不窮者也。所依者不能常盛，有時而衰；所依者不能常存，有時而亡。一旦驟失所依，將何所恃乎？

嗚呼！此特論依之不可常耳，抑有甚者焉！使所依者常盛而不衰，常存而不亡，可謂得所依矣，然猶未足恃也！晉方主盟諸夏，宋深結而謹事之，倚以自固。想其心必自以為善擇所依矣，及阨於楚師之圍，析骸而炊，易子而食，晉迫於狄，坐視而莫能救❶也。當時諸侯之強盛者莫如晉，諸侯之可依者亦莫如晉，晉猶不可依，而況其他乎？

嗚呼！此特論人之不足依耳，抑又有甚者焉！西魏孝武脅於高歡❷，日有篡奪之憂，所恃以為依者，宇文泰❸耳。一旦脫身虎口，杖策❹入關，捨所畏而得所依，天下之樂有過於是乎？然孝武之禍，不在於所畏之高歡，而在於所依之宇文泰。以是論之，非惟人之不可依，而禍實生於所依也。外物之變不可勝窮，恃外以為安者，其患夫豈一端耶？

人皆咎鄭忽之辭齊女，不能依大國以自固。殆非也。使忽不辭而取文姜，則彭生之禍❺移於鄭矣。豈有禍魯而福鄭者耶？自古小國連姻於大國，得其所依者蓋無幾，而啟釁召兵，如銅斗摩笄之禍❻者皆是也。然則忽之辭昏，固亦未可厚非也。後世徒見其終以微弱致禍，遂并與辭昏譏之。殊不知忽前得之於辭昏，後失之於微弱，一是一非，兩不相掩，烏得以後之非廢前之是哉？

忽之言曰：「自求多福，在我而已，大國何為？」斯言也，實先王之法言，古今之篤論也。在我之福，以堯為父，而不能與丹朱❼；以周公為兄，而不能與管蔡❽；以周宣為子，而不能與厲王❾。彼大國亦何有於我哉？苟忽能充是言，則〈洪範〉之五福❿，周〈雅〉之百祿⓫，皆我有也，尚何微弱之足患乎？論者不識忽之不能蹈其言，而反譏其言之失，亦惑矣。後之君子，苟不以人廢言，而深味其言，釋然深悟：天下之福，皆備於我，無在我之外者。攀援依附，一掃俱除，天下無對，制命在內。忽言之於千載之上，我用之於千載之下，是忽雖不能自用，適所以留為我之用也，豈曰小補之哉？

【注　釋】❶晉迫於狄坐視而莫能救　此事見於《左傳》宣公十五年，狄指潞國。是年，晉未救宋，而出兵滅潞。❷西魏孝武脅於高歡　西元五三二年，北魏高歡入洛陽，廢其主恭及朗，而立平陽王修，即為孝武帝，高歡自為大丞相。越三年，高歡舉兵反，孝武奔長安，以宇文泰為大丞相，是年十二月為宇文泰毒死。高歡逼走孝武帝，另立孝靜帝，從此北魏分東西二魏。❸宇文泰　（西元五〇七—五五六年）代郡武川人。鮮卑族，仕魏為關西大都督，北魏孝武帝為高歡所逼，西奔長安依宇文泰，史稱西魏，以宇文泰為丞相，專軍國大政，不久毒殺孝武帝，立南陽王元寶炬為帝，即為文帝。後來宇文泰之子宇文覺，自立為周，追尊泰為太祖文皇帝。❹杖策　驅馬。策，即馬筴，用以驅馬。❺彭生之禍　指文姜通齊襄公，彭生將魯桓公折脅而死。見〈臧哀伯諫納郜鼎〉篇⓰，於〈桓公文姜如齊〉篇將有詳述。❻銅斗摩笄之禍　應為金斗摩笄之禍。見《史記・張儀列傳》，春秋時，趙襄子欲併代，以其姊為代王妻，趙襄子令人作金斗（為有柄的挹注之器），讓廚人以金斗擊殺代王，代王腦塗地，趙襄子之姊摩笄自刺，以後乃有摩笄山。笄，即簪也，婦人首飾。❼以堯為父而不能與丹朱　堯為聖君，其子丹朱不肖，所以禪位給舜。見《史記・五帝本紀》。❽以周公為兄而不能與管蔡　周公，即姬旦，周文王之子輔武王滅紂，武王死，成王年幼，周公攝政，其弟管叔、蔡叔挾殷的後代武庚作亂，周公平定而建成周雒邑。見《史記・魯世家》。❾以周宣為子而不能與厲王　周宣王，名靜，厲王之子。厲王死，周、召共立之，用仲山甫、尹吉甫、方叔、召虎等，北伐玁狁，南征荊蠻、淮夷、徐戎，史稱中興。而其父厲王，用榮夷公搜刮財富，肆行暴政，國人怨恨非議，乃派衛巫監殺謗者，國人敢怒不敢言，三年而放逐於彘。見《史記・周本紀》。❿洪範之五福　《尚書・洪範》：「九、五福，一曰壽、二曰富、三曰康寧、四曰攸好德、五曰考終命。」⓫周雅之百祿　《詩・小雅・天保》：「罄無不官，受天百祿。」乃周詩，為祝君福之詩。

【語　譯】治理國家的人，應當是讓人家來依靠自己，而不應該讓自己去依靠別人。自己不能自立，而要依靠別人以自重，結果沒有不窘困的。因為所依靠的人不會永遠強盛，有時將會衰微；所依靠的人也不會一直存在，有時也會消亡的。一旦突然失去所依靠的，那將仗恃什麼呢？

唉！前頭只說所依靠的不可能長久而已，還有更嚴重的呢！假使所依靠的人，是常盛而不衰、常存而不亡，就可說有得依靠了吧！其實也還不足以仗恃呢！當晉國為中原霸主的時候，宋國深深地巴結它，謹慎地事奉它，倚仗它以鞏固自己。料想當時宋國的想法，必定自以為很妥善地選擇了好的靠山，到他被楚軍圍困的時候，城內陷入了以屍骨當柴燒、交換孩子宰來吃的慘境，但那時晉國正受到狄人的威脅，因此坐視著宋國的被圍困而不能救援。當時的諸侯沒有比晉國更強盛的，而諸侯可以仰賴的，也沒比晉國更理想的，晉國都不足以仰賴，更何況其他的諸侯呢？

唉！前頭只說別人不足以依賴而已，還有更嚴重的呢！南北朝時西魏孝武帝，被權臣高歡所控制，天天都有被篡奪的憂慮，他所仗恃而且可以依靠的就是宇文泰。一旦逃離虎口，快馬加鞭地進了長安，捨離了他所害怕的人，而得到依靠的人，天下最快樂的事有超過這個的嗎？但魏孝武帝所遭遇的災禍，不是來自他所畏懼的高歡，而來自他所依靠的宇文泰。以此說來，不但他人不可依賴，而且禍害實際上就產生在所依賴的人。外在事物的變化難以掌握，仗恃外人的力量以自安的，這禍患哪裏只是一方面而已呢？

一般人都責怪鄭太子忽推辭齊國這門親事，不能仰賴大國以鞏固自己的地位。這責難大體是錯的。假使太子忽不推辭而娶了文姜，那麼魯桓公被齊公子彭生所害的災禍，就發生在鄭國了。哪有在魯國是禍患，到鄭國成為福祉的呢？自古以來，小國和大國聯婚而得到依靠的，是寥寥無幾，而惹起嫌隙召來刀兵之災的，像春秋時，代王娶趙襄子的姊姊，而被金斗擊斃，其妻摩笄自刺的慘事，倒是比比皆是。這麼說來，太子忽的辭婚，實在是無可厚非的。後人只見太子忽終因微弱而招致禍害，於是連辭婚的事都譏笑他。其實哪裏知道，太子忽先前的成功，是得之於辭婚，後來的失敗在於微弱，一是一非不相掩蓋，怎麼能夠以後來的不好，廢棄了先前好的作為呢？

鄭太子忽說：「自求多福，操之在我而已，大國有什麼用呢？」這幾句話，是古先王的名言，也是古今不移的至理。得之在我的福分，以堯那樣賢能的父親，也不能交給兒子丹朱；以周公那樣賢能的兄長，也不能分給弟弟管叔和蔡叔；以周宣王那樣賢能的兒子，也不能讓父親厲王分享。那大國又能給我什麼呢？假使太子忽能貫徹這句話，那麼《尚書・洪範》所說的五福，《詩經・小雅》所說的百祿，都將為我所有，怎麼會微弱造成禍患呢？後代評論者不責怪鄭太子忽不能實踐「自求多福」這句話，反而譏笑他說錯話，也實在太迷惑了。後代的君子，如果「不以人廢言」，而能深加體會這句話，便能深深感悟到：天下的福祉，都具備於自身，而不在自身之外的。於是攀援他人，依附權勢，一併掃除；對天下的事，無所怨懟，命運是我們的心所制定的。太子忽的話說在千年之前，而我們用於千年之後，這些話太子忽雖然不能自用，正是留下來為我們所用，這難道只是小有補益而已嗎？

【研　析】這又是一篇別出心裁的文章。鄭太子忽拒絕齊國主動提出的親事，說出「齊大非耦」的千古名言，但他繼位之後，終因缺乏大國有力的支援，一個小小的宋國，挾持了祭仲，逼其立盟，就使他倉惶奔衛。後來也因祭仲和厲公之間有了衝突，他才能再回國。回國才兩年，高渠彌又把他殺了。所以後人總認為他如果有了齊國作為靠山，宋莊公、祭仲、高渠彌都不敢那麼囂張。呂祖謙要在既定的事實上，提出不同的批評，自當要找好立論點，以批駁前人之說。

他主張為國者當自立，極力強調「依人未有不窮」，為全篇骨幹。他開宗明義起首就提了出來，然後說所依之國有盛有衰，不可依恃，作為第一段。第二段更進一層，以晉不能救宋，說明強盛之國，仍不足恃。第三段再進一層，以魏孝武帝死於宇文泰之手，說明所恃者不但不足恃，還可能正是禍源。第四段才論鄭忽不依大國而辭婚是對的。第五段則強調鄭太子忽的話沒錯，並指出他不能實踐自求多福之言，仍因依人得禍。他不能自用其言，正可以留為我用。

前三段層層抉進，很具有說服力，是古人論述常用之法。最後責鄭太子忽還是依人得禍，呼應立論點，使文章更有震撼力。

桓公問名於申繻

桓公六年

【題解】魯桓公三年（西元前七〇九年），從齊國娶回文姜，六年九月二十四日生了兒子，桓公以太子出生的禮儀接見兒子，問大夫申繻有關命名的事。申繻說：「名有五種，有信，有義，有象，有假，有類。用出生的特殊情況來命名是信，用祥符德瑞來命名是義，用長相類似來命名是象，用相關的物來命名是假（借），用和父親有關來命名是類。命名不用國名、官名、山川名、疾病名、畜牲名、器物禮品名。因為周人講究避諱，用國名，人名就無法避諱，用官名勢必要改官稱，用山川名就要改山川的神名，用畜牲名將來無法殺牲祭祀，用器物禮器名將無法行禮儀。晉國因僖侯名叫司徒而將司徒之官改稱中軍，宋國因武公名叫司空而改官名為司城，我國先君因獻公和武公的名諱，而廢了具山和敖山的山名，所以不可或缺的大物是不可以用來命名。」後來就因這兒子跟父親（桓公）同月同日生，所以命名為「同」。即為魯莊公。

呂祖謙以為替兒子命名的事，魯桓公能謹慎行事，事關國家法度、政事、財用、兵革的事，卻未必能如此小心。申繻的話是有所見，也有所規諫，讀的時候不可輕易放過。

名子者，當為孫地世所共守也。生而名，沒而諱。子之始生，嬰孩耳，幾年而免乳，又幾年而成童，又幾年而冠昏，又幾年而有孫，又幾年而老，又幾年而沒，由命名之日，而遐想諱名之時，茫昧荒遠，若存若亡，若滅沒而不可知也。今乃預料於百年之外，恐其廢名，恐其廢職，恐其廢主，恐其廢祀，恐其廢禮，博詢詳擇，精思熟慮，俾不為後世之累。當始生之初，而思既沒之後，可謂遠也已矣！

名子之際，其遠慮蓋如此，至於餘事，則每不然。法度苟以趨一時之便，未嘗憂他日之弊也；政事苟以濟一時之欲，未嘗憂他日之害也；財用苟以供一時之求，未嘗憂他日之匱也；兵革苟以快一時之忿，未嘗憂他日之危也。名子且為百年計，況於創業垂統以遺子孫者，反不能為後日計乎？大而國，小而家，苟以名子之心推之，則「貽厥孫謀」❶之理盡矣，奚必他求哉？

抑嘗稽禮之所載，子見於父，父執子之右手，咳而名之；庶子則撫其首，咳而名之，是知命名特咳唾之頃耳。一有不審，遂流患於無窮。晉名僖侯❷以司徒，豈知終晉之世，易中軍之名乎？宋名武公❸以司空，豈知終宋之世，易司城之名乎？魯名獻公❹武公❺以具敖，豈知終魯之世，易二山之名乎？失之於咳唾之間，而其患乃與國相終始，信矣！始之不可不審也。

然名子之不審，不過後世以諱廢事耳，孰知有一嚬一笑而開子孫萬世之禍者乎！觀名子之遠慮，可以為有國家者之大法；觀名子之不審，可以為有國家者之大戒。申繻之言，有鑑有規，固不可以易心讀之也。

【注　釋】❶貽厥孫謀　語出《詩・大雅・文王有聲》：「詒厥孫謀，以燕翼子，武王烝哉。」乃讚美武王能遺其子孫善謀。貽，本作詒，遺也。孫，遜也；順也。❷僖侯　即晉釐侯（西元前八四〇－前八二三年在位），為晉靖侯之子，晉獻侯之父。❸武公　宋武公（西元前七六五－前七四八年在位），為宋戴公之子，宋宣公之父。❹獻公　魯獻公名具，為魯厲公之弟，依《史記》在位三十二年，傳子為魯真公。時在周共和之前十五年，則約當西元前八八七－前八五六年在位。❺武公　魯武公（西元前八二五－前八一五年在位），名敖，為魯獻公之子，魯真公之弟，魯懿公之父。

【語　譯】替兒子命的名，當成為孫子那一輩起所共同尊奉的字。出生的時候命名，死了以後成為避諱。兒子剛出生的時候只是個嬰孩罷了，要幾年以後才能斷奶，再幾年以後成為童子，又幾年之後成人結婚，再幾年之後有了孫子，又幾年後漸漸老了，再幾年之後才死。在命名的時候，就遙想到名字避諱之時，那麼蒙昧荒遠、若有若無不可知的境地。如今就預期到百年之外，怕會廢了名字，廢了官職，廢了山川神名，廢了祭祀，廢了禮儀，於是廣博徵詢，詳加選擇，深思熟慮，以期後世不受拖累。當剛剛出生的時候，就想到已死之後，想得可真遠啊！

替兒子命名的時候，能這樣深思遠慮，至於其他的事，就往往不這樣了。面對法度常遷就一時的方便，不曾為日後的弊病憂慮；辦理政事常為滿足一時的慾望，而不為日後的禍害擔心；使用財物常為提供一時的需求，而不為日後的匱乏考慮；發動干戈常為不能忍一時的憤怒，而不為日後的危亡擔憂。為兒子命名都能為百年之後計議，何況對創基業垂世統以留給子孫的，怎麼反而不能為日後籌謀呢？大至於國，小至於家，如果能夠以替兒子命名的心去推廣的話，那麼《詩經》所謂「為子孫留下好的謀略」的道理，就盡在其中了，又何必他求呢？

且曾查考禮書的記載，初生的兒子見到父親，父親執兒子的右手，咳叫出他的名字；庶生的兒子則由父親撫他的頭，咳叫他的名字，所以命名只是咳唾之間的事情而已。但一不小心，就遺害無窮呢！晉國僖侯名叫司徒，當初怎會想到造成晉國一直到亡國之時，司徒都改稱中軍呢？宋國武公名叫司空，當初怎會知道造成宋國一直到滅亡，司空都改名司城呢？魯國獻公和武公，分別以具和敖為名，當初怎會知道，造成魯國一直到亡國，具敖兩座山的名字都改了呢？咳唾之間的疏失，而留下的害處，竟跟國家相終始，可是真的呀！所以事情的開始是不能不審慎。

然而為兒子命名不審慎，也不過是造成後世因避諱而廢弛某些事而已，哪裏知道還有一顰一笑而開子孫萬代之禍的呢！看到為兒子命名的遠慮，可以使擁有國家的人有所效法；看到為兒子命名不審慎的後果，可以使擁有國家的人有所戒懼。申繻所說的話是有所鑑戒，也有所規諫，是不可掉以輕心地讀過去的。

【研析】在前面已有〈晉穆侯命二子名及晉封曲沃〉，強調為兒子命名的重要，在此討論申繻論名，自然沒有否定命名重要的道理。若要強調命名的重要，前面已經講過，申繻也說得具體，似乎也沒有再置喙的餘地，所以必須另外拓展一個討論的空間。

本文可分四段，首段說明魯桓公為兒子命名，問名於申繻，精思熟慮，其慮也遠。第二段說到法度、政事、財用、兵革，這些關係創業垂統以遺子孫者，卻未必能深謀遠慮。第三段說命名出於咳唾之頃，一有不慎，流患無窮。第四段說命名不妥，只有以諱廢事，而還有一顰一笑開子孫萬世之禍者，於是以強調申繻之言有鑑有規，不可以易心讀之。

第一段開頭強調命名之事，所慮也遠，於是列舉嬰兒斷乳、成童、冠婚、生孫而老死的階段歷程，第二段就開拓了討論的空間，說到為政者，常能注意為兒子命名，卻不能在法度、政事、財用、兵革上如此深謀遠慮，當然桓公更是如此。第三段又回到命名，第四段又從命名推展到創業垂統的法度政事。如此一來一往，造成文章的波瀾，而歸結到申繻之言有鑑有規，總括回到題目上來。一方面拓展了討論空間，寄寓其批評與感慨，一方面環環扣住主題，讀者宜仔細揣摩其控放自如所把握的分寸，領略其吞吐變化之妙。

王師伐虢

桓公十年

【題　解】魯桓公十年（西元前七〇二年）擔任周天子卿士的虢公，在周桓王面前詆毀他的大夫詹父，其實詹父是有理的，於是周桓王就派王師去攻打虢國，虢公就逃到虞國去了。呂祖謙藉此探討「理直」與「名分」孰重，他認為「犯分即犯理」，在「天下無不是的父母，也沒有不是的君王」的時代，當然是一語斷盡千古之訟。但論之於今，則又未必如此。

屈天下之理，以信天下之分，非善持名分者也。世之持名分者，皆曰「分可勝理，理不可勝分」，不幸而聽上下交爭之訟，寧使下受抑，勿使上受陵。所屈者一夫之理，所信者萬夫之分。屈尺寸而信尋丈，亦何為而不可哉？嗚呼！分固不可屈也，理其可屈乎？宜人之滋不服也。

虢公譖其大夫詹父於桓王❶，詹父有辭，王為之伐虢而逐虢公，以臣逐君固可罪矣，然人之咎周者，不過曰：「虢公雖曲，君也；詹父雖直，臣也。」桓王之失，不當以曲直之理，而廢上下之分耳。其罪桓王則是也，其所以罪桓王則非也。數傳而至於襄王❷，晉文公以元咺執衛侯而請殺之❸。襄王曰：「夫君臣無獄，今元咺雖直，不可聽也，為臣殺其君，將安庸刑？」襄王之意，豈非欲矯桓王之失乎？所謂君臣無獄者，固可以為萬世訓，至若「元咺雖直」之一語，猶未免墮世俗之見也。

苟如襄王之說，是元咺之理未嘗不直，所以不可聽者，恐亂君臣之分焉耳。有所謂理，又有所謂分，是理與分判然二物也。捨理而言分，是分孤立於理之外也。分孤立於理之外，則分者特一虛名耳，天下之亂臣賊子豈虛名所能束縛耶？人情所不平者，莫甚於理直而受屈，今告之以汝理雖直，姑為名分屈，是導之爭也。彼亦安能鬱鬱受屈，久為虛名之所壓乎？必將不勝其忿，決壞名分而不暇顧。是吾之持名分，適所以喪名分也。

君子言分必及理，言理必及分，分不獨立，理不虛行。得則俱得，失則俱失，豈有既犯分而不犯理者乎？子之證父❹者，先有證父之曲，不必復問其所證之事也；弟之訟兄❺者，先有訟兄之曲，不必復問其所訟之由也。臣之訴君者，先有訴君之曲，不必復問其所訴之辭也。當詹父元咺未訴君之時，其理固直，既啟訴君之口，則已陷於滔天之惡矣，尚安得有所謂直哉？是詹父之直，因訴虢公而曲也；元咺之直，因訴衛侯而曲也。二人之理已曲，吾從而治之，亦治所當治而已，彼本自不直，復何所屈哉？周王苟以是正其罪，則二人者釋然內省其理之曲，沒齒無憾矣。非特可服二人之心也，凡當時諸侯之臣有欲犯上而訴其君者，必以謂：訴所以求直，今訴君而反變為不直，曷若不訴以全吾直乎，勞而不怨，虐而不叛，益所以彰吾之直也！

又推而上之，則知君臣之際，本非較曲直之地。臣之理雖直，其敢自謂直以加吾君乎？蚤朝晏退，戰戰兢兢，上不知君之曲，下不知我之直，所知者盡臣道而已。為人臣者皆懷是心，雖極天地、窮古今，安得有犯上之釁耶？惜夫桓王昧之而不知，襄王知之而不盡，此分與理所以終離而不可復合者也。後之為治者，非合分與理為一，亦安能洗犯上之習，而還於古哉？

【注　釋】❶桓王　為周平王太子洩父之子，名林，繼平王即王位二十三年（西元前七一九－前六九七年在位）。❷數傳而至於襄王　桓王死，太子佗即位為莊王，莊王在位十五年而崩，子胡齊僖王即位，僅五年而惠王即位，惠王閬亦僖王之子，在位二十五年而崩，惠王太子鄭即位，即為襄王（西元前六五一－前六一九年在位）。❸晉文公句　衛成公三年，晉文公欲假道於衛以救宋，成公不許，晉文公強行渡河並徵兵於衛，衛成公又不許。大夫元咺攻成公，成公出奔，由其弟叔武攝政。後來叔武請晉文公許其兄成公復位，成公回國而襲殺叔武。元咺向晉文公投訴。晉文公以霸主身分盟諸侯於溫，成公亦前往，為晉文公所執。時為魯僖公二十八年（即周襄王二十年，西元前六三二年）。見《左傳》。❹子之證父　兒子出面證明父親的罪行。《論語・子路》：「葉公語孔子曰：『吾黨有直躬者，其父攘羊而子證之。』孔子曰：『吾黨之直者異於是：父為子隱，子為父隱，直在其中矣。』」❺弟之紾兄　弟扭轉兄長的手臂以搶食物。《孟子・告子下》：「紾兄之臂而奪之食，則得食；不紾，則不得食，則將紾之乎？」

【語　譯】屈抑天下的正理，以伸張天下的名分，這並不是善於正名分的人所作的事。世間有完全依據名分的人，都說「名分可以淩駕正理，正理不可以淩駕名分」，不幸遇到上下爭訟的案件，寧可讓在下位的人受到委屈壓抑，不能使在上位的人被淩駕受辱。因為受委屈壓抑的是一個人所抱持的正理，而所伸張的是萬人所依循的名分。所扭曲的只是以尺寸計量，而所伸張的則以尋以丈來計算，這有什麼不可以的呢？唉！名分固然不可以屈抑，而正理難道就可以屈抑嗎？這當然會讓人在心裏越想越不服了。

虢公在桓王面前說了大夫詹父的壞話，詹父理直有辭以對，桓王為他討伐虢國而驅逐了虢公，身為臣子而驅逐了國君，固然是可以怪罪的，但人們歸咎周王室的，不過是說：「虢公雖然理曲，但他畢竟是君主；詹父雖然理直，但他畢竟是臣子。」桓王的過失，是不該因曲直之理，而廢了君臣上下的名分。人們怪罪桓王是對的，但怪罪的理由可就不對了。傳了幾代到周襄王，晉文公為元咺捉住衛成公而要殺他。襄王說：「君臣沒有爭訟的道理，如今元咺雖然理直，卻不可以依從，為了臣屬而殺其君主，這政令刑法將怎麼推展呢？」襄王的意思，難道不是想矯正以前桓王的過失嗎？所謂君臣沒有爭訟的道理，固然可以作為萬世的訓示，至於像「元咺雖然理直」這一句話，仍然不免是世俗之人的淺陋見解。

假如照周襄王的說法，那元咺的理未嘗不直，其所以不可依他，是唯恐亂了君臣的名分。有所謂理，又有所謂分，是把理和名分當作截然不同的東西。捨正理而講名分，是把名分孤立在正理之外。名分孤立於正理之外，那名分只是一個虛名，天下亂臣賊子難道會被虛名所束縛嗎？人情所憤恨不平的，莫過於理氣正直而受到委屈，如今告訴他論理你是對的，但因名分只好受委屈，這會導致爭亂。他怎麼能夠鬱鬱受委屈，長久被虛名所壓抑呢？必將忍不住他的憤怒，破壞名分而無法顧及了。所以我們堅持名分，到頭來名分反被破壞了。

君子講名分必須顧及正理，講正理必須顧及名分，名分不能單獨成立，正理不能無所依傍而推展。要是有就兩樣兼有，沒有就兩樣都沒有，哪有違背了名分而不違反正理的呢？當兒子的去為父親的罪行作見證，先有證父之罪的不孝行為，根本就不必再問他所證明的是不是事實；為人弟弟的去扭轉哥哥的胳臂，先有冒犯兄長的不恭行為，也就不必再問他扭轉哥哥手臂的原因了。當臣屬的去控訴君主，先有控告君主的不忠行為，也就不必再追查他控訴的內容了。當詹父和元咺沒有控訴國君的時候，他們的理固然是正的是直的，但在開口控訴國君的時候，就已陷入了滔天的大惡之中了，怎麼能夠說他們的理是直的呢？所以詹父的理直，因控訴虢公而變成理屈；元咺的理直，因控告衛侯而變成理屈。二人既然理屈，我們依此而治他們的罪，也不過是定們所應該定的罪而已，他們本來就理不直，又哪裏是受到委屈呢？周王如果以此定他們的罪，那他們兩人也只能坦然接受而反省自己理屈，終身沒有憾恨了。這不但可以讓他們兩人心服，凡是當時諸侯之臣想要犯上去控訴國君的，必定會說：投訴是為求得理直，如今控訴國君反而落得理屈，何不如不控訴以保全自己的理直，再辛苦也不抱怨，再暴虐也不反叛，更能表現我的理直呢！

再推進一層來說，便知道在君臣之間，本來就不是計較是非曲直的地方。為人臣的雖然理直，又怎麼敢自稱理直而淩駕在國君之上呢？做臣子的一大早上朝，很晚再退朝，懷著戒懼謹慎的心，上不知君主的理曲，下不知自己的理直，所知道的只是盡臣子之道而已。為人臣者都懷著這樣的心，雖然極盡天地古今，怎會有犯上的爭端呢？可惜桓王昏昧而不知，襄王雖懂也不夠清楚，這就造成名分和正理的乖離，而不能合而為一了。後代的為政者，如果不把名分和正理合而為一，又怎能洗盡冒犯君長的習氣，而回到古代的風尚呢？

【研　析】本文以「犯分即犯理」為立論的基礎，實際上是比所謂「世之持名分者」更持名分，強調「天下無不是君王」的愚忠與奴役思想，於今並不可取。

本文分五段，首段嫌那些重名分而輕公理的人，說得理由不充分，難以服人之心。第二段說明詹父以王師伐虢，人們批評桓王，批評得不好；晉文公為元咺而囚衛侯，襄王說「元咺雖直，不可聽也」，也是世俗之見。第三段分析襄王的說辭，將名分和正理分之為二，是不對的，也不足以服人。第四段說明「犯分即犯理」，犯分在先，理就不直了，桓王、襄王應該直斥詹父、元咺的不直。第五段以強調君臣之間，並不必計較是非曲直，為臣者只是盡臣道而已，只要把握「合分與理為一」的原則，就不會有犯上的事發生了。

「有理行遍天下，無理寸步難行」，呂祖謙以投訴為犯分，又認定犯分即犯理，於是就成為「名分無上」論。其實傳統儒家所講的名分倫常是相對應的關係，是相互依存，而不是一面倒的。「君不君」則「臣不臣」，孔子所謂：「君使臣以禮，臣事君以忠。」孟子所謂：「君之視臣如手足，則臣視君如腹心；君之視臣如犬馬，則臣視君如國人；君之視臣如土芥，則臣之視君如寇讎。」

呂祖謙縱容國君犯理於先，而禁止臣屬犯分於後，硬說投訴為犯分，犯分即犯理，又如何服人？還說「上不知君之曲，下不知我之直」，則大臣盡是奴才，國家哪有法家弼士之臣？呂祖謙之說雖不合儒家之道，卻暗引《論語》「子為父隱，直在其中矣。」《孟子》「紾兄之臂而奪之食」的典故，披孔孟之外衣，直讓人以其為孔孟之道，這正是他高明的地方。

呂祖謙認為「君子言分必及理，言理必及分，分不獨立，理不虛行」，並無所偏。但以下僅就「犯分即犯理」立論，而不從「犯理即犯分」推衍，才會成為「名分至上」論。如果就「犯理即犯分」加以發揮，那對古事的評斷，又是另一番面貌。

虞叔伐虞公

桓公十年

【題解】虞公的兄弟虞叔，藏有美玉，虞公向他索取，他不肯進獻。但接著就後悔了，他說：「周諺不是說：『匹夫無罪，懷璧其罪』嗎？我留它幹什麼？難道是用來買禍上身的嗎？」於是就獻給虞公。虞公接著又問他要寶劍，虞叔就說：「這就沒完沒了，他一直要下去，我是難逃其禍的。」於是就攻打虞公，虞公逃到了共池。

後人論這件事，當然都不免批評虞公太貪，或批評虞叔太吝，呂祖謙說貪和吝都不是壞念頭，只要導之於學問和道德的追求，貪又何妨？吝又何害？頗能翻空出奇，而行文則有吞吐之妙。

虞公以貪失國，虞叔以吝逐君，貪與吝遇，此禍之所以成也。貪者惟恐不得人之物，吝者惟恐失己之物。貪者雖得萬金而不能滿，吝者雖失一金而不能忘。虞之君臣，上貪而下吝，貪者求之，吝者守之，亂安得而不作乎？然貪與吝非二法也。視人之物則貪，視己之物則吝，未得而求之則貪，既得而守之則吝，名雖不同，其心則同出於嗜貨焉。

使虞公思吾求劍之心，即虞叔守劍之心，必不至於貪矣；使虞叔思吾守劍之心，即虞公求劍之心，必不至於吝矣。惟其不能交相恕，而反相責，此其所以釀莫大之釁❶也。由古而暨今，人所以相戕相賊相刃相靡者，職此之由。吾將告貪者以廉，告吝者以施，庶幾其有瘳乎？嗚呼！彼方貪而吾告之以廉，是教餓虎之不求肉也；彼方吝而吾告之以施，是將求肉於餓虎也。無益於彼，祇取辱焉。信如是，則果無術以救之乎？曰：「此固不必他求也，不過以貪治貪，以吝治吝而已。」

至理之中，無一物之可廢；人心之中，無一念之可除。貪吝之念，苟本無邪，安從而有？苟本有邪，安得而無？是貪吝固不可強使之無，然亦不必使之無也。吾心一日渙然冰釋，則曰貪曰吝，孰非至理哉？

蓋事有善惡，而念無善惡。是念加於事之善者則名善念，是念加於事之惡者即名惡念。所謂念者，初無二也。譬之於火，用之爨釜則為善，用之燎原則為惡，然曷嘗有二火哉？譬之於水，用之溉田則為善，用之灌城則為惡，然曷嘗有二水哉？自人觀之，雖若為二，而其一未嘗不卓然獨存於二之中也。

世所以指虞公為貪者，以其求財常不厭耳。苟用是念以求道不厭，立而不已，必求與權❷；賢而不已，必求為聖。則與夫子學而不厭❸何以異乎？世所以指虞叔為吝者，以其守財欲不失耳。苟用是念以守道不失，與生俱生，欲不能遷；與死俱死，威不能奪。則與顏子服膺弗失❹何以異乎？求財與求道相去遠矣，而所謂不厭者，其念未嘗加損也；守財與守道相去遠矣，而所謂不失者，其念未嘗加損也。向之惡，今之善，特因物而改其名耳，吾之念曷嘗改哉？人徒見其嘗名貪、嘗名吝，遂疑而惡之，乃欲求道於是念之外，是猶惡焚而廢火食，惡溺而廢水飲也，誤矣。

【注　釋】❶釁　縫隙；間隙。以指人事，則為仇隙、爭端。即指人與人間造成決裂和爭執。❷立而不已必求與權　能卓然自立，能立於禮，舉止合乎法度，而不停止，而追求到權變自如，都能得宜，即孔子從心所欲不踰矩的境界。此暗用《論語・為政》：「子曰：『吾十有五而志於學，三十而立，四十而不惑，五十而知天命，六十而耳順，七十而從心所欲，不踰矩。』」三十歲和七十歲的成就與境界。❸夫子學而不厭　孔子頗以好學自許，如《論語・公冶長》：「子曰：『十室之邑，必有忠信如丘者焉，不如丘之好學也。』」「學而不厭」更見於《論語・述而》：「子曰：『默而識之，學而不厭，誨人不倦，何有於我哉？』」❹顏子服膺弗失　顏回三月不違仁，為孔子所稱許。服膺弗失，指其服膺善道，謹記在心，不讓它忘記。語出《禮記・中庸》：「子曰：『回之為人也，擇乎中庸，得一善，則拳拳服膺而弗失之矣！』」

【語　譯】虞公因為貪婪而失去了國家，虞叔由於吝嗇而驅逐了國君，貪婪和吝嗇放到一起，就造成了這件禍事。貪婪的人是唯恐得不到別人的東西，吝嗇的人是唯恐失去了自己的東西。貪婪的人雖然得到千萬錢財也不能滿足，吝嗇的人即使只失去一點金錢也不能忘懷。虞國的君臣，上位的人貪婪，下位的人吝嗇，貪婪的人多所索求，吝嗇的人死抱不放，亂事怎麼能夠不發生呢？然而貪婪和吝嗇並不是截然不同的兩回事。看到人家的東西就起貪婪之欲，看到自己的東西就起吝嗇之心，還沒得到而去求得是貪心作祟，既得之後死守不放是吝心作怪。名稱雖然不同，但他們的心理都是同出於對財貨的嗜愛。

假使虞公能想到我討劍之心，就是虞叔守劍之心，必定不至於再有那貪婪之欲了；假如虞叔能想到我守劍之心，正是虞公求劍之心，也必然不至於再有吝嗇之意了。正因兩人不能互相體諒，反而互相責怪，所以才會釀成這麼大的決裂。由古到今，人們之所以相傷害相殘殺，都是由此而來。我們如果對貪婪的人告誡他要廉潔，對吝嗇的人告訴他要施與，是不是能改過變好些呢？唉！他正當貪欲而我們告訴他要廉潔，是叫餓虎不要找肉吃；他正當吝嗇而我們告訴他要施與，是向餓虎求肉了。這些話對他們沒有助益，只會讓我們自取其辱罷了。真是這樣的話，那就沒有方法可救了嗎？我說：「這本不必他求，只不過用貪婪來治貪婪，用吝嗇來治吝嗇就行了。」

在至理之中，沒有一件東西可以廢棄；在人心之中，沒有一種念頭可以排除。貪吝的念頭，如果原本就沒有的話，又怎會無中生有呢？如果是原本就有的話，又怎能使它消失了呢？所以貪吝的念頭，固然不能勉強把它消除，也不必消除它。我們一旦能了解而化解這個心結，那麼所謂貪婪所謂吝嗇，哪一個不是理所當然的呢？

大體說來，事有善惡之分，念無善惡之別。這念頭加到好事之上就叫善念，這念頭加在壞事之上就叫惡念。而所謂的念頭，原本是沒有差別的。就以火來譬喻，用它來炊煮食物那就是善的，用它來燒燬林原那就是惡的，何嘗有兩種火呢？又以水來比喻，用它來灌溉田地就是好的，用它來淹沒城市就是惡的，又何嘗有兩種水呢？從人來觀察，有些雖然好像兩回事，但其中之一未嘗不也卓然存於另一個之中呢！

世人所以指責虞公為貪婪的人，是因他求取財寶習以為常無法滿足罷了。如果用這念頭來求道德修養而無法滿足，卓然自立之後還不肯停止，必定要求達到「從心所欲而不踰矩」的境界；成為賢人還不停止，一定要求到聖人的境地。這和孔子「學而不厭」有什麼不同？世人所以指責虞叔為吝嗇的人，是因他固守財寶希望不要失去罷了。如果用這念頭來堅守道德原則不讓它錯失，與自己的生命共生共存，任何情欲改變不了它；與自己的生命同死共滅，任何威武動搖不了它。那麼和顏回服膺善道不使它喪失，又有什麼不同？求財寶和求德業是相差很遠，但是那所謂無法滿足的念頭並沒有增減；守財寶和守德業是區別很大，但那所謂不讓它失去的念頭並沒有增減。前所謂的惡，今所謂的善，只是因對象不同而改了名稱罷了，念頭何嘗改了呢？人只是見它曾稱之為貪、曾稱之為吝，於是就懷疑它憎惡它，而求道於這些念頭之外，那就像厭惡火焚毀山林而禁絕了火煮熟食，厭惡水淹城溺人而不再喝水解渴，可就錯了。

【研　析】這又是呂祖謙文章翻空出奇、吞吐騰挪的典型。人家罵「虞公貪、虞叔吝」，他當然贊成，說他們上貪下吝，安得不亂，將兩人對寫，貪吝並論，再為二者求同——同出於嗜貨。一般論述，既已說明別人的說法，也提出了自己的見解，文章似乎已近尾聲，但這只是他的第一段而已。接著他說這種人不能相恕，只會相責，發其感慨，說告誡他們也沒有用，文章似乎又有結束的跡象。突然從他們的貪求和吝守，說出自己有「以貪治貪、以吝治吝」的辨法。文章至此突翻新意，卻半吐而收，引人好奇。緊接的第三段，根本不說出他的具體辦法，而說：理無一物可廢，心無一念可除，說明人心貪吝是理之所當然。談了「理」，第四段論「念」，主張「事有善惡，而念無善惡」，加於善事則為善念，加於惡事則為惡念，還譬諸水火可以為善、可以為惡，端看如何使用。第五段才道出虞公之貪得無厭，如果用於求道，則與孔子的「學而不厭」無別；虞叔的吝守不失，如果用於守道，則與顏回的「服膺弗失」無異。這才把主題拈出，比之於至聖和復聖，以加重其分量。不但扣緊對虞公和虞叔的批評，也回應「念無善惡」的主張，最後再回到水火的譬喻作結。

全文以貪和吝為中心，用吞吐之筆，令人驚疑而欲知下文，卻見他不慌不忙娓娓道來，到最後才說出主旨。而全文推論過程縝密，步步逼近主題，沒有牽扯題外的廢話。論理是貫串而奔瀉直下，文章則吞吐而騰挪多姿，是一篇值得細細品味的好文字。

楚屈瑕❶敗蒲騷❷

桓公十一年　楚伐絞❸　桓公十二年　屈瑕大敗　桓公十二年

【題　解】魯桓公十一年（西元前七〇一年）楚屈瑕即將和貳、軫兩國結盟，鄖人把軍隊駐紮到蒲騷，將和隨、絞、州、蓼四國攻楚軍，屈瑕很擔心，想向楚王請求增援。鬬廉以為鄖軍駐在他們的近郊，一定缺乏警戒，加以他們一直盼望四國軍隊到來，所以沒有戰鬥意志。楚軍只要駐郊郢來抵禦四國，以精銳夜襲鄖軍，鄖軍必敗，四國就離散了。軍隊貴和不貴多，不必增援了。屈瑕想占卜吉凶，鬬廉說：「占卜是為了決斷疑惑，既沒疑惑，何必占卜？」於是就在蒲騷打敗鄖軍，與貳、軫立盟而回。第二年楚國出兵伐絞，駐軍南門，屈瑕說：「絞國地小而人輕浮，輕浮就少有謀略，就派沒有武裝的砍柴人去引誘他們吧！」楚王依其計，第一天絞軍就俘獲了三十個楚人，第二天絞軍爭著出城，追砍柴人到山裏，楚軍等在北門，在山下也設了伏兵，把絞軍打得大敗，被迫訂下城下之盟。次年，楚國由屈瑕領軍去伐羅，羅人早有準備，在前年楚伐絞的時候想攻楚軍，派人三次遍數了楚兵的人數，此時鬬伯比送屈瑕，看他趾高氣揚，心浮氣動，料他必敗，請楚王增援，楚王拒絕了，回宮告訴夫人鄧曼，鄧曼說楚軍能派的都派了，鬬伯比的意思只是要請君王去訓勉眾人，加以督促，勉勵將領，並告誡屈瑕說上天不會寬貸怠慢輕忽的人。屈瑕由於蒲騷的勝利，會自信而輕忽羅國，還可能輕率而不設防呢！楚王趕緊派賴人去追，但沒趕上。屈瑕果然通令：誰敢進諫，就要受刑。楚軍渡鄢水，亂得不成行列，又不設防，所以到了羅國，被羅軍和盧戎夾擊而大敗。屈瑕在荒谷自縊，其他將領自囚於冶父，聽候發落。楚王自承其過，全部赦免了他們。

呂祖謙將這三件事合在一起，說明做事先遇易未足喜，先遇難未足憂，磨鍊有利於成長。屈瑕先遇易，所以掉以輕心。鄧曼以為蒲騷之役使屈瑕志得意滿，而呂氏強調伐絞之役才是他勇於自信的關鍵，使文章增強議論的成分。

楚人有習操舟者，其始折旋疾徐，惟舟師之是聽，開帆擊楫，雲興鳥逝，一息千里。雖未知操舟之術，而動於操舟之利，既不能自制，亦不能自決也。於是小試於洲渚之間，平瀾淺瀨，水波不興，投之所向，無不如意，不知適有天幸，遂以為盡操舟之術矣。遽謝遣舟師，傲然自得，沼視溟渤，而杯視江湖，椎鼓徑進，亟犯大險。吞天沃日❹之濤，排山倒海之風，轟豗澎湃❺，奔鯨駭虬，乃徬徨四顧，膽落神泣，墮槳失柁，身膏魚鼈之腹，為世大戒。然則召今日之危者，豈非前日之幸乎？使其自試之時，已遇風濤之變，則將知難而悔，終身不敢言舟楫矣。屈瑕之禍，不幸類是。

當屈瑕與鄖師相距於蒲騷，自知將略非長，委計鬬廉❻。教以次郢禦四邑者，鬬廉也；教以銳師宵加於鄖者，鬬廉也；教以師不在眾，不疑何卜者，又鬬廉也。無小無大，惟鬬廉之謀是從，以成厥功。豈不猶操舟者，其始惟舟師之聽乎？屈瑕徒見用奇之功，而欲竊效焉，伐絞之役，是身試於洲渚之時也。幸而絞人偶入其計，志滿氣揚，自謂算無遺策，凡天下之言兵者，無出我之右矣，彼區區之羅人，政須折箠笞之耳。

削規破矩，任意直前，變出不圖，軍僨身蹶，其得禍蓋與操舟者無以異也。

鄧曼❼推其禍端，歸之蒲騷之役，吾以為成屈瑕之禍者，在絞而不在蒲騷。方伐絞之初，屈瑕雖欲自用，尚未敢自信也。苟受挫於絞人，必謂昔以用人言而勝，今以自用而敗，將益求其所未至，不敢以兵為戲矣。彼既見其謀之驗，忘其幸而矜其能，心口相語：疇昔蒲騷之勝，借曰鬬廉之謀，今采樵誘敵之策，豈亦鬬廉教我乎？此所以堅其自用之意，而趣其荒谷之縊也。屈瑕之死生，在於伐絞之勝敗，驕之於先，而蹈之於後，庸非天欲斃之乎？

苻堅之治秦❽，一則王猛❾，二則王猛。猛之死，下詔以新失丞相，置觀以聽訟❿。其辭至兢兢也。繼踵而張掖西域之捷⓫交至，其心始縱，謂天下之事，止此耳。猛雖亡，吾豈不能獨辦乎？迄自用而致淝水之辱⓬。向若猛死之後，其鋒嘗小挫，必不敢遽輕天下。堅之喪國，即屈瑕之喪師也。

由天子至於庶人，免於師傅之嚴，而驟欲獨行其志，遇事之易者，未足喜，遇事之難者，未足憂。蓋先遇其易，則以易為常，是禍之原也；先遇其難，則以難為常，是福之基也。世固有以一勝累一國，以一能敗一身者矣，豈不甚可畏耶？

【注　釋】❶屈瑕　楚武王之子，名瑕，封於屈，以屈為氏。官居莫敖，僅次於令尹（丞相）。❷蒲騷　鄖國地名，在今湖北省應城縣西北三十五里。❸絞　國名，在今湖北省鄖陽地區鄖縣西北。❹吞天沃日　指波浪之大，好像能吞掉天空，水澆太陽。❺轟豗澎湃　巨浪奔騰拍擊的聲音。❻鬬廉　楚大夫，若敖之子，又稱鬬射。❼鄧曼　楚武王夫人。頗有見識，亦見卷五〈楚武王心蕩〉，依周制，鄧為國名，曼為母家姓。依《左傳》桓公十一年，祭仲足為鄭莊公娶鄧曼。蓋同是鄧國之女。❽苻堅之治秦　秦指晉時五胡十六國之中的前秦（西元三五一—三九四年），苻健所建，建都長安，後來苻堅為王（西元三五七—三八四年）。❾王猛　（西元三二五—三七五年）字景略，晉北海人，博學好兵書，家貧而隱居華山，桓溫入關，王猛被褐謁見，捫蝨談天下事，旁若無人，桓溫不用。後為前秦王苻堅所用，十分倚重，使秦國勢日強，封清河郡侯。臨死告訴苻堅不可攻晉，苻堅不聽，遂有淝水戰敗。❿下詔以新失丞相二句　據《通鑑輯覽》，其詔書曰：「新失賢輔，百司或未稱朕心，可置聽訟觀，五日一臨，以求民隱。」⓫張掖西域之捷　《通鑑輯覽》：「晉武太元元年（西元三七六年）秋七月，秦遣兵擊涼州，八月張天錫降。七年，秦遣將軍呂光，將兵擊西域，焉耆諸國皆降。」呂氏即指此而言。

⑫淝水之辱　被東晉擊敗於淝水的恥辱。晉太元八年（西元三八三年）苻堅率九十萬大軍南征東晉，晉相謝安派謝石、謝玄迎戰，在河澗敗秦軍前哨，進到淝水，要求秦軍後退，以便過河決戰。苻堅以為可在晉軍渡河時截擊而退，不料秦軍一退而潰，苻堅逃回長安，後被姚萇所殺，前秦不久即為姚萇的後秦所滅，東晉也穩住偏安的局面。

【語譯】楚國有練習駕船的人，起初迴轉、進退、快慢等操作，完全聽從船師的指導，於是掛帆如雲起，搖槳如鳥飛，一息工夫，便能行過千里的路程。雖然還沒學會真正的駕船技術，就因船開得順利而躍躍欲試，其實是還不能自己控制一條船，也缺乏判斷力。於是他開始在沙洲之間自試身手，那裏平平的波瀾，淺淺的流灘，而且風平浪靜，船要往哪裏就開到哪裏，完全稱心如意，不知道自己所遇的是好的時間和空間，就以為學得了所有的馭船技術。連忙辭退了船師，自鳴得意，看溟海渤海如沼澤，視長江大湖如杯盤，敲著大鼓勇往直前，急著去冒大險。這時吞天浴日的巨浪，排山倒海的大風，洶湧澎湃直衝而來，嚇得鯨魚和蛟龍到處奔竄，這才驚惶失措，魂飛魄散，槳也掉了，舵也毀了，葬身魚腹之中，為世人留下儆戒。然而今日的危亡，不就是前日的僥倖所造成嗎？假使在他自試身手的時候，已遇到刮風起浪，那麼將知道困難而懊悔，一輩子都不敢談駕船的事了。屈瑕的喪身大禍，很不幸就跟它相類似。

當屈瑕領軍和鄖軍在蒲騷相對陣的時候，自己知自己不擅於用兵的策略，把作戰計畫委託給鬭廉。教他駐軍郊郢抵擋四國之兵的是鬭廉；教他以精銳部隊夜襲鄖軍的，也是鬭廉；教他帶兵不在多，沒有疑惑不必占卜的，還是鬭廉。不論大小事情，完全依照鬭廉的謀略去進行，以成就了戰功。豈不就像學駕船的那個人，當初完全聽從船師的指導嗎？屈瑕只見到用奇謀的成功，而想在暗中效法，他在伐絞之役，就像駕船在沙洲之間初試身手。幸而絞人偶然中了他的計，於是就志得意滿、趾高氣揚，自以為別人都在他的掌握之中，全天下用兵謀略都不能超過我，那小小的羅國，正等待他去責打擺布。於是破壞規矩，不依法度，任意揮兵直前，不料禍患出於意外，於是兵敗身死，他的得禍和學開船的人沒有不同。

鄧曼推究禍因，歸咎於蒲騷之役的勝利，我以為構成屈瑕之禍，種因是在伐絞那一次，而不在蒲騷那一次。當伐絞的時候，他雖然想自我表現，還不敢自信。假使這次被絞人挫敗，必然認為以前是用了人家的計謀而勝利，如今用自己的主意就失敗，將會努力追求自己所不及的，不敢把用兵當兒戲了。他既然見到自己的謀略有效果，就忘了是自己僥倖，而誇耀自己的才能，內心對著口說：以前蒲騷的勝利，是借用鬬廉的謀略，今天派砍柴人去誘敵的策略，難道也是鬬廉教我的嗎？這就堅定了他師心自用的心意，而造成荒谷自縊的後果。可見屈瑕的生死關鍵，在於伐絞的勝敗之上，他驕矜自滿於前，自取其禍於後，豈不是上天有意讓他敗亡的嗎？

苻堅治理秦國的時候，一件事找王猛，兩件事也找王猛。王猛死了，苻堅下詔表示：剛失去丞相，要設樓觀來聽取大眾的投訴。在詔書言辭中表現得戒慎小心。接著，從張掖和西域方面，捷報相繼傳來，他的心就驕縱起來，以為天下事也不過如此而已。王猛雖然死了，我難道不能獨自處理嗎？於是師心自用，而導致淝水之戰的敗辱。先前如果在王猛死後，讓他遭受一些小挫折，他就一定不敢小看天下了。苻堅的亡國，就跟屈瑕敗亡是一樣的。

上至天子，下至百姓，免除了教師嚴格的訓誨，而急於自己推展志業，遇到了容易的事情而有所成就，並不值得高興，遇到了困難的事情而有所挫折，也不值得憂心。因為先遇到容易的，就把容易當作常事，這便成禍害的根源；先遇到困難的，而把困難當作常事，這便成得福的基礎。世間常有一次勝利導致後來危害一個國家生存的，一項才能的稱心導致貽害一生的，難道不是很可怕的嗎？

【研　析】寫議論文為了說明清楚、敘述生動、議論閎肆，不但要善用譬喻，也常自編寓言，在先秦諸子中，就有不少的先例。如《孟子》揠苗助長和齊人驕其妻妾的寓言，《莊子》庖丁解牛和輪扁運斤的寓言，《韓非子》守株待兔和買櫝還珠的寓言，多得不勝枚舉，這些寓言都使議論逸趣橫生，而又具有說服力。呂祖謙在這一篇就先編了楚人操舟的寓言，然後再將討論的屈瑕敗亡加以比附，這和先秦諸子用寓言的方式略同。但他接著更用歷史上的典故加以印證，使他的結論有更堅實的基礎。

呂氏在所舉的楚人操舟、屈瑕敗亡、苻堅敗辱等三個故事，分別代表了庶民、卿大夫、君王三個階層，都強調了三個義理層次：虛心用人則常勝，這是第一層；師心自用後必敗，這是第二層；不用人而自用之初，遇挫敗為幸，遇勝反為不幸，這是第三層。同此三層，使三個故事有明顯的類比作用，而又一再緊扣主題。這也使他在第三段駁正鄧曼之說，顯得輕而易舉。所以本篇所運用的議論手法是很值得揣摩的。

卷五

祭仲立厲公

桓公十一年　祭仲殺雍糾　桓公十五年　高渠彌殺昭公　桓公十七年　齊人殺子亹　桓公十八年　楚殺子南　襄公二十二年

【題解】魯桓公十一年（西元前七〇一年）鄭莊公死了，祭仲立了莊公之子忽，是為昭公，但祭仲受宋莊公的要脅，與宋人立盟另立厲公（也是莊公之子，宋雍氏所生），昭公逃到衛國。但第四年，鄭厲公患祭仲專權，要祭仲的女婿雍糾去殺祭仲，雍姬知道了，問母親說：「父親和丈夫哪一個親？」她母親說：「誰都可以做丈夫，但父親只有一個，怎能相比？」於是向父親密告，祭仲就殺了雍糾，鄭厲公載其屍而逃亡蔡國。祭仲迎回昭公。當初鄭莊公準備用高渠彌為卿，那時鄭昭公為太子，極力勸阻，莊公沒有聽從。在昭公即位後，高渠彌怕昭公會殺他，所以在昭公回國的第三年，殺了昭公而立公子亹（也是莊公之子）。次年，齊侯率領軍隊駐到首丘，子亹前往會見，高渠彌為相禮的人，齊侯殺子亹，而將高渠彌五馬分屍。這次祭仲稱病不去，有人說祭仲有先見之明，祭仲也承認他已預知才不去的。

另外在魯襄公二十二年（西元前五五一年），楚康王將殺令尹子南，而子南的兒子棄疾當楚王的御士，楚王見到他就哭泣，棄疾問楚王，楚王說：「令尹不好，是你所知道的，他將被討伐，你還要留下來嗎？」棄疾回答說：「父親被殺，兒子留下來，君王怎能任用？洩露君命，加重罪孽，下臣也不會做的。」子南被殺，棄疾請收埋。安葬後，手下的人問他是不是要逃亡。棄疾說：「我預先知道父親將被殺的事，而不通知父親，像這樣不孝的人誰會接納我？」他們又問他是不是仍留下來當楚王的御士，他說：「背棄父親侍奉仇人的事，我不忍心做。」就自縊而死。

呂祖謙先評論祭仲的怕死苟活，不知處理生死之道。接著說到祭仲女兒雍姬，跟子南的兒子棄疾，遭遇有些相似，所以在一起加以評論。認為他們不是君子，才不能消禍於未萌之時。

告君子以理，告眾人以事。所謂眾人者，見形而後悟，按迹而後明，非遽可理曉也。孟子曰：所欲有甚於生者❶，所惡有甚於死者。君子於處死生之際，固自得於言意之表矣。由眾人觀之，則天下之可惡者，孰有甚於死乎？雖申告以義之重，然彼不知義果何物，口誦心惟，淡乎若大羹明水之無味也。以無味之言，而驅之就其所惡之死，吾知其難也。

曷若告之以事，因其素所曉者而入之乎？

祭仲當宋人之執而不能死，必以所惡者莫甚於死也，故寧受逐君之名。然不數年而有雍糾之謀，使仲弗先知，則陷厲公之機矣。向之死以殉國，今之死以怙權，其榮辱天淵也，當是時雖欲復死於宋，其可得乎？其後當昭公之弒，而又不能死，亦必以所惡者，莫甚於死也。故寧縱弒君之賊。不數月而有首止之會，使仲弗先知，則隨渠彌之戮矣。向之死以討亂，今之死以從逆，其榮辱天淵也。當是時雖欲復死於昭公，其可得乎？人之所不可復得者生耳，今反思死不可復得，則孟子所惡有甚於死之論，非矯情也。既達者觀其理，未達者觀其事，處死之道，思過半矣。

然祭仲之處死，猶未足為難也，臣之死於君、死於國，職也。乃若雍糾將殺祭仲，而謀於其女；楚子將殺子南，而告於其子。為其女、為其子者，將若之何？父也、君也、夫也，鼎立為三綱❷，而世未有能輕重之者也，全彼則害此，全此則害彼，豈非天下之至難處，而君子所當先講乎？

曰：是不必講也。有是事則有是理，無是事則無是理。若雍姬棄疾之事，君子之所必不遇也。伐國不問仁人❸，對孝子而公言將殺其親，世之所無也。君子之深愛婉容❹，見者意消，雖欲微詆其親，猶忸怩而不能出口，矧曰殺之云乎？聞君子死親之難矣，不聞人敢以殺其親之謀告君子也。里閭之相毀訾者，遇其所厚在席，必為之止，父子間豈朋友比哉？雍糾不以雍姬為可忌而謀之，楚子不以棄疾為可憚而告之，固可占知二人之為人矣。平居暇日，誠不足以動人，禍已至此，告者殺夫，不告者殺父，左右皆坑谷也。果君子則必不至聞此言。果聞此言，則必非君子，兩者烏可並立耶？吾之所憂者，不能造君子之域耳，未有既為君子，而復遇此變者也。

今緩於為君子，而急於講二人之得失；不欲消此變，而欲當此變，抑末矣。故曰：雍姬棄疾之事，非君子所當講也。

【注釋】❶孟子曰所欲有甚於生者　見《孟子・告子上》：「生亦我所欲，所欲有甚於生者，故不為苟得也；死亦我所惡，所惡有甚於死者，故患有所不辟也。如使人之所欲莫甚於生，則凡可以得生者，何不用也？使人所惡莫甚於死者，則凡可以辟患者，何不為也？」呂氏於本文前兩段，即由此而發。❷三綱　馬融《論語注》：「君為臣綱，父為子綱，夫為妻綱。」《書・盤庚》：「若網在綱，有條而不紊。」❸伐國不問仁人　《漢書・董仲舒傳》：「魯君問柳下惠：『吾欲伐齊，何如？』柳下惠曰：『不可。』歸而有憂色曰：『吾聞伐國不問仁人，此言何為至於我哉？』」此為呂氏本文後半之所本。❹深愛婉容　《禮記・祭義》：「孝子之有深愛者，必有和氣；有和氣者，必有愉色；有愉色者，必有婉容。」

【語譯】告訴君子要用理，告訴眾人則要用事才行。眾人是要看見具體的事物才會恍悟，按事跡考察才會明白，並不是一下子用理說明就可以讓他知道的。孟子說人世間還有比生命更為我喜歡的東西，也有比死亡更為我所厭惡的事物。君子面對著生死關頭，自然會從這些話有所領悟和取擇。在一般人看來，天下哪有比死亡更為我所厭惡的事物呢？你儘管告訴他：義有多重要，他還是不知道義到底是什麼東西，口中唸了又唸，心裏想了又想，總是淡薄得像大鍋稀釋的羹湯或白水那麼沒有味道。以這無味的話，要趕他投入他最厭惡的死，我們知道這是很困難的。何不舉事例來告訴他們，藉他們平常所了解的事，以引導他們聽進去呢？

　　當祭仲被宋人抓去受到死亡威脅的時候，他不能選擇死亡，必然以為沒有什麼比死亡更令他厭惡的了。所以寧願承受驅逐國君的罪名。但是不到幾年，就有厲公要雍糾謀害他的事，假使他沒有事先知道，那就陷入厲公的算計之中了。以前如果死了，還是為國犧牲，如今可就因專權而死，其光榮和恥辱，有如天地之別，到這時才想死於宋人之手，還能做得到嗎？當昭公被弒的時候，他又不能效命而死，必然也以為沒有什麼比死亡更令他厭惡的事，所以寧願縱容那弒君的叛臣。不到幾個月而有首止的盟會，假使他不事先預知，將跟高渠彌一樣而被殺。以前本可因討伐亂臣而死，如今落得因附從叛逆而死，其光榮和恥辱，又有如天淵之別。到這時候才想為昭公而死，還能做到嗎？人們所得不到的是活命的機會，如今他得不到的反而是死的機會，所以孟子說天下還有比死亡更為我所厭惡的說法，並不是違反人情。已通達明白的人觀其理，不通達明白的人觀其事，面對生死的道理，也就可知道大半了。

然而祭仲處理生死的問題，不會感到困難，因為臣子為君而死、為國而死，是職責之所在。至於像雍糾要殺祭仲，卻跟他的女兒一起策劃；楚王要殺子南，卻告訴了他的兒子。作為他女兒、作為他兒子的人，將怎麼辦呢？父親、君主、丈夫，分別為人倫的三綱，而人們都沒有能夠分別它們的輕重，成全那方面就傷害這方面，成全這方面就傷害那方面，豈不是天下最難處理而君子又該先討論的嗎？

我說這根本不必討論。因為有這種事，才有這種理可說；沒有這種事，就沒有這種理可說。像雍姬、棄疾這種事，有德的君子是不會遇上的。連發兵去討伐別的國家，都不會去問有仁德的人，對孝順的子女公然說要殺他的父母，這是世上所沒有的事。君子深愛其親而和顏悅色，人家看見他，忿意全消，雖然想略為批評他的父母，都感到不自在而說不出口，更何況說要殺他們呢？只聽說君子因父母的災難而死，沒聽說有人敢把殺他父母的計謀告訴君子的。在鄰里之間，每有背後批評人家的；但只要有對方的好友在場，就停止不說了，而父子難道還比不上朋友嗎？雍糾不把雍姬當做該迴避的人，而把計謀告訴她；楚王不把棄疾當做該提防的人，而把計畫告訴他，就可以看出兩個人的為人了。平常的日子，待人接物不足以感動人，禍害臨頭，說了就害死丈夫，不說就害死父親，左右都是坑谷呀！如果是個君子，就不會聽到那些話，如果有人告訴他這些話，那他就不是君子，這兩件事怎樣會並存的呢？所以我們所該憂慮的，是不能達到君子的境界，從來沒有已成為君子，還會遇到這種事故的。

如今把成為君子的事，放下來不急於講求，而急於討論兩個人的得失；不想消除這種變故，卻反過來設想承受這種變故，那不免是忘本持末了。所以我說：雍姬和棄疾的事，不是君子所必須討論的。

【研　析】本文評祭仲、雍姬和棄疾，討論的是「處死之道」，責備的是「君子之義」。批評祭仲非君子，不足以知君子處死之道。至於雍姬和棄疾，也非君子，才會遭遇處死之道的難題。

分君子與非君子以議論，是本文的一大特色。提出「告君子以理，告眾人以事」，先將君子認知層次提高，以別於眾人，於是就說孟子所謂「所欲有甚於生者」、「所惡有甚於死者」的道理，眾人不足以知之，不如告之以事。一方面作為批評祭仲的立論基礎，另方面也作為論祭仲之事的引子，是非常巧妙的。第二段論祭仲不知君子之義，兩度避死苟生，前後差一點死於雍糾之謀和首止之會，根本不懂得「處死之道」。第三段引入雍姬和棄疾「處死之道」的難題——三綱難以苟全，似乎很值得討論。第四段突然翻轉過來，以為不必討論，以為君子不會遇到這種事，雍姬和棄疾沒有君子的深愛婉容，才遭遇這種事。最後以「成為君子以消禍」才是急務作結。理氣直貫，有令人不得不信之勢。

君子能消禍於未萌，不只是使人不忍以告而已，有所謂幾諫之道，有所謂「涕泣道之」之法，內所以回親心，外所以轉君意，這都在本文言外，所以結論短而餘意實無窮。若一一指陳，便不是「不必講」，文章氣勢便不能如此離奇動目了。

盜殺伋壽

桓公十六年　衛侯放公子黔牟　莊公六年

【題　解】早年衛宣公和夷姜私通，生了急子（《史記》作伋），衛宣公把他囑託給右公子，又為他在齊國娶妻，這女人很美，衛宣公就自己娶了她，生了壽和朔，把壽囑託給左公子，夷姜自縊而死。宣姜和公子朔誣陷急子，衛宣公派急子到齊國，卻暗通盜匪要在途中殺他，壽知道了這件事，告訴急子，要他逃走，急子不肯，以為背棄父命，不是孝子，而鄰國也不會接納背棄父命的不孝子。壽子於是把急子灌醉，舉著他的旗幟先出發，代急子而死，急子趕到，向盜匪說：「他們要殺的是我，不是他。」盜匪也把急子殺了。於是公子朔後來繼位，即為衛惠公，但左右二公子因急子和壽子的死，怨恨惠公，在魯桓公十六年（西元前六九六年），也就是惠公即位後四年，把他趕走，另立公子黔牟為國君。但魯莊公六年（西元前六八八年），魯、齊、宋、陳、蔡聯合攻伐衛國，把衛惠公送回衛國，公子黔牟被放逐到成周，左公子職、右公子洩被殺，衛惠公復位，一場倫常慘劇才落幕。

衛宣公無道，何以能有急子和壽兩個好兒子，似乎天道不明。呂祖謙卻認為這正是天道無所不在，生二公子於宣公之家，正所以昭彰天理。至於二公子何以不能像舜那樣感化凶殘，那是未能充養擴大其善性，也足見稟性之不可恃。前人評呂氏此文「愈出愈奇，愈奇愈正。」呂氏之辯才於此可見。

和氣致祥，乖氣致異，二氣之相應，猶桴鼓也。物之祥不如人之祥，故國家以聖賢之出為佳祥，而景星❶、矞雲❷、神爵❸、甘露❹之祥次之。物之異不如人之異，故國家以邪佞之出為大異，而彗孛❺飛流、龜孽❻、牛禍❼之異次之。是以王季文王迭出於古公之裔❽，武庚祿父實育於商紂之門❾，亦各從其類也。

衛宣公之無道，昏縱悖亂，腥聞於天，乖戾之氣所召者，宜其為凶為姦，為逆為惡。而伋壽二子，並生其家，然則天理有時而舛乎？曰：是所以為天理也！世皆以人欲滅天理，而天理不可滅。彼衛公之家，三綱壞矣，五典隳矣，凡生民之常性皆剝喪而無餘矣。而二子之賢，忽生於至醜至汙之地焉，是知上帝之降衷，雖在昏縱悖亂之中，未嘗不存也。二子自幼至長，所聞者何語？所見者何事？而介然自守，習不能移，豈得之於人乎？是天以二子而彰此理之未嘗亡也。

嗚呼！天理固然矣！若宣公之無道，天反以賢子孫遺之，世亦有乖氣而或致祥者乎？曰：二子之賢，君子之所謂祥，而衛國之所謂妖也。彼以其邪，我以其正；彼以其濁，我以其清。每若鑿枘之不相合⑩。自淫朋惡黨視之，豈不猶妖孽哉？讒譖交作，致二子之死，又致惠公之逐，又致黔牟之放，又致左右公子之誅，其為變異孰大焉？吾是以知天道之不誣，乖氣之果致異也。天雖降祥，人無以承之，則祥變而為異。使宣公因二子之賢，一念悔悟而復於正，正宮闈以正朝廷，正朝廷以正百官，正百官以正萬民。風驅雷動，萬惡皆消，固可以移〈匏葉〉〈桑中〉⑪之詩，而為〈漢廣〉〈行露〉⑫之章矣。變災為瑞，變乖氣為和氣，特反覆手耳。此豈宣公之所及哉？

宣公固不足責，以二子之賢，受之於天者如此，反不能已衛國之亂者，何歟？曰：黍稷穜稑⑬之種，受於天也，如是而播，如是而植，如是而耘，如是而穫者，人也。鹵莽滅裂，而坐待倉箱之盈，可乎？二子之受於天者，大舜之資也，其處頑父嚚母之間，終至格姦⑭，雖守區區之介，死於無名，成父母之惡者，無他焉，所以充養而廣大之者，不如舜耳。觀二子之生，則知天理之不可滅；觀二子之死，則知天資之不可恃。是道也，非洞天人之際，達性命之原，何足以知之哉？

【注釋】❶景星　星名。也稱瑞星、德星。《史記・天官書》：「天精而見景星，景星者，德星也，其狀無常，常出於有道之國。」不知其確指。❷矞雲　彩色的瑞雲。《文選》李善注：「劉曰：『矞雲者，外赤內青也。』」❸神爵　也作神雀。《漢書・宣帝紀》：「前年夏，神爵集雍。」注：「晉灼曰：「《漢注》大如鷃爵，黃喉、白頸、黑背、腹斑文也。」」宣帝以西元前六一年為神爵元年。後來稱神爵，或指鳳鸞。❹甘露　甘美的雨露。古人以為天下昇平則甘露降。《老子・三二章》：「天地相合，以降甘露。」魏高貴鄉公以西元二五六年為甘露元年。❺彗孛　星名，即彗星。尾引長如掃帚，又稱妖星。古人也有以為彗孛不同，彗星有長尾，孛星光芒短，其光四射。《漢書・天文志》：「彗孛飛流，日月薄食。」❻龜孽　災變的一種，謂水澇龜繁生。《漢書・五行志》：「傳曰：貌之不恭，是謂不肅，厥咎狂，厥罰恆雨，厥極惡，時則有服妖，時則有龜孽。」《白虎通・災變》：「《尚書大傳》曰：時則有介蟲之孽，時則有龜孽。」❼牛禍　是漢人講災變的一種，指牛大量死亡。《漢書・五行志下》：「於《易・坤》為土為牛，牛大心而不能思慮，思心氣毀，故有牛禍。」❽王季文王迭出於古公之裔　古公指周始祖后稷第十二代孫古公亶父，即周武王曾祖，有德業，離開豳地而至岐山下居之，奠定周的基業。少子季歷，季歷生昌，有聖瑞。古公卒，季歷立，是為公季。公季卒，子昌立，是為西伯，後來武王姬發滅商即位，追謚其父西伯為文王，追尊古公為太王，公季為王季。❾武庚祿父實育於商紂之門　商紂為商末王，名受辛，臂力過人，暴虐無道，天下謂之紂，周武王伐之，自焚於鹿臺，武王封紂子武庚祿父以續殷紀，武王死後，武庚與管叔、蔡叔作亂，為周公所平。❿鑿枘之不相合　圓鑿（卯眼）方枘（榫頭），無法插入。形容彼此不同無法契合。⓫匏葉桑中　指《詩經》中〈邶風・匏有苦葉〉和〈鄘風・桑中〉兩首諷刺詩。依《詩序》，〈匏有苦葉〉是刺衛宣公的詩，刺其與夫人淫亂，而〈桑中〉是刺私奔的詩，因衛宮淫亂，致男女相約私奔。兩首都與宣公有關。⓬漢廣行露　指《詩經》中〈周南・漢廣〉和〈召南・行露〉兩首讚美詩。依《詩序》，〈漢廣〉是頌美文王之道，被於南國，恩德廣被。而〈行露〉是詠強暴之男，不能侵陵貞女，以頌召伯聽訟之詩。⓭穜稑　禾名，先種後熟的是為穜，後種先熟的是為稑。⓮其處頑父嚚母之間二句　《書・堯典》說舜：「父頑、母嚚、象傲；克諧，以孝烝烝，乂不格姦。」指舜面對頑劣無知的父母，倨傲的弟弟，能孝能和，能自我修治而安。呂氏此文指伋和壽，未能如舜，而為姦邪所乘。格，至也。乂，治也。

【語　譯】和順的氣帶來祥瑞，乖戾的氣帶來災異，兩種氣所相應而生的祥災，就像鼓槌擊鼓，有擊必應。在物類出現的祥瑞不如在人類出現的祥瑞，所以國家以聖賢的出現為最好的祥瑞，而狀如半月的景星、外赤內青的矞雲、黃喉腹斑的神雀、如脂如飴的甘露，它們出現的祥瑞都在其次。在物類出現的災異不如在人類出現的災異，所以國家以奸佞的出現為最大的災異，而妖星飛流、雨多龜多、牛畜多死等災異都在其次。因此王季、文王接連出現在周太王的世系中，表示周將有天下，武庚祿父出身在商紂的門庭裏，表示商將徹底敗亡，都是各自跟隨著同類相伴而聚在一起。

衛宣公不守君道，昏淫放縱，悖理亂倫，已到惡臭沖天的地步，乖戾之氣所召來，應該是凶暴、忤逆、姦邪和惡毒。但是伋和壽這兩位賢公子，竟然都生在他家，難道天理有時也會錯亂嗎？我說這正是天理啊！世人都以私欲滅絕天理，而天理是不可滅絕的。在那衛宣公的家中，所謂君臣、父子、夫婦的三綱已經破壞了；父義、母慈、兄友、弟恭、子孝的五典也已經淪落了，凡是人類的常情本性都已經消失無餘了。而賢良的二公子，忽然生在最醜惡最汙穢的地方。就可以知道天帝降其天心予下民，存天理於人間，縱然是昏淫放縱悖理亂倫的地方，也未曾不存在的。兩位公子從小到大，所聽的是什麼話？所見的是什麼事？卻能耿介地守著天理情操，不被那些習以為常的惡事所改移，這難道是得之於人的嗎？這正是上天藉兩位公子來表明天理不曾喪亡的呀！

唉！天理本來是這樣的！像衛宣公那樣無道，上天反而把賢良的子孫送給他，那麼世上也有乖戾之氣或許召來祥瑞的了？我說以二公子之賢，君子以為他們是祥瑞，而衛國則以為是妖異了。那些人以他們二人為邪異之士，我們以他們二人為正人君子；那些人以為他們二人是汙穢的，我們以為他們二人是清高的。常常就像圓的卯眼插方的榫頭是沒有辦法契合的。從那些淫朋狗黨的人看來，他們二人豈不像是妖孽嗎？於是進讒言誣陷挑撥交相而來，以致兩位賢公子死了，又招致惠公被放逐，再招致公子黔牟被放逐，左右兩公子被殺，還有什麼變故禍害比這更大的呢？我們因此了解天道是不虛妄的，乖戾之氣確是帶來災異的。上天雖然降下祥瑞，人們卻不能去領受，那麼祥瑞就變成災異了。假使衛宣公能由於二公子之賢，引出善念而悔悟，於是改邪歸正，先正後宮而後正朝廷，正朝廷再正百官，正百官而後正萬民。有如風吹雷動，拓展開來，則萬惡消除殆盡，都可以把〈匏葉〉、〈桑中〉的詩，變成〈漢廣〉、〈行露〉的篇章了。變災異為祥瑞，變乖戾之氣為祥和之氣，也只是反過手掌那麼容易，但這些哪裏是衛宣公所能做得到的呢？

衛宣公這種人本來就不值得去責備，而以二公子之賢，是受之於天的，怎麼還不能阻止衛國的禍亂，這又是為什麼呢？我說黍稷穜稑的種籽，是稟受於天的，如果照程序去播種、去栽植、去除草，而得到收穫，那是受之於人的。如果很鹵莽地把這些種籽毀了，而等待倉庫和箱子都裝滿穀子，那可能嗎？兩公子受之於天的，是大舜的資質稟賦，處於頑劣無知的父母之間，終致為姦邪所乘，雖然堅守小小的節義，卻死而不得美名，反而造成父母的罪惡，說來也沒有其他的原因，只是他們擴充培養那稟賦的善性，不如舜罷了。從兩位賢公子降生於衛宣公之家看來，就可以知道天理是不可能滅絕的；從二位賢公子之死看來，就可以知道天賦資質是不可以仗恃的。這個道理，如果不能洞察天人之道，通達性命本原，又怎麼能夠知道呢？

【研　析】以伋和壽二公子之賢，卻生於昏縱悖亂的衛宣公之家，天理何在？以二公子之賢，卻死於盜匪與惡人之手，惡人當道，善人不得善終，天道寧論？這是一般的感慨，呂祖謙卻反說這正見天理昭彰，其立論奇絕。奇絕之論要有奇絕之理才能成立，且看呂氏如何推論：

第一段說明「和氣致祥，乖氣致異」，物之祥不如人之祥，物之異不如人之異。這都是一般的公論，也正是大家所公認的天理。就文章而言，完全是平淡無奇。第二段才轉入主題人物和事件，說宣公生二公子，適足以說明天理是無所不在，立論奇絕。第三段歷敘衛國變亂，以說明上天降禍於宣公，天理昭彰。因為沒有二公子，衛宣公之惡不彰，那也沒有惠公之逐、黔牟之放，及左右公子之誅了；降禍不可謂之不大，天理不可謂之不彰，說理奇絕。第四段則說明二公子之賢，雖得之於天，但沒有充養擴大的人為工夫，所以不能像舜那樣感化頑父嚚母，以說明天資之不可恃。

天生善人於不善之家，以見天理常存，一奇也；乖氣致異，邪亂之家，災異固然不可免，而祥瑞也變災異，二奇也；不善之家雖有善人，但不能化其不善，以見天資之不可恃，三奇也。第一奇近乎狡辯，第二奇也是創論，但已不由得你不接受，至第三奇以舜作陪襯，似無可疑議，所以評文家說此文「愈出愈奇，愈奇愈正。」

一般議論文寫作，立論奇絕，很容易脫穎而出，但假使沒有奇絕之理可以配合，或一味務奇而不得正理，則可能如東施效顰弄巧反拙。

魯及齊師戰於奚

桓公十七年

【題解】魯桓公十七年（西元前六九五年）夏天，為了疆界，魯國軍隊和齊國軍隊在奚地發生戰事，當時齊國侵犯魯國邊境，邊疆官吏向桓公報告，魯桓公說：「邊疆戰地的事，要謹慎防守，全心全意以備意外，平日全力設防，事到臨頭迎戰就是，又何必報告請示呢？」

呂祖謙以為邊境當在無事之時，作好萬全準備，事到臨頭再驚惶失措是不對的，所以稱許魯桓公責邊吏的話，但主要還是防守之事，託付何人，若託付得人，才能高枕無憂。

邊境非有國者所當憂也。民之死生，國之安危，皆繫於邊境，聞其有警，焉得而不憂？嗚呼！是所以不當憂也。民之死生，國之安危，皆繫於邊境，聞其有警而始憂之，則未有警之前，所講者何事耶？平居暇日，審形勢，定規模，簡將帥，明斥堠❶者，為此時也。烽舉塵起，按吾素定之畫，次第而行之，何憂之有？是故聞警而憂者，可以占知其無備也；聞警而不憂者，可以占知其有備也。

漢丙吉為相，其馭吏見驛騎持赤白囊，知虜入雲中代郡，遂歸府白吉，恐虜所入邊郡，長吏有老病不任兵馬者，宜可豫視。吉善其言，召東曹❷科條其人，吉以是得憂邊思職之褒。當是時，吉為相久矣，邊吏之壯老材否，謾不加省，見驛騎羽檄之來，始科條其人，一何晚耶！自雲中至長安凡幾里，自虜入至聞警凡幾日，兩陣相望，呼吸勝敗，使果有老病不任兵馬者，吾恐汰斥之詔未下，而覆敗之報已聞矣，雖憂亦奚以為善乎？

魯桓公之言曰：「疆場之事，謹守其一而備其不虞，姑盡所備焉，事至而戰，又何謁焉？」桓公之意，以謂為備當在於無事之時，苟事之已至，汝雖謁之，吾雖憂之，城戍保障，非一日二日所能築也；矛戟車徒，非一日二日所能繕也；餽餉芻茭，非一日二日所能儲也，亦不過拱手待斃而已。

桓公之責成疆吏亦嚴矣，猶有說焉：桓公之責疆吏則是，而所任以守疆場者，不知其何人也，賢耶，其責成固宜；不賢耶，徒委其責而不問，吾懼其階禍也。付吳起以西河❸，則魏不知有秦；付李廣以北平❹，則漢不知有狄；付羊祜以襄陽❺，則晉不知有吳。是數公者，固不以邊警煩君父，為其君者，亦可以委其責而高枕矣。人非數公，而苟弛其銜轡，則掌北門之管者，未必不召寇而起釁❻也！此又人君之當戒。

【注釋】❶斥堠　也作斥候。放哨；伺望敵情。也指偵探敵情的人員。❷東曹　官名，主二千石長吏遷除和軍吏。❸付吳起以西河　魏文侯以吳起為將，擊秦拔五城，而為西河守以拒秦，秦不敢犯境。❹付李廣以北平漢李廣為右北平太守，匈奴稱他為飛將軍，避之數年不敢入。所以唐詩云：「但使龍城飛將在，莫教胡馬度陰山。」❺付羊祜以襄陽　晉武帝有滅吳之志，以羊祜鎮襄陽，綏懷遠近，很得江漢一帶的人心。❻掌北門之管者二句　魯僖公三十年（西元前六三〇年）晉文公與秦穆公圍鄭，鄭燭之武說服秦穆公退兵，並留杞子等戍守。杞子管鄭之北門，兩年後派人請秦穆公偷襲鄭國，但為鄭國商人弦高發現，才化解了鄭國的危機。

【語　譯】邊境不是擁有國家的人所當憂慮的。但人民的生死、國家的安危，都繫於邊境的安全，邊境一旦有警報傳來，怎能不憂慮呢？唉！就是這樣才不當有憂慮的。人民的生死、國家的安危，都依靠邊境的安全，一聽說有警報傳來，才開始憂慮起來，那麼在還沒警報之前，到底在幹什麼？平常有空暇，就注意形勢，奠定規模，檢閱將帥，隨時派斥候察明敵情，為的是有事的時候，當點燃烽火，發生戰爭，按著我們平常所定的計畫依次進行，怎麼會有憂慮呢？所以聽到警報而憂慮的，就可知道他平時沒有準備；聽到警報而不憂慮的，就可知道他平常已有萬全的準備。

漢朝丙吉當丞相的時候，他的車夫看驛站傳騎帶著赤白囊，得知北方胡人入侵雲中代郡，於是趕緊回丞相府向丙吉說：「恐怕敵人所入侵的邊郡，那些邊吏有的年紀太大不能勝任作戰任務，應該先預查一下。」丙吉覺得他說的有道理，召東曹主事的人，仔細查了資料，於是奉詔時能應對如流，因此而得到憂慮邊疆盡忠職守的褒獎。在那時候丙吉當丞相已經很久了，邊吏年紀是否太大，是否有才能，漫不經心注意，見驛站傳騎帶了羽書戰報，才去調查邊吏，多麼晚啊！從雲中到長安，有多少里路，從敵人入侵到警報傳來，經多少日子了。而兩軍對峙，勝敗決定在片刻之間，假使真有老病不能勝任作戰的人，我怕淘汰換新的詔書還沒到來，而敗亡的消息已經傳來了，雖能憂慮關切又怎麼可以說他不錯呢？

魯桓公的話是說：「邊疆戰地的事，專心謹慎防守以備意外，只要盡力防備，事到臨頭，迎戰就是了，又何必報告請示呢？」桓公的意思，以為防備應該在平時沒事的時候，如果戰事已發生，你雖然來報告了，我雖然也為它憂心，但戍守城池的保護屏障，不是一天兩天所能築成的；兵器車輛等戰備，也不是一天兩天所能修護的；食糧柴草，也不是一天兩天所能儲備的，所以也只能垂手待斃而已。

桓公要求邊吏是夠嚴格了，但其中還有一點要說明：桓公要求疆吏負全責是對的，而被任用來守邊疆的，可不知道是什麼人，如果是賢能的人，要他負全責當然可以；如果不是賢能的人，只託付全責而不加以過問，我怕這會造成禍害的。託付吳起守西河，魏國就不受秦國的威脅；以李廣為右北平太守，漢朝就不受匈奴的侵擾，讓羊祜鎮襄陽，晉就不必為吳國而費心。這幾位將領固然不以邊界的警報來煩君上之心，他們的君王也可以託付全責給他們而高枕無憂了。如果不是這幾位將領，而又放縱他們不加以駕馭，說不定會像當年為鄭國掌管北門的杞子那樣，去召請敵人引起戰端呢！這又是當君王的人該大為警惕的。

【研　析】我們讀這篇文章，很可以感受到呂氏「語不驚人誓不休」的意圖。正如他所說的，邊境的安危，關係著人民的生命財產，關係著國家的存亡安危，開頭他卻說：「邊境非有國者所當憂也」，他之所以這樣說，是以為疆場之事，該責成賢才良將。但他開始的時候並沒有明說，而令人驚異不已。他先說平時有備防，就無憂之有，平日疏失，有警傳至，再憂已來不及了。這當然言之成理，於是引出第二段論漢丞相丙吉有「憂邊思職」之褒，他卻貶斥丙吉疏於職守，這又是故作驚人之論，卻見他說得理直氣壯。第三段才說到主題人物和事件，以為魯桓公責成邊吏是對的。難得對魯桓公有所褒，但第四段回轉過來，說魯桓公所責成的邊吏，不知賢不賢，若為賢才良將，當然可以高枕無憂，若其不賢，被出賣了都不知道呢！以警策作結。「故作驚人之語」處處可見，卻奇正有法，十分可觀。尤其將反襯的史實寫在第二段，把主題人物的討論放到第三段，是奇特的結構，更是巧妙的安排。

桓公與文姜如齊

桓公十八年

【題　解】魯桓公十八年（西元前六九四年），桓公和夫人文姜將到齊國去。魯大夫申繻加以勸阻，他說：「女子要安於夫之家，男人要安於妻之室，不能褻瀆，這才是有禮，違反這原則將會敗亂。」桓公不聽，而和文姜到了齊國濼地，齊侯和文姜通姦，桓公責罵文姜，文姜向齊侯訴說，於是齊侯設宴款待桓公，而讓公子彭生護送，卻將桓公折斷脅骨死在車中。桓公之子即位，是為莊公。

呂祖謙借此事談禮防的重要，以禮譬喻為城池，將老生常談，說得驚心動魄，奇情警思溢於字裏行間。

天下同知畏有形之寇，而不知畏無形之寇。兵革者，有形之寇也，寇環吾城，人之登陴者，冒風雨，犯霜露，窮晝夜，親矢石而不敢辭者，豈非一失此城則立為齏粉乎？迫大害者，固不敢辭小勞。欲之寇人，甚於兵革；禮之衛人，甚於城郭。而人每不能守禮者，特以欲之寇人，無形可見，故狎而翫之耳。殊不知有形之寇，其來有方，其至有時，猶可禦也，至於無形之寇，游宴之中有陷穽焉，談笑之中有戈矛焉，堂奧之中有虎豹焉，鄉鄰之中有戎狄焉，藏於杳然冥然之間，而發於卒然忽然之際，非聖人以禮為之防，則人之類滅久矣。

國君夫人父母沒，則使大夫寧於兄弟，禮也。姑姊妹已嫁而反，兄弟弗與同席❶，亦禮也。是二禮者，人不過以為別嫌明微耳，亦未知其為甚急也。魯桓公及文姜犯是禮以如齊，轉盼而罹拉幹之禍，身死異國為天下笑，一失於禮而禍遽至此，人其可斯須去禮耶？

君子視欲如寇，視禮如城，彼其左右前後，伺吾之失守，而將肆其吞噬者，不可勝數，稍怠則隳其守矣。吾之所以孤立於爭奪陵犯之場，得保其生者，非天非地，非父非母，實恃禮以生也。無此禮則無此身。

升降俯仰之煩，豈不勝於屠戮戕殺之酷？弁冕環佩之拘，豈不勝於刀鋸斧鉞之加？人徒見君子常處於至勞之地，而不知君子常處於至安之地也。世俗所以厭其煩而惡其拘者，亦未見其害耳。

城之圍於寇者，樓櫓❷雖密，猶恐其疏；隍塹❸雖險，猶恐其平，豈有厭樓櫓之太密，惡隍塹之太險者哉？苟人果能真見無形之寇，則終日百拜猶恐其逸，《曲禮》三千❹猶恐其簡也，況敢厭惡其煩與拘耶？

【注釋】❶兄弟弗與同席　《禮記・曲禮上》：「姑姊妹女子已嫁而反，兄弟弗與同席而坐，弗與同器而食。」❷樓櫓　古時軍中用以瞭望敵人的無頂蓋高臺。也作樓樐。與今之碉堡，作用相同而形體不同。❸隍塹　沒有水的城池稱為隍；護城河稱為塹。❹曲禮三千　《曲禮》為《儀禮》之別名。《儀禮・士冠禮》賈公彥疏：「且《儀禮》亦名《曲禮》。故〈禮器〉云：『《經禮》三百，《曲禮》三千。』」

【語譯】天下人都知道害怕有形的敵人，而不知道害怕無形的敵人。持著干戈兵器的是有形的敵人，敵人來包圍我們的城池，人們登上城牆，冒著風雨，受霜雪的侵襲，不分晝夜，親自持著弓箭、搬著石頭而不敢推辭，難道不是因為一失這座城，就會屍骨無存嗎？大難當前也就不敢推辭小小的辛勞了。其實私欲害人，比干戈兵器還嚴重；禮法保護人，比城堡高牆還安全。然而人們往往不能遵守禮法，只是因私欲害人，無形可見，所以就親近而玩忽它。豈不知有形的敵人，他們的到來有一定的途徑和時候，還可以有所防禦，至於無形的敵人在我們遊宴之中設有陷阱，在我們談笑之中藏有武器，像在深邃的堂室中藏著虎豹，在鄉里近鄰中窩藏著夷狄，他們都在不可知不可見的地方，在我們意料不到的時候出現，如果不是聖人用禮法加以防範，那人類早已不成其為人類了。

國君夫人的父母亡故以後，則按時派大夫到她兄弟那裏去問安，這是禮法規定的。出嫁的姑姊妹回到娘家，兄弟不跟她們同席，這也是禮法的規定。這兩禮法，人們只不過是用來在微小處也分別清楚以避免嫌疑罷了，並不知道它有多重要。等到魯桓公和文姜違反這項禮法到了齊國，轉眼之間就慘遭拉斷脅骨之禍，身死他國而為天下人所笑，一旦違失禮法，大禍到得這麼快，人怎麼可以有片刻的時間失去禮法的保護呢？

君子把私欲看作像敵人一樣，把禮法看作像城池一樣，那些在前後左右等著我們有半點錯失以便把我們吞食的敵人，多得數不清，我們只要稍有懈怠就落到他們手裏了。我們之所以能挺立在敵人環伺爭奪侵犯的地方，得以保存生命，不是靠天地，也不能靠父母，實際上是依靠禮法的保護。沒有這些禮法，就沒有生命成長的空間。進退應對的麻煩，難道不比屠殺戕害的殘酷好嗎？戴禮帽繫玉佩的拘束，難道不比刀鋸斧鉞加身好嗎？人們只見君子常處在麻煩辛苦的禮法世界，而不知道君子是常處在最安全的地區。世俗的人所以討厭禮節的煩瑣，嫌惡禮法的拘束，只是不曾察見這些失守禮法的禍害而已。

當城被敵人包圍的時候，屯兵把守的樓櫓雖然已經很密集，仍擔心它太稀疏；防禦敵人的壕溝雖然已經很深險，仍擔心它太平淺，哪裏有討厭樓櫓太稠密，嫌惡壕溝太深險的呢？假使人們果真能看見這種無形的敵人，那麼即使一天行百拜之禮都惟恐太安逸，即使《儀禮》記載三千種禮儀都惟恐太簡單，怎麼敢厭惡它太煩瑣太拘束呢？

【研　析】呂氏在本文強調「守禮遠欲」，這主題容易堆砌沉悶的告誡教條，或迂腐的陳腔濫調，要寫好十分不易。呂氏以城寇為譬喻，變化萬狀，很可以作為寫議論文的參考。

他先從有形之寇和無形之寇寫起，比喻私欲為無形之寇，極寫其可怕，並說「非聖人以禮為之防，則人之類滅久矣」，十分警動。這一段提出「禮之衛人」為全篇立論之基礎。第二段兩次引禮的規定，本輕描淡寫，然後提主題人物與事件，說「一失於禮而禍遽至此」，又十分聳動。第三段回到城和寇的譬喻，極言去禮之害，說「升降俯仰之煩，豈不勝於屠戮戕殺之酷？弁冕環佩之拘，豈不勝於刀鋸斧鉞之加？」都是驚心動魄之語。最後一段仍以城和寇的譬喻，再進一步委曲暢發，歸到禮字作結，使全篇首尾圓合。結構緊密而議論酣暢，文氣鬱勃而言辭驚心動魄，是完全不堆砌教條，也沒有迂腐的濫調的議論文字。

古人強調「禮」，今人強調「法」，雖然兩者有層次上的不同，但它限制了人們某些自由，而又保障人們某些自由與安全，則是完全一致的。因此我們如今要寫文章強調守法或法治，套改呂氏此文的架構，加以推衍，也將可寫出一篇有聲有色的好文章。

辛伯諫周公黑肩

桓公十八年

【題解】王子克深得周桓王（西元前七一九—前六九七年在位）的寵愛，把他託給周公黑肩。周大夫辛伯就勸周公說：「並后（寵妾與王后不分）、匹嫡（庶子與嫡長無別）、兩政（政出兩門，二卿都有大權）、耦國（大城與國都無異，即指寵之太過，國亂主從之分），都是爭亂的本源。」黑肩不肯聽從，在魯桓公十八年（即周莊王三年，西元前六九四年）甚至打算弒周莊王以立王子克。辛伯就報告莊王，幫助莊王殺掉周公黑肩。

呂祖謙對辛伯用「並后、匹嫡、兩政、耦國」八字說明亂源，大為讚賞，引歷史故實加以說明。以格言名句為題的議論文，或可參照運用這一篇的議論方式。

萬乘之君，犯之者未必皆得禍；士君子之一言，雖千百載之後，稍犯之則其禍立至，何其嚴也；辛伯之諫周公而謂，「並后、匹嫡、兩政、耦國」，纔八字耳，總古今亂亡之樞，而莫能移焉。

漢高帝犯之，而有人彘之禍❶；唐高宗犯之，而有武氏之篡❷。晉獻公犯之，而有里克之釁❸；隋文帝犯之，而有張衡之逐❹。齊簡公犯之，而有田闞之亂❺；齊王芳犯之，而有曹馬之爭❻。晉元帝犯之，而有武昌之叛❼；唐明皇犯之，而有范陽之變❽。小犯則小受禍，大犯則大受禍，影隨形，響隨聲，未有如是之速也！

辛伯曷嘗有厭勝詛盟之術，而必其驗哉？亦因理而言耳。天下之甚可畏者，莫大於理。惟言出於理，故凜然列八字於千百載之上，非雷霆而震，非雪霜而嚴，非山嶽而峻，非江海而險，非師旅而威，非碪質而慘。尊之者王，畏之者霸，慢之者危，棄之者亡。上林夫人之席，由此而正也⑨；青蒲涕泣之諫，由此而發也⑩；太傅獸睡之譏，由此而識也⑪；尾大不掉之譬，由此而生也⑫。世儒之文詞愈多，而理愈寡，蓋有書五車，而無片言之中理者矣！辛伯之言如是之約，而古今有國之大戒咸在焉，非所謂文中之欹器⑬歟？

嗚呼！辛伯之言真有國者座右銘也。為國者誠能朝覽夕思，奉以周旋，則未讀《詩》，而已知上僭之譏；未讀《易》，而已知洊震之象；未讀《書》，而已知威福之權；未讀《禮》，而已知畿甸之制；未讀《春秋》，而已知一統之義矣。固可配〈無逸〉之屏⑭，而代〈千秋之鑑〉⑮也。

故吾以謂獻〈丹扆〉之六箴⑯者，不如獻辛伯之八字！

【注釋】❶漢高帝犯之而有人彘之禍　定陶戚姬為漢高祖所愛幸，生趙王如意，高祖以太子為人仁弱，想廢太子而立趙王，大臣爭之而不果。惠帝立，呂后因戚夫人而召趙王，惠帝慈愛，迎趙王入宮，與趙王共起居飲食，使呂后找不到加害的機會。後來乘惠帝清晨出狩，趙王為呂后所毒殺。於是又斬斷戚夫人手足，挖去眼睛，灼燒耳朵，並灌啞藥，讓她在豬舍中，稱為「人彘」。惠帝見了大哭，病了一年多不能起身。事見《史記・呂太后本紀》。❷唐高宗犯之而有武氏之篡　唐高宗為太子時，入侍太宗，見武氏而悅之，太宗崩，武氏為尼，高宗納於後宮，拜為昭儀，後來廢皇后及淑妃為庶人，冊封武氏為皇后，高宗漸為武后所制，高宗崩，中宗即位，武太后臨朝稱制，不久廢中宗等，自立為皇帝，改國號為周。詳見《舊唐書・則天皇后本紀》。❸晉獻公犯之而有里克之釁　晉獻公攻驪戎得驪姬，立為夫人，生奚齊，其妹生卓子，驪姬為奚齊奪太子之位，與中大夫里克成謀，而害死太子申生，公子重耳和夷吾出奔。獻公死，里克殺奚齊和卓子，齊、秦納夷吾而為晉惠公。事見《左傳》僖公四年和九年。❹隋文帝犯之而有張衡之逐　隋文帝太子勇，性寬厚，率意任情，不為母后獨孤氏所喜，於是隋文帝因皇后及楊素的勾結，以及楊廣矯飾之下，廢太子勇為庶人，立廣為太子。文帝病於仁壽宮，徵太子入侍，而姦亂宮闈，為文帝所覺而召勇，事為楊素所知，遣張衡入侍，盡遣後宮到別室，文帝即崩，朝廷內外，頗有異論。見《資治通鑑・隋紀四》。❺齊簡公犯之而有田闞之亂　齊簡公在魯國時，頗寵闞止，即位後，由他主持國政，頗為陳成子所忌憚，御鞅對簡公說：「陳氏和闞氏不可並立輔政。」簡公不聽，後來陳氏殺闞氏，並弒簡公。見《左傳》及《史記・齊太公世家》。陳氏後稱田氏，闞止《史記》作監止。❻齊王芳犯之而有曹馬之爭　三國魏齊王芳，為明帝之養子，立為太子，明帝崩，即位第八年，大將軍曹爽用何晏、鄧颺、丁謐的計謀，把太后遷到永寧宮，而獨專朝政，屢改制度，與太傅司馬懿有隙，司馬氏稱病，不與政事，兩年之後司馬懿以太后令罷曹爽，以大逆不道夷三族。再過四年，齊王芳為司馬懿之子司馬師所廢。見《資治通鑑・魏紀》。❼晉元帝犯之而有武昌之叛　晉元帝當初鎮守江東，王敦和堂弟王導，同心輔助，元帝亦極信任，王敦掌兵，王導專機政，王氏子弟都位居顯要，所以當時人稱「王與馬共天下。」後來王敦自恃有功，而且宗族強盛，所以日益驕恣，元帝畏而惡之，於是引劉隗、刁協為心腹，以抑王氏。王敦懷忿不平，遂舉兵反於武昌。見《晉書・王敦傳》。❽唐明皇犯之而有范陽之變　唐玄宗寵安祿山，安祿山總重兵於邊而不守節度，久有異心，只因玄宗待之甚厚，欲俟玄宗死後再作亂。但楊國忠為相，與安祿山不睦，屢言於玄宗，玄宗不聽，楊國忠以數事激安祿山，安祿山遂以討楊國忠為名，矯詔反於范陽。事見《新唐書・外戚楊國忠傳》及《新唐書・逆臣安祿山傳》。❾上林夫人之席由此而正也　漢文帝幸上林，皇后及慎夫人也一道去，他們平常在宮中座位沒有高下之分，爰盎在上林把慎夫人座位排在低下的地方，慎夫人生氣而不肯坐，文帝也生氣站起來。爰盎卻說：「尊卑有序，才能上下和睦，慎夫人是妾，妾主不可同坐，難道忘了『人彘』之禍嗎？」文帝轉怒為喜，慎夫人賜金五十斤給爰盎。事見《漢書・爰盎傳》。❿青蒲涕泣之諫由此而發也　漢元帝於竟寧元年（西元前三十三年）病，傅昭儀及定陶王常在左右，而皇后及太子很少進見。元帝想改立太子，乃屢次以景帝立膠東王的事問於尚書，史丹在元帝獨寢時，頓首於青蒲席上，涕泣求死以諫，元帝乃打消換太子之意。事見《漢書・史丹傳》。⓫太傅獸睡之譏由此而識也　齊王芳時，以曹爽為大將軍，何晏等附之，以司馬懿為太傅。曹爽專權，太傅稱疾，不與政事。時傅玄與何晏等不睦，欲娶杜有道之寡婦嚴氏為繼室。眾人以為何晏必害傅玄，不可結親。嚴氏說：「晏等驕侈，必當自敗，司馬太傅獸睡耳。」即喻人暗中蓄謀，待機而動。⓬尾大不掉之譬由此而生也　魯昭公十一年（西元前五三一年）楚王問：「國有大城，何如？」申無宇回答：「有害於國，末大必折，尾大不掉。」尾大行動不靈活。⓭欹器　傾斜易覆之器，可以置於坐右以為戒。《荀子・宥坐》：「孔子觀於魯桓公之廟，有欹器焉……此蓋為宥坐之器。」注：「宥與右同。言人君可置於坐右以為戒也。」⓮無逸之屏　〈無逸〉為《書・周書》篇名，為周公戒成王勿耽於享樂之辭。唐玄宗即位時，宋璟曾手寫〈無逸〉一篇為圖以獻，玄宗置之內殿，出入觀省，咸記在心。事見《舊唐書・崔植傳》。⑮千秋之鑑　唐玄宗壽辰，百官多獻珍異，惟中書令張九齡進〈金鏡錄〉，以申諷諭。見《舊唐書・張九齡傳》。《新唐書》作〈千秋金鑑錄〉。⑯丹扆之六箴　唐文宗昏庸而荒怠朝政，親近小人，李德裕上〈丹扆六箴〉：「一曰宵衣，諷視朝希晚也；二曰正服，諷服御非法也；三曰罷獻，諷斂求珍怪也；四曰納誨，諷侮棄忠言也；五曰辨邪，諷任用群小也；六曰防微，諷偽遊輕出也。」

【語譯】一個擁有萬輛兵車的國君，去冒犯他的人未必都會遭殃；但士君子的一句話，雖然在千百年後，只要稍為犯了它，禍害就立刻到來，是多麼嚴峻啊！辛伯勸諫周公而說的「並后、匹嫡、兩政、耦國」，才八個字而已，卻是總括了古今衰亂滅亡的關鍵，而成為無可變動的定律。

漢高祖犯了它，而有戚夫人被斬手足成為人彘的禍害；唐高宗犯了它，而有武則天篡唐的亂事。晉獻公犯了它，而有申生被害、里克殺公子奚齊和卓子的變亂；隋文帝犯了它，而有楊廣奪位，張衡入殿盡逐後宮，文帝隨即崩逝的疑案。齊簡公犯了它，而有陳成子和闞止的傾軋；齊王芳犯了它，而有曹爽和司馬懿的鬥爭。晉元帝犯了它，而有王敦在武昌的叛變；唐明皇犯了它，而有安祿山在范陽的造反。犯小就受小禍，犯大就受大禍，就是影子隨著形體，回響隨著聲音，也都沒有它那麼快呢！

辛伯何嘗有什麼超越詛咒盟誓的方法，使它一定應驗呢？也不過是依理立說而已。天下最令人畏服的，莫過於理。言出於理，所以凜然列八字於千百年之上，不是雷霆而能令人震懾，不是霜雪而能令人凜冽，不是山嶽卻令人感到高峻，不是江海卻令人感到凶險，不是軍隊而有威勢，不是刀斧刑器而能造成慘烈的結果。尊重它可以成為王，畏懼它可以成為霸，輕忽它會有危險，背棄它會遭敗亡。在上林慎夫人的座位，因不能並后而得到改正；史丹跪在青蒲席上涕泣的諫言，即針對不能匹嫡而發；杜有道妻嚴氏比擬司馬懿為獸睡的譬喻，是由不能兩政而得見；中無宇尾大不掉的譬喻，也是由不能耦國而產生。世上的讀書人，文詞寫得越多，而其中的理越少。有的人著作多得要用五輛車子才能載完，然而卻沒有隻言片語說中理的呢！辛伯的話這樣的簡單，而古今有國者最該戒惕的，全包括在其中，這不就像是文章中可以警惕的欹器嗎？

唉！辛伯的話真可以作為有國者的座右銘。治理國家的人真能夠早晚讀它想它，奉守它以處理政事，那麼沒有讀《詩》，就已經知道對超越身分者的譏諷；沒有讀《易》，就已知道嫡長有雷霆相繼的震威；沒有讀《書》，就已知道在上者有操刑賞施威福的權力；沒有讀《禮》，就已知道邦國封地有大小的區別；沒有讀《春秋》，就已知道一統的大義。它可以配宋璟手寫的〈無逸〉屏圖，或取代張九齡的〈千秋金鑑錄〉。所以我認為李德裕獻〈丹扆六箴〉，還不如獻辛伯這八個字呢！

【研　析】典故可以使語言或文章更為精鍊，只用簡單的幾個字，說出很豐富的內容，同時又使它形象化，往往令人想起整個生動的故事，在議論文中，更可以作為佐證，以增強其可信度，所以典故的運用，一直是議論說理的重要技巧。

本篇運用歷史典故很多，並不完全是作者的賣弄，而是本文強調「並后、匹嫡、兩政、耦國」為亂亡的樞機，當然非引證史事，不足以令人心服，而八字四事，四事分別用歷史事件證明，所需要的典故也就多了。

本篇首段肯定辛伯諫周公的八個字，第二段依並后、匹嫡、兩政、耦國之次序各舉二例，說明犯之必受禍。第三段說明辛伯言出於理，所以言約而必驗，可為文章的鑑戒。第四段指出辛伯之言涵蓋之廣，可作為有國者的座右銘。除了在第二段用了八個歷史典故之外，第三段又用了四個，第四段也用了兩個。用典不是以多取勝，而以妥切為貴，並且要避免用僻典。前一點本文是做到了，而後一點本文未能完全避免。

以格言名句為題的議論文，先說明題義及出處，再舉史事驗證，然後說明此格言名句所指出的真理，最後以可以作座右銘作結。這是很有層次的寫法，我們仔細推敲本文，自可得到其中三昧了。

楚武王心蕩

莊公四年

【題　解】魯莊公四年（西元前六九〇年）春天，楚武王要用「荊尸」的戰陣去攻打隨國，而把戟頒發給士兵，將齋戒時，到宮裏告訴夫人鄧曼說：「我心跳得反常。」鄧曼歎息說：「君王的福祿盡了，滿了就動搖（蕩），這是天之道。先君大概知道了，所以在面臨作戰發布命令時，讓君王心跳，如果軍隊沒有虧敗，君王死在路上而不死於敵人之手，就是國家之福了。」楚武王就死在途中樠木之下，楚軍祕不發喪，待隨國求和，結盟後退兵，渡過漢水才發喪。

呂祖謙於此篇從《孟子》的養氣說推衍，論治心養氣，講求以心御氣，反對鄧曼歸之於天和鬼神的說法。

氣聽命於心者，聖賢也；心聽命於氣者，眾人也。凡氣之在人，逸則肆，勞則怠，樂則驕，憂則懾，生則盈，死則涸。氣變則心為之變，有不能自覺焉。志者氣之帥也❶，今心隨氣變，是志不能為氣之帥，而氣反為志之帥矣。氣反為志之帥，而吾心志之盛衰，惟氣之為聽，則心者氣之役也。

聖賢君子以心御氣，而不為氣所御，以心移氣，而不為氣所移。歷山之耕❷，〈南風〉之琴❸，勞逸變於前，而舜之心未嘗變也。羑里之囚❹，虞芮之朝❺，憂樂變於前，而文王之心未嘗變也。避席之時，易簀❻之際，死生變於前，而曾子之心未嘗變也。自勞自逸，自憂自樂，自死自生，吾心曷嘗不自若哉？

楚武王憑陵諸夏，兵行中國，雖臨大敵，其心初不為之蕩也，迨其季年，以堂堂之楚師，伐蕞爾之隨，將授兵而心蕩焉。蓋武王初未嘗知治心之理，所恃者血氣之剛耳。平時臨敵而心不蕩者，非真能不動也，氣方剛也。死期將至，血氣既蕩，心安得不隨之而蕩乎？

彼鄧曼者，方且謂盈而蕩，天之道也，先君其知之矣，故臨大事將發大命，而蕩王心焉。嗚呼！所以蕩王心者，豈一女子所能知乎？鄧曼惟不能知，既歸之於天，又歸之於鬼神，抑不知心即天也，未嘗有心外之天；心即神也，未嘗有心外之神。烏可捨此而他求哉？心由氣而蕩，氣由心而出。蠡生於稼，而害稼者蠡也；蚋生於醯，而敗醯者蚋也。氣出於心，而蕩心者氣也。鄧曼區區四顧而外求，猶賊在同室，反執市人而訊之，愈訊而愈失矣。使楚武王而悟此，則賊吾心者，豈他在耶？將不得而遁矣。賊既不得而遁，善養氣者盍亦鋤治是氣，絕其本根，以去心之賊乎？吁！又非也。

浩然之氣與血氣初無異體，由養與不養二其名爾。苟失其養，則氣為心之賊；苟得其養，則氣為心之輔，亦何常之有哉？憤亂散越，臨死生而失其正者，是氣也；泰定精明，臨死生而得其正者，亦是氣也。凌煙圖繪之功臣❼，誰非前日之勍敵耶？

【注　釋】❶志者氣之帥也　心志是血氣的主帥。意謂勇氣的產生全由心志的判斷。《孟子・公孫丑上》：「夫志，氣之帥也；氣，體之充也。」又說：「自反而不縮，雖褐寬博，吾不惴焉？自反而縮，雖千萬人，吾往矣！」便是最好的說明。❷歷山之耕　《史記・五帝本紀》：「舜耕歷山，歷山之人皆讓畔。」此指舜還沒被堯提拔的時候。❸南風之琴　《禮記・樂記》：「昔者，舜作五弦之琴，以歌〈南風〉。」《尸子》：「〈南風〉之詩曰：『南風之薰兮，可以解吾民之慍兮；南風之時兮，可以阜吾民之財兮。』」此時舜應已在位。❹羑里之囚　《史記・殷本紀》：「崇侯虎曰：『西伯積善累德，諸侯皆嚮之，將不利於帝。』帝紂乃囚西伯於羑里。」羑里，《戰國策》作牖里，今河南湯陰有牖城，即其古址。❺虞芮之朝　據《孔子家語》記載，有虞、芮二國，爭田不決，乃相約去請西伯評理，但入其境，看見農人相互讓地，行人相互讓路，乃自感形穢，以所爭之田為閒田，從此不再爭執。❻易簀　曾子病重將死，因床席是季孫所贈，乃大夫所用，不合自己身分，所以命弟子換席，未換妥而曾子死。事見《禮記・檀弓》。後人乃稱死為易簀。❼凌煙圖繪之功臣　依《舊唐書・太宗本紀》，貞觀十七年二月戊申，圖繪功臣於凌煙閣。唐太宗早年助高祖取義得天下，後又有玄武門之變，收攬敵方人才無數，所以其功臣大多是擊敗對方後所收服。呂氏在此指只要善加運用，勁敵可以化為麾下的功臣戰將。氣為心之賊，但養氣可以使氣為心所用。

【語　譯】使「氣」聽命於「心」的，那是聖賢；讓「心」聽命於「氣」的，則是一般眾人。大體說來，氣在人的身上，在安逸的時候就飛揚充斥，在勞累的時候就欲振乏力，在快樂的時候就驕大張狂，在憂鬱的時候就退縮軟弱，在活著時充滿洋溢，在死亡時枯乾衰竭。氣變了，心就跟著變，往往自己也不自覺。心志是氣的主帥，如今心隨氣而變，那麼心志不能主宰氣，氣反而成了心志的主帥了。氣反而成了心志的主帥，我們心志的盛衰，完全受制於氣，那麼心就為氣所驅使了。

聖賢君子是以心統御氣的，而不受氣的統御，以心轉移氣，而不為氣所轉移。早年在歷山耕作，後來作五弦琴唱〈南風〉之歌，勞累和安逸前後有所改變，可是舜的心是不曾改變的。在羑里被囚禁，以至虞芮二君來朝受感化，憂鬱和快樂前後有所改變，可是文王的心是不曾改變的。離席致敬，和病危換席，生和死雖然將有所改變，可是曾子的心是不曾改變的。不論勞累或安逸，不管憂鬱或快樂，任憑生或死，心何嘗有什麼不自在呢？

楚武王侵犯華夏，兵行中國，雖然面臨過強敵，當初他都不心悸，到了晚年，以堂堂楚國的大軍，討伐小小的隨國，在授兵器的時候心悸了。那是因武王不曾知道內心修養的道理，所仗恃的是剛強的血氣。平時面對著敵人而不心悸，並不是真的能不害怕，而是血氣方剛，心為氣所移的緣故。死期接近時，血氣既然已動蕩了，心怎能夠不隨著而悸動呢？

說起這位鄧曼，她說滿了就動搖，是天之道，而且說先君大概知道了，所以在面臨作戰發布重要命令時，讓君王心悸。唉！讓武王心悸的道理，豈是一個女子所能知道的呢？鄧曼不能了解其中的道理，所以把它歸之於天，又把它歸之於鬼神，卻不知道心就是天，哪裏有心外之天；心就是神，哪裏有心外之神。怎麼可以捨此而他求呢？心因氣虛而悸動，而氣是從心發出的。蟊蟲是生長在農作物上面的，而傷害農作物的就是蟊蟲；蚋蟲是生長在醋裏的，而敗壞醋的就是蚋蟲。血氣是出自於心，而悸動心的就是血氣。鄧曼在近處四邊查看而外求，就好像賊人還在我們這房間裏，卻反而抓住一個市場上的人來訊問，越問就越迷惑了。假使楚武王能夠悟出這個道理，那麼就知道動搖我心的，哪會是別的呢？那麼它就無法遁形了。傷害者既然不能遁形，善於養氣的人，何不把這血氣予以剷除，斷去它的根本，以除去心的傷害者呢？噢！這可又錯了。

浩然之氣和血氣，原本不是有什麼不同的兩樣東西，只是培養和不培養，使它成為兩個不同的名稱。假使沒有去培養，那麼這氣將成為心的殘害者；如果善於培養，那麼氣將成為心的輔佐者，這哪裏是一定不變的呢？憤忿昏亂而散失，臨生死關頭就失其正的，就是這種氣；泰然篤定而清明，臨生死關頭仍守正不變的，也是這種氣。唐太宗在淩煙閣上讓人繪製的功臣圖像，哪一個不是以前曾經是勁敵的人呢？

【研　析】楚武王在伐隨之前心蕩，鄧曼因此而知其祿將盡。她認為盈而蕩，是天之道，是祖先有意預示的。以今日醫學常識判斷，心蕩就是心律不整，是心臟病的症狀之一。楚武王或許就是死於心肌梗塞，不關乎鬼神。呂祖謙是將心蕩解釋為恐懼所致，而闡揚《孟子》治心養氣的理論。

第一段以「氣聽命於心」或「心聽命於氣」，作為聖賢與一般人不同之所在，而說到一般人心為氣所役，為以下論心蕩的張本。第二段以舜、文王和曾參，說明聖賢以心御氣。第三段則對應楚武王心隨氣變，說他以氣用事，不知治心養氣，所以血氣盛時無所畏懼，血氣既衰，伐隨國都會心悸。第四段駁鄧曼的推論，而以蝨和蚋譬喻，說氣為心之賊。第五段說明讓氣成為心之賊，那是不懂養氣所致。氣不能根除，而要妥加培養，可成浩然正氣。最後以唐太宗之功臣，皆昔日之勁敵，為養氣作譬喻，能養氣，則氣為心所用，與第一段相呼應。

呂氏所說的理論並不玄虛。理直於是氣壯，那是氣隨心變；惱羞成怒於是變得不可理喻，則是心隨氣變。暴虎馮河，死而無悔，那是以氣役心；從容就義，面不改色，則是以心役氣。呂氏論此，文致縹緲婁折，以《孟子》之說為基礎，以聖賢之行當驗證，於是為人所讚歎的鄧曼之說，輕輕一駁，即全面瓦解，這是很值得我們細心揣摩的寫法。不過，像「嗚呼！所以蕩王心者，豈一女子所能知乎？」則流於尖刻，應加避免，於今更不相宜。

鄧三甥請殺楚文王

莊公六年

【題解】魯莊公六年（西元前六八八年），楚文王攻打申國，路過鄧國，鄧祁侯說：「楚王是我的外甥。」就把他留下來設宴款待。鄧祁侯還有三個外甥——騅甥、聃甥、養甥，請求鄧侯殺掉楚文王，但鄧侯不答應。三甥說：「滅亡鄧國的，必定是這個人。如果不早作打算，後悔都來不及了，現在下手正是時候。」鄧侯說：「我這樣做，人們會唾棄我，甚至我死了，人家都不吃祭我所留下的東西。」三甥說：「如果不聽我們的話，連社稷之神都得不到祭祀，你要吃祭神留下的東西都吃不到了。」鄧侯沒有聽從，楚文王打申國回來那一年，就攻打鄧國。莊公十六年，楚王再度攻鄧，並且把鄧國滅掉。

這件事世人不免為鄧侯不聽三甥之計而惋惜，呂祖謙則認為國家存亡，在於自己的治亂興衰。自露敗象，誰都可能興兵而來，所以強調反求諸己。

陰、陽、風、雨、晦、明，天之六氣❶也，陰淫寒疾，陽淫熱疾，風淫末疾，雨淫腹疾，晦淫惑疾，明淫心疾，人之六疾也。有以醫自業者語人曰：「六氣者，致疾之源，必使無陰陽、無風雨、無晦明，然後疾可除。」世寧有是理耶？不歸咎於人，而歸咎於天，此天下之拙醫也。守身在我，而疾不在於六氣；守國在我，而患不在於四鄰。何人而不受六氣？其獨致疾者，必非善守身者也；何國而不接四鄰？其獨被患者，必非善守國者也。端汝視履，嗇汝精神，時汝飲食，審汝藥石，六氣雖沴，於汝身何有哉？豐汝德澤，明汝政刑，固汝封疆，訓汝師旅，四鄰雖暴，於汝國何有哉？鄧之三甥，不知國之存亡，繫於我之治亂，反謂繫於楚子之死生，汲汲然欲殺之，忘內而憂外，何其疏也！

抑不知亡鄧之原，曷嘗專在於楚耶？環楚而國者，如陳如蔡，如鄭如許，下至於江黃道柏之屬，不可一二數也，楚不先加兵，而唯急於滅鄧者，豈非見鄧有可乘之釁乎？吾國有可乘之釁，置而不憂，顧以鄰敵為憂，雖楚子可得而殺，猶有楚國存焉！雖楚國可得而滅，猶有諸侯存焉！為吾憂者，未始有極也。當是時，強凌弱，眾暴寡之風，徧於天下。今日齊人滅譚，書於諸侯之策矣；明日晉人滅虢，又書於諸侯之策矣。國有釁可乘，諸侯將爭欲滅之，亡鄧豈獨一楚哉？必若三甥之計，非盡吞四鄰不能奠枕，亦迂矣。

嗚呼！四鄰固不可盡吞，縱使盡吞，亦未可恃以為安也！秦不亡於六國未滅之前，而亡於六國既滅之後；隋不亡於南北未一之前，而亡於南北既一之後，亡國之釁，夫豈在於鄰敵耶？三甥之謀，謬戾明甚，而世猶有追恨鄧侯不用其言者。蓋小人之情，咎人而不咎己也，用此心以觀古人，宜其咎楚而不咎鄧也。

桀既放於南巢，語人曰：「吾悔不殺湯於夏臺❷！」吁！桀雖偶能殺湯，天下豈能無放桀者耶？桀之誣上天、虐萬方、誅龍逢、嬖末喜❸，可以取亡者，擢髮不能盡數也，桀皆不之悔，而獨悔於不殺湯，可謂咎人而不咎己矣。桀之為人，非惡不視、非惡不聽、非惡不言、非惡不動，造次顛沛，無非罪惡，僅有不殺湯之一善耳，反自悔以為失。是恥一善之尚存，欲萬惡之皆備也，哀哉！

【注釋】❶天之六氣　見《左傳》昭公元年，為晉平公醫病的秦醫和所說，以為天有六氣，分為四時，序為五節，過則為災，淫生六疾。但去六氣而疾可除，不是他所說。❷吾悔不殺湯於夏臺　見《史記・殷本紀》。夏臺，夏朝獄名，在今河南鞏縣西南。桀曾囚湯於此。❸誣上天句　《史記・殷本紀》及《書・湯誓》都有「是日何時喪？予與女皆亡。」鄭康成曰：「桀見民欲叛，乃自比于日。曰：是日何嘗喪乎？日亡，我與汝皆喪亡。」所謂誣上天者，蓋指此。虐萬方亦見《史記》與《尚書》。龍逢或作龍逄，為夏之賢人，諫桀而死。見《新序・節士》。末喜為夏桀之寵妃。見《史記・外戚世家》及《荀子・解蔽》。

【語譯】陰、陽、風、雨、夜、晝，是天時的六種氣候，陰氣太過會得寒疾，陽氣太過會患燥熱，受風太過有害四肢，濕氣太過有害腹腔，夜裏太放縱情慾會迷亂，白天不節制會心力交瘁，成為人的六類疾病。有個以行醫為業的人，告訴人家說：「這六種氣，是使人得病的根源，必定要使上天沒有陰陽、沒有風雨、沒有晝夜，然後疾病才可除去。」世間真有這個道理嗎？不歸咎於人，反而怪罪於天，這是天下最差勁的醫生。保養身體在於自己，而得病原因不在於有六種氣的存在。保衛國家在於我們自己，而禍患的發生不在於有四鄰的存在。什麼人不接觸這六種氣？惟獨自己得病，必然是沒有好好保養身體。哪個國家不接壤四方的鄰國？惟獨自己被侵害，必然是沒有好好保衛國家。端正你的舉止，節制你的精力，隨時調節你的飲食，生病時注意你的藥物，六種氣雖然不調和，對你的身體又能怎樣呢？豐厚你的德澤，修明你的政教，鞏固你的領域，訓練你的軍隊，四方鄰國雖然兇暴，對你的國家又能怎樣呢？鄧侯的三甥不知道國家的存亡，關鍵在於自己的明治或混亂，反而說關鍵在於楚文王的生死，急於想殺死他，疏忽內部只憂心外圍，是多麼粗疏啊！

再說他們也不知道滅亡鄧國的原因，怎麼會一定來自楚國呢？環繞楚國的國家，像是陳國、蔡國，像是鄭國、許國，小的有江、黃、道、柏等，多得無法一一計數，楚國不先發兵打他們，而急於滅掉鄧國，豈不是看到鄧國有可乘之機嗎？自己的國家給人家可乘之機，卻置之不理毫不憂慮，但以鄰邊的敵人為憂，縱然有機會殺楚文王，但還有楚國在呢！就算可以把楚國滅掉，也還有其他的諸侯在呢！那麼為我們所擔憂的，就可能沒有止境了。在那個時候，強大的國家欺凌弱小的國家，人多的群體壓迫人少的群體，這種風氣遍於天下。今天齊國滅掉譚國，寫到諸侯的史冊之上；明天晉國滅亡虢國，也寫到諸侯的史冊上。一個國家只要給人可乘之機，諸侯都會爭著想滅掉它，滅亡鄧國難道只有一個楚國才可能嗎？假使一定要用三甥的計策，不能盡吞四方鄰國就不能安枕，也未免太迂闊了。

唉！四方鄰國固然不可能全部吞併，縱使把四方鄰國都併吞了，也還不足以仗恃呢！秦不亡於六國還沒被消滅之前，而亡於六國已消滅之後；隋不亡於南北朝還沒統一之前，而亡於南北朝已統一之後，亡國的禍端，哪裏一定是鄰近的敵國呢？三甥的謀略，顯然是很荒謬的，而世人還有為鄧侯不能用他們的進言而感到惋惜的。那是因為小人的情懷，總是歸咎別人而不怪罪自己，用這種心態去觀察古人，當然是歸咎楚國而不怪罪鄧國了。

夏桀被放逐到南巢之後，告訴人家說：「我後悔在夏臺沒有把商湯殺掉！」唉！夏桀即使僥倖把湯殺了，天下難道就沒有能放逐夏桀的人嗎？桀誣罔上天，以太陽自比，虐待萬方之民，殺賢人龍逄，寵愛末喜，可以敗亡的事像頭髮一樣，要數也數不清。這些夏桀都不懊悔，而只是後悔沒有殺掉商湯，可以說是只會怪罪別人而不怪罪自己。桀的為人無惡不視、無惡不聽、無惡不言、無惡不動，在倉卒匆忙的時候，在顛沛流離的時候，都無惡不作，只有不殺商湯這麼一件善事而已，他反而自悔以為是失策。像他這樣以存一件善事為恥，而想備萬惡於一身，真是可悲啊！

【研　析】世人為鄧祁侯不聽三甥之謀而感到惋惜，呂氏從另一個角度，直接認定三甥之謀是荒謬的，所以這又是一篇翻案文章。他主要的立論在於：縱殺楚子，尚有楚國；縱滅楚國，尚有四鄰；縱吞四鄰，也未必為安，總要在自己不給別人可乘之機。似乎數語即可道盡，卻寫得波瀾迭起。

第一段以治病為比喻，而點明題旨：「國之存亡，繫於我之治亂。」第二段推論鄧國滅亡之原，層層排宕，以肯定的反問句，抽絲剝繭，文章極為矯健。第三段批評三甥之言謬戾，更批評世人之見完全咎人不咎己。第四段引述夏桀咎人不咎己，以見這種心態的可惡。

本文起首及結尾，都引喻說明，責人甚苛，但因為他罵的是庸醫和夏桀，使同情三甥的立論者，不覺太難堪。其實此文文筆矯健而嚴苛，寫議論文若非另有目的，否則還是就事論事，不失溫厚為宜。

魯莊公圍郕

莊公八年

【題解】魯莊公八年（西元前六八六年），魯國和齊國的軍隊去包圍郕國（在山東臨濮縣，周武王封弟叔武於此，後來為魯國孟氏邑），郕國向齊軍投降，齊國獨享全部戰果，魯大夫仲慶父請求攻打齊軍，莊公以為自己德不足以服人，才會如此，並引《書・夏書》的話，說要致力修德以待。《左傳》提到：「君子是以善魯莊公。」予以好評。

呂氏以魯莊公即位，未能為父報仇，深不以為然，以為莊公實際上畏齊之強，所謂修德以待，只是為自己找個下臺階而已，通齊連兵伐郕是不對的，待郕降齊，魯不攻齊是畏縮，攻齊則成爭利，所以進退失據。

事之相反者，莫如勇怯，而相近者，亦莫如勇怯。奮然勁悍，與怯相反者，小勇也；退然溫克，與怯相近者，大勇也。小勇名滿天下，大勇名不出家。曷謂小勇？勝小敵者是已；曷謂大勇？勝大敵者是已。寇敵之來，雖多至於百萬，知兵者談笑而麾之，猶摧枯振槁，然豈足為大敵哉？大莫大於心敵，忿欲之興，鬱勃熾烈，內焚肺腑，劍不能擊，戟不能撞，車不能衝，騎不能突，自古賁、育、韓、白之徒❶，戰必勝，攻必取者，未嘗不受屈於是敵也。賁、育、韓、白，冠古今之勇者也，今勝賁、育、韓、白之所不能勝，得不謂之大勇乎！然戰勝於一心之間，非有攻城略地之可紀也，非有伏尸流血之可駭也，非有獻俘奏凱之可誇也。內克莫大之敵，而功無毫髮見於世，豈識其為勇乎？不特不識其為勇，既勝忿欲之敵，則忍人之所不能忍，容人之所不能容，平人之所不能平，其犯而不校，與怯者相去不能以寸，世又將以怯名之矣！以勇怯相近而難辨者也！

魯莊公及齊師圍郕，郕降於齊師，仲慶父請伐齊。公曰：「我實不德，齊師何罪？罪我之由，姑務修德，以待時乎！」且齊魯同伐郕，而齊專有其功，人情之所必校也，莊公斂兵不校，罪己而不罪齊，抑不知莊公勇者歟？怯者歟？吾斷之曰：莊公蓋怯者也。大勇不校，大怯亦不校，勇者不校是不欲校也，怯者不校是不能校也。勇者以義不當校，故勝其私心而不校，心敵且能勝之，況區區之外敵乎！使遇義所當校者，出其餘勇，天下已不能當矣。不校者，勇士之所難也；校者，勇士之所易也。彼魯莊之視齊襄，乃君父不戴天之讎❷，義所必校者也，反巽懦畏怯，俛首為讎人之役，坐視其取郕而不校者，特畏其強而不敢校耳，姑託罪己修德之辭以自解於眾，豈其本心哉？故不校者，莊公之所易也；校者，莊公之所難也。莊公之不校，與勇者難易正相反，烏得比而同之耶？

或曰：「世固有以弱犯強，以小犯大，不量力而取斃者。莊公雖不得為勇，亦庶幾善量力者也。」曰：論義者不論力，君父之讎，義所必討，不幸而力不勝，死於讎敵，亦足以自獻於先王矣。以仇牧❸之怯，豈能勝南宮萬❹之勇哉？閔公之難❺，忘其怯而直前，雖斃於南宮萬之手，世未有以不量力罪之者也。

若是，則莊公當與齊爭歟？曰：莊公忘君父之讎，而與齊通，又與之連兵而伐郕，及不得郕而爭，則是爭利之師，而非復讎之師也。然則莊公之是役，爭亦失，不爭亦失，失在於通齊之始耳。一失其始，進退上下何往而非罪哉，故曰：君子作事謀始。

【注　釋】❶賁育韓白之徒　孟賁、夏育、韓信、白起這些人。用以指最有勇力、最善戰的人。《孟子・公孫丑上》以孟賁為勇士的代表。《史記・袁盎鼂錯列傳》則以賁、育並稱。《帝王世紀》謂孟賁，齊人，能生拔牛角，投效秦武王。夏育則為周時衛國人，能力拔牛尾。《史記・范雎蔡澤列傳》說他「叱呼駭三軍，然而身死於庸夫。」韓信為漢開國名將，名列漢三傑之一，見《史記・淮陰侯列傳》。白起為戰國時秦將，《史記》有傳。❷乃君父不戴天之讎　《禮記・曲禮》：「父之讎弗與共戴天。」魯莊公為桓公之子，齊襄公姦其母，殺其父，所以說其仇不共戴天。詳見〈桓公與文姜如齊〉篇題解。❸仇牧　宋閔公大夫，南宮萬弒閔公，遇仇牧於門，將仇牧批而殺之，見《左傳》莊公十二年。❹南宮萬　或稱南宮長萬，宋卿，有勇力，極得宋閔公寵信，後來弒閔公。詳見〈宋萬弒閔公〉篇題解。❺閔公之難　依《史記・宋世家》宋閔公與南宮萬下棋起爭執，閔公取笑他曾被魯俘擄，南宮萬遂以棋枰打死閔公，宋人殺南宮萬而醢之。於〈宋萬弒閔公〉篇有所評論。

【語　譯】事情相反的，沒有比勇敢和怯弱更明顯的了，而彼此又相近似，更非勇敢和怯弱莫屬。奮然而起強悍有勁，和怯弱相反的，只是小勇；謙退禮讓溫和求勝，和怯弱相近的，才是大勇。有小勇的人常名滿天下，有大勇的人常名不出家門。什麼叫小勇？能勝過小敵的便是；什麼叫大勇？能勝過大敵的便是。敵人擁來雖然多達百萬人，懂得用兵的人談笑自若指揮若定，打敗敵人就像折斷枯枝朽木一般，所以敵兵數量多怎麼算是大敵呢？最大的敵人也再沒有比心敵更大的，憤忿和貪欲發作起來，濃烈而熾熱，攻燒著肺腑，刀劍擊不到它，戟戈刺不到它，兵車衝不倒它，鐵騎突圍不了它，自古以來像孟賁、夏育、韓信、白起這些人，幾乎是戰無不勝、攻無不取的，但未嘗不被心敵所屈服。孟賁、夏育、韓信、白起，都是勇冠古今的人，如今能戰勝孟賁、夏育、韓信、白起等人所不能勝的心敵，怎能不說他是大勇呢！然而戰勝心敵，沒有攻城略地的戰功可以記載，沒有堆積屍體流血滿地讓人怵目驚心，沒有獻戰俘奏凱歌那樣可以誇耀。內勝最大的敵人而沒有絲毫的功業見之於人世，人家怎麼知道他的勇敢呢？不但不知道他的勇敢，更因他戰勝憤忿和貪欲的心敵，於是忍下別人所不能忍的事，容納別人所不能容的物，平服別人所不能平的氣，別人冒犯他，他不和人計較，與怯弱相距很小，可能連一寸都不到，人家將會說他是怯弱呢！因為勇敢和怯弱實在太相似而難以辨別啊！

魯莊公帶兵和齊國的軍隊共同圍攻郕國，郕國向齊國投降，兩國私訂盟約，仲慶父向莊公請求討伐齊軍。莊公說：「是我德行不好，齊國的軍隊有何罪過？罪過在於我，我們姑且致力於修養德行，以等待時機吧！」且說齊、魯二國共同伐郕，而齊獨享了戰功，就人情來說是必然會計較的，莊公卻收兵而不計較，責怪自己而不責怪齊軍，就不知道莊公是個勇者？或是個怯弱者？我判斷莊公是個怯弱者。大勇的人不計較，怯弱的人也不計較。大勇的人不計較是不想計較，怯弱的人不計較是不敢計較。大勇的人以為道理上不應當跟人計較，所以克制私心而不去計較，心敵都能克制，更何況是小小的外敵呢！假使遇到在道理上應當計較的，就以他克制心敵以外的一點多餘的勇氣，天下人就都擋不住他了。不計較是勇士所難以做到的，計較是勇士所容易做到的。那魯莊公眼中的齊襄公，是殺君殺父不共戴天的仇人，道理上是一定要計較的，他反而軟弱畏縮，順從仇人的差遣，眼睜睜看人家併吞郕國而不計較。這只是畏懼仇人的強大而不敢計較罷了。姑且以錯在自己，該好好修德，作為推託之辭，在眾人面前自己找理由來解說，這哪裏是他的本心呢？所以不計較，是莊公所容易做的；計較，是莊公所難以做到的。莊公的不計較和勇者的難易正好相反，怎麼能夠相提並論而說是相同呢？

或許有人會說：「世上本來是有以弱犯強、以小犯大，不自量其力以滅亡的人。莊公雖然不能算是勇者，但也算得上是能量力而為的人。」我卻認為：講義的人是不衡量力量大小的，對弒君殺父的仇人，道理上是必須去討伐的，萬一力量不夠而死於仇敵之手，也足以向先王交代了。以仇牧的怯弱之身，怎麼能夠勝過南宮萬的勇力？當宋閔公受到災難時，仇牧忘了自己的怯弱而勇往直前，雖死於南宮萬之手，但世人並沒有以他自不量力來責怪他。

如果是這樣的話，魯莊公就應該和齊國爭功了嗎？我認為魯莊公忘了殺君殺父之仇，而跟齊國來往，又跟齊國聯合攻郕，等到得不到郕國才爭，那便是爭奪利益的軍事行動，而不是報仇的軍事行動。這麼說來，莊公在這場戰爭中，要跟齊國爭也是錯的，不跟齊國爭也是錯的，因為錯在當初跟齊國通好。開始錯了，以後進退上下不論怎麼做都是錯的，都是被怪罪的。所以說：君子做事開始就要謹慎籌謀。

【研　析】我們常遇到類似「智與愚」、「自由與法治」、「自尊與自卑」等，將似相反而相成、或相對又相似的詞語並列，以構成論文的題目。寫作時既要分析其相異，又要說明二者的關係，常有難以下筆之感。本文第一段討論「勇與怯」，為我們提供了一種議論模式，而全篇則對貶抑批判的文章，如何寫作，也提供了很好的範例。

本篇首段論勇與怯的相反又相近，而以克服心敵為大勇，作為批判魯莊公「斂兵不校」的張本。第二段直指莊公的「罪己修德」，完全是畏怯退縮的遁辭。第三段是不同意讚許莊公是「善量力者」。最後歸結到圍郕之役，與齊爭亦失，不爭亦失，而強調君子做事慎謀其始。

第一段將勇分大小，敵也分大小，以說明勇怯的相對和相似，是很多以相對詞語並列為題的文章，所可以採用的推論方式。如「智與愚」，就可分大智與小智而以「大智若愚」立論；又如「自由與法治」，則可分合理規範的真自由與任意恣肆的假自由，而強調真自由與法治之不可分。再如「自尊與自卑」，則可分自我期許的自尊和死要面子的自尊，而強調死要面子的自尊，實際是自卑感的化身。諸如此類，寫作時可舉一反三。第三段的設辭回護，然後加以批駁，可使文章的立論更周密，貶抑性增強，也是批判性文章所常用的手法。至於第四段在兩面批判，指責其進退上下皆非，無一是處之後，輕輕地把矛頭指向源頭，這更是極技巧的批判手法。

至於本文內容，則不無可議之處。仇牧奮不顧身，固然可歌可敬，魯莊公如果也不自量力，以舉國之兵，報君父之仇，不但自取敗亡，也讓百姓遭殃。生民何罪，受此荼毒？事關生民和社稷，豈可與仇牧相提並論！

卷六

齊侯見豕

莊公八年　蛇鬬於鄭　莊公十四年　神降於莘　莊公三十二年　卜偃童謠　僖公五年　狐突遇申生　僖公十年　城鄫有夜登邱　僖公十六年　柩有聲如牛　僖公三十二年　蛇出泉宮　文公十六年　魏顆見老人　宣公十五年　鳥鳴亳社　襄公三十年　鄭伯有　昭公七年　石言於晉　昭公八年　當壁而拜　昭公十三年　鄭龍鬬　昭公十九年　玉化為石　昭公二十四年　鸜鵒來巢　昭公二十五年　龍見於絳　昭公二十九年

【題　解】在《左傳》記載了不少鬼怪神幻的事，呂祖謙提了十七件。第一件是魯莊公八年（西元前六八六年）齊襄公打獵時，遇到大豕，大家都說那是公子彭生，齊襄公既唆使他殺魯桓公，卻又殺他以平魯國之怒，所以化為豕出現，還像人一樣站起來，襄公從車上摔下來，受傷而被弒。

第二件是魯莊公十四年，鄭厲公獲傅瑕為內應，殺鄭侯子儀而入主鄭國，應了六年前鄭國國都南門下兩蛇相鬥，門外蛇咬死門內蛇的徵兆。魯莊公三十二年，有神靈在莘地下降，虢公薄德而求賜，神靈應允，史嚚料虢將亡，果於七年後亡於晉。魯僖公五年（西元前六五五年），晉圍虢，卜偃依童謠研判虢亡的時間，結果完全正確。第五件是魯僖公十年，狐突遇到申生鬼魂，說晉惠公無禮，將敗於韓，果如其言。僖公十六年諸侯為鄫築城，人馬困乏，突有人登山丘喊齊國有亂。次年齊桓公死，五公子爭立而亂。魯僖公三十二年，晉文公死，其柩有聲如牛，卜偃說西邊有人進犯，我們去打它，一定可以得勝，於是有秦晉殽之戰，而晉軍大捷。魯文公十六年（西元前六一一年），魯國有蛇從泉宮出來，進入國都，共十七條，和先君的數字（從伯禽到僖公）一樣，不久魯文公之母聲姜就死了，因此拆毀了泉臺。魯宣公十五年（西元前五九四年），晉將魏顆在戰場上得力於一個老人結草絆倒了秦將杜回，所以俘杜回而歸，夜裏夢見老人說他是為女兒報恩。第十件是魯襄公三十年（西元前五四三年），鳥鳴於亳社，不久，宋國火災，燒死宋伯姬。魯昭公七年（西元前五三五年），鄭國已死八年的伯有，鬼魂驚動了鄭人。有人夢見他說哪一天要駟帶死，哪一天要公孫段死，都一一應驗。兒子被立後，才平息下來。魯昭公八年，晉國魏榆有石頭會說話，師曠說那是晉侯建宮室，怨聲載道的緣故，兩年後晉昭公就死了。於魯昭公十三年，記載當年楚共王死，沒有嫡長，以璧祭於星辰山川，然後埋入地中，其子五人，誰當璧而拜，即可得國。康王跨過其上，靈王肘壓到了，子干和子皙離得遠，平王最少，被抱進來，再拜都壓到璧紐，後來康王和靈王都在位不久，由平王傳於後世。昭公十九年，鄭國發生水災，有龍鬥於時門外的洧淵。昭公二十四年，王子朝以成周的寶珪沉於黃河以祈福，珪為津人所得，周敬王大夫陰不佞拘捕津人，取其玉而要賣掉它，玉卻變成石頭，後來待平定王子朝後，再獻給周敬王，王把東訾賜給他。昭公二十五年，鸜鵒來做巢，魯大夫師己以為將有禍事，不久魯昭公即因謀去季氏失敗而出奔。昭公二十九年秋天，有龍出現在絳地郊外。

呂祖謙聚集了這十七件有關鬼怪異物的記載，認為《左傳》的作者是少見多怪。其實呂氏並沒有以這十七件事的任何一件，加以分析探討，而是總括主張「合幽明而為一」，即可「融通灌注，和同無間」，所以節錄本的《東萊博議》，將題目改為「妖祥」。

怪生於罕，而止於習。赫然當空者，世謂之日；粲然徧空者，世謂之星；油然布空者，世謂之雲；隱然在空者，世謂之雷；突然倚空者，世謂之山；渺然際空者，世謂之海。如是者，使人未嘗識而驟見之，豈不大可怪耶？其所以舉世安之而不以為異者，何也？習也。焄蒿悽愴❶之妖，木石鱗羽之異，世爭怪而共傳之者，以其罕接於人耳。天下之理，本無可怪，吉有祥，凶有祲，明有禮樂，幽有鬼神，是猶有東必有西，有晝必有夜也，亦何怪之有哉？夫子之不語怪❷者，非懼其惑眾也，無怪之可語也。

《左氏》嗜怪，時神怪之事，多出其書，范甯闢之以誣❸，說者是之。吾謂載之者非，闢之者亦非也。載之者必以為怪，而駭其有；闢之者必以為怪，而意其無。一以為有，一以為無，至於心以為怪，則二子之所同病也。人不知道，則所知者不出於耳目之外，耳目之所接者謂之常，耳目之所不接者謂之怪，凡所謂怪者，共辨而競爭之。至於耳目之所常接者，則輕之，曰：是區區者，吾既飫聞而厭見之矣，何必復論哉？抑不知耳之所聞非真聞，目之所見非真見也。耳之所聞者聲爾，而聲聲者初未嘗聞；目之所見者形爾，而形形者初未嘗見。日星也、雲雷也、山海也，皆世俗飫聞而厭見者也，至於日星何為而明？雲雷何為而起？山何為而峙？海何為而渟？是孰知其所以然者乎？其事愈近，其理愈遠；其迹愈顯，其用愈藏。人之所不疑者，有深可疑者存焉；人之所不怪者，有深可怪者存焉。吾日用飲食之間，行不著，習不察，尚莫知其端倪，反欲窮其辭於荒忽茫昧之表，何其舛於先後也！天下皆求其所聞，而不求其所以聞；皆求其所見，而不求其所以見，使得味於飫聞厭見之中，則彼不聞不見者，亦釋然而無疑矣。

子路學於夫子，以事鬼神為問，又以死為問❹。子路之心，蓋以人者吾所自知，所不知者鬼神而已；生者吾所自知，所不知者死而已。吁！至理無二，知則俱知，惑則俱惑，安有知此而不知彼者哉？果知人，則必無鬼神之問；果知生，則必無死之問矣。觀其鬼神之問，可以占知其未知人也；觀其死之問，可以占知其未知生也。夫子答之曰：「未能事人，焉能事鬼？未知生，焉知死？」此蓋夫子提耳而誨子路，無非真實語，世儒乃或以為拒子路之問，豈不哀哉！子路深省於一言之下，故白刃在前，結纓正冠，不改其操。則死生鬼神之際，子路其自知之矣。

在〈睽〉之〈歸妹〉❺曰：「〈睽〉孤，見豕負塗，載鬼一車，先張之弧，後說之弧，匪寇婚媾，往遇雨則吉。」其象曰：「遇雨之吉，群疑亡也。」幽明實相表裏，幽鄰於明，明鄰於幽，初未嘗孤立也。是爻居〈睽〉之終，孑然孤立，睽幽明而為兩塗，睽生疑，疑生怪，故負塗之豕，載車之鬼，陰醜詭幻，無所不至。然至理之本同然者，終不可睽，疑則射，解則止；疑則寇，解則婚。向之疑以為怪者，特未能合幽明為一耳。猶陽之發見，陰之伏匿，陽明陰幽，常若不通，及二氣和而為雨，則陽中有陰，陰中有陽，孰見其異哉？陰陽和而為雨，則群物潤；幽明合而為一，則群疑亡。融通灌注，和同無間，平日所疑，蕩滌而不復存矣。子路之問人鬼死生睽而不合，既聞夫子之言，豈非遇雨而群疑亡乎？

左氏與子路同遊夫子之門者也，猶不能除嗜怪之習，然則夫子之雨，亦擇地而降歟？曰：非也，五日霏微，十日霢霂，而枯荄槁木，不能沾涓滴之澤焉，非雨之有所吝，我無以受之也。我無以受之，則日見降雨，猶為不遇雨；日見聖人，猶為不遇聖人。左氏遇聖人而蒙蔽，是誰之罪耶？

【注　釋】❶君蒿悽愴　本指祭祀時祭品之氣上騰，而人有悽愴之情。《禮記・祭義》：「其氣發揚於上，為昭明，君蒿悽愴。此百物之精也，神之著也。」❷夫子之不語怪　《論語・述而》：「子不語：怪、力、亂、神。」❸范甯闢之以誣　晉范甯〈春秋穀梁傳序〉：「《左氏》豔而富，其失也巫；《穀梁》清而婉，其失也短；《公羊》辯而裁，其失也俗。」詳三傳之得失，常為人引用。❹子路學於夫子三句　《論語・先進》：「季路問事鬼神，子曰：『未能事人，焉能事鬼？』曰：『敢問死。』曰：『未知生，焉知死？』」❺睽之歸妹　〈睽〉和〈歸妹〉，都是《周易》六十四卦之一，〈睽〉☲和〈歸妹〉☳只差最上的一爻，變陽為陰，即成〈歸妹〉。古人筮吉凶，常找它從什麼卦變什麼卦，找其不同的那一爻，而說解其爻辭。此處所引，即〈睽〉的上九（最上面的陽爻）爻辭和象傳（小象）。又如《左傳》僖公十五年記晉獻公嫁女，卜得「〈歸妹〉之〈睽〉」，而史蘇即引〈歸妹〉上六（最上面的陰爻）爻辭，加以解說，其道理相同。〈睽〉上九之爻辭，高亨《周易古經今注》謂此為少康由有仍奔有虞時，夜行遇有虞之人之情狀。此爻辭之解釋頗多分歧，今以配合呂氏後項的解釋，作為翻譯的依據。

【語　譯】感到怪異是因為罕見，常見的就不覺得怪異了。赫然強光照耀天地的，大家稱它為日；晶瑩亮麗布滿天空的，大家稱它為星；油然湧起密布天空的，大家稱它為雲；隱然深藏在雲空中的，大家稱它為雷；聳然高起好像倚靠在天空的，大家稱它為山；渺然壯闊好像水天交接的，大家稱它為海。像這些東西，假使人們從來沒有見過而突然看見了，豈不是大感怪異？舉世的人所以安然不以為怪異，是為什麼呢？是因為習以為常的緣故。其氣上升，令人悽愴的百物之精、木石魚鳥的奇異之物，世人爭相以為怪而相互傳述的，是它們很少被人接觸到而已。天下的事理，本來沒有什麼可奇怪的，吉事有祥瑞，凶事有惡兆，明處有禮樂，暗處有鬼神，這就像有東邊必有西邊，有白天必有夜晚，有什麼好奇怪的呢？孔子之所以不談怪異的事，並不是怕迷惑眾人，而是沒什麼怪異可說的緣故。

《左傳》喜愛神怪，當時一些神怪的事，大多有所記載，范甯批評它失之以誣，後人都認為他說得對。我卻認為：記載神怪固然不對，而批評它的也不對。記載神怪的，必然是以為怪異，而驚駭有這種事的存在；批評的人，也必然以為怪異，而以為不會有這回事。一個以為有，一個以為沒有，至於心中以為怪異，則是兩個人的通病。人不知道理，而他所知道的不出於耳目之外，耳朵常聽、眼睛常見的就說是常事，耳不常聽、目不常見的就說是怪事。凡是那些稱為怪異的，都去辨明它而爭相走告。至於耳常聽眼常見的，就輕忽它，說是那種小事聽多看膩了，何必再去討論它呢？卻不知耳朵所聞的不是真聞，眼睛所見的不是真見。耳朵所聽的只是聲音，而造成聲音的究竟是什麼，當初可不曾聽說；眼睛所看見的只是形體，而形成形體的究竟是什麼，當初可不曾見到。那些日、星、雲、雷、山、海，都是世俗所看多聽膩的東西，至於日和星為什麼明亮？雲和雷為什麼發生？山為什麼聳立在地面？海為什麼匯聚眾水？這些有誰知道其中的緣由呢？事情越淺近的，它的道理越深遠難知；跡象越顯著的，它的功用越深藏不露。人們所不曾懷疑的，卻有很可懷疑的道理存在著；人們所不以為怪異的，卻有很可怪異的事理存在其中。在我們日常生活飲食當中，運作而不凸顯，習慣而不細察，都不知道它的究竟，反而費盡筆墨於渺遠恍惚的表象，在認知次序上是多麼錯亂啊！世人都探求他所聽到的，而不探求他為什麼聽到了；都研究他所見到的，而不研究他為什麼看到了。假使能夠在看多聽膩的事物之中有所領悟，那麼對那些沒聽過沒看過的事物，也會很清楚而無所疑惑了。

子路在孔子門下求學，曾經以事奉鬼神的事請教孔子，也問了有關死的問題。在子路心中大概以為：關於人的事，我自己早就知道，所不知道的是鬼神而已；關於生的事，我自己早就知道，所不知道的是死的問題而已。唉！真理是一體的，知道就全知道，疑惑就全都迷惑，怎會只知道這個不知那個呢？子路如果真的知道人的事，就不會問鬼神了；子路如果真的知道生的問題，就不會問死的問題了。從他問鬼神，就可以看出他未知人事；從他問死的問題，就可以看出他未知生的問題。孔子回答他說：「活人還不能奉事，怎麼能奉事鬼神？生的道理還沒有弄明白，怎麼能夠懂得死？」這是孔子耳提面命以教導子路的真實話，後來儒者以為是拒絕回答子路的問題，豈不可悲！子路對這句話也能深察體悟，所以在利刃之前，也要結好纓帶端正帽子才死，不改其端正的節操。那麼有關生死和鬼神之間的問題，子路已經領悟到了。

在《易經・睽卦》可變為〈歸妹卦〉的爻辭說：「〈睽〉的最上陽爻被隔離孤立，看見豬背上全是泥土，看見一輛載著鬼的車，先拉開弓想射牠，後來又放下了弓，因為細看之後，不是盜寇，而是結親的。前往遇雨，是為吉兆。」小象說：「遇雨的吉象，是所有的疑惑全都消失了。」幽暗和明朗實在是相為表裏，幽暗相鄰的另一面就明朗，明朗相鄰的另一面就幽暗，原本不是孤立存在的。這爻居於〈睽卦〉最上端，孑然孤立，隔離幽明為兩條路，由於隔離而生疑惑，由於疑惑而以為是怪事，以致把人看成背上全是泥土的豬，看成載滿一車的鬼，陰森醜惡，詭譎奇幻，無不到達極點。但真理本來是相同的，終究不會乖離，當初疑惑就要開弓去射，疑惑消除就不射了；有疑惑就把他們看成盜寇，疑惑消除了就成為姻親。以前疑惑以為怪異的，只是不能合幽明為一罷了。就如同陽顯現於外，陰藏伏於內，陽明朗，陰幽暗，常常好像是不交流互通的，等到兩氣調和而化為雨，則陽中有陰，陰中有陽，誰能看出兩者有何差異？陰陽調和而化為雨，就使萬物得到滋潤；幽明交合為一，就使所有的疑惑都消失了。相互融通，相互貫注，融合為一，平日所疑惑的，都一洗而空。子路問問題時以為人鬼死生是相隔而不合的，聽了孔子的話以後，豈不就是像遇雨而消失一切疑惑了嗎？

左丘明和子路同是孔子門下的學生，都還不能消除喜愛怪異的習氣，難道孔子化疑惑之雨，也選地方而下的嗎？我說：不是這樣的，下五天的濛濛細雨，下十天的淅瀝小雨，那些枯黃的草根、槁乾的樹木，是不能因得到涓滴的滋潤而起色的，不是雨有所吝惜，是自己不能承受。自己不能承受，就算天天降雨，也和得不到雨水是一樣的；天天見聖人，也跟沒有見聖人是一樣的。見了聖人而仍然蒙昧固蔽，究竟是誰的錯呢？

【研　析】這一篇實際上是呂祖謙在說明他的鬼神觀。呂氏距今八百多年，他的體會當然不一定完全合乎當前的認知標準。他大體認為人們總是以少見為怪，其實事有吉凶，自有徵兆，而物有幽明，本是一體之兩面，常人少見幽的一面，於是引以為怪。一個人如果能洞徹事理，即可見怪不怪。所以人能知人，必能知鬼；人能知生，必能知死。不知其究竟，難免疑心生暗鬼；能知究竟，合幽明為一，就不會疑以為怪了。當然他不會放過這個機會，將左氏加以貶損。

第一段說明一般人總是習見以為常，少見則以為怪，其實事有吉凶幽明，不足為怪，他把孔子不語怪，解釋為無怪可語的緣故。第二段承此立論，批評《左傳》見怪為怪，也批評以《左傳》為誣的人，同是以少見為怪。並指出人們好言怪而不究常理。第三段以為子路所以問事鬼神，所以問死，正是一般人的心態。但他經由孔子指點之後，有所醒悟，所以面對死亡，仍能結纓正冠。第四段引《易・睽》爻辭，說明疑心生暗鬼，強調透徹事理，能合幽明為一，眼中就無怪異了。最後一段讚子路受聖人之化，而歎左丘明與子路同遊於孔子之門，卻無以受之，而加以貶抑。

呂氏基本上是否定鬼怪之必無，但也不說其必有，尤其在第四段，更說得似有似無，所以邱瓊山說這篇「文字恍然惚然。」朱字綠也說：「怪怪奇奇不可端倪。」正像《左傳》寫鬼神時，總是恍恍惚惚，似假還真，呂祖謙學的正是《左傳》的筆法。

齊公孫無知弒襄公

莊公八年

【題解】齊襄公派連稱和管至父去戍守葵丘，約期一年，時間到了，卻不聞不問，二人請求派人去替換，他也不答應，所以二人懷恨在心。另外在襄公為世子時，齊僖公極寵愛公孫無知，讓他在衣服、禮儀各方面，都享有和嫡子一樣的待遇，可是襄公即位後，就把它剝奪了，所以也怨憤不平。連稱和管至父就勾結公孫無知，在魯莊公八年（西元前六八六年），趁齊襄公打獵遇大豕，大家說牠是公子彭生，襄公墜車療傷的時候，把襄公殺了。

這件事後人多批評齊僖公啟禍亂之源，這種批評當然沒錯，因為僖公犯了辛伯諫周公黑肩四事中的「匹嫡」，呂祖謙極力推崇辛伯諫周公的四事八字，可是在這裏他另作文章，認為這種批評只是咎往而不扶傾，如果襄公即位後，待之加厚，公孫無知得望外之恩，必力圖回報，即可彌禍而得福了。這當然也言之成理，所以他振振有辭。

咎既往者易為說，扶將傾者難為功。樂論病而憚治病，此人之通患也。齊公孫無知之弒襄公，論者本其禍端歸之僖公，其說曰：國無二統，禮無二嫡，基於衣服禮秩之微，而成於篡弒戕奪之酷，齊之禍庸非僖公為之乎？嗚呼！此論病也，非治病也。當僖公之時，獻此言可矣，及襄公之時，始為此言，何其晚耶？追論前日之失，而不能已今日之禍，君子不貴也。君子不幸而立襄公之朝，寧肯徒咎既往，一無規畫，拱手而待禍耶？天下無不可為之時，而無不可除之患，未然之前，吾則有防患之術，已然之後，吾則有救患之術，唯所遇何如耳。

在襄公世，禍患已成，防患之術既往而不必論，請獨論救患之術！
恩與怨，親與讎，人皆以為不可並也，殊不知：易恩者莫如怨，易親者莫如讎。公孫無知雖託於公族，而僖公假以非分之寵，上偪正嫡，方襄公居東宮之時，以人情度之，豈能不忌且恨哉？僖公一日捐賓客而不立朝，想無知之心，自知襄公必償其宿忿，投於廢絀疏棄之域矣。使襄公釋然待之加厚，則無知必謂：本當見怨，反得恩焉；本當見讎，反得親焉。吾何以得此於彼哉？始以為虎，今乃吾之父；始以為狼，今乃吾之兄。既得望外之施，亦必思望外之報矣。然則向之怨，所以彰今日之恩也；向之讎，所以彰今日之親也。襄公果知出此，則變無知悖逆之心為忠義之心，非徒可以除患，抑又可以召福矣。

昔漢定陶王少而愛，長多材藝，元帝奇之，母昭儀又幸，幾代皇后太子。成帝即位，緣先帝意，厚遇異於他王，元帝開其隙，而成帝能合其隙❶，此所以有僖公之失，而無襄公之禍也。成帝之心，思吾親不可得而見，見吾親之所愛者，猶見吾親焉。吾親既沒，無所致其孝，今厚吾親之所厚，是亦厚吾親也。愛親之心方篤，萬慮皆不能入其胸次，自親之外，無復他念，何暇省記吾一身之嫌隙乎？苟微見疇昔之隙，必吾愛親之心已少弛矣。忘親之愛，而思己之隙，先己後親，固已墮於不孝，矧又報之乎！如意之於諸呂❷，植之於魏❸，攸之於晉❹，死亡相尋，吾未嘗不恨惠文武三帝之愆於孝也，安得以成帝之風警之乎？

雖然，先君之所愛，從而愛之，孝也，苟欲而不制，馴致叔段州吁之亂❺，則將奈何？曰：愛之必欲全之，授之以權，而長其惡，是致之於死地也，焉得愛？

【注　釋】❶元帝開其隙二句　其事詳見《漢書・宣元六王傳》，後來成帝無子，以定陶王子為太子，即位為哀帝。❷如意之於諸呂　見卷五〈辛伯諫周公黑肩〉篇❶。❸植之於魏　三國時，魏陳思王曹植才華出眾，又有丁儀、丁廙、楊修等人為其羽翼，所以曹操有好多次想立他為世子，後來文帝即位，忌恨在心，多加貶斥，並誅殺其黨，並一再要加害於他，曹植屢次想任事，都不為所用，鬱抑以終。見《三國志・魏書・陳思王植傳》。❹攸之於晉　晉齊獻王司馬攸，才望都在武帝（司馬炎）之上，為文帝（司馬昭）所寵愛，幾度將以其為太子，文帝病重時，為武帝敘漢淮南王及魏陳思王故事而泣，臨死，以攸手交予武帝，但後為荀勗和馮紞所構陷挑撥，攸憤怨嘔血而死，死時年三十六。事見《晉書・文六王傳》。❺叔段州吁之亂　事見卷一〈鄭莊公共叔段〉及〈衛州吁〉篇題解。

【語　譯】歸罪已過去的事，容易說得很有道理，但是匡扶將要傾覆的事，就很難做得有功效。樂於論病而怕治病，這是人的通病。齊國公孫無知殺了襄公這件事，批評的人都把禍端歸咎僖公，說國家只有一個傳承的統緒，禮制上不能有兩個嫡長，因為衣服禮儀這些小事的不合體制，釀成篡奪殺伐的殘酷事件，對齊國的禍害，難道不是僖公造成的嗎？唉！這樣說只是在論病，而不是在治病。當齊僖公在世的時候，向他進諫這些話是可以的，但等到襄公在位的時候，再說這些話不是太遲了嗎？追論以前的錯失而不能阻止當今的禍害，君子是不稱許的。君子不幸而在襄公的朝廷做官，難道能只是歸咎既往，而對日後無所策劃，束手以等待禍害的到來嗎？天下事沒有不可為的時候，也沒有不能消除的禍患，在還沒有造成之前，我們應有防範的方法，在禍患已成之後，我們就有救患的方法，只看我們所遭遇的是什麼。

在襄公在位的時候，禍端已經釀成，防範的方法已成過去，也就不必說了，我就只說救患的方法吧！恩和怨，親和仇，人們都以為不可並存的，其實他們不知道：沒有比懷恨的人更容易施予恩惠，沒有比有仇的人更容易親近了。公孫無知雖然依託公族的勢力，而僖公又給他過分的寵愛，對繼位的嫡長造成威脅，當襄公居於東宮作為世子的時候，以人之常情來衡量，難道他能夠不又忌又恨嗎？僖公一旦不能見賓客主持朝政，相信公孫無知的內心，自己也該知道襄公一定會報舊日之怨，把他貶到廢棄疏遠的地位。假使襄公很坦然又對他特別好，那麼公孫無知必然認為：本來應該是被報怨的，卻反而得到恩寵；本來應當是被仇視的，卻反而更被親近。我為什麼從他那兒得到這些呢？原先以為是要吃掉我的猛虎，如今卻像是教養我的父親；原先以為是要傷害我的惡狼，如今卻成保護我的兄長。既然得到意外的恩澤，也一定設想作令人意外的報答。那麼以前的怨恨，正可以凸顯現在的恩惠；以前的敵對，正可以突出現在的相親。齊襄公如果這樣做，就會改變公孫無知背叛之心為忠義之心，不但可以消除禍患，還可以得到福祉呢！

以前漢元帝時，定陶王年少就很得寵愛，長大後又多才多藝，元帝特別看重他，他的母親傅昭儀又很得寵幸，他們幾乎取代了皇后和太子的地位。成帝即位以後，本著他父親的意思，對定陶王比其他諸王都好，元帝挑起了他們兄弟之間的感情的裂縫，而成帝彌合了這個裂痕，所以他們犯有齊僖公那種錯誤，卻沒有齊襄公那種禍害。成帝的心，懷念自己的父親而又看不到了，看到自己父親所喜愛的人，就像看到自己的父親一樣。父親已經死了，已無法向他表達孝心，如今厚待父親所厚待的人，這也等於厚報自己的父親了。愛父親之心正深正切，所有的念頭都進不到心中，除了思念父親之外，別無他念，怎麼有時間去察記我自己的仇隙和怨恨呢？如果稍微浮現了以前的怨隙，那必然是我愛親之心已稍微減退了。忘了對父親的愛，而去想自己的怨隙，那就是先想自己再想到父親，已淪落到不孝的境地，更何況是報怨仇呢！趙王如意不容於呂氏，曹植不容於魏，司馬攸不容於晉，相繼死亡，我們不能不恨漢惠帝、魏文帝、晉武帝有失於孝道，怎樣才能以漢成帝的風範提醒他們呢？

雖然說對先君所愛的，也跟著去愛護他，是孝的表現，但如果放縱他們的欲求而不加以節制，導致像共叔段和州吁的叛亂，那將怎麼辦？我認為愛護他就要保全他，如果授以大權而助長他成惡，那是將他置之死地，怎能說是愛他呢？

【研　析】為突出自己見解的高明，不免要批評別人見解的平庸；為強調自己辦法的效能，不免要評斷別人辦法的無用。所以先說明「咎既往」容易，「扶將傾」就難了。然後批評前人的批評，都在「咎既往」，而他則提出救患之術。這是在舊時所謂時文（用於科舉考試的論文）中，運用了當前很時髦的自我推銷術。

第二段說出他的辦法，是「待之加厚」，使對方完全意外，必能得到加倍的回報。第三段舉出歷史正反的例子，並指陳「待之加厚」的理論基礎——孝親。最後一段則說「待之加厚」也是有節制的，否則使其坐大而助長其惡，就不是真正的愛護之道了。

全篇立論合情合理，第二段訴之以情，第三段兼情理而言，最後歸之以理性的節制。其中有具體的做法，又有堂皇的理論依據，並以史事參證，是一篇很好的議論文章。不過他所強調的「扶將傾」的救患之術，其實是防範悲劇產生的第二步做法。事件的產生，自有遠因、近因及導火線，在整個過程中，都該有防範之道，他所提出的也不算是特殊的方法，更何況事後論事，仍然是「咎既往」而已。

齊桓公入齊

莊公九年

【題解】齊國公孫無知弒齊襄公，而當初被公孫無知虐待的雍稟，在第二年（即西元前八六五年）把公孫無知殺了。魯莊公攻打齊國，要護送公子糾回去爭位，但公子小白從莒國搶先回去即位為齊桓公。魯、齊交戰於乾時，魯軍大敗，鮑叔要求魯國把子糾殺了，把管仲和召忽交給他帶回去。召忽自殺，鮑叔把管仲帶到齊國堂阜，然後釋放，並向齊桓公說：「管仲能力比高傒強，可輔佐君王。」齊桓公便以管仲為相。

一般人總認為管仲背舊主而事仇，正名分的孔子為什麼還稱許他？是不是因為事功的關係？呂祖謙則以名教的觀念，強調公子糾只是公子，桓公已即位為君，基於君臣之義，管仲正是事君，並非反君事仇。

魯莊公忘父之讎，而納子糾；管敬仲忘主之讎，而事桓公；齊桓公忘身之讎，而用管仲。不可忘者，父讎也，忘其不可忘，莊公之罪也；可忘者，身讎也，忘其可忘者，桓公之義也。獨管仲之事，論者疑焉，子糾其主也，桓公其主之讎也，不死其主而相其讎，宜若得罪於名教，今反見稱於孔子❶，此論者之所共疑也。

競駑驥者，至伯樂而定；競是非者，至孔子而定。既經孔子，豈復容異同之論乎？雖然，無所見而苟異聖人者，狂也；無所見而苟同聖人者，愚也。己則無所見，徒假聖人以為重，曰：伯樂所譽，其馬必良；孔子所譽，其人必賢。使有問其所以良、其所以賢者，必錯愕吃訥，左右視而不知所對矣。隨伯樂而譽馬者，未免為不知馬；隨孔子而譽人者，未免為不知人。天下之事，知當自知，見當自見。伯樂之鑑，初無與於吾之鑑也；孔子之智，初無與於吾之智也。管仲之是非，聖人固有定論矣，抑不知反求吾心，果定歟？不定歟？吾之心不知所定，而苟隨聖人以為定，是以名從聖人，而非以實從聖人也。君子之學，從實而不從名，吾心未定，雖聖人之言，不能使之定，是豈妄疑聖人之言者哉？其從聖人，以心不以貌，此真從聖人者也！

是故聞孔子稱管仲之言，必當求孔子稱管仲之意。孔子之意，豈以管仲所枉者寡而所直者眾耶？所詘者小而所伸者大耶？嗚呼！枉尺直尋，在聖門中無是事也，又況事讎之枉，不得為寡；詘道信身，在聖門中，無是事也，又況事讎之詘，不得為小。然則孔子之意，果安在耶？

糾之與桓公，均非正嫡也，均非當立也。然《春秋》書納糾而不繫以子❷，《傳》昭言殺弟而不謂之兄❸，是糾少而尤不當立者也。向若桓公殺糾於未入齊之前，則是兩公子爭國而相殺者耳，管仲讎桓公可也。當乾時之戰，桓公之位已定，社稷既有奉矣，民人既有歸矣，是桓公者，齊之君也，糾者，齊之亡公子也，以亡公子而欲干國之統，桓公以君拒臣，糾以臣犯君，曲直主客之勢判然矣。桓公既得鹿，而追治逐鹿❹之罪，滅親親之恩，固可深責，然以齊君而殺齊之亡公子，非兩下相殺者也。君之殺其臣，雖非其罪，為臣之黨者，敢以為讎乎？此管仲所以事桓公，孔子所以許管仲也。

人第知管仲之事讎耳，孰知仲之不當讎桓公哉？知仲之不當讎桓公，則知仲實未嘗事讎也。苟徒信孔子之言，而不復深考其所以言，則反君事讎，皆將自附於管仲矣。噫！仲果反君事讎，則雖萬善不足以贖，況區區之伯功耶！

【注釋】❶見稱於孔子　《論語·憲問》：「子路曰：『桓公殺公子糾，召忽死之，管仲不死。』曰：『未仁乎？』子曰：『桓公九合諸侯，不以兵車，管仲之力也。如其仁，如其仁！』」又：「子貢曰：『管仲非仁者與？桓公殺公子糾，不能死，又相之。』子曰：『管仲相桓公，霸諸侯，一匡天下，民到于今受其賜。微管仲，吾其被髮左衽矣。豈若匹夫匹婦之為諒也，自經於溝瀆而莫之知也？』」❷春秋書納糾而不繫以子　《春秋》莊公九年：「夏，公伐齊，納子糾，小白入于齊。」其實只是未稱公子而已。若說未稱「齊子」，則不合體例。❸傳昭言殺弟而不謂之兄　《左傳》並沒有指公子糾是兄或是弟，杜預注則以子糾為小白庶兄，不知呂祖謙何所本。❹逐鹿　古人常以鹿比喻天下，爭天下喻為逐鹿而分其肉。

【語譯】魯莊公忘了殺父之仇，而收容了齊公子糾；管仲忘了殺主人之仇，而事奉齊桓公；齊桓公忘了殺己之仇，而重用管仲。不可忘懷不報的，是殺父之仇，忘去他不該忘的，是魯莊公的罪過；可以淡忘不報的，是要殺自己的仇怨，忘去他可以忘的，是齊桓公的義行。惟獨管仲的事，討論的人不免疑惑，子糾是他的主人，桓公是他主人的仇人，他不以死報效主人反而輔佐仇人，好像該是名教的罪人，如今反而得到孔子的讚許，這是討論這件事的人，所共同懷疑的。

爭論是劣馬或是千里馬，到伯樂那裏就可以定案；爭論是非曲直，到孔子那兒就可以定論。既然經過孔子說的，哪裏還能有別的見解呢？雖然自己沒有什麼見解，而要跟聖人唱反調，那是狂人；自己沒有什麼見解，而附和聖人的，那是愚人。自己沒有見解，只是假借聖人以自重，說：伯樂所稱許的，這匹馬一定是好馬；孔子所讚揚的，這個人一定是賢者。假使問他為什麼好、為什麼賢，一定感到突兀而說不出話來，顧左右而不知怎麼回答。隨著伯樂而稱讚馬的，未免是因不知馬才這樣，隨著孔子而稱讚某個人的，未免是因不知人而如此。天下的事，所謂知道應當是自己真的理解，所謂見解應當是自己真的見識到。伯樂的鑑識，原本沒有我的鑑識參在其中；孔子的明智，也沒有我的智能參在其中。管仲的是非，聖人固然已有定論，卻不知道去反求自己的內心，真的很篤定呢？或是不篤定呢？我們的內心不知道聖人為什麼這樣論定，姑且跟隨聖人也如此論定，是表面上依隨聖人，而不是實質上依隨聖人。君子的學問，是講求實質而不講究表面的，我們內心不篤定，雖然有聖人的話，還是不能就此論定，這怎麼是狂妄的懷疑聖人的話呢？我們依隨聖人是以內心依隨，而不是外貌依隨，這才是真正依隨聖人的人呀！

因此聽到孔子稱讚管仲的話，必當求孔子稱讚管仲的真義。孔子的意思，難道以為管仲所錯失的少而行直理的多嗎？所扭曲的小而所伸張的大嗎？唉！彎曲一尺，拉長八尺，這種以大小比功的事，在聖人之門是沒有的，又何況事奉仇人的錯失，不能說少；扭曲道義以伸展抱負，在聖人之門也沒這種事，又何況事奉仇人的扭曲，不能說小。那麼孔子的真意，究竟在哪裏呢？

公子糾和桓公，都不是嫡子，都不是理當繼位的。《春秋》寫「納糾」而不稱「子」，《左傳》明白地說殺弟而不說殺兄，可見子糾年少更不當立為國君的。當初如果桓公殺子糾在他未入齊為君之前，那麼便是兩個公子為了爭做國君而相廝殺而已，管仲以桓公為仇是可以的。當乾時之戰的時候，桓公的君位已定，社稷已有人奉事，人民已有所依歸，所以桓公已是齊國的國君，子糾只是逃亡在外的齊國公子，以一個逃亡在外的公子，干求國家的統業，桓公以國君的地位來抗拒臣子，公子糾以臣的地位進犯國君，其中的是非曲直和主客地位，已經很清楚了。桓公既得國君之位，而追究懲治與他爭位的人，滅絕愛親的恩情，固然可以深加責備，但以齊君殺齊國逃亡在外的公子，並非一般的兩相廝殺。國君殺他的臣屬，即使臣屬之死，不是應得之罪，但跟那臣子同一伙的人，難道敢以國君為仇敵嗎？這正是管仲所以可以事奉桓公，而孔子所以稱許管仲的原因。

人們只知管仲事奉了仇人，但有誰知管仲是不應視桓公為仇人的呢？知道管仲不該以桓公為仇人，就知道管仲實際上並沒有事奉仇人。如果只相信孔子的話，而不能深究他為什麼這樣說，那就會把反其君、事其仇的罪名，加在管仲的身上了。唉！管仲如果真的反其君、事其仇，那麼他雖有一萬個善行也不足以贖罪，更何況只是小小的輔佐霸業之功呢！

【研　析】本文以提出問題為第一段，管仲忘主之仇而事桓公，為什麼得到孔子的稱許？接著第二段強調此事雖經孔子論定，仍有探討的必要，一再說明這不是妄疑聖人之言。在那時妄疑聖人堪稱一大罪狀，所以為辨此而大費周章，今人寫此文，這一段當可省略。第三段假設答案，並加以批駁。第四段才說出自己的看法，桓公已定位為君，殺公子糾是君殺其臣，臣之黨徒不敢以為仇。最後一段說明管仲不是反君事仇，孔子才可能稱許他。

本文就形式來說，提出問題，假設答案，先加批駁，再提自己的答案，文章有變化，而且相形之下，顯示自己見解的卓越，所以是不錯的議論方式。

就內容來說，是宋儒以「名教第一」的立場，來解釋孔子何以稱許管仲。孔子稱許管仲的話，在《論語．憲問》說得很明白，確是衡量輕重，更以民族大義為先，但本文完全以君臣之義立論。蓋宋人論君臣，已是「君要臣死，臣不得不死」，是僵化的鐵律，其實孔子只說：「君使臣以禮，臣事君以忠。」是雙向而互為條件的。孟子更以為「君之視臣如手足，則臣視君如腹心；君之視臣如犬馬，則臣視君如國人；君之視臣如土芥，則臣視君如寇讎。」宋儒的君臣之義，既已不合孔孟，但孔孟是聖人又不得不遵奉，所以管仲平白得到義務辯護人，為他洗脫了千古的罪名。

齊魯戰長勺

莊公十年　士蒍諫晉侯伐虢　莊公二十七年

【題　解】魯莊公十年（西元前六八七年），齊國來攻打魯國，魯莊公準備迎戰，曹劌求見，進見時問莊公憑什麼來作戰，莊公說：「暖衣飽食，不敢獨自享受，一定分給別人。」曹劌說：「小恩小惠不能周遍，人民不會跟從的。」莊公說：「祭祀的牛羊玉帛，不敢擅自增加，祝史禱告一定反映實情。」曹劌說：「小信不足以讓鬼神降福。」莊公又說：「大大小小的訴訟案件，雖然還不能一一洞察，但一定依照情理處理。」曹劌回答說：「這是為人民盡心盡力的表現，憑這個可以打一仗，打仗時請讓我跟去。」於是和莊公同乘一輛兵車，在長勺交戰。莊公準備擊鼓進攻，曹劌加以阻止，待齊人三通鼓過後，才擊鼓進攻，把齊軍打敗。正待追擊，曹劌又加以阻止，等下車看了齊軍的車轍，再上車遠望，然後才說可以追擊。戰後莊公追問原因，曹劌說：「作戰靠勇氣，第一通鼓會振作勇氣，第二通鼓就使勇氣到巔峰而開始衰退了，到第三通鼓勇氣就成強弩之末衰竭了，他們勇氣衰竭而我們正充盈，所以才能打勝。大國難以捉摸，怕是詐敗而有埋伏，我看他們車轍已亂，望他們旗子已倒，所以才去追擊。」

一般人評論這次戰役，多偏重曹劌的戰術部分，呂祖謙乃就魯國君臣討論「何以戰」的部分，強調民心是「所以戰」的根本，是決定勝敗的重要因素，因《左傳》莊公二十七年記載晉國要伐虢國，士蔿諫阻的時候，也提到「禮樂慈愛，戰所畜也」，所以將它並列，但討論時只是一筆帶過，以為引證而已。

迂儒之論，每為武夫所輕，鉦鼓❶震天，旌旄四合，車馳轂擊❷，百死一生，而迂儒曲士，乃始緩視闊步，誦《詩》《書》，談仁義於鋒鏑矢石之間，宜其取踞牀、溺冠之辱❸也。魯莊公與齊戰於長勺，兩軍相望，此為何時，而以「聽獄用情」對曹劌之問戰，何其迂闊而遠於事情耶！是言也，持以語宋襄陳餘❹，則見許矣；持以語孫武吳起❺，則見侮矣。彼曹劌遽以一戰許之，意者劌亦迂儒曲士之流歟？觀其從莊公戰，以我之盈，乘齊之竭；以我之整，逐齊之亂。機權韜略，與孫武吳起並驅爭先，初非宋襄陳餘儕匹也。使莊公之言，誠迂闊而不切事情，豈足以動劌之聽耶？其所以深賞而亟許之者，殆必有說也！

馬之所以不敢肆足者，銜轡束之也；臣之所以不敢肆意者，法制束之也。銜轡敗，然後見馬之真性；法制弛，然後見民之真情。困之不敢怨，虐之不敢叛者，劫於法制耳。大敵在前，搶攘駭懼，平日之所謂法制者，至是皆渙然而解散矣。法制既散，真情乃出，食馬之恩❻，羊羹之怨❼，恩恩怨怨，各肆其情，以報其上。苟非暇豫之時，深感固結於法令之外，亦危矣哉！

凡人之易感而難忘者，莫如窘辱怵迫之時。子羔為衛政，刖人之足❽。衛亂，子羔走郭門，刖者守門，曰：「於此有室。」子羔入，追者罷，子羔將去，謂刖者曰：「吾親刖子之足，此乃子報怨之時也，何故逃我？」刖者曰：「君之治臣也，先後臣以法，欲臣之免於法也，臣知之；獄決罪定，臨當論刑，君愀然不樂，見於顏色，臣又知之，此臣之所以脫君也。」蓋人方在縲紲之中，錙銖之施，視若金石，毛髮之惠，視若丘山。子羔一有司耳，徒有哀矜之意，初無哀矜之實，其遇寇難，人猶且報之若是，況莊公君臨一國，小大之獄皆必以情，及其遇寇，人之思報，豈子羔比耶！獄，死地也；戰，亦死地也，昔居死地嘗受其賜，今安得不赴死地以答其賜哉？民既樂為之死，則陷堅卻敵，特餘事耳。莊公之言，吾見其切而不見其迂也！

吾嘗論古人之言兵，與後人之言兵，邈然不同。曹劌問何以戰，公始對以惠民，劌不以為然；則對以事神，劌又不以為然；則對以聽獄。三答曹劌之問，略無片言及於軍旅形勢者，何耶？蓋有論戰者，有論所以戰者。軍旅形勢者，戰也，民心者，所以戰也，二者猶涇渭之不相亂，河濟之不相涉。問所以戰，而答之以戰，是問楚而答燕也。晉士蔿諫晉侯伐虢，亦曰：「虢公驕，若驟勝，必棄其民，夫禮樂、慈愛，戰所畜也，虢弗畜也，亟戰將饑。」當時之論兵者，每如此。

魯莊公、晉士蔿，在春秋時未嘗以學術著名，而所論鈎深致遠，得戰之本，豈非去古未遠，人人而知此理耶？唐柳宗元號為當代儒宗，其論長勺之役❾，乃謂：「徒以斷獄為戰之具，吾未之信。」乃歷舉將臣士卒地形之屬。宗元之所言，皆所謂戰，而非所以戰也。吾是以知：春秋之時，雖不學之人，一話一言，有後世文宗巨儒所不能解者也，況當時所謂有學術者耶！況上而為三代，為唐虞者耶！新學小生，區區持私智之蠡，而欲測古人之海，妄生譏評，聚訟不已，多見其不知量也。

【注釋】❶鉦鼓　古代軍中所用樂器，似鈴，柄中上下通，鳴鉦以為節鼓，將帥所用。❷轂擊　車輪中間車軸貫入處的圓木，叫做轂。它安裝在車輪兩側軸上，使輪子保持直立而不至內外傾斜。古人以轂擊肩摩，形容車馬行人擁擠。❸踞牀溺冠之辱　皆漢高祖故事。劉邦不好儒生，見酈食其時，踞床使兩女子洗足。見客戴儒冠，劉邦乃解其冠，溲溺其中。見《史記・高祖本紀》及《史記・酈生陸賈列傳》。❹宋襄陳餘　宋襄公和陳餘為不善用兵之代表。宋襄公（？—西元前六三七年）為春秋時宋君，名茲父，為春秋五霸之一，為伐鄭而與楚兵戰於泓水，因不攻打不成列的軍隊，也不俘虜頭髮花白的敵兵，於是兵敗受傷而死。陳餘（？—西元前二〇四年）為秦末梁人，投效陳勝，攻取趙地而為代王，與張耳交惡，漢約其攻楚，陳餘說：「漢殺張耳乃從。」而為漢所騙，被張耳與韓信所殺。《史記》有傳。❺孫武吳起　孫武和吳起，為兵家代表。孫武為春秋時齊人，以兵法求見吳王闔廬，用為將，西破強楚，北威齊、晉，著《孫子兵法》。《史記》有傳。吳起（？—西元前三七八年）為戰國時衛人，先為魯將而打敗齊兵，魏文侯用以攻秦，拔五城，守西河以拒秦，後來楚悼王用為令尹，富國強兵，但悼王死，吳起為宗室大臣所圍殺，著《吳子》。《史記》有傳。❻食馬之恩　秦穆公於岐山之下走失良馬，鄉人共得而食之者三百餘人，吏欲繩之以法，穆公說：「君子不能以畜產害人，並聽說吃了良馬之肉而不飲酒，會傷身。」於是賜酒而赦之。後來秦晉韓原之戰，穆公原將落敗，這些人爭死而救之，反而大勝晉軍，生擒晉惠公，以報食馬之恩。事見《史記・秦本紀》及《呂氏春秋・愛士》。❼羊羹之怨　魯宣公二年（西元前六〇七年），鄭攻宋，宋右師華元殺羊煮羊羹以犒軍，因羹少而沒給駕車的羊斟，羊斟懷恨在心，在交戰時告訴華元說：「分羊羹由你作主，駕車由我作主。」就把車子駛入鄭軍之中，因而被俘，宋軍也因此而敗。見《左傳》。又於戰國時，中山君宴饗都士，大夫司馬子期憤羊羹不遍，怒而到楚，遊說楚王伐中山，中山君去國，而有兩人持戈隨後。原來二人之父，曾得食於中山君，所以中山君歎道：「給與不在乎多少，而在於是不是困厄之時；怨仇不在於深淺，而在於是不是傷了對方的心，我以一杯羊羹亡國，而以一壺食物得二士效命。」事見《戰國策・中山策》。❽子羔為衛政刖人之足　子羔為高柴之子，春秋時齊人，孔子弟子，曾任衛國士師，又任費、郈二邑宰。在衛國任士師，掌國五禁之法，以左右刑罰之官。事見《孔子家語・致思》。❾唐柳宗元號為當代儒宗二句　柳宗元（西元七七三—八一九年），唐河東人，字子厚，歷官禮部員外郎、永州司馬、柳州刺史，詩文皆工，尤擅長散文，與韓愈同為古文運動倡導者，為唐宋古文八大家之一。其論長勺之役，見《柳河東集‧非國語‧問戰》。

【語譯】迂闊的讀書人所發表的言論，常為武夫所輕視，當鉦鼓震天，旌旗從四面八方會攏，兵車奔馳相擊撞的時候，戰士百死一生，而迂闊的書生、寡聞陋見的鄉曲之士，還在從容地慢慢瞧，踱著緩慢的方步，在響箭紛飛、矢石交加之下，誦《詩》、《書》，談仁義，所以蒙受踞床接見、冠冕泡溺的侮辱，也是應該的。魯莊公和齊軍將在長勺交戰，兩軍已逼近對峙，這已經是什麼時候了，還以「辦訟獄依照情理處理」回答曹劌有關戰事的問題，是多麼迂闊而不切實際啊！用這些話告訴宋襄公和陳餘，可能被讚許；用以告訴孫武和吳起，那就要被侮辱了。那個曹劌竟然說可以一戰，難道曹劌也是迂闊的書生、寡聞陋見的鄉曲之士嗎？看看曹劌跟莊公去作戰時，運用自己這一邊正壯盛的士氣，去打擊齊軍已衰竭的士氣；以我方整飭的隊伍，去追擊齊國已混亂的軍隊。他的機智權謀和戰略，可以和孫武、吳起並駕齊驅一爭高下，原本不是宋襄公和陳餘那一流的人物。假使莊公的話，真的太迂闊而不切實際，怎麼能夠說動曹劌呢？他之所以會深加讚賞而立刻說可以一戰，想來其中是有一定的道理！

馬之所以不敢放開腳步亂跑，是因為有勒口和韁繩控制牠的緣故；臣民之所以不敢任意行事，是因為有法律和制度約束他的緣故。勒口和韁繩鬆壞了，然後可以看到馬的真性；法律和制度廢弛了，然後可以看到臣民的真情。平常壓迫他，他不敢怨怒；虐待他，他不敢反叛，是因為他們受到法律和制度的控制而已。大敵當前，不免爭先恐後驚慌失措，平常所謂的法律和制度，到這時都已崩潰瓦解了。法律和制度既然已瓦解，真情就會出現，像秦穆公對吃掉馬的人的恩惠，宋華元和中山君沒有賜給羊羹的怨怒，都將有恩報恩，有怨報怨，各個就其真情以報答在上位的人。假使不是在平常無事的時候，在法令限制之外感動人民，收攬人心，那就危險了。

大凡人們最容易感動而難以忘懷的，莫過於當他們窘困受辱驚恐被逼迫的時候。當子羔在衛國當政的時候，以刑法砍斷了一個人的腳。後來衛國發生戰亂，子羔逃到城門，正好被他砍斷腳的人在守門，告訴他說：「這裏有房間可以躲。」子羔進去房間，追趕的人找不到而離去，子羔將要離開，告訴那個人說：「我砍斷了你的腳，這正是你報怨的時機，為什麼還設法讓我逃生呢？」斷腳的人說：「您治我罪的時候，先後都是依法來處置我，而且還希望我能不被加刑，這是我所知道的；判刑定罪，當要用刑的時候，您憂傷不樂，從您臉上可以看出來，這又是我所知道的，這就是我助您逃生的原因。」當一個人在牢獄最無助的時候，得到一錙一銖那麼輕的施予，也視為像金石那麼重，受到像毛髮那麼小的恩惠，也視為像丘山那麼大。子羔只是一個官吏，空有同情憐憫之意，而沒有同情憐憫的實質作為，他遇到盜寇之難，人家尚且去報答他這樣重，更何況莊公為一國之君，處理人民大小案件都一定合乎情理，等到他們遇到敵人而想報答的，哪裏是子羔所能比的呢！監獄是死亡之地，而戰場也是死亡之地，以前在死亡之地曾受到他的恩賜，如今怎能不前往死亡之地以報答他的恩賜呢？人民既然樂於為他效命，那麼攻陷敵人堅強的防衛或打退入侵的敵人，都是小事而已。所以莊公的話，我覺得很切實際而不迂闊呢！

我曾說古人討論軍事，和後來的人討論軍事，全然不同。曹劌問他憑什麼作戰，莊公先回答他施惠給人民，曹劌不以為然；就以事奉鬼神的事回答，曹劌又不以為然；然後再以審理訟獄來回答。三次回答曹劌，卻沒有一句話說到軍隊和形勢，這是為什麼呢？因為有的論戰爭的本身，有的論戰爭的憑藉。軍隊和形勢，這是戰爭本身，而民心是戰爭的憑藉，二者就像涇水和渭水劃分得非常分明，像黃河和濟水毫不相關。問憑什麼而戰，而答戰爭謀略，就像人家問楚國的事，卻回答燕國的事是一樣的。晉大夫士蔿諫晉獻公伐虢，也說：「虢公驕傲，如果忽然交戰得勝，一定遠棄他的人民，而禮樂之制、慈愛之心，都是戰爭所應當事先具備，虢國不儲備這些，屢次作戰，百姓會氣餒的。」當時論作戰用兵，常是這樣的。

魯莊公和晉國士蔿，在春秋時並不是以有學有術著名的，而他們所討論的都能廣博精深，說到戰爭的根本關鍵，難道不是因為離古不遠，人人都知道其中的道理？唐代柳宗元，被稱為當代的儒學宗師，論長勺之戰，卻說：「只以審理訟案作為作戰的依據條件，我是不相信它的。」乃列舉將帥士卒以及地形等方面的問題。柳宗元所說的，都是屬於戰爭的事，而不是作戰的根本憑藉。我們因此可以知道：在春秋時代，雖然不是很有學問的人所說的一言一語，也有不為後代文壇宗師和大儒所能了解的，更何況是當時有學問的人所說呢！再往上推到三代之前，那唐堯、虞舜的時代，就更不用說了。後代新學晚輩，用自己一點小聰明，就想以此為瓠瓢，來測量古人廣博精深的智慧之海，狂妄地加以批評，還爭論不休，只是多讓人看到他自不量力罷了。

【研　析】本篇是以孟子所謂「仁者無敵」，來探討魯莊公回答曹劌「何以戰」的問題，強調古人論戰和後人言戰不同。古人有論戰，也討論所以戰。前者是討論戰法，後者是討論戰本。有關將士的調度、地形的利用，都是戰法；民心的向背，才是戰本。顯然孟子所謂的「仁者無敵」、「保民而王」、「不嗜殺人者能一之」，都是從戰本出發。但孟子被以為「則見以為迂遠而闊於事情」（見《史記・孟子荀卿列傳》），所以本文開始是從討論迂儒入手。

第一段先論迂儒被辱、被蔑視，是應該的，再說明莊公的話似迂闊不切實際，而曹劌機權韜略不在兵家之下，竟然會稱許他，必然有其道理。第二段說明其中的道理，以秦穆公食馬之恩、宋華元羊羹之怨，說明戰爭時是反映民情民心的真正時刻。第三段再以子羔受到刖者的報恩，說明莊公「聽獄用情」是可以得到人民的效命。第四段指出古人論戰與今不同，論戰和論所以戰，是完全不同的兩回事，並引晉士蔿諫晉侯，說明古人都知道這種道理。第五段推崇古人所論鉤深致遠，駁斥柳宗元不足以知古人，至於新學小生妄譏古人，就更不在話下。

本文第一段是低姿態的推敲揣摩，第二段起氣勢越來越盛，語氣越發凌厲，最後則睥睨後世。其中如何遞變，很可玩味。不過論理文章雖可誇張，其中自有分寸，本文為批評後人而極力推崇古人，最後一段推崇太過，不合進化原理，這一點我們應加避免，以免反成疵病。

禹湯罪己桀紂罪人

莊公十一年

【題　解】魯莊公十一年（西元前六八六年）秋天，宋國發生水災，魯莊公派人去慰問，對他們說：「天下大雨，損害莊稼，怎麼能夠不來慰問！」對方回答說：「孤不夠誠敬，讓上天降災，還讓貴國國君憂心，非常感激，拜領好意。」魯大夫臧文仲說：「宋國將興盛了吧！禹和湯把所有罪過自己承擔，很快就興盛起來；桀和紂把所有罪過都推給別人，很快就滅亡。諸侯在國家有凶災的時候稱孤，是合禮的。講話戒慎小心又合禮，那是差不多要興盛了。」後來又聽說，那是公子御說所講的，臧孫達說：「這個人是適宜當國君的，因為他有體恤人民的心。」兩年之後，南宮長萬弒宋莊公，立子游。宋人平亂，殺子游而立公子御說，是為宋桓公。

呂祖謙對《左傳》所載臧文仲的話，極為稱許，認為大聖大惡就在於功過的辭受之別，全篇不用史實論證，而以演繹推論，是本篇的特色。

近禹湯者莫如桀紂，禹湯，大聖也，桀紂，大惡也，其相去之遠，不啻天淵，何為其相近也？禹湯善之極，桀紂惡之極，善惡二也，其所以行之者一也。禹湯歸功於人，桀紂亦歸罪於人。禹湯功冠天下，皆推而歸之人，曰：此左右之功，此群臣之功，此諸侯之功，此萬姓之功。自視不見有一毫之功焉。桀紂罪冠天下，皆推而歸之人，曰：此左右之罪，此群臣之罪，此諸侯之罪，此萬姓之罪。自視不見有一毫之罪焉。然則禹湯歸功之心，豈非即桀紂歸罪之心乎？禹湯歸罪於己，桀紂亦歸功於己，禹湯引天下之罪而歸之己，曰：此我之愆，非汝之愆；此我之責，非汝之責。欲以一身盡代天下之罪焉。桀紂引天下之功而歸之己，曰：此我之謀，非汝之謀；此我之力，非汝之力。欲以一身盡攘天下之功焉。然則禹湯歸罪之心，豈非桀紂歸功之心乎？由是觀之，禹湯之所以為善，乃桀紂之所以為惡者也。使禹湯移歸功之心為歸罪之心，則桀紂矣；使桀紂移歸罪之心為歸功之心，則禹湯矣。惟聖罔念作狂，惟狂克念作聖，日聖暮狂，特翻覆手耳！

人之所甚尊而不敢仰望者，禹湯也；人之所甚賤而不足比數者，桀紂也。平居自期以謂：吾雖自奮，必不能為禹湯；吾雖自畫，必不至為桀紂。今觀自狂入聖，如此之易，則吾有時為禹湯矣，安得而不喜？自聖入狂，亦如此之易，則吾有時而為桀紂矣，安得而不懼？一念之是，咫尺❶禹湯，一念之非，咫尺桀紂，誘於前，迫於後，則善豈待勉、惡豈待戒哉？凡人之學，太高則驕，太卑則怠，二者學者之大病也，苟思去禹湯為甚近，怠烏生？又思去桀紂為甚近，驕烏乎生？聖狂二法，更相徵勸❷，驕怠二病，更相掃除。或輓之，或推之，此顏子所以欲罷不能也❸歟？久矣，世之不知此理也，而臧文仲獨知之，曰：「禹湯罪己，其興也勃焉；桀紂罪人，其亡也忽焉。」判禹湯與桀紂，以人己之兩語，意者古之遺言歟？至其論公子御說之宜為君，則流入於瞽史之學❹，惜乎狐裘而羔袖也！

吾又嘗論之：禹湯能收天下之惡，桀紂能長天下之惡。天下之人，忿爭貪暴，眾惡蔓延，偏布海內，禹湯皆斂之於己，以為己罪。人見禹湯之罪己，忿者平，爭者息，貪者愧，暴者悔，禹湯一罪己，而盡收天下之惡，使歸於善。天下皆歸於善，是亦禹湯之善也。雖曰罪己，然天下功孰有居禹湯之右者哉？禹湯所收者惡，所得者善；所引者罪，所得者功，何耶？蓋既除根莠，何必復求稼之茂？既除塵垢，何必復求鏡之明？但收其惡。不必求善，惡既盡，則善將焉往哉？此所以收惡而得善也，引罪而得功也。桀紂安於為惡，不自咎而咎人，天下亦從而相咎，本所犯者一惡耳，諱其惡而不自咎，詐也；嫁其惡而咎人，險也。變一惡而數惡，日滋月長，自十而百，自百而千，自千而萬，覆國亡身，遺臭後世，由不能收天下之惡，而長天下之惡也。禹湯受其罪，而終不能汙；桀紂辭其罪，而終不能逃。一興一亡，邈然遼絕，揆厥本原，不過差之辭受之間而已。吾是以益知其相近。

雖然大聖大惡相近若此，屠酤❺盜賊，翻然為善者，尚多有之；未聞有既聖而復為惡者，何也？曰：河之險，入則死，出則生。死生之分纔跬步，人固有陷其中而得脫者矣，豈有既出而復肯入者哉？

【注釋】❶咫尺　八寸為咫，十寸為尺，用以形容距離很近。❷懲勸　本指責罰和獎勵。在此則指抵制和誘導，而互為消長。❸顏子所以欲罷不能也　《論語・子罕》：「顏淵喟然歎曰：『仰之彌高，鑽之彌堅，瞻之在前，忽焉在後！夫子循循然善誘人：博我以文，約我以禮。欲罷不能，既竭吾才，如有所立卓爾。雖欲從之，末由也已！』」❹瞽史之學　因左丘明失明，所以稱之。古來以瞽辭、瞽說、瞽言，以指淺妄無識之言，呂祖謙稱之以貶抑。❺屠酤　屠戶和賣酒的人，通常用以指出身低微的市井小人。因屠戶殺生，酒會亂性，所以被認為不是積善為德的行業。

【語　譯】沒有比桀紂更接近禹湯的了，禹湯是大聖人，桀紂是大惡人，相差很遠，簡直是天淵之別，為什麼說他們很相近呢？禹湯是善的極致，桀紂是惡的極致，善和惡固然不同，其所以行之道卻是一樣的。禹湯是歸功於別人，桀紂是歸罪給別人。禹湯的功勞，冠於天下，都推給別人說：這是在我左右的人的功勞，這是群臣的功勞，這是諸侯的功勞，這是百姓萬民的功勞。自己看不見自己有一絲一毫的功勞。桀紂的罪過，冠於天下，都推給別人說：這是在我左右的人的罪過，這是群臣的罪過，這是諸侯的罪過，這是百姓萬民的罪過。自己看不見自己有一絲一毫的罪過。然而禹湯歸功給人的心理，不就是桀紂歸罪給人的心理嗎？禹湯歸罪於自己，桀紂也歸功於自己，禹湯將天下之罪歸於自己，說：這是我的過失，不是你的過失；這是我的責任，不是你的責任。想自己一個人承擔天下所有罪過。桀紂將天下之功歸於自己，說：這是我的謀略，不是你的謀略；這是我的力量，不是你的力量。想自己一個人搶盡天下所有功勞。然而禹湯歸罪給自己的心理，難道不就是桀紂歸功於自己的心理嗎？由此看來，禹湯之所以為善，就是桀紂所以為惡的道理。假使禹湯改變歸功給別人的心理，成為歸罪給別人的心理，那就成為桀紂了；假使桀紂改變歸罪給別人的心理，成為歸功給別人的心理，那就成為禹湯了。聖人有誣妄之念就成狂人，狂人能克服誣妄之念就可以成聖人，早上為聖人，黃昏為狂人，只像翻覆手掌那樣容易！

人們所尊崇而不敢仰望比附的，是禹湯；人們所鄙夷而不願與之並列的，是桀紂。平常自我期許以為：我雖然努力自我提升，也必然成不了禹湯；我雖然怠惰畫地自限，也必然不至於成桀紂。如今看狂人成為聖人，是這樣容易，那我有時就已成為禹湯了，怎能不欣喜呢？從聖人成為狂人，也這樣容易，那我有時也已成為桀紂了，怎能不恐懼呢？一個念頭對了，就離禹湯很近，一個念頭錯了，就離桀紂很近，一個誘之在前，一個迫之在後，那麼為善哪裏還需要人家勉勵、除惡哪裏還需要人家告誡呢？大體來說，人之向學，成就高就驕矜，成就低就怠惰，這兩者都是學者的大病，如果想到離禹湯很近，怎麼會怠惰呢？又想到離桀紂也很近，怎麼敢驕矜呢？為聖之法和為狂之法，是互相抵制和誘導；驕矜之病和怠惰之病，是相互消除的。或是相牽引，或是相推動，這是顏回求學會欲罷不能的原因吧？已經好久了，世人都不知道這個道理，而只有臧文仲知道，說：「禹湯把所有的罪過歸給自己，很快就興盛起來；桀紂把所有的罪過推給別人，很快就滅亡了。」分別禹湯和桀紂，以歸罪於己、歸罪於人兩句話，或許是古代留下來的名言吧？至於評論公子御說適宜當國君，那就流入瞽史的淺學臆說，真可惜！加了這一段就像一件名貴的狐裘，去接了羊皮的袖子呀！

我又曾加以推論：禹湯能消除天下之惡，桀紂會助長天下之惡。天下的人，或憤恨相爭，或貪婪暴戾，許多的惡行蔓延擴大，以致遍布四海之內，禹湯都把它收歸於己，以為是自己的罪過。人們見到禹湯把罪過都承擔了，憤恨的人心平氣和了，相爭的人平息紛爭了，貪婪的人感到慚愧，暴戾的人感到後悔，所以禹湯一歸罪於自己，盡收天下之惡，使他們歸於善。使天下人都歸之於善，這也是禹湯的善行。雖然是歸罪於己，但天下大功有誰能夠居於禹湯之上的呢？禹湯所收的是惡，而所得的是善；所引以自任的是罪，而所得的是功，這是為什麼呢？因為既然除去了稂莠等雜草，何必再去求農作物的茂盛？既然拭去了塵埃汙垢，何必再去求鏡子的明亮？只消除其惡，不必再求善，惡既已除盡，善還會到哪裏去呢？這正是消除惡的而得到善的，引罪自任而得到功的原因。桀紂安於為惡，不歸罪自己而歸罪別人，天下的人也跟著互相歸罪，本來只犯了一罪惡，卻避諱這項罪惡而不自己承當，這是詭詐；轉嫁這項罪惡而要別人承當，這是陰險。於是變一項惡而成數惡，日月滋長，由十而變百，由百而變千，由千而變萬，於是滅國亡身，遺留臭名於後世，由於不能收天下之惡，而助長了天下之惡。禹湯承受所有的罪過，而終究不會汙染他的清白；桀紂推託所有的罪過，而終究不能逃掉滿身的罪孽。一個興盛一個滅亡，差別那麼大，查其本源，也不過差別在一個推辭一個承當，其間不同而已。我們因此更可以知道他們是很相近的。

雖然大聖和大惡如此相近，那些屠夫、賣酒的，盜竊、殘賊，突然醒悟而為善的人，可還是不少；但沒聽說既為聖人而回過頭來去作惡的人，那是為什麼呢？我認為：河流凶險，溺進去就死，出得來就活了。生死之間就差那麼一小步，人固然有陷進去而又逃脫出來的，但怎麼會有既已逃脫出來又再進去的人呢？

【研　析】在《東萊博議》中，這是一篇篇幅較長，而內容較貧乏的文章，他討論「禹湯罪己、桀紂罪人」，本著孟子所謂「人皆可以為堯舜」，也說明「人皆可以為桀紂」，端在「罪己罪人」之分。內容雖然較貧乏，而文辭卻排比整齊而氣勢磅礴，當我們必須寫一篇內容有限而篇幅要大的文章時，本篇不無參考的價值。

禹湯是大聖，桀紂是大惡，卻說他們相近，以驚人之語引人注意，然後說明相近的原因——聖人歸功於人，惡人歸罪於人。用排比的文字，描述其歸功之心和歸罪之心。第二段承之以說明為聖為狂，只在一念之間，而盛讚臧文仲的評斷，但也貶損公子御說宜為君，是瞽史之學。第三段推論禹湯罪己，天下皆歸於善；桀紂罪人，而長天下之惡。第四段說明大聖大惡如此相近，有惡入於善，但沒有聖入於惡，是因為脫險者不會再入險。

全篇沒有其他史實的印證，而有關禹湯桀紂，也只作演繹的推理，不引事實敘述，所以內容不免貧乏。但二者歸功和歸罪排比的結果，使篇幅加多，文字鏗鏘有力，因而氣勢增強。排比和演繹技巧，本篇可以說已發揮得淋漓盡致，在有必要時，不妨取法。

卷七

宋萬弒閔公

莊公十二年

【題解】南宮長萬有勇力，得宋閔公之寵而為卿，在魯莊公十一年（西元前八六三年）乘丘一役，卻被莊公射中而為魯國所生擒。經宋國的要求而釋放，宋閔公便對他開玩笑：「以前我尊敬你，成了魯國的俘虜就不被尊敬了。」南宮長萬因而懷恨在心，次年在蒙澤殺死閔公，又殺死大夫仇牧以及太宰華督，立子游為國君。公子們逃到蕭，公子御說逃到亳，南宮長萬的弟弟南宮牛，以及猛獲率兵圍亳，蕭叔大心及宋公族領曹軍，殺南宮牛、子游而立公子御說為宋桓公。猛獲逃到衛國，南宮長萬逃到陳國。衛國因宋國請求送回猛獲，南宮長萬也被陳國用女人勸酒灌醉送回，兩人被施醢刑。

呂祖謙藉此事談論籠絡勇士豪傑的拘縱之術，文章轉折明快，縱橫如意，頗值得取法。

陛戟警蹕❶，公孫述之待馬援也；岸幘❷迎笑，光武之待馬援也。以述之肅，反取井蛙之譏；光武之嫚，而援委心焉。然則樸遬小禮，果非所以待豪傑耶？英雄豪悍之士，磊落軼蕩，出於法度之外，為君者，亦當以度外待之。破崖岸，削邊幅，拊背握手，以結其情；箕踞❸盛氣，以折其驕；嘲誚謔浪，以盡其懽；慷慨歌呼，出肺腑相示。然後足以得其死命。是非樂放肆也，待豪傑者法當如是也。

南宮萬之勇，聞於諸侯，宋閔公靳侮之者，豈非欲略去細謹，自謂得待豪傑之法耶？然終召萬之怨，至於見弒，何也？袒裼暴虎，必馮婦❹而後可，怯夫而試馮婦之術，適足以餧虎牙耳。古之嫚侮者，莫如漢高帝。高帝之嫚侮，豈徒然哉！踞洗以挫黥布，隨以王者之供帳❺；嫚罵以挫趙將，隨以千戶之侯封❻。用不測之辱，用不測之恩，降霜霰於炎蒸之時，轟雷霆於閉蟄之際。顛倒豪傑，莫知端倪，此高帝所以能鼓舞一世也。無鼓舞豪傑之術，拘則為公孫述，縱則為宋閔公，何往而不敗哉？

噫！此不足論也，若高帝鼓舞豪傑之術，其至矣乎？曰：未也，術必有時而窮。高帝嫚侮之患，卒見於暮年，此所以厭拔劍擊柱之爭，而俯就叔孫通之儀❼也。高帝豈不欲早用叔孫通之儀哉？彼見其所謂儀者，拘綴苛碎，決非武夫悍將所能堪。天下未定而遽行之，必失豪傑之心，故寧蔑棄禮法而不顧，殊不知名教之中，自有樂地，豈叔孫輩所能測哉？

〈采薇〉〈出車〉〈東山〉之詩❽，雨雪寒燠，草木禽獸，僕馬衣裳，室家婚姻。曲盡人情，呢呢如兒女語。文武周公之待將帥，開心見誠蓋如此，初未嘗如陋儒之拘，亦不至如後世之縱也。高帝明達，最易告語，惜乎無以是詩曉之。

【注釋】❶警蹕　古帝王出入時，在所經的道路上清道警戒，稱為警蹕。在此指以天子之禮，戒備森嚴。❷岸幘　戴頭巾露出前額。形容衣著粗率不拘。❸箕踞　舒展兩足而坐，為傲慢不敬的姿態。古人席地而坐，以臀坐在足踝上為有禮。臀坐於地，兩腳向前有如箕形，稱為箕踞。❹馮婦　晉人，以善打老虎著名。見《孟子・盡心下》。❺踞洗以挫黥布二句　黥布，本名英布，因坐法遭黥（面上刺字），故名黥布，項羽封他為九江王，隨何遊說九江王黥布歸漢。到達時高祖正踞床洗足，就召布入見，黥布大怒，後悔莫及，而要自殺，但出去後，見自己帳御飲食從官，竟和高祖相同，於是大喜過望。後來與漢合兵打敗項羽於垓下，封淮南王。漢十一年，黥布反，次年為高祖親征所平而被殺。見《史記・黥布列傳》。❻嫚罵以挫趙將二句　漢高祖令周昌選趙壯士可以為將者，選了四人，高祖見之，嫚罵道：「豎子能為將乎？」四人皆伏地，各封千戶以為將，見《漢書・高祖本紀》。❼此所以厭拔劍擊柱之爭二句　漢高祖盡廢秦儀，但後來群臣常於飲酒時爭功，或妄呼拔劍擊柱。高祖患之，由叔孫通訂朝儀，於長樂宮落成時，諸侯群臣都上朝，用朝儀使諸侯群臣震恐肅敬，高祖說：「到今天我才知道當皇帝這麼尊貴。」而以叔孫通為太常。叔孫通為薛人，出仕於秦，降漢拜為博士，官至太子太傅。事見《漢書・叔孫通傳》。❽采薇出車東山之詩　〈采薇〉是《詩・小雅》篇名，依《詩序》是說文王之時，西有昆夷之患，北有玁狁之難，以天子之命命將帥，遣戍役以衛中國，這首詩即遣戍役的詩。〈出車〉是《詩・小雅》篇名，是慰勞回來的將士的詩。〈東山〉是《詩・豳風》篇名，是因周公東征，三年而還，慰勞軍士，大夫頌美而作的詩。

【語　譯】在殿階上畫戟林立，在通道上戒備森嚴，這是公孫述接待馬援的場面；戴頭巾露前額，笑臉相迎，這是光武帝接待馬援的情形。以公孫述的嚴肅，反而被馬援譏為井底之蛙；以光武帝的簡慢，竟使馬援一心嚮慕。這麼說來，平庸的小禮細節果真不是用以對待豪傑的吧？英雄豪強之士灑脫不拘，出於法度之外，當國君的也該以法度以外的態度來對待他們。破除高傲嚴峻，不修飾儀容衣著，拍背握手以結交感情；或伸腿蹲坐，以壯盛的氣勢，折壓對方的驕氣；或戲謔放蕩，調笑不恭，以使他盡興歡暢；或慷慨高歌，以肝膽相照。這樣才能夠使他效命。這不是當君主的喜歡放蕩狂肆，而是對待豪傑的方法應當如此。

南宮長萬的勇力，在當時是聞名於諸侯的。宋閔公譏笑他，難道不是想略去拘謹的細禮小節，而自以為深得待豪傑的方法了嗎？但終究招致南宮長萬的怨恨，以致被殺，這是為什麼呢？袒胸露背去打猛虎，必須要像馮婦那樣才可以，讓懦夫去嘗試馮婦的方法，那只是去磨虎牙餵虎腹而已。古代君王最能以怠慢折辱人的，莫過於漢高祖了。漢高祖的怠慢和折辱，豈是沒有目的的！他先踞坐在床上洗腳，以挫黥布的銳氣，接著又以和高祖一樣的陳設飲食來招待他；他也嫚罵趙國的壯士，接著就封他們為千戶侯。施以意外的屈辱，又施予意外的厚恩，就如同霜雪突降於炎熱的盛夏，雷霆突發於昆蟲冬眠的隆冬。把豪傑之士弄得暈頭轉向，摸不到底細，這正是漢高祖所以能駕馭豪傑威震一世的原因。沒有鼓舞豪傑的權術，太拘謹成為公孫述，太放縱就成為宋閔公，到哪裏去能不失敗呢？

噫！像他們是沒什麼可說，那麼像漢高祖鼓舞豪傑的權術，難道已經高明到極點了嗎？我說那可沒有，權術有窮盡的時候。漢高祖怠慢隨便的後患，終於在晚年出現了，這正是他厭倦於群臣飲酒爭功拔劍擊柱，而甘願聽從叔孫通制訂朝儀的原因。高祖難道不想早一點採用叔孫通的朝儀嗎？只是他看見那些所謂朝儀，拘謹煩苛，絕不是武夫悍將所能忍受的。在天下還沒完全平定的時候，急於用它，一定失去豪傑的向心力。所以寧可輕棄禮法於不顧，殊不知名教之中，自有其快樂的天地，這一點哪裏是叔孫通他們所能料想到的？

〈采薇〉、〈出車〉、〈東山〉這些與將士有關的詩，詩中提到雨雪冷熱，形容草木禽獸，垂詢僕馬衣裳，關心室家婚姻。委婉表達了人情關懷，甚至呢呢喃喃有如兒女情話。文王、武王、周公對待將帥，真誠平易到這個樣子，從來沒有像淺陋書生那麼拘束，也沒有像後代那麼放縱。漢高祖是個明達的人，最能聽進別人的話了，只可惜沒有人用這些詩來感悟他。

【研析】本篇是以宋閔公戲謔召禍為引子，以「拘」「縱」為脈絡，以討論鼓舞英雄、駕馭豪傑為內容的議論文。

文章從「公孫述之拘而敗，漢光武之縱而興」談起，以馬援為例，說到豪傑要以度外待之。到第二段說宋閔公卻因縱而被弒，進一步說到漢高祖顛倒豪傑之術，令人讚歎。第三段突然轉到漢高祖晚年也有功臣驕縱的困窘，所以其術有所窮。第四段以詩篇說明文武周公的開誠見心，這才是對待豪傑的上上之策。

第一段所謂的「度外待之」，就是「縱」；第二段舉宋閔公之死以為頓挫，但翻轉出高祖的鼓舞豪傑之術，至此似乎認定：駕馭豪傑之道，莫過於「縱」，只是縱之有術而已。但第三段突然反轉，說到劉邦晚年定朝儀，又讓人覺得縱不如拘。最後又令人意外的舉出經典，擺落「拘」「縱」，歸於真誠。數度轉折，都極為明快，而到結束才豁然見其主旨，手法極為高妙。

為了配合主題的發揮，作者對馬援背棄公孫述的原因，不免有所曲解。公孫述是馬援的舊友，雖稱帝而天下未定，就不免顧盼自雄，在老友面前擺架子，所以說他是「井底蛙」。馬援惡其「妄自尊大」，而不是惡其拘謹。

最值得一提的是結束的寫法，惋惜沒有人能夠對漢高祖曉之以詩，既捧經典又有自己生不逢時之慨，隱隱約約更有「我逢明達之君，必將大有作為」的期許。這種意在言外的自我期許，正是考場文章中極為高明的自我推銷術。

息媯過蔡

莊公十年　楚滅息入蔡　莊公十四年　子元振萬　莊公二十八年　鬥班殺子元　莊公三十年　陳夏徵舒殺靈公　宣公十年　申公巫臣聘夏姬　成公二年　子重子反殺巫臣之族　成公七年　叔向取申公巫臣氏　昭公二十八年

【題解】題目所列，是有關息媯和夏姬兩個系列的八個事件，也正是文章開頭所說：「一息媯而產三國之禍，一夏姬而合四國之爭」的事。蔡哀侯和息侯都在陳國娶妻，息媯出嫁經過蔡國，蔡侯留下小姨子看一看，對她不禮貌，息侯很生氣，向楚文王說：「請您假裝攻打我國，我向蔡國求救，您就可以攻它。」楚王照辦，在魯莊公十年（西元前六八四年），楚國俘虜了蔡侯。蔡侯被俘後，在楚文王面前極力說息媯的美貌，楚王便到息國，襲殺息侯，滅了息國，以息媯為夫人，生了堵敖和成王。但她不言不語。楚王問她原因，她說：「我一個女人，伺侯兩個丈夫，既不能死，又能說什麼？」楚王於是在莊公十四年攻入蔡國，為息媯出氣。莊公十九年，楚文王死，堵敖即位，即位五年要殺其弟，反為其弟所殺，其弟即位，即為成王。這時息媯美貌依然動人，在莊公廿八年，楚令尹子元，設館於宮側，在裏面搖鈴鐸跳萬舞，想勾誘息媯。息媯哭了，她說：「先君讓人跳這種舞蹈，是為戰備演練的，現在令尹不用於仇敵而用於未亡人之側，不是很奇怪嗎？」令尹子元便帶六百輛兵車攻鄭國，但因諸侯救援鄭國，所以沒有結果。回來以後，公子元就住在王宮裏，鬥射師勸阻而被抓起來加上手銬，申公鬥般便殺了子元。息媯算是為息、蔡、楚帶來了禍害。

比息媯小約一百歲的夏姬，也因美貌而掀起不少的殺戮。夏姬是鄭靈公的妹妹，嫁陳國夏氏，丈夫御叔早死，生夏徵舒。陳靈公與陳大夫孔寧、儀行父，都與夏姬有染，還在朝廷上彼此炫耀。洩冶進諫而被殺，三人更到夏氏家喝酒，並以夏徵舒跟誰比較相像，來相互調笑。夏徵舒憤而弒靈公，兩大夫奔楚。楚莊王次年率兵來討伐，而將夏徵舒車裂，這是魯宣公十一年（西元前五九八年）的事。當楚莊王帶回夏姬，想娶她，為申公巫臣所勸止，接著子反想娶，巫臣又說她是不吉祥的女人，子反也就不敢要了。莊王把她給了連尹襄老，襄老竟然在魯成公二年（西元前五八九年）邲之戰陣亡，襄老的兒子霸佔了夏姬，巫臣便設計讓夏姬回鄭國，巫臣就藉到齊國聘問的機會，在鄭國聘夏姬為妻，棄職投奔晉國。子反大怒，要求楚共王送重禮給晉國，讓巫臣在晉國永不錄用。楚共王說：「不要這樣，他為自己打算固然不對，但他當初為先君打算是忠誠的。」子反忿憤不已，就聯合子重把巫臣在楚國的族人滅絕。巫臣為報仇而出使吳國，教吳國戰陣，從此楚國備受吳國侵擾，子反也疲於奔命。後來晉國大夫叔向想娶巫臣與夏姬所生的女兒，叔向的母親阻止，說「甚美必有甚惡」，但晉平公作主，使他們成親，生了楊食我。叔向的母親說他的聲音是豺狼之聲，羊舌氏必毀在這小孩身上。後來楊食我和祁盈是一伙的，魯昭公二十八年（西元前五一四年），晉祁勝作亂，楊食我被殺，其族羊舌氏也被滅。當初叔向的母親就說夏姬「殺三夫一君一子，而亡一國兩卿」，把丈夫早死都算在她的賬上，其實她不曾搬弄是非或陷害別人，但美貌卻傷害了不少人，呂祖謙說「一夏姬而合四國之爭」，該是陳、楚、晉，再加上鄭國或吳國吧？

呂祖謙藉女子美貌，誇其傾國傾城，人們卻求之唯恐不及，感慨能將對聲色之美的沉醉，變為對理義之味的沉醉，就可以不求生以害仁了。這說法說穿了就是子夏所謂「賢賢易色」。另外呂氏更借此暢談君王納諫之法，文章波瀾迭起而可觀。

一息嬀而產三國之禍，一夏姬而合四國之爭，甚矣！色者禍之首也！吾嘗攷息嬀夏姬之終始，憫之未已，而有所疑焉；疑之未已，而有所感焉。

譽女之色者，必曰「傾城傾國❶」，嗚呼！此何等不祥語也！有士於此，嘗傾人之城，嘗傾人之國，世必指為不祥之人矣，必畏而惡之矣，至於女，則反夸其傾城傾國，求之唯恐不及焉。在士則為醜名，在女則為美名。如息嬀夏姬，亡人之身，亡人之國，不可一二數，前車覆，後車隨；前舟溺，後舟進。明知其禍，而競逐之。彼碌碌者，猶不足道也，以巫臣之智，叔向之賢，亦皆甘心焉，此吾之所疑也。

既而思之，意有所重，則愛有所移。莫親於身，莫厚於族，莫大於國，一念昏惑，醉於聲色之美，尚能棄平日之所甚重者，猶敝屣，況醉於理義之味者乎！其見危致命，以碪質為枕席，以鼎鑊為池沼，固無足怪。世之求生害仁者，特未知為善之味爾，此吾之所感也。

抑吾又有所深感者焉，申公巫臣諫莊王子反納夏姬，而終挾夏姬以出走，陽以正義拒之，而陰取之，其險譎人之所共惡，宜子反欲錮之於晉也。共王則曰：「其自為謀也，則過矣；其為吾先君謀也，則忠。」人皆以為險，共王獨以為忠，何耶？共王之心以謂：因彼偽言，成吾真善，吾蒙其益足矣，彼之行詐，足以自損，吾何預焉？在我則益，在彼則損，哀之可也，怨之不可也。深味其言，廣大寬博，凡猜阻忌刻之心，冰解凍釋，蕩然不留。人君誠佩是言以納諫，則但采葑菲，何恤下體❷？但薦蘋藻，何嫌澗濱❸？吾能納規諫，則為君之責塞矣，其誠其偽，其狂其訐，皆諫者之事也，非吾事也。吾方急於聽納，求免吾之責，亦何暇憂人之憂哉？雖堯之稽於眾，舜之取諸人，以為善，不能加毫末於此矣。

噫！人心之取舍有大不同者，想巫臣之在晉，必竊笑楚國受吾之欺，而夏姬為吾之所得，是楚失計，而我得計也。共王之在楚，亦必竊笑巫臣能解先君之惑，而自不免於惑，是巫臣失計，而楚得計也。巫臣之笑，共王之笑，孰得孰失，必有能辨之矣。攷之於《傳》，巫臣以陽橋之役奔晉，實共王即位之三年也。共王生十年而即位，當巫臣之出奔，其齒纔十有三耳。以十有三齡之童子，其發言可為萬代納諫之法，非有大過人之資能之乎？共王有大過人之資，不能充養，威權下移，雖知巫臣之無罪，坐視子反之徒屠戮其族，曾莫能制，召怨生敵，為國大患。聰敏之不足恃如此，吾未嘗不慨然深感也！

共王雖不能踐是言，然其言實典謨訓誥之所未發，聽言者當寶之，以為元龜❹。蓋天欲以是寶遺後世，借共王之口而發之耳！後世之君，蓋亦曰：「共王自為謀也，則過矣；其為後世謀也，則忠。」

【注釋】❶傾城傾國　原指使城邦家國傾覆。見《詩・大雅・瞻卬》和《史記・項羽本紀》。而以形容美女，則由《漢書・外戚傳・漢武李夫人》李延年歌：「北方有佳人，遺世而獨立。一顧傾人城，再顧傾人國。寧不知傾城與傾國，佳人難再得。」所以後用以比喻絕色美女，使全城全國的人皆傾慕。呂氏以原意用於此文。❷但采葑菲何恤下體　《詩・邶風・谷風》：「采葑采菲，無以下體。」葑菲皆可食用植物，根莖皆可食，而根則時有美惡，此本為婦人為夫所棄，言夫婦不可因顏色衰而棄其德美。❸但薦蘋藻何嫌澗濱　《詩・召南・采蘋》：「于以采蘋，南澗之濱，于以采藻，于彼行潦。……于以奠之，宗室牖下。」蘋藻為水中野草，取於澗濱，仍可用於祭祀。❹元龜　大龜，古人用以占卜，後來引申為可以鑑戒的前事。

【語譯】一個息嬀而產生了三國的禍害，一個夏姬而延續了四國的爭端，太嚴重了！美色真是禍首啊！我曾考察息嬀和夏姬事件的始末，為之憐憫不已，而又有所疑惑，疑之不已，又有所感慨。

讚美女子的美貌，必然說「傾城傾國」，唉！這是多麼不吉祥的話啊！假使有個男士在此，他曾傾覆了人家的城，傾覆了人家的國，世人一定指責他是個不祥的人，必然畏懼而厭惡他，至於女子，則反而誇她傾城傾國，追求她還唯恐不得。在男士為醜惡的字眼，在女子卻成為美好的字眼。像息嬀和夏姬，亡人之身，亡人之國，不是一次兩次而已，前車翻覆了，後車跟著上去；前舟溺水了，後舟還跟進。明知是禍害，還競相追逐。那些凡夫俗子，還不足以說他們，以巫臣的明智、叔向的賢能，也都甘心如此，這就是我的疑惑了。

接著我想到，一個人心意有所偏重，所愛的對象就有所轉移。沒有比自己的身體更親，沒有比自己的宗族更重要，沒有比自己的國家更重大，可是一念昏瞶迷惑，於是沉醉在聲色之美，還會把平常最重視的東西拋棄，就像丟棄破舊的鞋子那樣，更何況沉醉於理義之味的人呢！他們在危難關頭，不惜犧牲生命，將斬首臺當作枕席，將烹煮人的鼎鑊當作池塘沼澤，毫不畏懼，也就不足為怪了。世上有為求生而為害仁義的人，那只是不知道為善的滋味罷了，這是我所感慨的。

我還有更感慨的，申公巫臣諫莊王、子反不要娶夏姬，而自己娶了她，終於帶著夏姬遠走高飛，表面上以正義排斥她，而暗地裏娶了她，他的陰險詭詐是人們所共同厭惡的，也就難怪子反想要斷絕他在晉國的仕途。楚共王卻說：「他為自己籌謀，是不對的；但他為我先君籌謀，卻是忠誠的。」人們皆以為他奸險，共王獨以為他忠誠，為什麼呢？共王的內心以為：藉他的虛言假意，卻成就我真正的美善，我受到好處也就夠了，他的行騙，足以損害他自己，我有什麼損害呢？在我是好處，在他是害處，可憐他是可以的，怨恨他是不可以的。深深體味他所說的話，就會心胸開闊，寬大為懷，那些猜疑忌恨、阻塞別人以使自己凌駕其上的心理，都將冰消瓦解蕩然無存。為人國君者真能感佩他的話而納諫言，那麼就像《詩經》所說的，採葑採菲，又何必管它的根這時好或不好呢？可採蘋和藻來祭鬼神，又何必因它長在水澗之濱而嫌棄呢？我能採納群臣的規諫，那麼我已經盡了為君的職責，至於他們的話是真心的或是虛偽的，是狂妄的或是奸險的，都是進諫的人的事，不是我的事。我正急於聽取進言，以免別人責怪我，哪有時間去擔心別人該憂慮的事呢？能這樣做的話，就像堯能詢求於眾人，舜能取之於眾人，以完成其善政，也不能比這強過多少了。

唉！人心的取捨大有不同，想想巫臣在晉國，一定竊笑楚國被我騙了，而使夏姬為我所得，這是楚國失策而我成功了。楚共王在楚國，也一定竊笑巫臣能解除先君的迷惑，而自己卻不免迷惑，這是巫臣的失策而楚國成功了。巫臣的竊笑和共王的竊笑，是誰對誰不對，必定有能辨別的人。查考《左傳》，巫臣是因楚國要發動陽橋之役，派他出來時跑到晉國去的，即楚共王即位的第三年。共王十歲即位，當巫臣出奔時，他才十三歲而已。以十三歲兒童所說出來的話，可作為萬代納諫的法度，沒有非常過人的資質能夠做得到嗎？共王有非常過人的資質，卻不能充實培養，威權被臣下所掌握，他雖然知道巫臣無罪，卻坐視子反他們屠殺巫臣的族人，不能加以制止，召來怨恨和敵人，成為國家的大災禍。聰敏不足以仗恃是這樣子，我不能不深深感慨啊！

楚共王雖然不能實踐他那些話，但他的話卻是古代的典謨和訓誥所不曾說的，聽到這些話的人應當珍惜它，把它作為鑑戒，大概是上天要以這寶貴的話留給後世，借共王的口說出來的罷！後世的君王，何不也說：「共王為自己籌謀，還是有過失的；他為後世籌謀，卻是忠誠的。」

【研　析】《論語・學而》：「子夏曰：『賢賢易色；事父母，能竭其力；事君，能致其身；與朋友交，言而有信。雖曰未學，吾必謂之學矣。』」雖已是老生常談，但呂祖謙卻將此融化無形，再引申納諫之法，而成一篇文理條暢，層次井然，而又雋永的生色之文。

全文分六段：第一段提出息嬀和夏姬的事，他有所疑有所感，以「起」其文。第二段「承」前段，提出所疑者：以巫臣之智、叔向之賢，何以都明知其禍而競逐之？第三段仍「承」之以提出所感：原來意有所重，則愛有所移。意在聲色之美，於是亡身亡國在所不惜。人能醉於理義之味，便能見危授命，殺身成仁。第四段「轉」出深感：由於巫臣之諫，人皆以為險，共王以為忠，推論君王納諫之道。第五段再「轉」而論共王有過人之資，卻不能阻止子反戮巫臣之族，成為國之大患。第六段是結論，強調共王之言之可取，並套用共王的話來批評共王，十分巧妙。第一、二段對人們未能「賢賢易色」有所批評，尤其第二段所謂「見危致命」，即由「事君能致其身」而來。而第三段言巫臣之行詐，即是「言而無信」。所以子夏之言，正是呂氏立論所本，而妙在他不引原文，而又加以轉化，完全不受拘限，這正是他高明處。

鄭厲公殺傅瑕原繁

莊公十四年

【題解】鄭莊公之子突，奪兄長昭公之位，而為厲公。但厲公因殺大夫祭仲失敗而出奔。祭仲迎回昭公，後來昭公為高渠彌所弒而立子亹為君，子亹不久為齊侯所殺。祭仲再立子儀是為鄭子。鄭子命大夫傅瑕守太陵以防厲公。祭仲死，厲公乘機誘劫傅瑕，傅瑕與厲公立盟，魯莊公十四年（西元前六八〇年）六月，傅瑕殺鄭子及其二子，而迎納厲公。厲公入鄭，即殺傅瑕，派人對原繁說：「傅瑕對國君三心二意，這情況周朝是訂有刑罰的，現在已經懲處了，幫我回國而沒有三心二意的，我都答應給他上大夫的職位，我願意跟伯父商量。當我離國在外，伯父沒有幫我說過話，我回來又不來親附我，我感到很遺憾。」原繁說：「先君桓公命令我的先人管理宗廟石室。國內有君主而我如果心向外，豈不是三心二意嗎？只要主持國家，國內之民誰不是他的臣屬？臣屬沒有二心，這是天定的體制。子儀在位已經十四年了，而我如果策劃把你迎回來，難道不是不忠嗎？莊公有子八人，如果每個都以官爵賄賂人，勸人三心二意而又成功的話，君王又怎麼辦？

我已聽到君王的命令了。」於是自縊而死。

呂祖謙論此，以為「禍莫甚於內叛，姦莫甚於中立」，傳瑕內叛固然罪有應得，原繁中立更為姦之尤者。但其所謂中立之罪，於今而言，並不合時宜。

國不亡於外寇，而亡於內寇；惡不成於有助，而成於無助。國家之難，攻其外而無應於內，則攻者亦將窮而自止。無宰嚭，則越不能亡吳❶；無郭開，則秦不能亡趙❷。無鄭譯劉昉，則隋不能亡周❸；無裴樞柳璨，則梁不能亡唐❹。是數國者，非其人之內叛，人孰能取之？故曰：國不亡於外寇，而亡於內寇。天下未有皆助惡者也，為惡者未有皆得天下之助者也。彼為惡者，惟欲人皆中立，無所偏助，如里克之於驪姬❺，王祥之於司馬❻，馮道之於五季❼，陰拱默居，坐觀成敗，則吾事濟矣。故曰：惡不成於有助，而成於無助。是故禍莫甚於內叛，姦莫甚於中立。二者之罪孰為大？曰：中立之罪為大。是何也？內叛之罪易見，中立之罪難知。人臣之叛君即讎者，五尺童子皆知疾之，雖所謂讎敵者資之以集事，亦未嘗不賞其功而疑其心。何者？以其叛君而趨我也，君且叛之，而況於人乎？今日為我所誘而叛君，安知他日不為人所誘而叛我乎？吾位未定，則借之以成功，吾位既定，則除之以防患，此傅瑕叛子儀而納厲公，終不免於厲公之誅也。

乃若原繁之自為謀，可謂密矣。自莊公之世，用事於朝，歷忽亹儀突之變，國四易主，汎然中立，舉無所助，入則事之，出則捨之。視君如傳舍，不置欣戚於其間，依阿取容，優游卒歲。既不為人所愛，亦不為人所憎，固可以獨全於艱危之時。自古之持位保祿者，率用此術，雖遇明主，亦未易察其為姦也！厲公以私憾殺之，固非其正，天其或者假手於厲公，以大警為臣者歟？

觀繁對厲公之辭曰：「苟主社稷，國內之民，其誰不為臣？」信如是說，則苟據君位者，皆奉之無所擇，篡亦君也，僭亦君也，盜亦君也，雖亦君也。為臣者皆操此心，則人君將安所恃乎？甚矣！繁之姦也！

嗚呼！論人臣之罪者，至叛逆而極，然事克則卿，不克則烹，成敗猶居其半也。至於中立者，自謂無往而不得志，國有存亡，君有興廢，時有治亂，民有安危，吾之爵秩常自如也，彼何預於我哉？其用心可謂姦之尤者矣！中立如原繁，有時而干厲公之誅，則世之取容者，果可以長無禍乎？吾故表原繁之誅，以風中立之士云！

【注　釋】❶無宰嚭則越不能亡吳　西元前四九四年，吳王夫差打敗越王句踐，越王以五千餘兵守會稽，派大夫文種求和，吳王將答應，但伍子胥力阻之。文種獻計要句踐以美女寶器賄賂吳太宰伯嚭，伯嚭乃向吳王說赦句踐有利於吳，吳王遂不顧伍子胥的諫阻，赦越罷兵。後來越終於滅吳。見《史記・越王句踐世家》。❷無郭開則秦不能亡趙　西元前二二九年，秦派王翦攻趙，趙王派李牧和司馬尚抵抗，秦國乃以重金賄賂趙王寵臣郭開，向趙王密告，說李牧要造反，趙王解除李牧兵權，李牧因抗命被捕而處斬，其後三月，秦攻滅趙國。事見《史記・廉頗藺相如列傳》。❸無鄭譯劉昉則隋不能亡周　西元五七九年北周宣帝崩逝，靜帝年僅七歲，御正下大夫劉昉與內史上大夫鄭譯，矯制以隋公楊堅受遺命輔政。三年之後，北周為楊堅所篡，改國號為隋。事見《北史・周本紀下》。❹無裴樞柳燦則梁不能亡唐　裴樞和柳燦於唐昭宗末年前後為相，皆與朱全忠相結納，但後來也前後為朱全忠所殺，唐終於為朱全忠所篡，改國號為梁。詳見《新唐書・本紀第十》及《新唐書・裴樞傳》、《新唐書・柳燦傳》。❺里克之於驪姬　里克為晉大夫，驪姬欲殺太子申生以立所生之奚齊，但怕里克從中阻擾，乃透過優施諷里克，里克答應中立，申生乃被陷害而死。事見《國語・晉語》。里克之事，於卷九〈里克諫晉侯使太子申生伐東山皐落氏〉篇詳加討論。❻王祥之於司馬　王祥（西元一八五－二六九年），漢末臨沂人，侍繼母至孝，有臥冰求鯉及黃雀入幕以供養親的故事，魏時舉秀才，官至大司農，拜司空轉太尉，封睢陵侯。司馬炎篡位，拜太保，進爵為公。見《晉書・王祥傳》。❼馮道之於五季　馮道（西元八八二－九五四年），五代時景城人。年少好學，能詩文，長於行政事務，而不問軍事，不捲入權力傾軋，以明哲保身。先後在唐、晉、漢、周四朝十個皇帝下做官，居相位二十多年，自號長樂老。見《新五代史・雜傳・馮道》。

【語　譯】國家常不亡於外敵，而亡於內賊；作惡不成於有外來的助力，而成於沒有外來的助力。國家有了患難，有外敵攻城而沒有內賊作內應的話，那麼攻城的人將有所窮而自行停止。沒有太宰嚭，則越國不能滅掉吳國；沒有郭開，則秦國不能滅亡趙國。沒有鄭譯和劉昉，則楊堅不能滅亡周而建立隋，沒有裴樞和柳燦，則朱全忠不能滅亡唐而建立梁。這些國家和朝代，假使不是有這些人內叛，誰能夠奪取它？所以我說國家常不亡於外敵，而亡於內賊。天下沒有都助人為惡的人，作惡的人也不可能都得到天下人的幫助。那些為惡的人，只希望人人都中立，不要偏袒而去幫助任何一方，就像里克在驪姬要謀害太子的時候，王祥在司馬炎要篡晉的時候，馮道在五代更迭的時候，置身事外，袖手旁觀，那我們做的事就可以成功了。所以說作惡不成於有外來的助力，而成於沒有外來的助力。因此，禍害沒有比內叛更嚴重，姦邪沒有比中立更可惡了。

至於內叛和中立哪一種罪大呢？我認為中立的罪比較大，這是為什麼呢？因為內叛的罪容易發現，中立的罪很難察覺。當臣屬的背叛君主，還沒長大的小孩都知道去恨他，雖然那個仇敵是藉他以成事，但也未嘗不會一面賞他的功，也一面對他有疑懼的心理。為什麼呢？因為他是背叛了君主而投奔我的，這種人對自己的君主都會背叛，更何況是對其他人呢？今天由於我的引誘而背叛了君主，怎知他日不會由於別人的引誘而背叛我呢？在我還沒得權位的時候，就借重他幫助我成功，當我權位到手的時候，就剷除他以絕後患，這就是傅瑕背叛子儀迎立厲公，終究不免被厲公誅殺的原因。

至於像原繁保全自己的謀略，可以說是相當周密的。從莊公的時代，他就在朝廷做官，歷經子忽、子亹、子儀、子突的奪位變化，國家四次換了君主，他處之淡然，保持中立，沒有幫助任何人，哪一個回來當國君了，他就事奉那個人；被趕走了，他就捨棄不顧。把國君當作住旅館的人一樣，對君位的更迭不表示任何憂喜的態度，一味依附新君，以求保持官祿，得以優遊自得安養天年。既不被人所寵愛，也不為人所憎惡，就可以在艱險危難的時代，保全他自己。自古以來保全官祿的人，大多用這個辦法，雖然遇到了英明的君主，也都不容易發現他們的姦邪呢！鄭厲公因私人的怨憾殺了原繁，固然不是光明正大，上天或許就是假借厲公之手，對這種臣子給予嚴正的警告吧？

看看原繁對厲公說的話：「如果主持社稷即位為君，國內的百姓，誰不是他的臣下？」真的照他這麼說，那麼只要是佔據君位的，都不加選擇的事奉他，篡位的也是君，僭越的也是君；盜匪可以為君，仇敵也可以為君了。做臣屬的都存這種心，那做國君將仗恃什麼？可見原繁的姦邪實在太嚴重了。

唉！說到人臣的罪過，叛逆是最嚴重的了，但叛逆的事成功了，就可以做上卿，失敗了就被烹煮，成敗還各佔一半的機會。至於保持中立的，自以為是無往而不得意的，國家有存亡，君主有興廢，時局有治亂，人民有安危，而我的官秩爵位，卻一直安然自在，他們怎麼會影響我呢？他們的用心，真是姦邪到極點了！抱持中立像原繁那樣，都還會遭厲公的殺戮，那麼世上那些沒有立場以求容身的人，果真能長久保全而沒有禍害嗎？所以我特地強調原繁的被殺，來諷刺那些自命中立的人！

【研析】一般的議論文，大體都是先破題，然後討論主題命意或主題人物，再引中外史實以為佐證，說明主題的正確性，然後作成結論。但這篇寫法稍有不同，因為作者提出的說法比較特殊，所以必須在文章的開頭，先提出論點，隨即以史實證明其論點的正確性，然後依據這些論點與立場，討論主題人物的是是非非。這種變通的寫法，很值得我們注意，我們寫文章有時可以參酌運用。

文章一開頭，先說明國家的滅亡，常不亡於外敵而亡於內叛；惡人成惡事，常不在於有人幫助他，而在於沒有人幫正義的一方。於是舉史實為證，而得到「禍莫甚於內叛，姦莫甚於中立」的結論。第二段則更進一步比較內叛與中立，哪一種罪大惡極？出人意料的，他說中立之罪大，他的理由是「內叛之罪易見，中立之罪難知。」有了內叛之罪，不但人人唾棄，連誘他內叛的人也會對他有戒心，這正是傅瑕被殺的原因。第三、四段論原繁被殺，說他泛然中立於權位爭奪之外，得以明哲保身，人人不察其姦，第四段批駁原繁的說辭，非君臣之義。因為依他之說，人君地位將沒有保障。第五段說明內叛只有一半的成功機會，下的賭注大，而中立常無往不利，所以最為姦邪，而諷其作為也會召禍作結。

全文推勘入微，有如老吏斷獄。強調中立之罪大於內叛，是誅心之法，但有「深文周納」之嫌。原繁位在下僚（以現在來說，是事務官，不是政務官），不幸而值國家骨肉之變，堅守本分，盡忠職守，使社稷不墜，即有功於國，難道所有大夫都要跟定某一個公子，與之共生死、同榮辱，彼此殺得你死我活，才稱之為忠嗎？這將是國家的不幸。原繁說子儀為君十四年，臣屬不可捨主而外召君，這作法於國於理，都無可厚非。呂氏完全從專制君主的利益著眼，這在他第四段說得很清楚，實際上這並不可取。尤其民主時代，國家公務員更當以國家為重、以公務為重，要忠於國家、忠於職守，不可忠於個人而陷於人事傾軋之中。

王賜虢公晉侯玉馬

莊公十八年

【題　解】魯莊公十八年（西元前六七六年）春天，虢公和晉侯一同去朝覲周王，周王用相同的禮儀來接待他們，並各賜玉五對、馬三匹給他們。《左傳》批評周王這樣做，不合於禮。因為周王對諸侯有所策命，名位既然不同，禮儀也應該不同，禮儀是不能隨便給人的。

呂祖謙評這件事，並沒有跟《左傳》唱反調，而就「禮不可亂」加以發揮，行文極有變化，結論突用譬喻，很有氣勢。

吏之守帑者，以財假人謂之盜；將之守邊者，以地假人謂之叛。財之在帑者，非吏之財也；地之在邊者，非將之地也。財非其財而擅施焉，地非其地而擅棄焉，其排抵譴訶也宜哉！為官守帑者，吏也；為國守邊者，將也；為天守名分者，君也。專財與地，得罪於人，則專禮以假人者，豈不得罪於天耶？

天未嘗以名分與人君，特寄之人君，俾守之耳。輿地廣輪之博，版籍生齒❶之繁，甲兵卒乘之雄，象犀金繒之富，皆君之有，獨名分者非君之有也。天以四海九州全付人君，惟吝於名分，何耶？蓋名分者，四海九州之所自立，人之所輕，天之所重也。周惠王不知天之所重，誤視名分為己物，輕以假人而不甚惜。當虢公晉侯之來朝，惠王謂公侯相去一間耳，賜賚之際有所厚薄，吾心慊然，於是等其玉與馬之數，不為之隆殺。殊不知天秩有禮，多多寡寡，不可亂也，假天之秩以為私惠，何以繼天而子元元❷乎？

人心無厭，侯而可假公之禮，則公亦思假王之禮，惠王既假晉以公禮矣，後數十年，而晉文有請隧之舉❸，果欲假王之禮。非惠王啟其僭心，晉文遽敢爾耶？剝廬則及牀，剝牀則及膚。庶人而僭士禮，是僭大夫之漸也；士而僭大夫禮，是僭諸侯之漸也；大夫而僭諸侯禮，是僭天子之漸也。聖人欲上全天子之尊，必先下謹士庶人之分。守其下所以衛其上也，況公侯之近且貴乎！

吾觀儒者之議禮，每力爭於毫釐尺寸之間，非特較公侯璧馬之多寡也。如天子之席五重，諸侯之席三重❹，所爭者纔二重；天子之堂九尺，諸侯之堂七尺，所爭者纔二尺耳。由庸人而觀天子諸侯之分，豈再重之席、二尺之堂所能抑揚？何儒者之迂耶！大隄雲橫，屹如山嶽，其視尺寸之土，若不能為隄之損益也。然水潦暴至，勢與隄平，苟猶有尺寸之土未沒，則瀕水之人可恃無恐。當是時，百萬生靈之命，係於尺寸之土焉。尺寸之土，可以遏昏墊❺之害；尺寸之禮，可以遏僭亂之源。

然則儒者力爭於毫釐尺寸之間，非迂也，勢也！

【注　釋】❶生齒　古人以生男八月而生齒，女七月而生齒。官府即登記載入戶籍，才算入人口數。❷元元　人民。《戰國策・秦策一》：「制海內，子元元，臣諸侯。」❸晉文有請隧之舉　晉文公重耳以平王子帶之亂有功，請襄王准許他死後用隧葬之禮，襄王以其為王禮而不許。見《左傳》僖公二十五年及《史記・周本紀》。卷十四有〈晉文請隧〉，請參考。❹天子之席五重二句　此規定見於《禮記・禮器》，所謂天子之堂九尺，諸侯之堂七尺，亦同。❺昏墊　陷溺，比喻痛苦難熬。《書・益稷》：「洪水滔天，浩浩懷山襄陵，下民昏墊。」

【語　譯】官吏守公庫，把財物送給別人，那是盜取的行為；將領守邊疆，把邊地送給他國，那是叛國的行為。因為財物在公庫之中的，不是那官吏個人的財物；土地在邊塞的，不是那將領個人的土地。不是自己的財物擅自送給別人，不是自己的土地擅自棄守，他們被攻擊譴責是應該的。為官府守公庫的是官吏，為國家守邊地的是將領，為上天守名分的是君王。擅自處理財物和土地的會得罪人，而擅自以禮儀給人的，難道不得罪上天嗎？

上天不曾把名分賜給君王，只是寄託給君王使他守著而已。土地面積的廣大，戶籍人口的眾多，兵力武器的壯盛，珍品玉帛的富庶，都是君王所擁有，惟獨名分不是君王所擁有。天把四海九州全都給了君王，而只是吝於把名分給君王，這是為什麼呢？因為名分是四海九州因它而成立，為人們所輕忽，卻是上天所看重的。周惠王不知道它是上天所看重，誤以為名分是他自己的東西，輕易地送給人而不怎麼珍惜。當虢公和晉侯來覲見，惠王以為公和侯，只差一級而已，賞賜的時候，有多有少，我內心覺得不公平，於是給他們玉和馬的數量，不分厚薄等級。竟不知天定的尊卑貴賤有一定的等級，給多該多多少，給少該少多少，是不可以錯亂的，以天定的尊卑等級作為私惠給人，怎麼能夠秉承上天以領導天下百姓呢？

人心是不會滿足的，侯爵如果可以享用公爵的禮儀，那麼公爵就想享用王的禮儀，惠王既然給晉侯享用公爵的禮儀，幾十年後，晉文公就有了請求隧葬的舉動，果真想用王的禮儀。要不是惠王開啟了晉國僭越之心，晉文公怎敢冒然請求呢？剝蝕房屋就會剝蝕到床，剝蝕床就會剝蝕到肌膚。庶人僭越而冒用士禮，那是僭越冒用大夫禮的先聲；士人僭越冒用大夫之禮，那是僭越冒用諸侯之禮的前奏；大夫僭越冒用諸侯之禮，那是僭越冒用天子之禮的開端。聖人向上要保全天子的尊貴，必先對下要謹守士和庶人的名分。因為謹守在下位者的分際，正是用來維護上位者的尊嚴，更何況公侯那麼親近而尊貴的呢！

我看儒者在議論禮制，常常為毫釐尺寸力爭，不只計較璧玉和馬匹的數量而已。就好像規定天子用席疊五層，諸侯用席疊三層，所計較的只不過兩層而已；又如天子之堂，殿階高九尺，諸侯之堂，階高七尺，所計較的才兩尺而已。以平常人的眼光來看天子和諸侯的分別，難道是用兩層席兩尺殿階來尊崇和卑抑的嗎？儒者的見解也未免太迂腐了！大堤防高立在那兒，像山嶽一樣，尺寸之高的小土，對大堤來說是沒有影響的。可是洪水突然暴漲，水位就跟河堤差不多高了，如果還有尺寸之高的土堤沒有被淹沒，那麼靠近河邊的人就可以有恃而無恐。當這個時候，百萬生民的生命，就繫於這尺寸之高的小土上。這尺寸之高的土，可以遏阻陷溺沉淪的禍害；這尺寸之禮，可以杜絕僭越作亂的禍源。因此，儒者為毫釐尺寸力爭，並不是迂腐，而是情勢所需啊！

【研　析】本篇強調禮制的分寸，應該嚴守，才能杜絕僭越作亂的禍害之源。文章前後都用了巧妙的譬喻，讀來氣象萬千。第一段從守帑之官不能以所守之財給人，守邊之將不能以所守之地讓人，說明守名分之君，不能以禮假人，以免得罪於天。第二段接著說明名分是上天所擁有，君王不能作為私惠，以批評惠王賜虢公、晉侯玉、馬，禮數等同的不對。第三段以人心不足，說明不守禮制，是禍亂之源，並指出晉文公請求隧葬，是惠王啟其僭越之心。第四段說古人論禮，爭於毫釐尺寸之間，別人看來似乎很迂腐，然後第五段以堤防為喻，從尺寸之土的重要，說明尺寸之禮的重要，以證明古人不迂。

全篇在巧喻之下，很有說服力，再以晉文公請隧證明其說，也就更擲地有聲了。但呂氏在君主專制時代，只能強調全國土地、人民、武力、財富，皆為君王所擁有，惟獨名分非君王所有。但這很難為專制君王所接受，所以只好強調上全天子之尊，必先謹下位之名分，來誘使君王謹守禮制的分際，於是不免軟弱無力。如今我們寫這種文章，則可強調土地、軍隊、財富，皆為國家資源，為全國人民所共有，名位更是國家的公器，任何人皆不得假公濟私，可以更言之成理，說得更氣勢磅礴。

原莊公逆王后於陳

莊公十八年　蘇公奉子頹　莊公十九年　王處櫟　莊公二十年　鄭伯虢公納王　莊公二十一年　會於首止　僖公五年　惠王崩　僖公

七年　盟於洮　僖公八年　王子帶召戎　僖公十一年　王子帶奔齊　僖公十二年

仲孫湫言王子帶　僖公十三年　滑人叛鄭　僖公二十年　富辰請召王子帶

僖公二十二年　襄王以狄伐鄭以狄女為后大叔以狄師攻王王使告難　僖公二

十四年　晉侯納王　僖公二十五年

【題　解】魯莊公十八年（西元前六七六年），也就是周惠妃元年，虢公、晉侯、鄭伯推派原莊公到陳國迎接王后，陳嬀嫁到京城，就是惠后，但第二年，有了王子頹之亂，那是當年周莊王寵妃姚生了王子頹，子頹很受寵愛，以蔿國為師，惠王是莊王的孫子，即位後，奪了蔿國的園圃，邊伯的宮室，子禽、祝跪和詹父的田邑，以及膳夫石速的俸祿，於是他們聯合作亂而投靠了周大夫蘇氏。這年秋天，他們奉王子頹以攻王，失敗而奔溫地，蘇氏奉王子頹到衛國，衛國聯合燕國打走了惠王，立王子頹。次年春天，鄭伯出來調停而沒結果，把惠王安置在櫟地，這年冬天，王子頹設宴款待助他奪王位的大夫，舞六代之樂。鄭伯認為王子頹奪位是大禍，臨禍忘憂，歌舞不倦，必有災殃。於是聯合虢公，於次年（西元前六七三年）攻進王城，殺了王子頹及五大夫，然而鄭伯在宮門西闕設宴招待惠王，竟也備六代之樂，於是原伯說鄭伯學壞榜樣，將有災禍。那年五月，鄭厲公就死了。惠王賜給鄭國虎牢以東，而虢公為惠王在玤建行宮，得到酒泉，鄭伯設宴時，惠王把王后的鞶鑑賜給他；虢公求賞，得到青銅酒杯，由於青銅酒杯比較貴重，所以鄭伯怨恨在心。

到了僖公五年（西元前六五五年）齊侯和魯僖公、宋公、陳侯、衛侯、鄭伯、許男、曹伯在首止相會，會見王太子鄭，以謀安定成周。過兩年閏十二月，周惠王死，襄王擔心王子帶會作亂，自己不能繼位，所以祕不發喪，而向齊國告難。次年春天，與齊侯、魯公、宋公、衛侯、許男、曹伯、鄭世子，在洮地會盟，襄王定位，然後為惠王舉喪。但三年後（西元前六四九年），王子帶找來揚、拒、泉、皋和伊雒的戎人，攻進王城，燒了東門，秦、晉救援，而使戎人和周王媾和，次年，周王攻王子帶，王子帶逃到齊國。次年，齊侯派仲孫湫聘問，要為王子帶說情，但因周王怒氣未消，所以沒有提起。僖公二十年，滑人背叛鄭國而歸順衛國，鄭國攻入了滑國。過兩年，富辰以兄弟不協，不能怨諸侯不睦，勸襄王接納王子帶。於是王子帶結束了十年在齊的流亡生涯，回到成周。再過兩年，由於滑國在鄭國退兵之後，又親附衛國，所以鄭國再度出兵。周襄王派使者入鄭，要求不攻打滑國。鄭伯怨恨當年周惠王得到鄭的幫助而回成周，竟不給鄭厲公進爵，又怨如今周襄王偏袒衛、滑，所以擒其使者。襄王大怒，要領狄兵攻鄭，富辰勸阻無效，周王派頹叔、桃子，出動狄軍，攻取鄭國櫟地，周襄王為感謝狄人，將以狄女隗氏為后，富辰再勸阻，襄王不聽。再說王子帶是襄王的同母弟弟，深得惠后的寵愛，惠后打算立他為嗣，但沒來得及就死了，所以王子帶比較驕縱。這時從齊回來才不過兩年，又與隗氏私通。襄王乃廢隗氏，這時領過狄軍的頹叔和桃子，怕狄人怨恨，於是奉王子帶攻周王，周襄王不願自己攻殺弟弟，離開成周，但又被接了回去。不久頹叔和桃子再度奉王子帶攻周，周軍大敗，俘虜了周公忌父、原伯、富辰等。襄王到鄭國，住在氾地。次年，秦穆公邀晉文公，共同送襄王回去。狐偃認為這是晉國爭取霸業的良機，卜得大吉，晉文公於是辭退秦軍，獨力完成。兵分兩路，一接周王，一滅王子帶，為完成霸業奠定了基礎。

天下之事，遠近隱顯之所在，初未嘗有定名。古非遠也，今非近也；古之事非隱也，今之事非顯也。惟吾心之所見如何耳。今之所謂甚近而易見者，莫如身之所親歷也。惠王身被子頹篡奪之禍，而復寵子帶；鄭伯身見子頹偏舞之僭，而復奏備樂；襄王身經子帶召戎之變，而復親戎狄。身遇之而復身蹈之，何耶？人心蔽於此者怠於彼。惠王蔽於愛，故雖近被篡奪之害，已如異世而忘之矣；鄭伯蔽於侈，故雖近見偏舞之僭，已如異世而忘之矣；襄王蔽於忿，故雖近經召戎之變，已如異世而忘之矣。是三君者，心一有所蔽，雖耳目之所親接者，視之惘然如異世事，況欲責紂使鑑數百年前之桀，責幽厲使鑑數百年前之紂，難矣哉！

故嘗論之：心有所蔽，則以今為古；心無所蔽，則以古為今矣。是何也？心有所蔽，則觸情縱欲，釁在前而不見，戮在後而不知。身所親歷，曾未踰時，若醉若夢，視之猶太古鴻荒之世，不復省錄，此以今為古也，惠襄鄭伯之類是也！心無所蔽，則六通四闢，合千載為一朝，合萬代為一世，與古聖賢，更相授受，更相酬酢，於無聲無臭之中和同無間，此以古為今也，舜文若合符節之類是也。以古為今，以今為古，特在吾心之通與蔽耳，曷嘗有定名哉！

嗚呼！人心不可有所蔽也，處當世之事，而蔽於私情，則雖易見之禍，有不能見焉；論異世之事，而蔽於陳迹，則雖易見之理，有不能見焉。惠襄鄭伯既蔽於私情，而不能見其禍矣，後世論之，亦未免蔽於陳迹也。自其迹觀之，則鄭伯首倡納惠王者，虢公從鄭伯而納惠王者。鄭功大，而惠王反薄之；虢功小，而惠王反厚之，世皆疑惠王待鄭之薄也。襄王以狄伐鄭，富辰固諫之，襄王召子帶，富辰實導之，能見狄之禍，而不見子帶之禍，世皆悔富辰導子帶之失也。惠王失位於齊桓伯諸侯之時，襄王失位於晉文伯諸侯之時，納襄王者在晉，而納惠王者不在齊，世皆咎齊桓之納王緩也。揆之以理，則惠王之待鄭薄，本無可疑；富辰之召子帶，本無可悔；齊桓之緩於納王，本無可咎，是豈有難見之理哉？

兩人交訟，其行賂多出於理之曲者，蓋恃直則不必賂也。鄭恃功之大而守其常，虢慊功之小而獻其諂，功已往而易忘，諂方至而易惑，此惠王之所以厚虢而薄鄭歟？劉文靜裴寂俱唐室功臣，然首建大義，皆文靜之謀，非寂敢望也，高祖厚寂而薄文靜❶者，文靜以其功，寂以其諂耳。人情豈相遠哉！故曰惠王之待鄭薄，本無可疑。

兄弟當親，戎狄當疏，子帶之不可絕，政如戎之不可通也。富辰教襄王親其所親，疏其所疏，本無二說，使襄王納其諫，而不與狄通，則子帶何自而成其惡乎？苟與狄通，雖無子帶，猶不免於亂也。自古與戎狄共功者，未有不為其反噬，唐之回紇❷，晉之契丹❸始借其力，終罹其患，彼二國者，亦豈有子帶之釁召之耶？為襄王者，當以與狄通為悔，不當以召子帶為悔也。故曰：富辰之召子帶，本無可悔。

天子猶父也，諸侯猶子也，父有難，一子居近而能救之，為諸子者，幸其父之免足矣，何必競其功耶？齊桓伯天下，鄭虢納王，而齊桓未嘗爭其功，當是時風俗猶厚也。及襄王之出，晉與秦俱欲納王，晉文辭秦師，而獨擅其功。外傳記子犯之言曰：「君盍納王？若不納，秦將納之，則失周矣，何以求諸侯？」是猶一子欲專救父之名，拒諸子使不得前。其心不在於父而在於名，安得為孝乎？吁！亦薄矣！然則齊桓晉文孰為咎耶？故曰：齊桓之緩於納王，本無可咎。

後世之論，疑其所不當疑，悔其所不當悔，咎其所不當咎。

【注釋】❶高祖厚寂而薄文靜　裴寂和劉文靜，皆唐開國功臣，隋末劉文靜為晉陽令，裴寂為晉陽宮副監，結為友。唐高祖起事，為劉文靜之謀，藉裴寂力勸高祖而成，但文靜才能幹用都在裴寂之上，又屢有軍功，卻位居其下，憤恨不平，於是二人結怨。後來高祖聽裴寂之言，遂斬文靜。所以《舊唐書・高祖本紀》說：「誅文靜則議法不從，酬裴寂則曲恩太過。」❷唐之回紇　回紇本匈奴的一支，唐代安祿山造反，唐肅宗藉其兵力以收復兩京，從此以後，常自恃有功，侵犯邊界，唐室乃賴郭子儀得以抵禦。❸晉之契丹　五代後晉（西元九三六－九四六年），為石敬瑭叛後唐，引契丹為援，滅後唐，改國號為晉，遷都汴（今河南開封），史稱後晉。

石敬瑭對契丹極為恭謹，自稱「兒皇帝」，並割燕雲十六州給契丹，死後，出帝繼位，對契丹拒不稱臣，為契丹所滅。

【語譯】天下的事情怎樣可稱為遠？怎樣可稱為近？怎樣就是隱微？怎樣就是顯著？原本就沒有一定的說法。古代不見得就遠，當代也不一定就近；古代的事不見得就隱微，當今的事也不一定就明顯。這要看我們心裏怎麼去看才能決定。現在我們說最近而又最容易看清楚的，莫過於親身所經歷的。可是周惠王親身遭受王子頹篡奪王位的禍害，而又寵愛子帶；鄭伯親見王子頹僭用六代之樂，而自己又為惠王奏了這些舞樂；周襄王親身經歷子帶召來戎狄的變亂，而自己又去親戎狄。都是自己親見其害，而又自己重蹈覆轍，這是為什麼呢？那是人心被某些情欲蒙蔽了，於是對某些方面就會怠忽了。惠王被溺愛之心所蒙蔽，所以自己遭受篡奪之禍這麼近的事，也都像是不同世代的事一樣，把它給忘了；鄭伯被奢侈之情所蒙蔽，所以自己見王子頹舞樂僭越那麼近的事，也像是不同世代的事一樣，把它忘了；襄王被忿怒之心所蒙蔽，所以雖然是身經王子帶召來戎狄作亂這麼近的事，也像是不同世代的事一樣，把它忘了。這三位君王，心一有所蒙蔽，雖然是親眼所見、親耳所聞的事，都把它當作不同時代的事一樣，不會記取教訓，何況要商紂以幾百年前的夏桀作為鑑戒，要幽王、厲王以幾百年前的商紂作為借鏡，那不是太困難了嗎！

因此我曾說：內心有所蒙蔽，就會以今為古，心裏沒有蒙蔽，就會以古為今。這怎麼說呢？心有所蒙蔽，就觸動感情放縱情欲，禍端就在眼前也看不見，殺戮就在其後也茫然不知。親身所經歷的，沒過多久，就如醉如夢，看它就像遠古洪荒之時的事一樣，不再省察記憶，這就是以今為古，惠王、襄王、鄭伯他們都是這樣！心沒有蒙蔽，於是六方通達四面開闊，合千年為一朝，合萬代為一世，和古代聖賢神交，就像跟他們親手交遞往來，面對面招呼應酬，在無聲無形中，心心相應，這就是以古為今，舜和文王像符節那樣相契合，就是這個樣子。以古為今或是以今為古，就只在我們內心是通達或蔽塞不同罷了，又何嘗有什麼定稱呢！

唉！人心是不可以有所蒙蔽的，處理當代的事情，而被私情蒙蔽，那麼雖然是很容易察覺的禍端，也會察覺不出來；討論古代的事情，而被歷史陳跡所蒙蔽，那麼雖然是很容易察見的道理，也會察看不到。惠王、襄王和鄭伯，已被私情所蒙蔽而看不到禍端了，後代討論它，也不免被歷史陳跡所蒙蔽。從史事看來，鄭伯是率先倡導要送惠王回成周的，虢公是追隨鄭伯而把惠王送回去的。鄭伯的功勞比較大，惠王反而薄待他；虢公的功勞比較小，惠王反而厚待他，世人都疑惑惠王怎麼會對鄭伯比較薄的原因。周襄王要以狄人討伐鄭國，富辰極力勸阻，而襄王召回王子帶，卻是富辰所導致的，富辰能見狄人的禍害，而不能察見王子帶的禍害，世人都悔恨富辰主張讓子帶回來是一大失策。惠王失位是在齊桓公稱霸諸侯的時候，襄王失位是晉文公稱霸諸侯的時候，把襄王送回去的是晉，而把惠王送回去的不是齊，世人都歸咎齊桓公納王的行動太遲緩。其實以理來衡量，惠王待鄭伯比較薄，原本沒有什麼好疑惑的；富辰主張把子帶召回來，原本也沒什麼好悔恨的；齊桓公納王的行動太遲緩，原本也沒有什麼好歸罪的，這哪裏是什麼難以察見的道理呢？

兩人相爭訟，去賄賂別人的，大多是理曲的那一方，因為仗恃自己理直的一方，是不必去賄賂的。鄭國自己的功勞大而守著常道，虢國自愧功勞小而去諂媚，功勞在事後就容易淡忘了，而諂媚當前卻容易被迷惑，這就是惠王之所以對虢公比較優厚而對鄭伯比較疏薄的原因吧？劉文靜和裴寂都是唐朝的功臣，然而起義發難，奠定帝業，都是劉文靜的謀略，這不是裴寂所敢比擬的，唐高祖厚待裴寂而薄待劉文靜，是因為劉文靜仗恃著功勞而裴寂能夠諂媚罷了。人情哪裏會相去太遠呢！所以說惠王待鄭國比較微薄，原本沒什麼可疑惑的。

兄弟應該親近，戎狄應當疏遠，對子帶的手足之情不可斷絕，正如戎狄是不可以和他通好。富辰教襄王親近他所該親近的人，疏遠他所該疏遠的人，原本就沒有其他的話可說，假使襄王採納了他的諫言，而不跟戎狄通好，那麼子帶又怎麼能夠自成其惡呢？如果和戎狄通好，雖然沒有子帶，還是不免於亂。自古以來，和戎狄共同立功業的，沒有不被戎狄侵害的，唐朝時候的回紇，五代晉時的契丹，都是原先借重他們的力量，終究受他們的害，像他們兩國，難道有像子帶這樣的人為禍才召致嗎？像襄王這樣的作為，應當後悔與戎狄通好，不應當後悔召回子帶的。所以說：富辰建議召回子帶，原本沒有可懊悔的。

天子就像是父親，諸侯就像是兒子，父親有了災難，一個兒子能夠就近去救他，其他的兒子，慶幸父親免於災難，那就夠了，又何必去爭功呢？齊桓公稱霸於天下，鄭伯和虢公為王平亂，而使王能夠復位，而齊桓公不曾跟他們爭功，是那時風俗還很淳厚的關係。等到襄王逃出成周，晉國和秦國都想出力把王送回去，晉文公就辭謝秦國的軍隊，而獨佔其功。《春秋》外傳——《國語》就記載了狐偃的話說：「君何不出兵把王送回去？你如果不做，秦國將會做的，那時就失去周王室的歡心，怎麼能夠得到諸侯的信賴呢？」這就像一個兒子想自己獨佔救父親的好名聲，於是拒絕其他兄弟，使他們不得前來。他內心關切的，不是父親而是名聲，這怎麼能夠說是孝呢？唉！

未免太澆薄了，然而齊桓公和晉文公哪一個該歸咎呢？所以說：齊桓公納王的行動太遲緩，原本沒有可歸罪的。

後代的人討論這些事情，完全是疑惑所不該疑惑的，懊悔所不必懊悔的，歸罪所不當歸罪的。

【研　析】這在《左氏博議》是篇大文章。以十五件事作為標題，固然不能算是最多，但一般多標題的，通常是類似事件的並列，論其一以概括其他。但這篇所列的，卻是兩組成為系列的事件，彼此有相似之處，討論起來相提並論，不分重輕，也就難怪用較大的篇幅了。

本文有兩個重點，一是討論周惠王、襄王與鄭伯不能記取教訓；二是討論惠王待虢公厚而待鄭伯薄、富辰召子帶和齊桓緩於納王。其事件真是千頭萬緒，討論起來何其困難！可是呂祖謙卻用了一個「蔽」字，貫串全文，不但討論得頭頭是道，而且還翻空出奇，得到與眾不同的結論，所運用的技巧，是我們所不當忽略的。

文章是以「天下事遠近隱顯，全在吾心之所見」發端，指出惠王身受子頽篡奪之禍，卻又溺愛子帶，釀成禍端；鄭伯疾子頽遍舞之僭，而又復奏其樂；襄王遭子帶召戎之變，卻又親戎狄以遭禍，都在於「蔽」。一蔽於愛，一蔽於侈，一蔽於忿，所以都不能記取教訓。第二段繼續說明內心有所蔽，就以今為古，不會記取教訓，反過來說，心無所蔽，就以古為今，與古聖賢相契合，以回應「遠近隱顯全在吾心之所見。」第一個重點的討論，就此作結。第三段仍以「蔽」字出發，批評後世論者，疑惠王何以待鄭伯較薄，悔富辰導子帶之失，咎齊桓公納王太緩，都是蔽於陳跡而不見其理。然後第四段到第六段，分別就這些批評提出異議，都以後代的事，證明古事之理，最後得出他們都是「疑其所不當疑，悔其所不當悔，咎其所不當咎」的結論。

通常每一件史事都是很複雜的，我們根據史料去推求因果，都不可能十分周全，如果把不同時空、不同人物的事件，為其因果畫一個等號，原本是不太合理的。但強調以史為鑑的中國讀書人，倒也容易接受這樣的推論方式，所以寫議論文，有時也不妨適度的加以運用。

鬻拳兵諫

莊公十九年

【題　解】 楚人鬻拳，早年曾勸諫楚君，楚君不聽，他就拿武器威脅楚君，楚君害怕而聽從。鬻拳說：「我用武器使國君畏懼，沒有比這個罪再大的了。」於是砍斷自己的兩腳，楚人就讓他當守門的官。莊公十九年（西元前六七六年）楚文王帶兵去抵禦巴人的入侵，在津地大敗而回，鬻拳不開門接納，楚文王轉而去攻打黃國，得勝而回，但在途中生病，不久就死了。鬻拳把楚文王安葬在夕室，然後自殺，葬在楚王墓闕之前，以繼續盡其守門之職。

《左傳》引君子之言，讚美鬻拳愛君，由於勸諫而自己加刑於身，受刑之後仍不忘記使國君歸於正道，但呂祖謙則強調鬻拳兵諫之道，不可取法。

古今以人君拒諫為憂，吾以為未知所憂也。首人君之惡者，拒諫居其最，是而不憂，將何憂？曰：君之拒諫可憂，而非人臣之所當憂也。

君臣同體，君陷於惡，臣不為之憂，將誰憂？曰：君有君之憂，臣有臣之憂，未聞舍己之憂，而憂人之憂者也。

人臣之憂，在於諫之未善，不在於君之未從。諫之道難矣哉！誠之不至未善也，理之不明，未善也；辭之不達，未善也；氣之不平，未善也。行之不足以取重於君，未善也；言之不足以取信於君，未善也。坐以待旦，夜以繼日，其所憂者，惟恐吾未盡諫之之道，亦何暇憂其君之從與拒乎！不憂術之未精，而徒憂病之難治，天下之拙醫也；不憂算之不多，而徒憂敵之難勝，天下之庸將也。臣之納諫者，苟尤君而不尤己，不能導君而使自從，徒欲強君而使必從，其流弊終至於鬻拳脅君而後止耳。

鬻拳豈欲脅君哉！告而不聽，故出於強，強而不聽，故出於脅。君愈不聽而愈求之於君，曾不知反求吾納諫之道盡歟不盡歟。諫，吾職也，聽，君職也，吾未能盡其職，乃欲越其職，以必君之聽，其可乎？祭在人，饗在神；諫在臣，聽在君。有孔子而魯不治者，諫在孔子，而聽在魯侯也；有孟子而齊不治者，諫在孟子，而聽在齊王也。孔孟急於救世，豈在鬻拳下乎！然寧坐視齊魯之失道，終不肯強齊魯之君者，盡臣之職，而不敢越臣之職也。鬻拳之事君，其視孔孟未能萬分之一，而遽欲脅君乎！當鬻拳臨楚子以兵，及其拒楚子不納也，幸楚子不以為忤耳，苟楚子之不從，吾不知鬻拳何術以繼之乎！使是時不幸為楚子所誅，則陷於逆亂，其心迹終無以自見於後世矣。鬻拳亦知其不可繼，自謂吾心忠而迹逆，心順而迹悖，故以刖足之心明吾兵諫之迹。後世若學吾之兵諫，盍學吾之刖足？吾之刖足不可學，則吾之兵諫亦不可學也。聖人之道欲後世之皆可學，鬻拳之道欲後世之不可學，何其與聖人異耶？先之以稱兵，後之以刖足，壞於前而修於後，開於前而閉於後，隨作隨救，焦然不寧，吾恐聖人之舉事不如是之煩且勞也。

道有樞，言有會，柁移則舟轉，輪運則車行，夫豈在於用力耶？古之人固有廣廈細旃❶之上，從容片言基治平之原者，固未嘗動聲色、費辭說也。牽裾折檻❷已為下策，況動干戈於君側耶？荀卿，儒之陋者也，其論諫諍輔拂，乃曰：「自能率群臣百吏相與強君，君雖不安，不能不聽，遂以解國之大患。」謂之輔拂之說❸，即鬻拳之說，皆欲以力強其君者也。匹夫所恃以動萬乘者，道存焉耳，苟欲與君較力，是丐者與猗頓❹較富也，危矣哉！

【注釋】❶廣廈細旃　指朝廷議事之所。《漢書・王吉傳》：「夫廣廈之下，細旃之上，明師居前，勸誦在後，上論唐虞之際，下及殷周之盛。」❷牽裾折檻　拉扯衣襟，折斷殿欄。皆朝臣敢於直諫的典故。三國魏文帝欲徙冀州十萬戶到河南，群臣以為不可，文帝變色，群臣不敢言，惟侍中辛毗力諫，文帝不答而起，入內，辛毗引其裾，文帝奮衣不回，過許久乃出，遂徙其半。見《三國志・魏書・辛毗傳》。漢成帝時，張禹為帝師，以年老子孫弱，不敢直言，槐里令朱雲上書求見，請以尚方斬馬劍斬張禹，成帝大怒，以廷辱師傅，拖下，朱雲攀殿檻，檻折，大呼：「臣得以從龍逄、比干於地下，其願已足，不知聖朝將如何？」左將軍辛慶忌叩頭流血請免其死。成帝意解，不但免其罪，並阻止修檻，用以表彰直臣。見《漢書・朱雲傳》。❸謂之輔拂之說　《荀子・臣道》：「率群臣百吏而相與彊君矯君，君雖不安，不能不聽，遂以解國之大患，除國之大害，成於尊君安國，謂之輔；有能抗君之命，竊君之重，反君之事，以安國之危，除君之辱，功伐足以成國之大利，謂之拂。」

本文多加刪節。❹猗頓　春秋魯國人，販鹽起家，富可敵國，與陶朱公——范蠡並稱，世稱陶朱猗頓之富。見《史記・貨殖列傳》。

【語　譯】從古到今，為人之臣常以君主不聽勸諫而感到憂慮，我卻以為「這未免不了解自己所該憂慮的是什麼。」君主最糟糕的事，莫過於不聽人臣的勸諫，如果連這都不憂慮的話，那將憂慮什麼呢？我認為「君主不聽勸諫是可憂慮的，但這不是為人之臣所當憂慮的。」君臣是一體的，君陷於惡，為人之臣不引以為憂，那將為誰憂慮呢？我以為「君主有君主的憂慮，臣子有臣子的憂慮，沒聽說把自己應當憂慮的放在一邊，而去憂慮別人應當憂慮的事。」

為人之臣所當憂慮的，在於勸諫得不夠好，不在於君主沒有聽從。勸諫之道可不簡單！不能誠懇意切就不夠好，事理不明達也是不夠好；辭不達意固然不好，不能心平氣和也不行。德行不足以讓君主器重，便不理想；言談不足以讓君主取信，也有問題。人臣戰戰兢兢日以繼夜所憂慮講求的，是怕自己不能盡勸諫之道，哪裏還有時間去擔心君主會聽從或拒絕！不擔心自己的技術不精明，而只擔心疾病不好治療，那是天下最拙劣的醫生；不擔心自己的謀略不夠多，而只擔心難以打敗敵人，那是天下最庸劣的將領。臣子在進諫的時候，如果怨怪君主而不怨怪自己，不能誘導君主而使君主自願聽從，只是想強迫君主一定要聽從，流弊所及，終究會弄到像鬻拳那樣用暴力脅迫君王才能罷休。

鬻拳哪裏是想脅迫國君呢！只是勸告君王，君王不聽，所以就要勉強他聽從，但勉強也沒用，就採取脅迫的手段。國君越是不聽，他越是要求國君非聽從不可，卻從來不知道反省自己是不是盡了進諫之道。進諫是我的職責，聽諫是君主的職分，我沒有盡自己的職責而想超越自己的職分，要求國君一定要聽從，這樣難道可以嗎？祭祀由人來辦理，要不要饗用在於鬼神；進諫由臣子提出，聽不聽在於君主。有了孔子而魯國不能平治，那是進諫雖有孔子，但聽不聽在於魯侯；有了孟子而齊國不能平治，那也是進諫之事雖有孟子在，但聽不聽還是決定於齊王。孔子、孟子急於救世之心，哪會在鬻拳之下呢！但他們寧可坐視齊國、魯國無道，而不肯強迫齊、魯之君，是因為盡人臣的職責，而不敢超越人臣的職分。鬻拳事君之道，不及孔、孟的萬分之一，而只能突然脅迫君王罷了！當鬻拳以武器脅迫楚君，以及他閉門不接納楚君，都幸虧楚君沒有認定他是叛逆，假使當初楚君不肯聽從，我真不知道鬻拳還能使用什麼法子呢！假使當時不幸被楚君所殺，那他就落個叛逆作亂的罪名，他的心跡就無法表明於後世了。鬻拳也知道這辦法不能再用，自己說我內心雖然忠誠的，但外在的行為是大逆不道的，內心雖然順理，但外在的行為是背逆的，所以用砍斷自己的雙腳表明心跡，並懲罰自己用武器脅迫的行為。後世的人想學我以武器諫止國君，何不也學我砍斷雙腳？我砍斷雙腳的事不可學，那我用武器脅迫諫諍的事也就不可學了。聖人之道是想要讓後世都可以學，鬻拳之道是希望後世都不可學他，為什麼跟聖人不同呢？先以武器脅迫，然後斷足自懲，是破壞於前，再修護於後；開創於前，再阻絕於後，隨時做隨時補救，焦急而不安寧，我想聖人做事是不會這樣麻煩和辛苦的。

天下的道有其樞紐，言語有其要領，舵一扳動，船就轉向，輪一運轉，車子就走動，這難道是用很大的力氣的嗎？古代的人本來就在大殿之下細氈之上，舉止從容，以隻言片語奠定治國平天下之基礎的，原本不必動聲色、費唇舌加以力諫的。像辛毗拉住衣襟、朱雲拉斷殿檻，都已經是下策，更何況是在國君身邊動武器呢？荀卿在儒家是比較淺陋的人，他討論「諫諍輔拂」，於是有：「自能率領群臣百官以強制國君，國君雖然不安，卻不能夠不聽從，於是解除了國家的大患。」稱之為輔拂的說法，這就如鬻拳，都是想以力量強制他的君主的人。一個平常人所仗恃用來左右萬乘之君的，是有「道」存在其中，如果想和國君比力量，那是乞丐和猗頓較量財富，多麼危險啊！

【研　析】本篇從君臣職分的觀點，說明諫君之道，在於導之使自從，而不可以強之使必從，而以此貫串全文，但沒有正面提出來。這正是其高明之處。

第一段先提出與眾不同結論：「古今以人君拒諫為憂，吾以為未知所憂也」，然後自問自答，說明他何以這麼說。第二段說明臣所當憂的是：諫之未善、未盡諫之道。然後反面輕點主旨，同時也引入了主題人物，這是很技巧的手法。第三段申論鬻拳兵諫不足取法，不合聖人之道，既越職分，又危險，而且無以為繼。最後批判荀子所謂輔拂之說，以為臣諫有道，不在較力。

文中以孔孟與鬻拳比較，說明鬻拳兵諫之不宜，其實依孟子的說法，「君有過則諫，反覆之而不聽，則去」，這是異姓之卿的作法，至於貴戚之卿，「反覆之而不聽，則易位」，還是較力。孔孟處於春秋戰國之世，欲以仁義救世而遊說諸侯，與後代一統之世，臣諫之道，應有不同。那些為天下蒼生，不惜較力冒死以諫的直臣，是可敬的，他們實有不得不如此的苦衷，荀子之說並非全不可取。呂祖謙處君權高張，「君要臣死，臣不敢不死」的時代，總是以維護君王的威權為前提，同時科舉場屋之文，也是如此才能上討君王的歡心，這是我們讀他的文章及討論問題時，所不能不注意的。

陳敬仲辭卿飲桓公酒

莊公二十二年

【題解】陳敬仲，即陳完，為陳厲公佗之子，魯莊公二十二年（西元前六七二年），陳宣公為立嬖妾之子，殺太子御寇，陳敬仲因為和御寇相善，乃投奔齊國，齊桓公要立他為卿，他辭謝說：「寄居在外的臣子，有幸得到寬恕，能在寬厚的政治之下，赦免其不安於教訓的罪過，免除內心的負擔，那就是君王的大恩大德了。我所得已太多，豈敢接受高位，以招致其他官員的指責？我死也不敢接受！」於是給他當工正（掌管百工之官）。敬仲招待桓公飲酒，桓公興致很高，天黑了還要點燭繼續喝，敬仲辭謝說：「臣只卜過白天可以請君王飲酒，沒有卜夜裏可以不可以，所以不敢承命。」《左傳》引君子之說：「酒用來完成禮儀，不能繼續無度，這是義；和國君飲酒完成了禮儀，不使他過度，這是仁。」

呂祖謙於此，以滿招損的道理，說明不可過其量的重要。

人之嗜進而不知止，未有不由子孫累者。一身之奉易足也，一身之求易供也，其所以嗜進而不知止者，特欲為子孫無窮之計耳。吾身不能常存，主眷不能常保，身未沒眷未衰之時，厚集權寵以遺後之人，一失此機，子孫將何所庇乎？此所以爵愈高而心愈躁，祿愈豐而心愈貪也。

陳氏之在齊，其子孫莫強焉。竊意敬仲入齊之始，其所以遺子孫者必甚厚，反覆攷之則大不然。人皆求權位以遺子孫，齊桓公使之為卿，位既高矣，而敬仲辭之；人皆結眷寵以遺子孫，齊桓公飲其家，至欲繼之以燭，寵亦深矣，而敬仲又辭之。敬仲雖安於恬退，曷不少享齊公之美意，以為子孫之託耶？嗚呼！是乃敬仲深託其子孫於齊也。人之所以多求位與寵者，不過欲子孫用之不盡耳，抑不知吾盡取其位，安得餘位以遺子孫乎？吾盡取其寵，安得餘寵以遺子孫乎？敬仲所以不處齊卿之位者，恐其位之盡也；不當夜宴之寵者，恐其寵之盡也。齊敬仲每有不盡之懷，故其子孫亦每有不盡之澤。是辭一卿之秩，而開一世之基；辭一夕之宴，而得數百年之眷。深矣哉！敬仲託其子孫於齊也。至於田和，席敬仲之業，既滿而溢，篡竊齊國，六七傳而遂亡[1]。以損而與，以滿而滅，豈非盈者天地鬼神之所共惡耶？

君子之立朝，使君有慊心則可，使君有厭心則不可。樂歲之肉如藿，凶歲之藿如肉。富家之帛如布，貧家之布如帛。貴生於不足，而賤生於既足也。勢盈位極，為君所厭，身且不保，而況子孫乎？宋劉湛之事文帝❷，其始帝與語，視日早晚，惟恐其去；其後亦視日早晚，惟恐其不去。文帝既厭湛，而湛獨冒寵，宜其不免於誅也。使湛當文帝惟恐其去之時，翻然引去，則文帝之與湛常有無窮之思。是知愛極則移，高極則危。由古至今，用過其量，見險不止，未有能全者也。

用過其量者，固召釁而集禍矣。彼人與位相稱者，其可以無慮歟？曰：亦未可以安枕而臥也！謝安之隱東山也，晉國慕之，惟恐其不起也；及其既出，高崧謂之曰❸：「卿高臥東山，諸人每言安石不肯出，將如蒼生何？蒼生今將如卿何！」安有愧色，蓋天下望安之出久矣，一旦為蒼生而起，則寒者求衣，飢者求食，不獲者求得。今之責我者，皆昔之慕我者也。未出則為人所慕，既出則為人所責。未出則人恐失我之賢，既出則我恐失人之望。憂樂勞逸，豈可同日而語耶！然則豈特用過其量者為不可，即人與位相稱者，亦未易處也！

【注釋】❶至於田和五句　陳完改陳字為田氏，子孫世為齊卿，至田和，列為諸侯。田和之子午，廢姜氏而奪齊，經威王、宣王、湣王、襄王、齊王建而亡。❷宋劉湛之事文帝　劉湛，字弘仁，南朝涅陽人，小字斑獸，自負才氣，博涉史傳，善論政道，並諳前代故事，使聽者忘疲，為南朝宋文帝所善，但後來因結彭城王義康，獨當時務，文帝不安，於是被誅，事見《南史・劉湛傳》。❸高崧謂之曰　謝安，字安石，少有重名，但累辟不就，等到其弟被黜，才有仕進之心，當時已四十多歲。征西大將軍桓溫請為司馬，將發新亭，朝士咸送，中丞高崧戲之，而說了這段話。後來謝安為相，於淝水之戰大勝苻堅，成為東晉名相。見《晉書・謝安傳》。

【語譯】人之貪求官祿晉升而不知節制保留，沒有不是為子孫累積的。自己的奉養，容易滿足，自己的需求，容易提供，人之所以貪求俸祿而不知節制的，那是想為子孫傳之於無窮所作的打算。我自己不能一直活著，君主的眷寵也不能常保有，在自己還沒死、眷寵還沒衰退的時候，多聚集權位和恩寵，以留給後代的人，一失去這機會，子孫怎麼能夠得庇蔭呢？這才造成爵位越高，心裏越急躁；俸祿越豐厚，內心越貪婪。

陳氏在齊國，他子孫的強大，是沒有人可以比得上的。本以為敬仲到齊國的時候，他留給子孫的一定很豐厚，但反覆考察的結果，根本不是這樣。人們都想求得權力地位，以留給子孫，齊桓公要他當正卿，地位已經很高了，但敬仲辭謝不接受；人們都希望得眷顧恩寵，以留給子孫，齊桓公到他家飲酒，時間到了還要點燭繼續留下來，恩寵實在太深厚了，但敬仲又辭謝不領受。陳敬仲雖然安於恬淡退讓，為什麼不稍微享用齊桓公的美意，使子孫有所依託呢？唉！這正是敬仲要長遠將子孫託身於齊國的做法。人們之所以多求祿位與榮寵，只不過是想要子孫享用不盡罷了，但他們不了解我盡取其祿位，怎麼還會留下祿位給子孫呢？我取盡所有的榮寵，怎麼還會留下榮寵給子孫呢？敬仲之所以不願居於齊國卿位，是怕祿位到此已盡；不肯承受夜宴的恩寵，是怕榮寵到此已盡。齊敬仲常有不盡的憾恨，所以他的子孫才有不盡的恩澤。於是辭一個卿的祿位，而開拓了一世的基業；辭一夜之宴飲，而得數百年的恩寵。真是很深遠呀！敬仲託子孫於齊國的做法。至於他的後世子孫田和，憑藉敬仲的基礎，已到盈滿而又橫溢的境地，篡奪齊國，但傳位六七人就滅亡了。以謙損而興盛，因滿溢而滅亡，豈不是滿盈的人為天地鬼神所共同嫌惡的嗎？

君子在朝為臣，使君王有不足之憾，是可以的，使君王有飽足之心，就不可以了。在年收成好的時候，肉像豆葉一樣不被珍愛；年收成不好的時候，豆葉像肉一樣的被珍惜。在富貴人家的絹帛當做粗布一樣，在貧苦人家的粗布可像絹帛一般。貴重之心生於不足之時，輕賤之心生於既足之後。勢大位高，常為君王所厭惡，到時連自身都難以保全，更何況是子孫呢？劉湛事奉南朝宋文帝，起初文帝跟他說話，總是看日色的早晚，就怕他就要離開了；後來也看日色的早晚，就怕他不快離開。文帝既然厭煩劉湛，而劉湛還專寵不辭避，當然不能免於被殺的。假使劉湛在文帝惟恐他離去的時候，翩然退隱，那麼文帝對劉湛常有無窮的思念。因此我們可知道，愛到極點就會改移，地位高到極點就會危險。從古到今，重用過度，看到危險還不停止的，是沒有能夠保全的。

重用過度的，固然會召來禍端、聚集災殃。如果人和地位很相稱的話，是不是就可以沒有憂慮呢？我以為這也不能高枕無憂呢！謝安隱居於東山的時候，晉國的人都仰慕他，惟恐他不出來做官，等他出來做官了，中丞高崧告訴他說：「你在東山高臥的時候，許多人常說，謝安不肯出來做官，天下百姓將怎麼辦？現在天下蒼生看你怎樣待他們！」謝安面有愧色，因為天下盼望謝安出來做官已經很久了，一旦為天下百姓而出來做官，那麼受寒的人想得到衣裳，飢餓的人想得到食物，沒有獲得的人都想望有所獲得。如今責求我的，都是當初仰慕我的人。沒有出來做官，為人所仰慕，出來做官之後，為人所責求。沒出來做官，人們怕失去我的賢能，出來做官之後，就變成我怕人們失望。憂勞和逸樂，哪裏是可以同日而語呢！這麼說來，豈只是重用過度不好而已，即使是人與地位很相稱的，也都不容易做得好呢！

【研　析】本篇是以《易・謙》：「天道虧盈而益謙，地道變盈而流謙，鬼神害盈而福謙，人道惡盈而好謙。」和《老子》所謂「知止不殆」為中心，與《左傳》以「仁義」相許不同。《左傳》就歷史事件作橫斷面的道德評價；本文則就歷史事件作縱線的影響考察。角度不同，就可以寫出另一番議論來。我們要寫一篇不同於人云亦云的文章，角度的調整是必須的。

本文第一段認定人們追求榮祿而不知止，是因為要留給子孫。以此作為第二段討論陳敬仲辭卿辭夜飲的基礎。第二段是討論主題人物與事件，強調辭卿辭夜飲為子孫留下不盡的福澤。第三段強調君子立朝，要使君有慊心，並以劉湛作為旁證。第四段則以謝安為例，說明人位相稱，都不易處居，更別說榮寵過度，用過其量了。

本文結論的方式較為奇特，有時可以運用以得警奇的效果。舉一個最淺顯的例子，如討論駕駛車輛最需小心，我們可以從「做事以小心謹慎為要」說起，再談「駕駛車輛」更需小心，然後舉不小心而闖禍的例子，最後則以某事件為例，說明極其小心，都還差一點就闖禍，以強調駕駛絕對要小心。這便是這種結論的方式，因為它總比最後再強調一次作為結論要好得多。

卷八

懿氏卜妻敬仲

莊公二十二年　晉侯賜畢萬魏　閔公元年　成季將生桓公使卜楚丘之父卜之　閔公二年　秦伯卜伐晉　僖公十五年　晉獻公筮嫁伯姬於秦　僖公十五年　梁嬴孕過期卜招父卜之　僖公十七年　晉侯卜納王　僖公二十五年　齊侯戒師期而有疾　文公十八年　晉楚遇於鄢陵晉侯筮之吉　成公十六年　施氏卜宰　成公十七年　穆姜薨於東宮　襄公九年　宋公享晉侯　襄公十年　鄭皇耳侵衛孫文子卜追之　襄公十年　崔子卜妻齊棠公之妻　襄公二十五年　盧蒲癸王何卜攻慶氏　襄公二十八年　晉侯有疾問祟於子產　昭公元年　穆子之生莊叔筮之　昭公五年　孔成子卜立靈公　昭公七年　南蒯將

叛枚筮之示子服惠伯 昭公十二年　臧昭伯如晉臧會竊其寶龜僂句以卜 昭公二十五年　晉趙鞅卜救鄭 哀公九年　楚卜子良為令尹 哀公十七年　巴人伐楚楚卜帥 哀公十八年

【題解】《左傳》所記載的卜筮，都很靈驗，常為後人所詬病，因為中國知識分子大多傾向無神論，至少秉持孔子「不語怪、力、亂、神」的傳統，對《左傳》的這些記載，採取鄙夷的態度。呂祖謙也是傾向無神論的人，但他對《左傳》靈驗的卜筮記載，卻抱持著肯定的態度，為它提出合理的解釋。他在本文標題，摘取與卜筮有關的二十三件事，認為《左傳》記載了二百四十二年（其實這是《春秋》的年數，《左傳》應是二百五十五年）的事，當時從天子以至庶人的卜筮，何止數萬，《左傳》取靈驗者載之，也不過數十事而已，數十事記於一書，感覺夠多了。但分散兩百多年，實在很少，其間荒誕不靈，不傳不載的，就不知有幾萬。至於靈驗的部分，都像「礎先雨而潤」，已露其契機，發見於心，所以也不足深怪。

　這二十三件事分別是：一、陳敬仲逃到齊，懿氏要和他聯婚，卜得「五世其昌，並於正卿，八世之後，莫與之京」，後果然如此，終致篡齊。二、晉獻公把魏地賜給畢萬的時候，卜偃卜得畢萬後代，必為諸侯，後來果然韓、趙、魏三家分晉，並為戰國七雄之一。三、魯國成季將生，他的父親魯桓公要卜楚丘之父卜之，說將生男，其名為友，說他將被敬重如君，生後手紋有友字，因此命名，後來他立僖公，極受尊重。四、秦晉韓原之戰，秦穆公卜之，卜徒父說將可俘虜晉惠公，後來果然如此。五、晉獻公要把女兒伯姬嫁給秦穆公，史蘇占得不吉，並說以後「姪從其姑」，六年後逃歸，次年將死於高梁之虛，其後晉懷公果真如此。六、晉惠公取梁嬴，孕已過期，卜招父卜之，說將生一男一女雙胞胎，男的將為人臣，女的將為人妾，後來，男的即懷公，卻充當人質，女的充當宦女，皆如所卜。七、晉文公要納周襄王，平王子帶之亂，卜得大吉，並將受周王禮遇，皆如所卜。八、齊懿公將伐魯，才宣布出兵日期就病了，醫生說到不了秋天就會死。魯文公占卜，希望齊侯快一點死，由叔仲惠伯致告龜甲，卜楚丘得到占卜說，齊侯會不到期就死，但不是由於生病，可是魯君將聽不到這件事，致告龜甲的人也有災禍，那年二月魯文公先死，五月齊懿公被弒，十月惠伯被殺。九、鄢陵之戰，晉厲公讓太史占卜，說楚會敗，楚王眼睛會被射中，呂錡果然射中楚共王的眼睛而楚敗。十、齊鮑國任施氏家臣，施氏卜家宰，以為匡句須吉，匡句須以為鮑國忠良，所以讓給鮑國，鮑國忠於職守，後來為鮑氏後嗣。十一、魯成公之母穆姜，通於叔孫僑如，而要殺季、孟，威脅廢立成公，被徙居東宮，卜得〈隨卦〉，而知道將老死於此，後來果真如此。十二、宋公以桑林之樂招待晉悼公，荀罃辭謝，但還是用了，晉侯回國病了，卜兆見桑林作祟，荀罃以為我們早已辭此禮儀，所以不會有事，後來病就好了。十三、鄭國皇耳攻衛國，衛孫文子卜之，定姜以為有利，終於俘獲皇耳。十四、齊崔杼想娶棠公的寡妻，筮之不吉，崔杼娶之，後來齊莊公與之私通，崔杼弒莊公。十五、盧蒲癸和王何想攻打慶氏，將龜兆拿給慶舍看，說有人要攻打仇人而占卜，慶舍說會攻下而且見血，後來二人殺死了慶舍。十六、晉平公病了，鄭國派子產去探問，晉侯說卜人卜得實沉、臺駘作祟，不知是何方神聖？子產說參星是晉國的星宿，實沉該是參星之神，臺駘是汾水之神，照理說他們只會降水旱瘟疫或霜雪風雨之災，不會降病於國君，而認為平公之病是因宮中有四個姬姓侍妾所致，後來秦國名醫也診斷縱於聲色所致。十七、魯國叔孫穆子出生時，卜得他會出奔，但會回來繼承父位（他不是長子），並帶回一個奸邪的人，名叫牛，最後會餓死，後來都完全應驗。十八、衛國孔成子和史朝都夢見衛康叔要他們立元為君，元為次子，長子腳有毛病，他們後來卜得「元亨」，於是立元為君，即為衛靈公。十九、魯南蒯將叛，卜得「黃裳元吉」，子服惠伯解釋：「忠信之事則可，不然必敗。」南蒯以費叛而逃齊。二十、魯臧昭伯到晉國時，臧會偷寶龜，卜自己該不該信實安分，卻以不安分為吉，於是故意得罪昭伯，臧氏派人抓住他於季氏中門之外，季氏以兵入家門大怒，與臧昭伯結怨，後來臧昭伯隨魯昭公奔齊，季氏乃以臧會為臧氏繼承人。二十一、宋攻打鄭，晉趙鞅為救鄭而卜，得到卦象是水流向火，大家都以為與宋為敵不吉，陽虎用《周易》筮，結果一致，於是停止不出兵。二十二、楚惠王和葉公為立子良為令尹，卜得大吉，並說：「過於其志」，於是不敢用，改以子國為令尹。二十三、巴人伐楚，右司馬子國占卜，結果是「如志」，等要卜元帥時，楚王說：「子國如志，還卜什麼？」於是以子國為帥，另派副手，擊敗了巴人。《左傳》引君子之言，說惠王知志，正合〈夏書〉所說卜筮的人要先察知心志，然後用龜卜，以及古書上說「聖人不煩卜筮」的道理。

顯然，這二十三條都與卜筮有關，但不全是靈驗的卜筮，本文的內容，提到其中的六條，有褒有貶，而全文是根據最後一條「聖人不煩卜筮」來立論的。

物莫不有先，礎先雨而潤，鐘先霜而清，灰先律而飛❶，蟄先寒而閉，蟻先潦而徙，鳶先風而翔。陰陽之氣，渾淪磅礴於覆載之間，而一物之微，先見其幾，如券契符鑰❷，無毫釐之差。何也？通天地一氣，同流而無間也，一物且然，而況聖人備萬物於我❸乎！

聖人備萬物於我，上下四方之宇，古往今來之宙，聚散慘舒，吉凶哀樂，猶疾痛疴癢之於吾身，觸之即覺，干之即知。清明在躬，志氣如神，嗜慾將至，有開必先❹，仰而觀之，熒光德星，欃槍枉矢❺，皆吾心之發見也。俯而視之，醴泉瑞石，川沸木鳴，亦吾心之發見也。玩而占之。方功義弓❻，老少奇耦❼，亦吾心之發見也。未灼之前，三兆❽已具；未揲之前，三易已彰。龜既灼矣，蓍既揲矣，是兆之吉，乃吾心之吉，是易之變，乃吾心之變。心問心答，心叩心酬。名為龜卜，實為心卜；名為蓍筮，實為心筮。水中之天，即水上之天也；鑑中之面，即鑑外之面也；蓍龜之心，即聖人之心也。天天相對，面面相臨，心心相應，混融交徹，混然無際，敗甲朽株云乎哉？故曰：「聖人不煩卜筮。」在聖人觀之，拂龜布著，已為煩矣，況區區推步揣摩之煩耶！

卜筮之理，嘗見於大舜之訓矣，曰「卜不習吉⑨」而已，一吉之外，無他語也；又嘗見於神禹之疇矣，曰「龜從筮從⑩」而已，一從之外，無他語也；又嘗見於武王之誓矣，曰「朕夢協朕卜⑪」而已，一協之外，無他語也；又嘗見於周公之誥矣，曰「卜澗水東，瀍水西，惟洛食⑫」而已，一食之外，無他語也。至於後世，始求吉凶於心外，心愈疑而說愈鑿，說愈鑿而驗愈疏。附之以瞽史⑬之習，雜之以巫覡之妄，千蹊百徑，庶幾一中，失之於心，而求之於事，殆見心勞而日拙矣，《左氏》之所載是也。

或曰《左氏》所載卜筮之事，巧發奇中，動心駭目，其驗若此，奚其疏？曰：《左氏》起隱迄哀，二百四十二年之間，若天子、若諸侯、若卿大夫、若士庶人，竊意其卜筮之數，約而計之，猶不啻數萬也，《左氏》載其驗於書者，纔數十事耳。是數十事者，聚於《左氏》之書則多，散於二百四十二年則希闊寂寥，絕無而僅有也。乃若誕謾無驗，不傳於時，不錄於書者，吾不知其幾萬矣！安得不謂之疏耶！

就《左氏》之所載，彼善於此者，如穆姜、荀罃、子服惠伯之屬，猶庶幾焉，是雖未足少議聖人之卜筮，然類能信其心之所安，而不奪於瞽史之說近之矣。不信瞽史，是真信蓍龜者也，是心之外，豈復有所謂蓍龜者耶？

噫！桑林之見，妄也；僂句之應，僭也；臺駘實沈之祟，妖也。彼蓍龜之中，曷嘗真有是耶？妄者見其妄，僭者見其僭，妖者見其妖，皆心之所發見耳。蓍龜者，心之影也，小大修短，咸其自取，傴者曲而躄者跛，夫豈影之罪哉？

【注釋】❶灰先律而飛　古人以葭莩（蘆葦中的薄膜）燒成灰，置於十二律管中，放在密室中，以占氣候。據說當某一節候到來，某一律管中的葭灰就飛去。如冬至到來，黃鐘律管的葭灰就飛動。詳見《後漢書·律歷志上》。❷券契符鑰　古代的券契和朝廷用作憑證的符節，都是剖分為二，各執其一，猶如我們現代的收據或證件，都有存根聯，當要證驗時，即以兩部分合攏，看上面文字或印信是否契合。鑰指鎖鑰，相合即可開鎖，所以這些都用為符合的代稱。❸聖人備萬物於我　《孟子・盡心上》：「孟子曰：『萬物皆備於我矣，反身而誠，樂莫大焉。』」❹清明在躬四句　語出《禮記・孔子閒居》，本指文王、武王有清明之德，方欲王天下，有神開導，豫先降生賢能的輔佐。本文引用稍異。❺榮光德星欃槍枉矢　皆古代天文星象。榮光，五色瑞氣，古代以為吉祥的預兆。德星，即景星，通常指木星，有時指一種極光或彗星、流星，古人以其出於有道之國。欃槍，為彗星的別名，古人以其有除舊更新之象。枉矢，為流星，流墜時像曲矢。古人皆以此論吉凶，以為可以預示未來。詳見《史記・天官書》。❻方功義弓　四種龜兆名。見《周禮・春官・卜師》。❼老少奇耦　《易經》象數之學以九為老陽，六為老陰，七為少陽，八為少陰。就奇耦來說，三為奇，二為耦，三奇為老陽，三耦為老陰，一奇兩耦為少陽，兩奇一耦為少陰。❽三兆　灼龜於火，其象似玉、瓦、原田的裂痕。《周禮・春官・大卜》：「大卜掌三兆之法，一曰玉兆，二曰瓦兆，三曰原兆。」於此指各種不同的龜兆。❾卜不習吉　見於《書・大禹謨》：「帝曰：『禹，官占，惟先蔽志，昆命于元龜，朕志先定，詢謀僉同，鬼神其依，龜筮協從，卜不習吉。』」是舜要讓位給禹，禹不敢受，要將各功臣逐一卜之，誰吉就由誰接位。但舜說卜官所卜，是人先有決斷，再問吉凶，如今我已想好人選，又問過眾人，再卜吉凶，卜之得吉，就不必再卜其他人是不是吉了。❿龜從筮從　《書・洪範》：「汝則有大疑，謀及乃心，謀及卿士，謀及庶人，謀及卜筮。汝則從、龜從、筮從、卿士從、庶民從，是之謂大同。」⓫朕夢協朕卜　周武王伐紂，渡孟津，而作〈泰誓〉。其中提到：「天其以予乂民，朕夢協朕卜，襲于休祥，戎商必克。」是說上天用我來除惡以治民，我的夢和卜相合，都合於美善吉祥，這次伐紂一定會成功。⓬卜澗水東瀍水西惟洛食　周公營建成周，卜兆以告成王，作〈洛誥〉，其中有「我乃卜澗水東，瀍水西，惟洛食。我又卜瀍水東，亦惟洛食。」食，是龜卜的術語，通常稱為食墨。指灼龜後所出現的兆紋和事先的墨畫順合，是完全合意的吉兆。⓭瞽史　本為官名，指樂師和史官。古代樂師多由盲者擔任，所以稱為瞽。呂氏於此則指史官，而隱指左丘明，因相傳左丘明是失明的人，而又記《左傳》，於此稱瞽史，一語雙關，有斥其無識見之意。

【語　譯】事物的變化都有先兆，柱下的礎石在下雨之前就先潮濕，鐘在放晴之前就聲音清朗，葭莩的灰在節氣到來之前就先飛揚，冬眠動物在寒冷之前就已藏伏，螞蟻在大水到來之前就先搬走，鳶在起風之前就先飛翔。陰陽之氣，渾沌充塞於天地之間，而一件事物的隱微，都可先察見它的跡兆，結果好像是契券符節和鎖鑰一般，沒有絲毫的差失。這又是為什麼呢？因為天地間是一氣同流，互通而沒有阻隔的，一般的物尚且如此，更何況是具備萬物之理於一身的聖賢呢！

聖人集萬物之情理於一身，所以上下四方，古往今來，宇宙間的悲歡離合，吉凶哀樂，就像疾病痛癢在自己的身上，一碰觸就有感覺，一探求就可知曉。聖人有清靜光明之德在於身，氣志變化微妙如神，王天下之期即將到來，就有事物作為先導，抬頭看天，那些五色瑞氣、景星、彗星、流星，都是我發之於心、見之於外的。低頭看地面，那些甘泉、祥瑞的玉石，川流沸騰、山木發聲，也都是我發之於心、見之於外的。玩味研習加以占卜，那些方兆、功兆、義兆、弓兆、老陽、老陰、少陽、少陰，也都是我發之於心而見之於外的。在還沒有炙燒龜甲以前，各種龜兆已經具備；在還沒推算之前，各種易卦已經顯示。龜甲炙燒了，蓍草推算了，所見龜兆的吉，就是我內心所認定的吉，所見易卦的變化，正是我內心的變化。在心中發問，由內心回答，在內心推敲，由內心回應。名義上是龜卜，其實是心卜；名義上是蓍草占筮，其實是心中占筮。就像水中所看到的天，是水面上的天空；鏡中所看到的臉面，是鏡外的面孔；蓍龜的心，正是聖人的心。

天和天相對（天空與水中的天），面和面相近（面孔與鏡中的面），心和心相應（蓍龜之心和聖人之心），混合交融，通達貫徹，難分彼此，哪裏是破敗的龜甲、枯朽的蓍草所說的呢？所以說：「聖人是不必卜筮的。」就聖人看來，拂拭龜板排列蓍草，已經是個麻煩事了，更何況一點一滴按步推算揣摩的瑣碎煩擾呢！

關於卜筮的道理，曾見於舜的訓辭，只說「卜之得吉，就不接著再卜」而已，卜個吉之外，就不再問什麼；又曾見於大禹治天下的九類大法，也只說「龜從、筮從」而已，只求從之外，也再沒其他話了；又曾見於周武王的誓詞，說「我所夢到的和所占卜的相協（相合）」，除了協之外，也不再說什麼；又曾見於周公的誥辭，只說「卜澗水以東、瀍水以西的地方，只有洛地得到食墨的吉兆」。除了食墨合意之外，並沒有再說別的。到了後世，才開始在內心之外求知吉凶，內心越是疑惑而解說就越穿鑿附會，解說越是穿鑿附會也就越不應驗了。加上那些瞽史的習性，雜揉神棍的虛妄，要在千百種可能中猜中其一，失之於內心，而求之於外在的事物，於是只見他們費盡心機卻越弄越糟，《左傳》所記載的就是如此。

或許有人說，《左傳》所記載的卜筮，都是神乎其技，玄妙地說中，令人目瞪口呆，靈驗到那種地步，怎麼說它粗疏呢？我的理由是：《左傳》是從魯隱公寫到魯哀公，共二百四十二年，如天子、諸侯、卿、大夫、士、庶人，他們求於卜筮的次數，約略統計一下，恐怕不只幾萬次，《左傳》記載應驗的卜筮在書上的，才幾十件而已。這幾十件集中寫在《左傳》這本書上，是顯得很多，但分散在二百四十二年，就顯得稀少，甚至是絕無僅有了。至於那些荒誕無稽，在當時都不流傳、不記載在書中的，我們都不知道有幾萬件呢！怎麼能夠不說它粗疏呢！

就《左傳》所記載，比較善於此道的，就像穆姜、荀罃、子服惠伯這些人，還差不多可以算是好的，他們雖然不足以和聖人的卜筮相提並論，但大體類似能夠從內心之所安，而不為瞽史之說所左右，所以是比較接近了。不相信瞽史之說，這才是真正相信蓍筮龜卜的人，所以將人心排除在外的話，哪裏還有蓍筮龜卜可言？

唉！卜見桑林的事，是虛妄的；臧會應了僂句的卜，是僭越的；臺駘、實沉作祟，是怪異的。在蓍龜之中，何嘗真會有那回事？虛妄的人看到虛妄的，僭越的人看到僭越的，怪異的人看到怪異的，都是發之於心、見之於外的。蓍筮龜卜這些事，都是內心的投影，大小長短，都是取決於自己，就像駝背的人背影是彎曲的，瘸腳的人影子是跛的，這難道是影子的罪過嗎？

【研 析】本文一開始，就以自然界事物變化都有徵兆，動物尚且能感受，強調聖賢之心是可體察這些吉凶的。第二段以聖賢「清明在躬，志氣如神」，說明天地間禎祥之兆，其實都是「心之發見」而已。卜筮是心問心答，所以基本上「聖人不須卜筮」。第三段從《尚書》中記載舜、禹、武王、周公之卜，都是先謀於心，然後卜其協從，所以都是心卜。後世之卜已是心外求之於事，就不免心勞日拙了。第四段論《左傳》所記載的後世卜筮，心外求之於事，卻似乎靈驗無比，其實應驗的比例並不高。第五段論《左傳》所載穆姜、荀罃、子服惠伯，論卜筮還能從人心出發。第六段指出桑林之見、僂句之應、臺駘實沉之祟，雖妖妄僭越，也正是心之發見。

本文首段即點出《孟子》所謂「萬物皆備於我」，然後一再強調一切只求之其心，這和陸九淵、王陽明所謂我心自有良知，不必干求外物的理學主張，有其共通處。這些屬於哲學的爭論，或許難有定論，但他討論《左傳》所載卜筮奇驗無比的說明，則入情入理。就文章議論推理來說，從自然界說到人事，強調人心之發見；再從古代卜筮的心卜，說到後世心外求之於事的不是，卻突然以《左傳》若干妖妄之卜，也是「心之發見」作結，再以形影作為譬喻，十分奇絕。取文中所抨擊心外求之於事的卜筮，印證卜筮為心卜的主張，是議論中反證手法的巧妙運用。

曹劌諫觀社

莊公二十三年

【題解】魯莊公二十三年（西元前六七一年），莊公到齊國去觀看社神的祭祀，這是不合禮制的。曹劌勸諫道：「禮是來嚴整人民的，所以諸侯間的會見，是用來提示上下之分，制定貢賦的標準；朝覲天子，是用來端正爵位的高下，遵循長幼的次序；征伐是用來討伐不守這些禮義的人。諸侯從王而任事，王巡察於四方，以熟習這些朝會之禮。如果不是為這些事，國君是不遠行的。國君有舉動，一定要記載，記載了一些不合法度的事，後代繼位者會看到什麼榜樣？」

呂祖謙談論這件事，不是批評魯莊公，也不是談論曹劌，而是感慨此時天下綱紀已失，百官廢弛其職，只有史官能忠於職分，使禮制有所維護，使史實不至於湮沒。

百人醉而一人醒，猶可以止眾狂；百禮廢而一禮存，猶可以推舊典。春秋之時，王綱解紐，周官三百六十咸曠其職，惟史官僅不失其守耳。

曹劌諫魯莊公觀社之辭曰：「君舉必書，書而不法，後嗣何觀？」當是時，人君之言動，史官未有不書者也，為君者視以為當然而不怒，為史者視以為當然而不疑，此三代之遺也。

其後齊桓將列鄭太子華於會，管仲曰：「作而不記，非盛德也；記姦之位，君盟替矣❶。」仲之言則是也，然味其言，已開作而不記之端，視曹劌之時，風俗已少變矣。又其後晉獻齊捷於周，周私犒其使，而戒以勿籍。管仲所謂作而不記者，特設此辭以動桓公耳，未嘗直使史官之不記也。今周王既犯禮，而復使之勿籍❷，何其無忌憚也！

然一時之史官，世守其職，公議雖廢於上，而猶明於下，以崔杼之弒齊君，史官直書其惡，殺三人而書者踵至❸，身可殺而筆不可奪，鈇鉞有敝，筆鋒益強。威加一國，而莫能增損汗簡之半辭，終使君臣之分，天高地下，再明於世，是果誰之功哉？

嗚呼！文武周公之澤既竭，仲尼之聖未生，是數百年間，中國所以不論於夷狄者，皆史官扶持之力也。昧谷❹餞日之後，暘谷賓日之前，暮夜晦冥，群慝並作，苟無燭以代明，則天下之目瞽矣。春秋之時，非有史官司公議於其間，則胥戕胥虐，人之類已滅，豈能復待仲尼之出乎？

史官非特有功於仲尼之未出也，使其阿諛畏怯，君舉不書，簡編失實，無所考信，則仲尼雖欲作《春秋》以示萬世，將何所因乎？無車則造父❺不能御，無弓則后羿不能射，無城則墨翟不能守❻，大矣哉！史官之功也。

【注釋】❶管仲曰五句　此事見於《左傳》僖公七年，齊桓公與魯僖公、宋公、陳世子款在寧母會盟，將對鄭國不利，鄭伯派世子華赴會聽命，鄭世子華背棄自己的父親，請桓公去討伐鄭國洩氏、孔氏、子人氏，桓公將要答應，管仲諫阻，其中有一段話是：「夫諸侯之會，其德刑禮義，無國不記，記姦之位，君盟替矣；作而不記，非盛德也。」呂氏所引，前後兩句倒置。❷周王既犯禮二句　魯成公二年（西元前五八九年），魯、晉、衛、曹在鞌將齊國打敗。晉景公派上軍大夫鞏朔去王室獻囚俘，周定王不受，因為齊國並非蠻夷戎狄，不該用獻俘之禮，加以鞏朔是大夫不是卿，也不合禮制。所以委任三公，用侯伯戰勝告慶之禮接待，但周王仍跟鞏朔飲宴，私下送財禮，然後告訴相禮的人說：「這是不合禮制的，不要記入史冊。」見於《左傳》。❸崔杼之弒齊君三句　魯襄公二十五年（西元前五四八年），崔杼弒齊莊公，大史在史冊寫「崔杼弒其君」，崔杼把大史殺了，大史的弟弟接著前仆後繼而被殺者二人，到了老四仍又照寫，崔杼也不便再殺了。這時南史氏以為大史四兄弟全死，所以拿著簡冊前往，後來知道已被寫定，才回自己崗位。❹昧谷　古人稱西方日入之處為昧冥之谷，或稱昧谷；稱東方日出之處為暘谷。❺造父　傳說周穆王有良馬八匹，號稱八駿，造父御八駿有功，封於趙。❻墨翟不能守　戰國時，魯國巧匠公輸般（又稱魯班）為楚設計雲梯以攻宋城，墨翟設守宋之備，九攻而九卻，於是偃兵不攻。見《淮南子．修務》。

【語　譯】一百個人都醉了，而有一個人清醒，還可以阻止眾人有狂亂的行為；百種禮都廢弛了，而有一種禮還存在，也可以藉此推展舊有的典章。春秋時代，周王朝的綱紀已經解體，周官三百六十職，都已曠弛職務，只有史官還能堅守本分而已。曹劌諫魯莊公到齊國去看祭祀社神，他說：「國君的舉動一定要記載，記載了一些不合法度的事，後代繼位者會看到什麼榜樣？」當這個時候，國君的言語行動，史官是沒有不記載的，當國君的人，視為當然而不生氣，當史官的人，視為當然而不疑惑，這是三代所留下的規範。

後來齊桓公把鄭太子華列入會盟成員的地位，管仲說：「國君做了而不記載，有損盛德；若把姦人列入會盟成員的地位，國君的盟會就被破壞了。」管仲的話是對的，但深深體會他的話，已開啟了史官有些不列入記錄的端緒，比起曹劌那時代，風俗已小有改變了。更到後來，晉侯把打敗齊國的戰果獻給周王，周王私下犒賞晉國的使者，並告訴相禮的人，不要記入史籍。管仲所說的做了而不記載，只是假設之辭以說動桓公而已，並不曾直接讓史官不要記錄。如今周王即犯了禮制，又要人家不要記入史籍，多麼沒有顧忌啊！

但是那時的史官，世代傳襲他們的職位，上位者雖然廢棄了公正的評議，但下位者還能明白堅守，在崔杼逆弒齊莊公的時候，史官直言不諱寫下了他的罪狀，雖然連殺了三個寫他罪狀的史官，但他們卻接踵而來，身可殺而史筆不可改奪，殺人的刀斧會鈍壞，但史筆的鋒芒卻更為強銳。威勢可以加淩於一國，卻不能增減史籍上一言半語，終於使君臣的職分，地位的尊卑高下，再被闡揚於世，這究竟是誰的功勞呢？

唉！周文王、武王和周公的德澤已經衰竭了，而孔子這位聖人又還沒誕生，在這幾百年間，中國所以沒有淪落成為夷狄蠻邦，這都是史官維護扶持的貢獻。太陽在昧谷西下之後，還沒在暘谷上升之前，黑夜晦暗，群惡並起，假使沒有蠟燭來代替照明，那麼天下人都像瞎子一樣了。春秋時代，假使沒有史官主持公正的評議，那麼將相互殘殺，中國民族都可能已滅亡了，哪還能等到孔子的出現呢？

史官不但在孔子還沒出現之前有扶持之功，假使他們阿諛諂媚，畏懼怯弱，君王的行為不敢記載，史書失去了真實性，後來也無法查考證明，那麼孔子想作《春秋》以昭示於後世，將憑據什麼呢？因為沒有車子即使有造父也不能駕馭，沒有弓弩即使有后羿也不能射箭，沒有城池即使來了墨翟也不能固守，史官的功勞實在太大了。

【研　析】這篇是讚揚春秋時代的史官，用先點題旨然後再發揮的寫法。

首先稱許史官在王綱解紐的時候，獨不失其守，然後從題目主題人物的諫言，加以認定。第二段從齊桓公寧母之盟，管仲之諫，說明已開「作而不記」的惡例。更舉周定王宴犖朔並私賄，已犯禮而又令史官不記，說明三代遺風式微。第三段從崔杼弒君，看出史官守正不失，加以讚揚。

第四段說史官有功於春秋之世。第五段說明史官有功於孔子，而以三個譬喻作有力的結束。

通常寫文章先破題，說明題意，並不一定就把立論的旨趣說出來。譬如本文，本可先說明史官是包括那些職位。像《周禮》就有大史、小史、內史、外史，再說明他們的職責，而後列舉春秋時代史官的表現，最後再推許他們的功勞。但呂氏在此，一開始就稱許春秋時代的史官。一般來說，這種寫法常使文章難以為繼，即使還有發揮的餘地，也難有波瀾。他卻從曹劌諫言，說出當時史官有三代遺風，然後第二段說遺風已漸，第三段突翻轉，說「公議雖廢於上，而猶明於下」。以齊大史說明史官的剛直，推論出史官有功於當時，再進一步說明有功於孔子。抑揚唱歎，悠然有神。翻轉而造成文章的波瀾，同時也更突出史官不平凡的表現，這正是文章技巧的靈活運用。

晉桓莊之族偪

莊公二十三年　晉士蔿殺游氏二子　莊公二十四年　晉士蔿殺群公子　莊公二十五年　晉獻公使太子居曲沃重耳居蒲夷吾居屈　莊公二十八年　晉侯為太子城曲沃　閔公元年　晉侯使太子伐東山　閔公二年　晉殺太子申生　僖公四年　晉使士蔿築蒲與屈　僖公五年　晉侯使賈華伐屈　僖公六年

【題解】晉國桓叔和莊伯的子孫，非嫡系的勢力強大，晉獻公備感威脅，大夫士蔿就說：「只要先去掉富子（比較富強的，一說是人名），其他公子就好辦了。」獻公就讓他去辦這件事，魯莊公二十三年（西元前六七一年），士蔿就和群公子共謀，陷害了富子。次年，又與群公子謀，殺游氏之二子，然後告訴獻公說：「不出兩年，就可永絕後患。」又次年，盡殺游氏，之後再讓群公子都住到一起。那年冬天，晉侯派兵殺盡群公子。再過三年，驪姬為使自己所生的奚齊能夠嗣位，與獻公外嬖之臣共謀，讓太子申生駐守宗廟所在的曲沃，讓重耳守蒲，夷吾守屈。閔公元年（西元前六六一年）晉獻公領上軍，申生領下軍，滅耿、霍、魏，獻公為申生修曲沃城，士蔿預言申生將不能繼位。早先士蔿築蒲城和屈城時，草率從事，夷吾不滿，獻公責備士蔿，士蔿卻說將為敵人擁有，不必堅固。僖公四年（西元前六五六年），驪姬騙申生去祭生母，申生將祭肉獻給獻公，驪姬在肉中下毒，以誣害申生，申生自殺；驪姬又搆誣重耳和夷吾，獻公派兵攻打蒲和屈，重耳不抵抗而逃亡到狄；夷吾抵抗，難以支持之後，逃亡到梁。

呂祖謙將晉獻公盡滅桓莊之族，及逼死申生逼走重耳夷吾兩系列的事並看，說二者的因果，並強調徇私之愛不是真愛，晉國從桓叔以來，都為徇私之愛，骨肉相殘。情詞俱切，頗有警世之用。

晉殺其世子申生，孰殺之？士蔿殺之也。殺申生者實驪姬之譖，士蔿何與焉？士蔿開其隙，驪姬乘其隙也。

人之常言皆曰子弟，子之與弟相去一間耳。群公子之出於桓莊者，豈他人哉？其尊者固不待言，其卑者猶獻公之從父昆弟也，士蔿逢獻公之惡，反覆詭詐，陷之於死地，使獻公屠其宗族昆弟，如刈草菅，略無慘怛不忍之意。其於宗族昆弟之間既如此，何獨難於其子乎？此所以來驪姬之譖也。對伯夷❶者，不敢論賄賂；對比干❷者，不敢論阿諛。驪姬雖嬖，苟非習見獻公之殘忍，亦豈敢一旦遽譖其三子哉？彼士蔿憂申生之不得立❸，憂蒲屈之不可城❹，終日焦然憂晉之禍，憂之誠是也，抑不知造是禍者果誰乎！驪姬之譖，即襲吾前日譖富子之術也；蒲屈之城，即襲吾前日城聚之術也。使我不倡之，彼烏得而和之？使我不先之，彼烏得而繼之？是故開獻公殘忍之心者士蔿也，教驪姬離間之術者，亦士蔿也！已開則不能復閉，已教則不可復悔，授賊以刃，而禁其殺人，世寧有是理耶？雖使一法吏蔽是獄，亦必首士蔿而從驪姬也。

吾嘗攷觀晉國之本末，泝其流而尋其源，又知開禍端者，非獨士蔿，其所從來遠矣。晉穆侯之二子，長則文侯，而桓叔其季也❺。同出於穆侯，而自桓叔以來，視文侯之子孫不啻寇讎。必鋤其根而奪其國者，不過欲啟子孫之業耳。殊不知殺文侯之子孫，是殺吾之子孫也。吾私其子而殺其昆弟，則吾之子亦私其子而殺其昆弟矣。吾子之所謂昆弟者，乃吾之子也！吾始欲私其子，而終至於殺其子，尚得為善謀耶？然則桓莊之族雖曰獻公殺之，其實桓莊殺之也！桓莊親其子而讎昆弟，於一族之中分親與讎，其私已甚。及獻公親奚齊而讎申生，又於諸子之中分親與讎，可謂私之私矣。私日勝則心日狹，心日狹則毒日深，其末流安得不至此哉？當桓莊殄滅文侯子孫之時，其心必謂：「是害既除，則吾子孫可以享無窮之利也。」豈自料害其子孫者，乃吾子孫耶？當獻公滅桓莊子孫之時，其心必謂：「是害既除，則申生可以享無窮之安也。」豈自料害申生者，乃吾身耶？所防在外，而禍發於內，所防在人，而禍發於身，禍機在此而不在彼。是數君之戕殺其族，吾未嘗不憫其虛受丘山之惡，而實無錙銖之益也。

哀哉！嗚呼！私生於愛，而害愛者莫如私，天下未有私而能愛者也。獻公始私申生，至於盡滅桓莊之族，以除其偪，愛之亦至矣。曾未閱時，嬖於驪姬，遽移其愛於奚齊，其為奚齊而殺申生，即為申生而殺桓莊之族者也。向之愛申生之心，果何所在耶？申生之愛，既可移於奚齊，則異時嬖寵奚齊之愛，亦可移而之他矣。不惟昔之愛申生者不可保，今之愛奚齊者亦未可保也。然則徇私者，豈能真有所愛哉？果出於真，則必不可移矣。林回棄千金之璧，負赤子而趨❻。天性之愛，豈外物所能移耶？獻公苟能悟此愛之非真，一念之中，識天性之愛，則本根枝葉，與生俱生而不可離，何憂乎士蔿，何畏乎驪姬哉？

【注釋】❶伯夷　殷商時孤竹君之長子。其父將死，遺命立其弟叔齊。父死後，叔齊要伯夷繼位，伯夷以父命為理由，不接受而逃去。武王伐紂時，叩馬而諫，武王克殷，隱居首陽山，不食周粟而餓死。見《史記·伯夷列傳》。孟子以為「伯夷，聖之清者也。」並說：「聞伯夷之風者，頑夫廉，懦夫有立志。」為清廉之典範。

見《孟子・萬章下》。❷比干　商紂之叔父，比干諫紂，三日不去，紂怒曰：「吾聞聖人心有七竅。」剖其心而死，為忠貞不阿之典範。❸士蔿憂申生之不得立　晉滅耿、霍、魏，為申生城曲沃，士蔿說：「太子不得立矣！分之都城，而位以卿，先為之極，又焉得立？不如逃之，無使罪至，為吳大伯不亦可乎？」作了憂慮的預言與建言。見《左傳》閔公二年。❹憂蒲屈之不可城　士蔿築城不慎，已於題解說明，當時士蔿曾說：「君其修德而固宗子，何城如之？三年將尋師焉，焉用慎？」是有先見之明。見《左傳》僖公五年。❺晉穆侯之二子三句　詳見卷三〈晉穆侯命二子名及晉封曲沃〉題解。❻林回棄千金之璧二句　為《莊子・山木》寓言。林回以為千金璧是以利合，所以緊要關頭時相棄，而赤子天性，所以緊要關頭是相收的。

【語　譯】晉國殺害了他們的世子申生，是誰殺害他的呢？是士蔿殺害他的。害死申生是驪姬進讒言陷害的，怎麼牽涉到士蔿了呢？是士蔿開啟了裂痕，製造了禍端，而驪姬利用了裂痕，造成了禍害。

人們常稱子弟，子和弟就相差一級而已。屬於桓叔、莊伯的群公子，難道是外人嗎？那些尊長固然不必說了，那些晚輩也都是獻公的伯叔堂兄弟，士蔿迎合獻公的險惡之心，一再使用詭詐的謀略，陷群公子於死地，使獻公屠殺自己的宗族兄弟，就像割草一樣沒有絲毫慘痛不忍之情。他對待自己同族兄弟都這樣了，怎麼會對自己的兒子難以下手呢？這就是招致驪姬進讒言的原因。面對伯夷那種人，不敢談賄賂的事；面對比干那種人，不敢談阿諛的事。驪姬雖然被寵愛，假使不常見到獻公的殘忍，怎麼敢一下子讒害他三個兒子呢？那時士蔿憂慮申生不能繼位，憂心蒲屈兩地不可以建城，整天焦慮晉國的禍害，他憂慮的心是忠誠的，但他不知道造成這些禍害的究竟是誰呢！驪姬譖害三公子，就是承襲我前些日子譖害富子的方法；為公子在蒲屈築城，就是承襲我前些日子將群公子聚邑築城的方法。假使我沒有倡導在前，她怎麼會模仿於後呢？假如我不先這樣做，她怎麼會接著這樣做呢？所以開導獻公殘忍之心的是士蔿，教驪姬挑撥離間伎倆的，也是士蔿呀！開啟之後就不能閉絕了，教導之後就不能再懊悔了，就像給盜匪刀刃之後，禁止他去殺人，世間還有這種道理嗎？即使派一個法官來審理這案子，也必然以士蔿為主犯，以驪姬為從犯的。

我曾研究過晉國的始末，看它的流變並追尋它的源頭，又知道開啟禍端的，不只是士蔿，而是由來已久。晉穆侯的兩個兒子，年長的是文侯，桓叔是年幼的。同是穆侯所生，而從桓叔以來，對待文侯的子孫簡直視同仇敵。決心要斬草除根而奪得他的國家，也只不過為了想開創自己子孫的基業罷了。可是他們從不想想：殺文侯的子孫，也就等於殺自己的子孫了。我私愛自己的兒子而殺自己的兄弟，那我的兒子也會私愛他自己的兒子而殺自己的兄弟了。而我兒子的兄弟，也還是我的兒子呀！我當初想偏愛自己的兒子，而導致殺自己的兒子，怎麼能夠說是好的謀略呢？由此可見，桓叔、莊伯的後裔雖說是獻公殺的，其實也等於桓叔、莊伯殺的呢！桓叔、莊伯親愛自己的兒子而以兄弟為仇敵，在一族之中分出親人與仇人，他們的自私心已夠嚴重了。到了獻公又親愛奚齊而仇視申生，等於在自己兒子當中再分出親近的和仇視的，可說是自私中最自私的人了。偏私之心日益加重，心地就日益狹窄；心地日益狹窄，狠毒就日益深重，到末流怎能不到這種地步呢？當桓叔、莊伯消滅文侯子孫的時候，他們心裏一定說：「這些禍害已經消除，那麼我的子孫就可以享有無窮的利祿。」他哪會想到：殺害我子孫的，正也是我的子孫呢？當獻公滅桓叔、莊伯子孫的時候，他心裏一定說：「這些禍害已經消除，那麼申生就可以享無窮的安樂。」他哪會想到：殺害申生的，就是我自己呢？所防備的是外面，而禍害發生在內部，所防備的對象是別人，而禍害發生在自身，禍害危機在這裏而不在那裏。所以這幾個君主殺害他的族人，我未嘗不可憐他們，空受大得如丘如山的罪惡，而實際上得不到絲毫的利益。

可悲啊！私心是因愛而產生的，但危害所愛的人也莫過於私心了，天下沒有因私心而真能愛護得了一個人的。獻公當初對申生有私心，以至盡滅了桓叔、莊伯的子孫，以消除威脅，可以說愛護到極點了。但沒有多久，寵愛驪姬，突然轉移他愛護之心到奚齊的身上，他為奚齊而殺申生，也就如同為申生而殺桓叔、莊伯的族人。從前愛護申生之心到哪裏去了呢？對申生的愛既然可以轉移到奚齊，那麼再過一段時間，也可以把愛奚齊之心轉移到別人的身上了。不但當初愛申生之心不可保，連愛奚齊之心也未必可保了。由此看來循私的人，哪裏會真有愛呢？如果出於真誠，那必然是不能轉移的。林回捨棄了千金的璧玉而背著嬰兒逃走。天性的愛，哪裏是身外之物所能轉移的呢？獻公如果能領悟到那種愛不是真愛，一念之間體認到天性的真愛，就像樹木的本根和枝葉，都是與生俱來，共生共活不可分離，又何必擔心士蔿，何必怕驪姬呢？

【研　析】這是一篇情詞俱切的文章，也是翻空出奇超越一般推理的文章。晉獻公殺桓莊之族，士蔿導君之惡，古來早已評斷。至於申生之死，自來或許驪姬之狠毒，或傷獻公之昏聵，或疾里克之中立，多不曾說到士蔿。他卻直指士蔿為首惡。第一段以簡單的自問自答，指出士蔿是罪魁禍首。第二段是比對因果，說明原由，證明士蔿是元凶。第三段追溯桓叔、莊伯已開禍端，強調殺人之子即自殺其子。第四段則說明徇私不是真愛，有了天性真愛，任何人都不能挑撥，誰也不能為害。

呂氏擅於運用演繹推理，直指古人之心。寫文章時，為鞏固自己的論點，偶而運用，不失為方法之一，但也容易為人所詬病。晉獻公殺桓莊之族，也不是為申生，他殺申生也不是為奚齊，而是出於自己猜忌而求自保，由於他鷙忍多疑，暴戾成性，當然就草木皆兵，而又必先除之而後快。呂祖謙當然不是不知道：獻公的個性，是兩件悲劇的主因。但他不能把它寫進去，否則全篇文章就要完全改寫了。為了強化自己的論點，把歷史事件單純化，有時是有必要的。

莊公丹桓宮楹

莊公二十三年　刻其桷使宗婦覿用幣　莊公二十四年　莊公問後季友　莊公三十二年　叔牙共仲賊子般　莊公三十二年　閔公請復季友　閔公元年　共仲賊閔公成季立僖公　閔公二年

【題解】魯莊公二十三年（西元前六七一年）秋天，莊公為桓公廟的楹柱塗紅漆，次年春天又在屋椽上雕花，都不合禮制，所以御孫勸阻說：「節儉是美德，奢侈是大惡。先君有美德，而讓他有大惡，這不好吧？」但沒有發生效用。這年秋天，莊公從齊國娶回夫人姜氏，莊公讓同姓大夫的夫人晉見，為了向新夫人奢誇，用玉帛作為晉見的禮物，這又不合禮制，御孫說：「男人晉見的禮物，大的用玉帛，小的用禽鳥，以表示等級。女人晉見的禮物，不過是以榛栗、棗子、肉乾示敬而已。男女有別，這是國之大節，因夫人而攪亂，這不可以吧？」再八年之後，莊公病了，向叔牙問繼位人選，叔牙推薦慶父（兩人與季友都是莊公的弟弟），再問季友，季友說以生命作擔保，全力奉事莊公的兒子子般，莊公說叔牙囑意慶父，季友便以國君的名義毒死叔牙。莊公死後，子般繼位，但慶父（即共仲）唆使被子般鞭打過的人——犖，殺死子般，而由莊公另一個九歲的兒子——夫人哀姜的妹妹所生，即位為閔公。季友逃到陳國。閔公即位後，與齊桓公結盟，請求齊侯幫助季友回國，齊侯同意，派人從陳國召回季友，閔公在郎地等他，季友便回國了。但第二年慶父和哀姜私通，又唆使卜齮弒閔公，然後逃亡，季友立莊公另一個兒子而為僖公，引渡慶父，慶父自殺，哀姜逃到邾國，為齊侯所殺。

呂祖謙藉這一系列以哀姜為脈絡的事，批評魯莊公啟哀姜淫縱之心，及慶父覬覦之心，並評議季友有負重託，但仍有功於國。

其中第四則標目——叔牙共仲賊子般，是有問題的。叔牙死於子般之前，怎麼能夠說他殺害子般？叔牙應在此除名。

驕者亂之母也，疑者奸之媒也，懦者事之賊也，弱者盜之招也。四者有一焉，皆足以亡其國，魯莊閔之際，合四者而兼之，篡弒之變，胡為而不交作哉？

至嚴之地，宗廟是也；至嚴之防，男女是也。莊公以一哀姜之故，上侮宗廟而僭其飾，下亂男女而紊其幣。二者既不足憚，則天下舉無可憚者矣。使哀姜來歸之初，已傲然視天下舉無足憚，宜其淫縱恣睢，朋慶父而敗魯國，敢於戕殺而不忌也。哀姜固死有餘罪，導之驕而納之於亂者果誰與？

問生於疑，未有問所不疑者也，子般之當為後，奚疑哉？莊公疾病，反狐疑而徧問後於大夫。此所以一問而起二奸也。未問之前，父沒子繼，誰敢干之？既問之後，慶父叔牙知莊公之意猶未有所定，始動其覬覦之心矣。慶父叔牙固死有餘罪，示人以疑而召奸者果誰歟？

慶父叔牙一體也，季友誅叔牙而置慶父，除惡而留其根，何耶？五王黜武而興唐❶，武三思在其掌握，縱而不殺，終死其手。懦之為害如此，然五王欲遺中宗自誅之，以強主威，雖失策猶有說也，吾不知季友復何說耶！借曰不忍一朝而尸二昆，盍亦宥之以遠竄於裔土，則君臣兄弟之間，豈不兩全哉？一失此機，及子般之禍，奉頭鼠竄之不暇，非所謂當斷不斷，反受其亂者耶？

慶父既弒子般凶威日熾，閔公還季友以自輔，望之者厚矣。乃含垢忍恥，一無所為，意者示弱以有待歟？昔之智者，外雖示弱，而其中實有不可犯也。使季友以此全閔公，斯可謂之示弱矣。今俛首結舌，坐待篡弒之至，是真弱者耳，何名示弱哉？閔公幼而知倚季友，敬宗昏而知倚裴度❷，皆不免弒，吾未嘗不深悲二君之意，而深恨二臣之負其託也，二臣將何以見二君於地下耶？

嗚呼！失之驕，失之疑，基禍於前者，莊公也！失之懦，失之弱，成禍於後者，季友也！總四惡而論之，君取其二焉，臣取其二焉，君臣分受其責，可也。雖然，瑕不掩瑜，瑜不掩瑕；罪不掩功，功不掩罪，季友之失則然矣。至其立僖公以續魯祀，其忠亦不可誣也。

或曰：荀息許獻公以死，而終能死❸；季友許莊公以死，而不能死，季友其有愧於荀息歟？吾以為荀息當愧季友，季友不當愧荀息也。荀息雖許獻公以死，當奚齊之禍，胡為不死耶？以有卓子存也，向若卓子能定其位，則荀息之不死，賢於死矣。縱死者復生，獻公亦豈責荀息之食言耶？其所以死於卓子之弒者，勢窮理絕，不得不殉以身也。季友苟於子般閔公之難，輕棄其身，則僖公不復立，慶父不復討，周公之廟不復血食矣。一身之死，一國之亡，孰輕孰重耶？季友之不死於子般閔公，即荀息之不死於奚齊，本無異者，然荀息所輔者邪，季友所輔者正。是荀息有愧於季友，而季友無愧於荀息也。是故以不能全子般閔公責季友則可，以不能死子般閔公責季友則不可。世儒論人臣之節者，至於死而止耳，孰知復有大於死者耶？

【注釋】❶五王黜武而興唐　武則天晚年，桓彥範、崔元暐、張柬之、袁恕己、敬暉等，同誅張易之、張昌宗，奉立中宗，武三思通於韋后，設計罷其政事而封王，號稱五王，但不久皆為武三思所誣陷。見《新唐書》紀及各列傳。❷敬宗昏而知倚裴度　唐敬宗李湛，為穆宗之子，在位僅兩年（西元八二四—八二六年），盤遊無度，昏縱失德，任裴度為相，多所諫言，但敬宗即為宦官劉克明所弒，年僅十八。詳見《新唐書・敬宗本紀》及《新唐書・裴度傳》。❸荀息許獻公以死二句　晉獻公臨死，將奚齊託付給荀息，並問他會怎麼做。他表示要竭力輔佐，加之以忠貞，事情不成，將繼之以死。後來里克勸他改變立場，荀息不肯。奚齊被殺，荀息準備自殺，有人勸他另立卓子，他乃立卓子為君，但卓子仍為里克所弒，荀息乃自殺。詳見《左傳》僖公九年。

【語譯】驕縱是禍亂的根源，猶疑是奸謀的媒體，優柔是大事的破壞者，軟弱是盜寇的招引人。這四種有了其中之一，都足以亡其國，而在魯國莊公和閔公之際，這四種情況兼而有之，篡位弒奪的變亂，怎麼會不交互發生呢？

最莊嚴的地方是宗廟之地，最嚴飭的禮防是男女之間。莊公以一個哀姜的緣故，對上褻瀆了宗廟而裝飾過分，對下混亂了男女之別而亂用玉帛作見面禮。兩項都不足以顧忌的話，那麼天下就沒顧忌的事了。讓哀姜在嫁到魯國時，就傲然看天下沒有可顧忌的事，當然她會淫縱放肆，勾結慶父而敗壞魯國，敢於殺害而毫不顧忌了。哀姜固然是死有餘辜，但導致她驕縱而造成禍亂的究竟是誰呢？

發問是在於有懷疑的時候，沒有人在沒有可懷疑的時候發問的，子般當然是繼承人，有什麼可懷疑的呢？莊公疾病的時候，反倒對繼位問題有所狐疑而問遍大夫。這一問就產生兩個奸人了。在沒有問的時候，父親死由兒子繼承，誰敢侵犯干涉？在問了以後，慶父和叔牙知道莊公還沒有決定，於是動了窺伺的非分念頭。慶父和叔牙固然死有餘辜，但表示猶豫狐疑而召致奸人的究竟是誰呢？

慶父和叔牙是一體的，季友殺了叔牙而留了慶父，除惡而留禍根，這是為什麼？五王罷黜了武則天而中興唐朝，武三思在他們的掌握之中，卻放了而不殺掉他，五王終於都死在他的手裏。

優柔不果決為害這樣大，但五王想留給唐中宗自己去殺他，以強化君主的威望，雖然是失策，但也還有話說，我就不知道季友有什麼理由可說呢！如果以不忍心一天殺兩個兄弟為藉口的話，何不原諒他們而把他們放逐到遠地去，那麼君臣和兄弟之間，不就兩全了嗎？一旦失去了這個機會，到子般被殺的時候，抱頭鼠竄差一點都來不及了，這不就是該果斷的時候不果斷，反而遭受其禍害了嗎？

慶父既然殺了子般，凶狠的氣燄日益高張，閔公接回季友以輔佐自己，對他的期望是很大的。他卻忍辱含垢沒有一點作為，有人揣摩他是故意壓低氣勢而有所期待吧？以前聰明人雖然表面上壓低氣勢以弱小姿態出現，但其中實有不可侵犯的領域。假使季友能夠以此保全閔公，那也可以說壓低氣勢保持低姿態了。如今是低頭不說話，坐待篡弒之禍到來，那是真正的弱者了，怎能說是故作弱者的姿態呢？魯閔公年幼而知道倚靠季友，唐敬宗昏瞶而知道倚靠裴度，但都不免被殺，我們不能不為兩個國君感到悲哀，而痛恨兩位大臣辜負了國君的重託，這兩位大臣將如何在地下面對這兩位國君呢？

唉！失之於驕縱，失之於猶疑，種下禍因於前的，是莊公啊！失之於優柔，失之於軟弱，釀成禍害於後的，是季友啊！總括這四個罪惡來說，國君佔了兩個，臣子佔了兩個，君臣分別受到譴責，是應該的。雖是如此，缺點不能掩蓋優點，優點也不足以掩蓋缺點；罪過不能掩蓋功勞，功勞也不足以掩蓋罪過，季友的缺失就是這樣。至於他立魯僖公以承續魯國的宗廟祭祀，他的忠心是不可抹殺的。

或許有人說：荀息答應晉獻公以自己的生命保護奚齊，而終於能為之而死；季友答應魯莊公以自己的生命保護子般，卻沒有為子般而死，季友比起荀息應該問心有愧吧？我卻以為荀息面對季友，應有愧色，而季友不應該對荀息有愧色。荀息雖然對晉獻公以死相許，但當奚齊罹禍的時候，他為什麼不死呢？因為還有卓子在的緣故，那時假使卓子能夠穩定君位，那麼荀息選擇不死，還是比選擇死要賢能高明。縱然死去的晉獻公能活過來，他難道會責備荀息不履行諾言嗎？他之所以死於卓子被弒之後，那是勢力孤絕，也沒有不死的理由了，所以不得不以身相殉了。季友如果在子般和閔公被殺的時候，輕易的犧牲自己，那僖公就不能立為國君，慶父也沒有人去討伐，周公之廟就不再有犧牲祭祀。一個人的死和一國的滅亡，哪一個重要哪一個不重要？季友不為子般和閔公而死，正如荀息不為奚齊死，原本沒有什麼不同，但荀息所輔佐的不是名正言順的人，季友所輔佐的是名正言順的人。因此荀息對季友有愧色，而季友對荀息沒有愧色。因為這個原因，以不能保全子般和閔公來責備季友是可以的，以不能為子般和閔公而死，來責備季友是不可以的。世俗的儒者，談論人臣的氣節，為之而死算是極致了，他們哪裏知道還有比死更重要的呢？

【研　析】子般和閔公被弒，最主要關係人是慶父和哀姜，呂祖謙為了另出新意，追究起魯莊公和季友，說莊公驕縱哀姜並猶豫子般是否該立位，於是種禍因於前，這固然不無道理，但責季友不放逐慶父又負閔公之託於後，則不免牽強。因為叔牙禍從口出，毒殺已夠血腥，慶父當時還不曾有惡言惡行，憑什麼放逐？閔公請齊侯幫忙召回季友，焉知不是慶父怕季友在外形成勢力，藉霸主之力召他回來以便就近看管？季友回來之後，又哪裏能料到：有齊桓公撐腰的閔公（有齊國血統），慶父竟敢殺他？更何況他只是一個不到十歲的小孩。另外說僖公不立，周公之廟不復血食，也失之武斷。慶父也是公子，如能定其位，周公之廟仍然香火不斷。《東萊左氏博議》畢竟是以宏肆其議為主，力求言人之所未言，所以不免務新求奇，不能以學術性史論視之。

本文首先提出驕、疑、懦、弱足以亡國，此四者正是魯國莊、閔之際，篡弒之變的主因。然後就此四字，分寫四段。第二段說莊公驕縱了哀姜。第三段說莊公對子般繼位，疑而召奸。第四段說季友處置慶父不果決。第五段說季友弱而辜負閔公。第六段歸結而轉出季友評價問題。第七段是餘論，比較季友和荀息的作為。就結構來說，段落雖多，但井然而有條理，餘論並非議論文所必須，但運用得當的話，可使文章生色不少；運用不當就成為「狗尾續貂」了。通常餘論要與本論有關，而又能談到別人可能都談不到的問題，但不能太長，以免喧賓奪主，結尾要有力，最好能呼應本題。

管敬仲言於齊侯曰宴安酖毒[1]不可懷也

閔公元年

【題解】魯閔公元年（西元前六六一年），狄人攻打邢國。管仲對齊桓公說：「戎狄好比豺狼，貪婪成性，是不可能滿足的；華夏諸國好比親人，是不可背棄的；安樂好比鴆酒毒藥，是不可懷戀的。《詩》說：『難道不懷鄉想回去嗎？只是敬畏簡書，不敢不從。』簡書上說，我們要同仇敵愾，憂患與共，所以請求您依從簡書而去救邢國吧！」齊桓公於是出兵救邢國。

呂祖謙本《孟子．告子下》「生於憂患，死於安樂」之意，強調管仲所謂「宴安酖毒，不可懷也」，絕不是危言聳動，而君子於憂勤中自有安樂。

以言警世者，不可為駭世之論。駭世之論，本欲天下之畏，而適以起天下之疑。有是惡則有是禍，吾恐正言之未足以警動流俗也，於是甚言其禍，務使可怪可愕，以震耀一時之耳目。抑不知聞者駭吾言，將退而徐求其實，見其禍未至於是，則吾說有時而窮。

管仲告齊桓公之言曰：「宴安酖毒，不可懷也！」酖入人之口，裂肝腐腸，死不旋踵，宴安雖敗德，其禍豈遽至如是之烈哉？仲之言，殆過其實也？意者仲有警世之心，而不免於駭世之病歟？非也。以吾觀之，謂仲恐駭世而未敢盡言其實則有之矣；安得反謂之過其實乎？使仲果盡言其實，則世將愈駭矣。

毒之殺人多者深乎？抑殺人寡者深乎？無愚智無老幼，皆知殺人多者之毒深也。世之死於酖者，千萬人而一人耳，死於宴安者，天下皆是也。然則宴安之毒，其視酖毒奚啻十倍耶？宴安之毒，至慘至酷，無物可譬，仲姑就世之所畏者為譬耳。地之於車，莫仁於羊腸，而莫不仁於康衢❷；水之於舟，莫仁於瞿唐，而莫不仁於溪澗。蓋戒險則全，玩平則覆也。生於憂勤，死於宴安。厥理明甚，人所以不知畏者，特習之而不察耳。

端居之暇，嘗試思之：使吾志衰氣惰者誰歟？使吾功隳業廢者誰歟？使吾歲月虛棄者誰歟？使吾草木同腐者誰歟？使吾縱欲忘反而流於惡者誰歟？使吾弛備忘患而陷於禍者誰歟？自棄之根，皆宴安之為也。是宴安者，眾惡之門，以賢入者，以愚出，以明入者，以昏出，以剛入者，以懦出，以潔入者，以汙出；殺身滅國，項背相望，豈不甚可畏耶？

嗚呼！世之招禍者，禍雖不同，同發於宴安，未嘗有二毒；世之致福者，福雖不同，同出於憂勤，未嘗有二塗。宴安人所愛也，憂勤人所憎也。愛其所憎，而憎其所愛，則幾矣。宴安人所趨也，憂勤人所避也，趨其所避，而避其所趨，則幾矣。雖然，君子之耳目鼻口與人無異也，其愛憎趨避，亦與人無異也。苟眾人之所謂宴安者，果可樂，則君子先據之矣。其所以去彼而取此者，見眾人之宴安，放肆偷惰，百殃並集，其心焦然不寧，乃憂勤之大者耳！

君子外雖若憂勤，中有逸樂者存，自強不息，心廣體胖，無人非，無鬼責，其安殆若泰山而四維之也。然則善擇宴安者，誰如君子哉？故自眾人之宴安言之，則當曰：「宴安酖毒，不可懷也。」自君子之宴安言之，則當曰：「宴安良藥，不可忘也。」藥之與毒，曷嘗有定名哉？

【注釋】❶酖毒　毒酒，或作鴆毒。鴆本為有毒的鳥，雄的稱運日，雌的稱陰諧。傳說羽有劇毒，飲之即毒死。依本文所稱，毒性似乎極強，發作很快，但《國語・魯語上》提到：「晉人執衛成公歸之於周，使醫鴆之不死。」（依《左傳》僖公三十年是因為薄其鴆的緣故。）又依《左傳》莊公三十二年，成季使鍼季酖叔牙，叔牙歸及逵泉才死，也不是立刻死，所以毒性或許不是那麼強烈。❷康衢　《爾雅・釋宮》：「一達謂之道路，二達謂之歧旁，三達謂之劇旁，四達謂之衢，五達謂之康，六達謂之莊。」所以通常以康衢、康莊表示寬廣的道路。

【語譯】在用言語告誡世人的時候，不可故作驚世駭俗之論。那種驚世駭俗的論調，本來是想讓天下人畏懼，而適足以讓天下人起疑心。有某種罪惡，就有某種禍害，人們怕公正平實的話不足以驚動世俗，於是將禍害言過其實，力求可驚可怪以震動一時的耳目。其實他不知道，聽到這些話而驚駭，將會退而慢慢考量它的實情，發現它的禍害沒那麼嚴重，於是再說話有時就不免窘迫而難以為繼了。

管仲告訴齊桓公說：「安樂好比酖毒，是不可懷戀的！」酖酒進入人的口中，會肝臟破裂腸胃腐爛，不到轉身的工夫就死了。貪享安樂雖然能敗壞一個人的品德，禍害會迅速降臨到那麼慘烈的地步嗎？管仲的話，大概是言過其實吧？他們以為管仲有警告世人的意圖，也就不免犯了故意驚世駭俗的毛病吧？其實不是的。以我看來，說管仲怕驚世駭俗而不敢把實情完全說出來，這倒是真的；怎麼能夠反而說他言過其實呢？假使管仲把實情完全說出來，那麼世人將更為驚駭了。

毒，殺人比較多的厲害呢？或殺人比較少的厲害呢？不論愚智、不分老幼，都知道殺人比較多的毒是厲害的。世上死於酖酒的人，在千萬人中只不過一人而已，死於貪享安樂的，天下到處都是。那麼安樂之毒比起酖酒之毒，豈止強過十倍而已？安樂的毒害，極為慘烈極為殘酷，沒有其他事物可以比擬，管仲只是姑且以世人所害怕的東西來譬喻罷了。大地對待車輛，沒有比羊腸小徑更仁厚了，沒有比康莊大道更殘忍了，水流對待舟船，沒有比長江瞿塘峽更仁厚了，沒有比山谷溪流更殘忍了。因艱險而戒慎小心便能保全，因平坦而粗心大意就會翻覆。人往往在憂懼勤勞中生存，在安逸享樂中死亡。這道理非常明顯，人們所以不知道它的可怕，只是習以為常而不加以省察罷了。

在平日有閒暇的時候，不妨想一想：使我志氣消沉懶於振作的是誰呢？使我功業頹敗事業荒廢的是誰呢？使我虛度光陰蹉跎歲月的是誰？使我一事無成與草木同朽的是誰？使我縱情聲色流連忘返而導致罪惡的是誰？使我忘懷憂患疏於防範而陷於禍害的是誰？自暴自棄的根由，都是貪享安樂造成的。所以貪享安樂是眾惡之門，賢能的人進去，出來就成為愚蠢的人；聰明的人進去，出來就成為昏聵的人；剛強的人進去，出來就成為懦弱的人；高潔的人進去，出來就成為汙濁的人；招致殺身滅國之禍，卻一個接一個走進去，這難道不是很可怕嗎？

唉！人世間招致禍害的，禍害雖然有所不同，但都是因貪享安樂而造成，不曾有第二種禍根毒草；人世間得到福祥的，福祥雖然有所不同，但都是因憂懼勤勞所獲得，不曾有第二個途徑。安樂是人所愛慕的，憂勤是人所憎恨的。愛慕他所該憎恨的，憎恨他所該愛慕，那就危險了。安樂是人所嚮往的，憂勤是人所逃避的。嚮往他所該逃避的，逃避他所該嚮往的，那也是危險了。雖然如此，但君子的耳目口鼻和一般人並沒有不同，他的愛慕、憎恨、嚮往、逃避，也和常人沒有什麼不同。如果眾人所說的安樂，真的是可以引以為樂的話，那麼君子之人早就去享有它了。他們之所以離棄它而去取另一種，那是因為看見眾人貪求安樂，放縱而偷懶，以致千百禍害交集而來，到那時他們的心焦慮不安，那才是最大的憂勞呢！

君子從外表看來，好像是憂懼勤勞，其實他們是有安逸快樂在其心中，自我奮勵不已，心胸曠達身體壯碩，沒有人批評他的是非，沒有鬼神責難他的不好，他安穩得就像泰山而且四面都還有維護的繩柱。那麼就善於選擇安樂來說，又有誰比得上君子呢？所以從眾人所說的安樂來說，那應當說：「安樂好比酖毒，是不可以懷戀的。」從君子所謂安樂來說，就應當說：「安樂是良藥，不可以忘懷的。」藥和毒，哪裏有定稱呢？

【研　析】本文是為管仲的話，作詳盡之註腳，再勉人修德以自樂作結。可分三個重心、兩個層面。第一、二段說明管仲的話，似乎是故作驚世駭俗之論，其實不然。先說明世人不免為警世而故作驚人之語，然後再說明管仲不但沒有故意驚人駭俗，而且還未盡言其實。第三、四段闡揚「生於憂患，死於安樂」的道理，也正說明管仲沒有言過其實，從宴安害人無數，說明它為害比酖酒尤有過之。再說明人所以不知，是習而不察。於是列舉其害，發人深省。第五、六段提高探討的層面，說明另一種宴安，才是永世的安樂。先說明追求安樂人情所同，惟君子所求不同於眾人。君子外似憂勤，心中自有逸樂，不同於眾人之放肆偷懶。前者是穩若泰山的安樂，後者是招致百殃的逸樂。於是以為管仲的話是針對眾人的宴安來說的，較高層次的君子宴安，並非酖毒而為良藥。

全文以管仲的話貫串其間，而作無數的翻騰。論說文或以古今分說，或分正反立論，或就積極消極兩面敘述，而本文則最後才分君子之宴安與眾人之宴安，而有異峰突起、奇觀迭出之妙。

齊仲孫湫觀政

閔公元年

【題　解】魯莊公死後，子般即位而被慶父所弒，再由魯閔公即位（西元前六六一年），即與齊桓公結盟，隨後齊大夫仲孫湫前來，對魯國表示慰問。仲孫湫回去後，即說：「慶父未除，魯國禍難未已。」齊侯問如何可以除掉慶父？他說：「既然禍難未已，他會自取滅亡，您就等著吧！」齊侯又問：「可以佔取魯國嗎？」仲孫湫說：「不可，因為魯國還秉持周禮，周禮是國本，下臣聽說國將亡，本要先倒，然後枝葉才跟著倒。魯國不棄周禮，是不能動搖它的，您何不力求安定魯國的禍難而親近它。因為親近有禮的國家，協助穩重堅固的國家，離間不依附的國家，滅亡昏亂的國家，這是霸王的策略。」

呂祖謙以為此時魯國朝廷三綱沉淪，九法敗壞，仲孫湫不是觀政，乃是觀民俗，而說伯禽教化之功，仍見於魯，於是大談政治與風俗的關係。

觀政在朝，觀俗在野。將觀其政，野不如朝；將觀其俗，朝不如野。政之所及者淺，俗之所持者深，此善覘人之國者，未嘗不先其野而後其朝也。

入單父之野，而見棄魚之俗，則已知子賤之政矣❶；入中牟之野，而見馴雉之俗，則已知魯恭之政矣❷。彼所以一見其俗，遽許二人之賢，不復考察其政者，殆有說也。蓋善政未必能移薄俗，美俗猶足以救惡政。自武而成，自成而康，歷三世而商人利口靡靡之俗未殄❸。自高而惠，自惠而文，歷三世而秦人借鋤誶語之俗猶存❹。以政而移俗，其難如此。漢氏之東，至於桓靈，其惡極矣，然政亂於上，而俗清於下，姦雄豪猾，猶知畏義，未敢遽取焉。桓靈之時，漢祿已終矣，建安之際，復延數十年之祚者，非漢之力也，實流風遺俗扶持之力也。彼覘國之興亡者，不占諸風俗，誰占耶？

齊仲孫湫來省魯難，其反命也，齊侯問曰：「魯可取乎？」曰：「不可，猶秉周禮，周禮所以本也，臣聞之國將亡，本必先顛，而後枝葉從之。魯不棄周禮，未可動也。」嗚呼！仲孫湫之所謂秉周禮者，果誰與？閔公魯君也，哀姜君母也，慶父大臣也。閔公生甫八年，固未識所謂周禮。若哀姜則棄位而姣，若慶父則弒逆之賊，凡周禮之大禁舉犯之矣。觀魯之朝，三綱❺淪，九法❻斁，指何物以為周禮耶？吾是以知仲孫湫之觀魯，不觀其政而觀其俗也！

魯自周公伯禽以來，風化浹洽，其民耳濡目染，心安體習，無適而非周禮者，揭於觀，藏於府，講於泮宮，流於洙泗，被於弦歌，形於衣服，郁郁乎其文也！洋洋乎其聲也！井井乎其有條也！雖經哀姜慶父之難，能易其主而不能易其禮，能奪其權而不能奪其俗。舉魯國之俗皆秉周禮，其為惡者，獨哀姜慶父二三人耳。寡不勝眾，安得而敗乎？此所以魯祀既絕而復續，哀姜慶父之勢亦已成而復傾也。仲孫湫可謂妙於覘國矣。周公伯禽培其風俗於數百年之前，而效見於數百年之後，其規模遠矣哉！子孫之不能常賢也，國之不能常安也，法之不能常善也，固也。雖聖人亦末如之何也。是數者既末如之何，獨有養其禮義之風俗以遺後人，使衰亂之時，猶可恃之以復振，四鄰望之而不敢謀，其慮後世亦深矣。世之敝精神於簿書期會，視風俗為迂闊者，果足以知此哉？

魯之風俗能存魯於既壞之餘，盛矣！苟魯之嗣君當閒暇時，因已成之風俗，加以政事，則其治孰能干之耶？救已壞之政甚難，因已成之俗甚易。今風俗尚能救政事之疵，而政事反不能因風俗之美，是風俗不負魯，而魯其負風俗也，悲夫！

【注　釋】❶入單父之野三句　孔子的門人宓子賤，任單父宰三年，孔子派巫馬期去觀其政，到單父地界，看見有夜間打魚的人，把捉到的魚放掉了。巫馬期問其原因，漁者說：「那些大魚，我們大夫喜愛牠，那些小魚，我們大夫希望牠長大，所以太大或太小的都放了。」見《孔子家語》。❷入中牟之野三句　魯恭，東漢平陵人，章帝時為中牟令，建初七年（西元八二年），郡國有螟災，但中牟無害，河南尹袁安不信，派肥親探查。見桑下有雉，停在兒童身旁，肥親問小孩為什麼不捕捉？小孩說那隻雉將養雛雉。肥親說此地有三異：蟲不犯境、化及鳥獸、小孩有仁心。於是回報袁安，傳令嘉獎。魯恭後來官至大司徒。見《後漢書・魯恭傳》。❸自武而成三句　《書・畢命》：「政貴有恆，辭尚體要，不惟好異。商俗靡靡，利口惟賢，餘風未殄，公其念哉。」康王命史官作冊書命畢公說：政以仁義為常，辭以理實為要，而當年紂以能隨合逢迎、利口阿諛的人為賢者，這種風氣至今不絕，你要想辦法消除。❹自高而惠三句　漢文帝時，賈誼上疏陳政事，提到秦商鞅變法，秦俗日敗，「秦人家富子壯則出分，家貧子壯則出贅。借父耰鉏，慮有德色；母取箕箒，立而誶語。」兒子把農具借給父親，臉上泛出施恩的得意之色；母親取用畚箕掃把，不通知就會被責問。賈誼還說：「曩之為秦者，今轉而為漢矣，然其遺風餘俗，猶尚未改。」見《漢書・賈誼傳》。❺三綱　君為臣綱，父為子綱，夫為妻綱，指君臣、父子、夫婦之道。見《白虎通・三綱六紀》。❻九法　建邦國之法：制畿封國、設儀辨位、進賢興功、建牧立監、制軍詰禁、施貢分職、簡稽鄉民、均守平則、比小事大。見《周禮・夏官・大司馬》。

【語　譯】觀察政治要在朝廷，觀察風俗要在民間。將觀察政治得失，民間不如朝廷；要觀察風俗厚薄，朝廷不如民間。政治的影響力比較淺近，風俗的影響力比較深遠，這正是善於觀察人家國度的人，沒有不是先觀察民間而後才觀察朝廷的原因。

進入單父城的地方，看見民間捕魚，把太大的魚和太小的魚都放走，就知道宓子賤的政績了；進入中牟縣地，看見兒童不抓野雉，就知道魯恭的政績了。他們所以一見民情風俗，就馬上稱許宓子賤和魯恭的賢能，不再去考察他們的政治，應該是有道理的。因為好的政治未必能轉移澆薄的民俗，而好的民俗卻足以補救敗壞的政治。從周武王到成王，再從成王到康王，歷經三朝盛世，殷商人順隨上位者的旨意、阿諛逢迎的餘風，還沒能消除。從漢高祖到惠帝，再從惠帝到文帝，歷經三世教化，秦人借鋤給父親以為施恩，母親擅取掃帚會被責問的流俗，還仍然留存。以政治力量去移風易俗，是這樣困難。漢室東遷以後，到桓帝、靈帝的時候，政治已經壞到極點了，但是政治亂於上，而風俗清於下，那些奸雄巨惡之人，還能知道敬畏道義，不敢突然取而代之。在桓帝、靈帝的時候，漢的天年已盡了，建安那段時間，還延幾十年的國祚，並不是漢室的力量，而實在是流風遺俗的力量所扶持的。那些要觀察國家興亡的人，假使不從民情風俗去考察，還去考察什麼呢？

齊國仲孫湫來慰問魯國的禍難，他回去覆命的時候齊侯問他：「魯國可以把它佔取嗎？」他回答：「不可以，因為他們還能秉持周禮，周禮是國本，我聽說國家將要滅亡，本要先倒，然後枝葉跟著倒下去。魯國不棄周禮，是不能動搖它的。」唉！仲孫湫所說秉持周禮的人，究竟是誰呢？閔公是魯國的國君，哀姜是國君的嫡母，慶父是當時的大臣。閔公才出生八年，本來就不知道什麼是周禮。如哀姜乃是不守名位的蕩婦，如慶父乃是弒君的叛賊，凡周禮的大禁戒都違犯了。看魯國的朝廷，三綱已經淪喪，九法早已敗壞，他所說的周禮是哪一項呢？我們因此可以知道仲孫湫看魯國，不是看朝政而是看民俗啊！

魯國從周公、伯禽立國以來，風俗教化，周遍普及，民眾耳濡目染，身心習以為常的，沒有不合於周禮的，凡是揭示在門觀上的，儲藏在府庫裏的，在學宮裏講習的，在洙水、泗水流傳的，傳播於弦歌聲中的，表現於衣冠服制的，文采是那麼盛美！聲音是那麼悠揚！條理是那麼清楚！雖然經歷哀姜和慶父的禍難，只能更換君主而不能改變禮制，只能奪取政權而不能奪改風俗。全魯國的民情風俗都秉持周禮，那些作惡的，只有哀姜、慶父兩三人罷了。少數勝不了多數，怎能不敗呢？這正是魯國的宗廟祭祀，既已斷絕而又能承續，哀姜和慶父的勢力也已長成而又傾覆的原因。仲孫湫可以說是善於觀察國家的人了。周公、伯禽培育風俗於幾百年之前，而成效見於幾百年之後，這種規模實在太宏遠了！子孫不能永遠賢明，國家不能永遠安定，法制不能永遠完整，這是必然的。雖然是聖人也是無可奈何的。既然無可奈何，只有培養合於禮義的風俗以留給後人，使他們在衰亂的時候，還可以仗恃著它得以再振興起來，四方鄰邦看到這現象而不敢謀奪，他們對後世的思慮實在太深遠了。世上那些把精力耗盡在財政簿冊庶務之中，以為風俗太迂而不實際的人，怎麼能夠知道這種道理呢？

魯國的風俗，能保全魯國於政治衰敗之後，實在太美好了！如果魯國後代的君主，當太平無事的時候，能藉著已形成的美好風俗，致力整頓政治，那麼政治上軌道，誰敢去侵犯呢？補救已敗壞的政治很難，利用已形成的美俗很容易。如今風俗還能補救政事上的瑕疵，而政事反而不能利用風俗之美而走上軌道，可見風俗沒有辜負魯國，而魯國辜負了風俗，真是可悲！

【研析】 本篇是藉齊仲孫湫觀魯政，而強調風俗的重要。就文章來說，他巧妙地開闢了另一個討論的空間，但仍扣住「政」字，所以並不離題。

第一段點題，談觀政而與觀俗並舉，並比較二者影響力的深淺，而強調先觀俗而後觀政，把重點從「政」轉到「俗」。第二段舉實例說明第一段的立論，以觀宓子賤和魯恭之政，都是觀俗而知其政，說明先觀俗的必然性。再以周經武、成、康三世，殷俗未改，漢經高、惠、文三世，秦風猶存，說明風俗影響久遠，而政所及較淺。作者先舉兩個為正面的例子，說明變好不易，然又舉一個負面的例子，說明變壞也難。然後第三段便論定仲孫湫是觀俗不是觀政。這一段就仲孫湫所說的「魯秉周禮」，說到當時魯朝廷無人能秉周禮。下一段就推知魯秉周禮，是周公、伯禽風化猶存，在這一段大論風俗之用，並抨擊「視風俗為迂闊」的人。本段是賦予主題的主要段落。最後一段以歎魯國後世之君，不能因風俗之美以成政事。

全文由政而論俗，由俗而又歸結於政，這種回應的作法，是開闢另一討論空間時應該使用的手法，否則很容易被認為是離題或不切題。

卷九

舟之僑奔晉

閔公二年

【題解】魯閔公二年（西元前六六〇年）春，虢公在渭水邊打敗了犬戎，虢大夫舟之僑以為無德受祿，這是災殃，災殃將要到來，就逃亡到晉國。兩年之後，晉取虢國的下陽，而在魯僖公五年（西元前六五五年）滅掉虢國。而舟之僑在魯僖公二十八年，晉文公入曹的時候，立為戎右，於城濮之戰有功，在回師渡河的時候離隊先回，晉文公回國，論功行賞，殺舟之僑示眾。

呂祖謙以為舟之僑智足以知虢公之亡，於是恃智而妄，慘遭殺戮，就跟秦末宋義一樣。所以當人們在議他人之是非得失，別人也在議我之是非得失，應當知所警惕。

天下之理有深可怪者，倒挽九牛，而不能舉秋毫，吁！可怪也！洞視百里，而不能見岱華，吁！可怪也！高脫亂世之禍，而不能免治世之誅，吁！可怪也！舟之僑當虢公有功之時，獨先見其敗亡之釁，幡然適晉，遂免於禍，可謂智矣。其後城濮之役，為晉文公之戎右，叛官離次，棄眾而歸，晉文誅之以徇於國。智於前，愚於後，何耶？虢公之禍，智者或不能預知，至若晉文之法，則雖庸人知其不可犯也。舟之僑能知智者之所疑，而不能知庸人之所畏，其理果安在歟？蓋恃智與恃功等耳。

虢公之亡，恃其功也；舟之僑之死，恃其智也。舟之僑既料虢公之亡，遂伐其智，自謂人莫我若，舉措任情，猖狂妄行，蹈於大戮。彼恃其功，此恃其智，其得禍實出一轍，亦何暇相是非哉？渭汭之捷，虢公方自喜其師之勝，而不知亡國之機，已藏於一勝之中矣。虢公之亡，舟之僑方自喜其言之驗，而不知殺身之機，已藏於一驗之中矣。其福也，所以為禍也；其智也，所以為愚也。虢公以福召禍，舟之僑以智召愚。使虢公無功之可矜，舟之僑無智之可負，則國不喪而身不殞矣。

先王功眇天下，而日有危亡之憂，非欲自抑也，所以居其功也。智眇天下，而自處於匹夫匹婦之後，非欲自晦也，所以居其智也。項梁勝秦而驕，宋義料其必敗，不旋踵而梁果覆其軍焉。當是時，宋義之名蓋楚國，懷王奇其智，位之以上將，兵未叩秦，酣宴驕縱，竟斃於項籍之手❶。項梁之亡，即虢公之亡也；宋義之死，即舟之僑之死也！

凡人之相非，未始有極，虢公之勝，舟之僑在其旁而議之，回視僑之旁，已有議之者矣！項梁之驕，宋義在其旁而議之，回視義之旁，已有議之者矣！我方憂人，而不知人已憂我；我方料人，而不知人已料我。是殆可長太息也！噫！舟之僑宋義之失，今世皆能議之矣，議二子之失者，亦安知果無人復議其旁耶？

【注釋】❶竟斃於項籍之手　項羽的叔父項梁屢敗秦軍，於是輕秦而有驕色，宋義諫之不聽，項梁派宋義出使於齊，途中遇齊使高陵君顯，宋義告訴他：「項梁必敗，您徐行則免死，疾行則及禍。」項梁果然敗死。楚懷王因高陵君之推薦，以宋義為上將軍，項羽為次將，以救趙。但宋義於安陽留兵不進，以期坐收漁利，又送子相齊，飲酒高會，而為項羽所殺。見《史記・項羽本紀》。

【語譯】天下的道理有些實在很奇怪，有人可力挽九牛，卻拿不起飛禽在秋天長出的細羽毛，噢！好奇怪呀！有人可以目視百里之遠，卻不能看見泰山、華山，噢！好奇怪呀！有人可以逃脫亂世的禍害，卻不免於政治盛明的時候被殺，噢！好奇怪呀！舟之僑在虢公有戰功的時候，惟有他能先看出敗亡的禍端，毅然到了晉國，於是免於禍害，可以說是很聰明的。到後來城濮之戰，擔任晉文公的戎右，竟棄職離開隊伍而先回國，被晉文公殺了以告示全國。原先那麼聰明，後來那麼愚昧，這是為什麼呢？虢公的災禍，明智的人都不能預先知道，至於像晉文公的軍法，就是很平凡的人也都知道不可冒犯。舟之僑能夠預知明智者所疑惑的，卻不能明白平常的人所畏懼的，這道理在哪兒呢？那是他們仗恃他們的聰明和戰功的緣故。

虢公的敗亡，是仗恃著他的戰功；舟之僑的死，是仗恃著他的聰明。舟之僑既然能預料虢公的敗亡，於是炫耀自己的聰明，自以為別人都不如我，於是舉止任性，猖狂而不守法度，陷入被殺之罪。虢公仗恃戰功，舟之僑仗恃聰明，他們召致禍害之途，完全相同，他們怎能相批評呢？渭水之濱的戰勝犬戎，虢公正當欣喜軍隊的勝利，而不知道亡國的契機，就藏伏在這一次的勝利之中。虢公的敗亡，舟之僑正當欣喜他的話應驗了，而不知道殺身的禍根，就藏伏在這一次的應驗之中。他的戰勝之福，正所以造成敗亡之禍；他的聰明，正所以造成他的愚昧。虢公以福召致禍害，舟之僑以智召致愚昧。假使虢公沒有戰功可以誇耀，舟之僑沒有聰明可以自負，那麼國家也不至於敗亡，生命也不至於殞滅了。

先王的戰功足以小看天下，但他們卻好像隨時有危亡之憂，並不是想自我貶抑，是要常保戰功的緣故。智者的智慧足以小看天下，但他們卻自居於匹夫匹婦之後，並不是想自我隱藏，是要保持明智的緣故。項梁打敗秦國的軍隊就驕傲起來，宋義因此料定他會敗亡，不多久項梁果然敗亡。在這時候，宋義的名聲傳遍楚國，楚懷王對他的明智感到驚異，於是以他為上將軍，但兵還沒擊秦，就歡宴驕縱，竟死於項羽之手。項梁的敗亡，正是虢公的敗亡；宋義之死，正如舟之僑之死呀！

人們相互批評，不曾有終了的時候，虢公戰勝的時候，舟之僑在他的旁邊批評他，回頭再看舟之僑的旁邊，也該有批評他的人呢！項梁面露驕色的時候，宋義在他的旁邊批評他，回頭再看宋義的身旁，也可能有人在批評他了！我正在憂慮別人，而不知道別人已在為我憂慮了；我正在料定別人，而不知道別人也已經在料定我了。這真是可歎息的呀！舟之僑和宋義的缺失，如今大家都會批評他們，但是批評這兩人得失的人，又怎麼知道沒有人在他的身旁批評他呢？

【研　析】本篇立論與卷四〈楚屈瑕敗蒲騷〉類似，都強調了先前的成功，常使人自矜其能，終致敗亡。但重點不同，那篇是強調「先遇其易，以易為常，是禍之源也」，這篇是強調福禍相生，「我方憂人，而不知人已憂我」。不過，歸結到人不可自矜，則無二致。

第一段舉舟之僑之事跡感歎他能知智者之所疑，而不知庸人之所畏，是恃智和恃功所致。第二段將虢公和舟之僑並說，一恃功，一恃智，他們若無功無智，就不至於亡國喪身。第三段說先王有眇天下的功與智，但有危亡之憂，自處人後，得以永居其功，永居其智。再舉項梁之敗和宋義之死，與虢公和舟之僑相對應。最後一段則以為：「當我們在議論別人，預期別人有什麼下場的時候，可能別人也正在議論或預料我們。」作為全篇警策之所在。

如果我們將這兩篇相比較，可以發現：〈楚屈瑕敗蒲騷〉在文章作法上，比本篇巧妙；而本篇結論的推陳出新及警世的效果，則為〈楚屈瑕敗蒲騷〉所不及。本篇結論的作法，可能是規摹杜牧的〈阿房宮賦〉，讀者不妨參看。

衛懿公好鶴

閔公二年

【題　解】衛懿公喜歡鶴，鶴就像享有祿位的大夫一樣。魯閔公二年（西元前六六〇年），狄人進攻衛國，衛國要授兵甲赴戰的時候，人們都說：「應該派鶴去，鶴實際上就享用了祿位，我們怎能作戰？」懿公把玦交給石祁子，把箭交給甯莊子，要他們防守而好自為之。於是自己領兵迎戰，大敗而死。衛都為狄所破，渡過黃河的衛國遺民只有七百三十人，立戴公於曹邑，得到齊桓公的幫忙，才安定下來。

呂祖謙藉此指陳歷史上多少帝王養許多浮華沒用的人，就像衛懿公所養的鶴一樣，更感慨鶴本是人們所愛的，一旦處於牠所不該處的地位，就為人所疾惡，其他飛禽就更不用說了。當然有言外之意，說的是人無其才，居非其位，不免為人所疾惡。

衛懿公以鶴亡其國。玩一禽之微，而失一國之心。人未嘗不撫卷而竊笑者，吾以為懿公未易輕也。世徒見丹其顛素其羽，二足而六翮者，謂之鶴耳。抑不知浮華之士，高自標置，而實無所有者，外貌雖人，其中亦何異於鶴哉？

稷下❶之盛，列第相望。大冠長劍，褒衣博帶，談天雕龍❷之辨，蜂起泉湧，禹行舜趨者，肩相摩於道。然擢筋之難❸，松柏之囚❹，曾無窺左足而先應者❺，是亦懿公之鶴也！鴻都之興❻，鳥跡蟲篆❼，自衒鬻者日至，受爵拜官，光寵赫然，若可以潤色皇猷。及黃巾之起，天下震動，未聞有畫半策、杖一戈佐國家之急，是亦懿公之鶴也！永嘉之季，清言者滿朝，一觴一詠，傲睨萬物，曠懷雅量，獨立風塵之表，神峰儁拔，珠壁相照。而五胡之亂，屠之不啻如几上肉，是亦懿公之鶴也！普通之際，朝談釋而暮言老，環坐聽講，迭問更難，國殆成俗。一日侯景逼臺城❽，士大夫習於驕惰，至不能跨馬，束手就戮，莫敢枝梧，是亦懿公之鶴也！是數國者，平居暇日，所尊用之人，玩其辭藻，望其威儀，接其議論，挹其風度，可嘉可仰，可慕可親，卒然臨之以患難，則異於懿公之鶴者幾希？豈可獨輕懿公之鶴哉？

所用非所養，所養非所用；使親者處其安，而使疏者處其危；使貴者受其利，而使賤者受其害，未有不蹈懿公之禍者也。抑吾又有所深感焉：鶴之為禽，載於《易》，播於《詩》❾，雜出於詩人墨客之詠，其為人之所貴重，非凡禽比也。懿公乘之以軒，而舉國疾之，視猶鴟梟。然豈人之憎愛遽變於前耶？罪在於處非其據而已。以鶴之素為人所貴，一非其據，已為人疾惡如此，苟他禽而處非其據，則人疾惡之者復如何耶？吾於是乎有感。

【注　釋】❶稷下　古地名，在今山東省臨淄城北古齊城之西，戰國時齊國曾在此設館，以招各國說客辯士。宣王時招攬遊學之士數千人，成為當時學術中心。見《史記・田敬仲完世家》。❷談天雕龍　戰國時，齊人騶衍，齊人稱為談天衍。稷下又有騶奭，修騶衍之文，若雕鏤龍文，被稱為雕龍奭。見《史記・孟子荀卿列傳》。依劉向《別錄》說：「騶衍之所言，五德終始，天地廣大，盡言天事，故曰談天。」❸擢筋之難　戰國時燕將樂毅合五諸侯伐齊，楚使淖齒將兵救齊，齊湣王以淖齒為相，但淖齒殺湣王而與燕共分齊地。見《史記・田敬仲完世家》。依《戰國策・秦策》淖齒拔湣王之筋，懸於廟梁而死。❹松柏之囚　戰國時齊國最後君主建（無諡號），在秦滅齊後，被置於松柏之間而餓死。見《戰國策・齊策》。❺窺左足而先應者　窺，通「跬」。半步；一舉足。指站出來為國盡力者。語出《漢書・息夫躬傳》：「匈奴飲馬於渭水，邊疆雷動，四野風起，京師雖有精兵，未有能窺左足而先應者也。」❻鴻都之興　《後漢書・靈帝紀》：「光和元年……始置鴻都門學生。」注：「鴻都，門名也，於內置學。地其中諸生，皆敕州、郡、三公舉召能為尺牘辭賦及工書鳥篆者相課試，至千人焉。」❼鳥跡蟲篆　指文字的鳥篆蟲書。鳥篆為形如鳥雀的篆體古文字，也叫鳥書、鳥籀。《後漢書・蔡邕傳》：「後諸為尺牘及工鳥篆者，皆加引召。」蟲書為秦時八體書的一種，字體像蟲鳥形狀，王莽六體書則稱鳥蟲書，都是篆書的變體，用來寫旗幟及符節，也用作印章文字。❽侯景逼臺城　侯景，南北朝朔方人，善於騎射，原為北魏兵將，後歸高歡，高歡死，附梁封為河南王，後舉兵叛變，攻破建康，梁武帝被圍於臺城（宮城），餓死，乃自立稱漢帝，到處燒殺，長江下游大受破壞，史稱侯景之亂。後為梁將陳霸先、王僧辯擊敗，逃亡時被部下所殺。見《梁書・侯景傳》或《南史・賊臣傳》。❾載於易播於詩　《易・中孚》：「鳴鶴在天，其子和之，我有好爵，吾與爾靡之。」《詩・小雅・鶴鳴》：「鶴鳴于九皐，聲聞於野。」又如《詩・小雅・白華》：「有鶖在梁，有鶴在林。」

【語　譯】衛懿公因為愛鶴而亡國。為了玩賞一種飛禽的小事，而失去全國民心的擁戴。人們沒有不按著書竊笑的，我卻以為懿公是不能太輕視的。世人只看見紅頭白羽，兩隻腳六根羽莖的，稱牠為鶴罷了。其實他們不知道那些虛有其表的人，自我標榜，而實際上完全沒有本事，外表雖然是人，實質又跟鶴有什麼不同？

齊國稷下極盛的時候，高屋華堂並列相望。那些頭戴高冠，腰佩長劍，身穿寬大的衣服，繫著闊大的衣帶，盡言天事，文如雕龍的說客辯士，如蜂起、如泉湧，像禹那樣不辭千里跋涉，像天下人歸附於舜那樣，在往齊國的路上肩碰肩。可是齊湣王被樂毅攻得流離失所，被淖齒抽筋懸梁的時候，以及齊王建被秦囚於松柏之間餓死的時候，卻不曾有左腳跨出半步為他們救應的人，這些人也都等於是衛懿公所養的鶴啊！當漢靈帝的時候，設置鴻都門，那些能夠寫蟲書鳥篆變體文字的人，自己賣弄本事以求官的天天都有，他們得到爵祿做了官，得到皇帝的寵愛而顯赫起來，好像可以為朝廷增添光采，奉獻宏遠的謀略。到黃巾賊造反，天下驚動，也沒聽說有哪一個人提供半項策略或拿起一件武器去幫助國家解決急難的，這些人也都等於是衛懿公所養的鶴啊！晉懷帝永嘉年間，朝廷裏充滿了好為清談之士，他們或飲酒作樂，或吟詠詩篇，目空一切，曠達的胸襟，雍雅的器度，超然於世俗塵囂之外，雋才挺拔如神峰突起，相得益彰如珠璧相照。但五胡亂華的時候，任人屠殺宰割就像俎上肉一樣，這些人也都等於是衛懿公所養的鶴啊！梁武帝普通年間，早上談佛下午論老莊，大家圍坐聽道，相互問難，舉國成為風尚。一旦侯景造反，兵逼臺城，士大夫都驕縱懶散慣了，甚至都不能上馬作戰，於是束手被殺，不敢抵抗，這些人也都等於是衛懿公所養的鶴啊！這些國家，在平常沒事的時候，所尊崇重用的人，品評他們的文采詞藻，瞻望他們的威儀氣派，捧讀他們的評議言論，感受他們的風範器度，似乎都是可嘉許、可景仰、可羨慕、可親近的，但患難突然臨頭的時候，能跟衛懿公的鶴不同的，恐怕是太少了吧？我們怎能夠惟獨輕視衛懿公的鶴呢？

危難時所能用的人不是平時所養的人；平時所養的人不是危難時所能用的人。把平時親近的人處於安全的地方，卻把平日疏遠的人置於危險的境地。使享有尊榮的人蒙受利益，使地位卑賤的人承受禍害。這種作法沒有不重蹈衛懿公亡國之禍的。我另外還有很深的感慨：鶴這種飛禽，不但記載在《易經》中，也播揚在《詩經》裏，更常出現在詩人文士的吟詠之中，牠為人們所珍愛看重，不是一般的飛禽所能比的。但衛懿公讓牠乘坐大夫的車子之後，全國的人都憎惡牠，看牠就像凶惡的鴟梟一樣。這難道是人們的愛憎突然變得跟以前不同了嗎？這是錯在牠居處在牠所不該居處的地位而已。以鶴這種一向為人所珍愛的鳥，一旦居處在牠所不該居處的地位，都被人憎惡到如此的地步，如果其他的鳥禽居處在牠所不該居處的地位，那麼人們憎恨牠的程度又將如何呢？我對這有很深的感慨。

【研　析】本篇是直起直落而其間奇橫無比的奇絕之文，其文雄博奇麗，音響悲壯，憤歎淋漓。蘇東坡嬉笑怒罵之文，也無以過之。

文章一開始，就從衛懿公以鶴亡國直接談起，但敘述四句之後，突然說「懿公未易輕」，而浮華之士與鶴無異，便是十分奇橫的轉折。第二段排比了四件史事，說明很多人「亦懿公之鶴也」。作者依時代順序，列了戰國時代，齊國稷下的談天雕龍之士；漢靈帝時，那些鳥跡蟲篆之士；晉懷帝時的清談名士；以及梁武帝身邊談佛老的士大夫。這四小段譏諷痛斥，閎肆淋漓，感慨憤歎，流露無遺。第三段結論分兩層，一是說養非所用，正是亡國之禍根；一是處非其據，必為人所疾惡。尤其後者，他指的是鶴，但實際上說的是人；他說的是為人所疾惡，實際上也正是亡國禍根。言既酣暢，而意又無窮，這正是本文的卓絕處。

里克諫晉侯使太子伐東山皐落氏

閔公二年

【題　解】魯閔公二年（西元前六六〇年），晉獻公派太子申生去討伐東山皐落氏，要他滅狄而後返，里克諫止說：「太子是奉事宗廟祭祀、社稷大祭和早晚關照國君飲食的人，所以叫做冢子。國君離開都城，他就守護國家；如果另外派人留守，他就跟從國君前往。跟隨在外稱為撫軍，留守在內稱為監國，這是自古以來的制度。領兵在外，專斷策略，發號施令，這是國君和正卿所該做，而不是太子的事。領兵主要在掌握軍令，太子領兵如果事事向國君請示就失去了軍威，擅自發令而不請示就又不孝，所以國君的嫡子不該領兵。國君失去任命職官應守的原則，讓太子領兵而沒有軍威，又何必呢？而且臣下聽說皐落氏這回會傾力作戰，國君還是另派別人吧！」晉獻公卻說：「我有好幾個兒子，還不知道立誰為嗣呢？」里克沒回答而退出，見了太子，太子說：「我會被廢嗎？」里克說：「讓您治理百姓，教您熟悉軍事，害怕的是不能恭奉其事，完成使命，為什麼會被廢呢？而且為人之子只擔心自己不夠孝順，不擔心不能立為國君，修養自己而不責求別人，就可免於禍難了。」

本文標題只是上述這件事，但內容則包括五年之後，驪姬與里克取得共識，使里克在太子被害時保持中立的立場，還包括《國語》所記載，驪姬利用優施去勸動里克的情節，批評里克長於柔而短於剛，不知變通，因中立而誤事，所以是里克的評傳。

物之相資者，不可相無；物之相害者，不可相有。兩不可相無，則不得不合；兩不可相有，則不得不爭。合之者欲其兩全也，爭之者欲其一勝也。將全其兩，勿偏於一；將勝其一，勿分於兩。心不可偏，故調和於兩間者，謂之智；心不可分，故依違於兩間者，謂之姦。蓋兩者並立，然後有兩者之間；兩者既不並立，指何地而為兩者之間哉？彼未嘗有間，而我乃欲處其間，是知依違者非姦也，愚也！

父不可無子，子不可無父，非所謂相資而不可相無者耶？為父而傾子，險也；為子而傾父，逆也，故君子處父子之間，必以兩全為本。至於邪之與正，則相害而不可相有。有正則無邪，有邪則無正，安得有所謂邪正之間哉？將為君子耶，盍主其正？將為小人耶，盍主其邪？此君子斷然而欲其一勝也。當兩全而欲使一勝，則其一終不能獨勝；當一勝而欲使兩全，則其兩必不能俱全，亦審之而已矣。

醫之於疾，未嘗敢偏助一藏之氣，使之獨勝，兢兢然導養均調，俱不相傷，然後止。至於治癰疽❶，則潰肌流血無所愛，豈非身與癰疽決不可兩全耶？其視五藏則若驕子，惟恐有毫髮之忤；其視癰疽則若讎敵，惟恐有毫髮之存。是非前怯而後勇也，疾變則術變也。況當國家危疑之時，其可一其術而不知前後之變也耶？

是知立乎父子之間，合和而使之兩全，柔者可能也；立乎邪正之間，別白而使之一勝，剛者可能也。然用其柔於邪正之間，則懦而召姦；用其剛於父子之間，則激而生禍。以前為後，以後為前，亂不旋踵，自非權移於銖兩秒忽❷之中，機轉於俯仰笑嚬之際，孰能不差毫釐而謬千里哉？宜里克之工於前而拙於後也。

晉獻公將廢太子申生，先遣之伐東山，里克進而見獻公，則諫以君之嗣適，不可以帥師。退而見太子，則戒以子懼不孝，無懼弗得立。告父以慈，告子以孝，其處父子之間者至矣。其後驪姬殺申生之謀已成，憚克而未敢發，使優施以言動之，克猶用前術而不知變，乃曰：「吾秉君而殺太子，吾不忍；通復故交，吾不敢，中立其免乎！」驪姬得其中立之言，始無所憚，而新城之難作矣。是克知父子之間當兩全，而不知邪正不當兩立也。兩刃之下，人不容足；兩虎之鬭，獸不容蹄。驪姬申生之際，夫豈中立之地哉？勢已新而方守其舊，勢已改而方守其初，用前術應後勢，克之所以敗也。

吾嘗論里克之為人，長於柔而短於剛。故能從容彌縫於無事之時，而不能奮厲感慨於有事之日。前所以中節者，適遇其所長而已；後所以失節者，適遇其所短而已。使克幸而早死，不及見驪姬之釁成，則其短終不露世，亦豈敢少訾之哉？雖然，人心不可兩用，所以處獻公申生之間者，惟恐其有向背。至拒驪姬，則又恐其向背之不明也。所以處獻公申生之間，惟恐其有厚薄；至拒驪姬，則又恐其厚薄之不分也。克之處此難矣哉。

曰：是不難。譽親而詈讎，同一舌也；揖客而擊賊，同一臂也，豈聞其相奪哉？《大學》之說：「所惡於上，毋以使下；所惡於下，毋以事上；所惡於右，毋以交於左；所惡於左，毋以交於右。」上下左右之間，皆欲兩全而不傷，何其恕也！至其論小人，則以謂：「仁人放流之，迸諸四夷，不與同中國！」又何其不恕也！嗚呼！昔之達者蓋知之矣。

【注釋】❶癰疽　惡瘡名，中醫稱大而淺者為癰，屬陽症；浮者為疽，屬陰症。是化膿菌引起，侵入皮膚的毛囊及皮脂腺，是癤的一種，但範圍較大，多長於頸、背、臀部等皮下脂肪較厚的地方。❷銖兩秒忽　比喻極輕微。古衡制：二十四分之一兩為一銖。秒為芒末，忽為蜘蛛網細者；或以蠶吐絲為忽，十忽一絲，十絲為一毫，十毫為一釐，十釐為一分。權移於銖兩秒忽，是指秤錘移動於極輕微的時候，表示把握精確，絲毫不差。

【語譯】天下事物有相助益的，成為不可互缺；天下事物有相為害的，成為不可共存。兩方不可互缺，那就不得不合作；兩方不可共存，那就不得不爭奪。合作的當然希望兩相保全，爭奪的只希望一方得勝。要兩相保全的，你不要偏於其中的一方；要一方得勝的，你不能分屬二心。不可偏於一邊，所以調合於兩者之間的，稱之為智；心既不可分割，所以游移於兩者之間的，稱之為姦。因為兩者可以並立，然後才談得上處於兩者之間；兩者既然不並立，哪裏還有兩者之間的地帶呢？它們沒有並立的空間地帶，而我還想處於兩者之間，可見在兩者游移的，不是姦，而是愚蠢！

父親不能沒有兒子，兒子不能沒有父親。這不就是所說相互助益而不可互缺的嗎？為父親傾覆兒子，是陰險；為兒子傾覆父親，是叛逆，所以君子處於父子之間，必須兩相保全為前提。至於邪的和正的，是相為害而不能共存。有正的一方，就沒有邪的一方；有邪的一方，就沒有正的一方，怎麼能夠有所謂邪正之間的呢？將作為君子，何不到正的一方？將作為小人，何不到邪的一方？這正是君子毅然決然而想讓一方勝利的原因。應當兩相保全的而想使一方得勝，結果任何一方都不可能獨勝；應當只有一方得勝的而想使雙方保全，結果兩方都不可能皆全，所以要審慎從事。

醫生對於治病，不曾敢偏助某一臟的元氣，使它特別強，一定是戰戰兢兢地引導五臟內腑平均調養，使它不相傷害而後止。至於治癰疽毒瘡，那就讓肌肉潰爛流血，也無所愛惜，難道不是因為身體與癰疽絕不可兩全嗎？把五臟看成像寵愛的兒子一樣，惟恐它有絲毫的不順暢；把癰疽看成像仇敵一樣，惟恐它有絲毫的留存。這並不是原先怯弱而後來果敢，是因為疾病不同，方法也就不同。更何況當國家危難驚疑的時候，怎麼可以只用一種方法而不知道前後應當變通呢？

由此可知，居處於父子之間，協調他們使雙方保全，是柔和的人可以做得到的；居處於正邪之間，區別他們使一方獨勝，是剛烈的人可以做得到的。但是用柔和的態度處於正邪之間，便會因懦弱而召致姦邪；用剛烈的態度處於父子之間，則會因激動而召致禍害。以前者為後者，或以後者為前者，禍亂隨之而至，如果不是權變精確，轉變契機於俯仰之間，誰能夠不因為失之毫釐而差之千里呢？當然里克能善處於前而拙劣於後了。

晉獻公將要廢太子申生的時候，先派遣他去伐東山，里克晉見獻公，而諫說君的嫡長之子，不可以領兵作戰。退下來見太子，則告誡為人之子只怕不能盡孝，不怕不能繼位。勸告為父者要慈愛，勸告為子者要孝順，他處於他們父子之間，可以說太完美了。到後來驪姬要殺害申生的計謀已規劃完成，但顧忌里克而不敢發動，派優施用言語來說動他，里克仍然用以前的方法而不能變通，於是說：「要我奉君命去殺太子，我不忍心；要我因舊交情而去通知太子，我又不敢。保持中立總可以免禍吧！」驪姬得到他中立的保證，才沒有顧忌，而太子死於曲沃的禍難便發生了。這是里克知道父子之間應當兩相保全，而不知正邪之間是不應該並立的。在兩把刀刃對峙之下，人不能在中間立足；在兩虎相鬥之下，野獸不能在中間立足。驪姬和申生之間，哪還有中立的地帶？形勢已經變新，而守著原有的策略，用原先的方法應付以後的形勢，這正是里克失敗的原因。

我曾經研究里克的為人，他擅長於用柔和的方法，而不擅長運用剛烈的手段。所以他能從容地彌補缺失裂痕於太平無事之時，卻不能積極地奮揚衝刺於國家有事之日。以前他之所以能中規中矩，那是恰好用上了他的長處罷了；後來他之所以不合節度，那是正好觸及了他的短處罷了。假使里克僥倖而早死，沒能趕上驪姬造成禍害，那麼他的缺點就不會暴露出來，世人哪裏敢對他稍加批評呢？雖然如此，人心是不可兩用的，所以處在獻公和申生之間的人，是惟恐你向著一方而不向著另一方。至於抵制驪姬，則又惟恐你向著某一方不夠明朗。所以處於獻公和申生之間，惟恐自己有厚薄之分；至於抵制驪姬，則又惟恐自己沒有厚薄之分。里克處在這境地也實在太困難了。

這一點我卻認為不困難。讚美親長和責罵仇敵，用的是同一個舌頭；接待賓客和攻擊盜賊，用的是同一隻手臂，難道聽說他有為兩種作用而爭執不下的嗎？《禮記・大學》說：「我不願在上位者怎樣待我，我就不要那樣待下位的人；我不願下位者怎樣對我，我就不要那樣對上位的人；我不願在右的人對待於我的，我就不要那樣對待在左的人；我不願在左的人對待於我的，我就不要那樣對待在右的人。」上下左右之間，都想兩全而不傷害，多麼講究恕道呀！至於說到小人，那就說：「仁者在位，能流放惡人，把他們驅逐出境，不讓他們和大家一起住在中原境內！」又多麼不講恕道啊！唉！可見古代通達事理的人，他們就已明白其中的道理了。

【研　析】假使一個人功過相參、成敗互見，一般評論者都不免為他的成功而讚歎，為他的失敗而惋惜。或說他為德不卒，或說他老而昏聵，很少去注意他基本性格的一致，從他的人格特性去觀察他的成敗功過，而呂祖謙評里克卻用了這樣的觀點，這是十分難得的。

他分析里克「長於柔而短於剛」，處父子之間該用柔，所以他處理得不錯；處於正邪之間該用剛，他就處理得不好。這是全文的中心。而討論時，從父子之間和正邪之間不同，作為大前提，成為前半篇討論焦點。

文章一開始，先說明：物有相互為益，不可互缺；也有相互為害，不可共存。人在處理時，態度自然要不同：有的求其調合，有的只能決定依違而已。第二段指出父子之間是互益不可互缺，處於其間，應求調合而兩全；至於正邪之間是互害而不能並存，沒有中立的餘地，只有或依或違而已。第三段再以治病為例，說明有的要調合，有的要割捨，也藉此說出方法不同、態度不同。第四段就此立論，說明協調父子關係要柔，依違正邪之間要剛，也藉此指出里克就是沒能應變而留下敗筆。第五段就史實說明里克的不知變通。第六段指出里克為人，長於柔而短於剛，並提示剛柔互用是不是很難的問題。第七段以《大學》的兩段話說明因對象不同而態度不同，其實並不難。

本文段落較多，但層次分明，條理井然，先提事物關係的兩種類型，然後說到父子之間和正邪之間，再以治病為例，說到處理手段和態度的不同，於是說到里克的不能應變，再分析他長於柔而短於剛。最後說到剛柔互用的必要，依對象不同而變，並不太難。

當然我們可以說：探討處理父子之間和正邪之間，其方法和態度的不同，是評里克的張本，所以用了三段的筆墨，反覆討論，為批評里克奠定堅實的理論基礎。其實也未嘗不可以說：前部分是作者觀念之所在，評里克只是附帶作為印證而已。不過有一點是可肯定的：兩部分的相互為用，使觀點更突出，文章更精彩，那是無可置疑的。

齊侯戍曹遷邢封衛

閔公二年　諸侯救邢　僖公元年　城楚丘　僖公二年

【題　解】魯閔公二年（西元前六六〇年）十二月，狄人伐衛，衛懿公好鶴，國人不肯出力，招致亡國，能渡過黃河的遺民只七百三十人。立戴公於曹邑，都已於前面述及。這次齊桓公派了公子無虧率兵車三百輛，甲士三千人，守衛曹邑，還贈送戴公車輛馬匹、祭服、門材，及牛、羊、豕、雞、狗各三百，送夫人上等錦三十匹。又在魯僖公二年（西元前六五八年）正月，率諸侯於楚丘為衛國築城。另外，邢國也在魯莊公三十二年（西元前六六二年）冬天為狄所進犯，次年正月求救於齊，管仲力主救邢，桓公出兵。當時邢已潰敗，齊國聯合宋、曹二國，逐狄人，但為了安全起見，在魯僖公元年六月，將邢遷到夷儀，並為邢築城。由於桓公幫助衛國周到，對邢國器具不曾私取，所以《左傳》寫「邢遷如歸，衛國忘亡」（邢國雖遷都，但東西都還在，就像以前在老家一樣方便；衛國都忘其亡國的困頓），以稱許齊桓公。

呂祖謙則指責齊桓公都是亡後兩年，才為他們築城，都是要他們飽嘗困頓之後，才予以救助，以邀功邀名，非王者之仁心。其實齊桓公對衛國，已及時施予援手，就以狄入衛到築楚丘城來說，雖過了兩個年，但實際上只有一年又一個月；救邢以至遷夷儀雖然兩年多，但其間為邢逐退狄人，收復之後再作搬遷，原本不是流離失所，所以本篇就文章來說，是推勘至隱，不免厚誣古人。

王者之所憂，伯者之所喜也；伯者之所喜，王者之所憂也。王者憂名，伯者喜名。名胡為而可憂耶？不經桀之暴，民不知有湯；不經紂之惡，民不知有武王。使湯武幸而居唐虞之時，無害可除，無功可見，湯自湯，武自武，民自民，交相忘於無事之域，則聖人之志願得矣。功因亂而立，名因功而生，夫豈吾本心耶？是故雲霓之望[1]，非湯之盛也，乃湯之不幸也；壺漿之迎，非武王之盛也，乃武王之不幸也。伯者之心異是矣。

凡王者之所謂不幸，乃伯者之所謂大幸也。王者恐天下之有亂，伯者恐天下之無亂。亂不極則功不大，功不大則名不高。將隆其名，必張其功；將張其功，必養其亂。狄以閔之元年伐邢，其後二年，而齊始遷邢於夷儀；狄以閔之二年滅衛，其後二年，而齊始封衛於楚丘。齊桓之恤二國，必在於二年之後者，何也？所以養其亂也。齊桓之心以為：當二國之始受兵，吾亟攘夷狄而卻之，則亦諸侯救災恤鄰之常耳，其迹必不甚奇，其事必不甚傳，其恩必不甚深，曷足以取威定伯哉？先飢而後食之，則其食美；先渴而後飲之，則其飲甘。今吾坐養其亂，待其社稷已頹，都邑已傾，屠戮已酷，流亡已眾，然後徐起而收之，拔於危蹙顛頓之中，置於豐樂平泰之地。是邢衛之君，無國而有國；邢衛之民，無身而有身也，深仁重施，殆將淺九淵❷而輕九鼎❸矣。故其功名震越，光耀赫然，為五伯首。向使絕之於萌芽，則名安得如是之著耶？

嗚呼！邢衛之難，曰君曰卿，曰士曰民，肝腦塗中原，膏液潤野草，苟仁人視之，奔走拯救，不能一朝居也。今齊桓徒欲成區區之名，安視其死，至於二年之久，何其忍耶！長人之亂而欲張吾之惠，多寇之虐而欲明吾之勳，是以萬人之命，而易一身之名也，是誠何心哉？今人乍見孺子將入於井，怵惕惻隱之心不期而生，此人之真心也，真心一發，森不可禦，豈暇計其餘哉？有人於此謂：「彼未入於井而全之，其功淺；既入於井而全之，其功深。」縮手旁觀，俟其既墜，乃始褰裳濡足而救之。則其父母必以為再生之恩，鄉鄰必以為過人之行，義概凜凜，傾動閭里。回顧前日未入井以救之者，父母不謝，鄉鄰不稱，若大不侔。然則為孺子計者，寧遇前一人耶？寧遇後一人耶？噫！此王伯之辨也！

【注釋】❶雲霓之望　人民受暴政之害，渴望商湯的軍隊來征，就像大乾旱的時候，渴望天空出現烏雲和彩虹。見《孟子・梁惠王下》。❷九淵　水的最深處。《莊子・列禦寇》：「夫千金之珠，必在九重之淵。」❸九鼎　古代象徵王朝政權的傳國寶器。相傳夏禹所鑄，以象九州。每當王朝滅，鼎則易主而遷移，所以用以比喻分量之重。

【語譯】行王道的人所憂慮的，是建霸業的人所喜歡的；建霸業的人所喜歡的，是行王道的人所憂慮的。行王道的憂慮得到名聲，建霸業的人喜歡得到名聲。名聲為什麼可憂慮呢？不經過夏桀的暴虐，人民就不知道有商湯；不經過商紂的殘惡，百姓就不知道有武王。假如商湯和武王幸而生於堯舜的時代，沒有禍害可以剷除，沒有功勞可以顯現，商湯還是商湯，武王還是武王，人民也守百姓的職分，在太平無事的境地，不相牽涉，不相掛記，那麼聖人的願望也就達到了。功勞是藉著禍亂才能建立，名聲是藉著功勞而產生，這哪裏是我原本的願望呢？所以人民像大旱時期待烏雲那樣的期待他，這不是商湯的好事，而是商湯的不幸；人民帶著器物裝著食品來迎接他，這不是武王的好事，而是武王的不幸。但是要建霸業的人，心態就和他們不同了。

凡是行王道的人所說的不幸，都是建霸業的人所說的大幸。行王道的人惟恐天下有亂事發生，建霸業的人惟恐天下沒有亂事發生。紛亂不到極點，功勞就不夠大；功勞不夠大，名聲就不夠高。想要提高他的名聲，就一定要誇張他的功勞；想要誇張他的功勞，就一定要助長別人的紛亂。狄人在閔公元年侵犯邢國，在此之後兩年，齊侯才把邢遷到夷儀；狄人在閔公二年滅了衛國，在此之後兩年，齊侯才封衛國於楚丘。齊桓公救助這兩個國家，都一定在兩年以後，這是為什麼呢？是用來滋長他們的禍亂的。齊桓公的心裏認為：當這兩國剛開始受到侵犯的時候，我如果急於排拒夷狄而把他們打退的話，只是一般諸侯救助災難、體恤鄰邦的常事而已，這種行為並不很稀奇，這種事情並不會被傳揚，這種恩惠也不很深，怎麼足以建立威信而奠定霸業呢？先讓他飢餓然後才給食物，那些食物才會甜美；先讓他受渴然後才給水，那些水才會甘甜。如今我要等待他們滋長了禍亂，等他社稷崩潰，都邑傾覆，屠殺已夠慘酷，流亡在外的人已夠多，然後慢慢出來收拾殘局，提救他們於危難窘迫顛沛困頓之中，安置他們於豐厚快樂安舒順適之地。這樣是讓邢、衛二國之君，在沒有國家之後又有了國家；邢、衛兩國人民，在不能安身立命之後又能安身立命，那麼這深厚的仁德、重大的恩惠，都會使他們覺得九淵都不夠深，九鼎都不夠重了。這樣的話，功勞和名聲就震動天下，光芒萬丈，可以成為五霸之首。假使當初禍亂剛萌芽的時候就去杜絕的話，名聲怎麼能夠顯赫呢？

唉！邢和衛的災難，那些國君、正卿、士大夫以及人民，肝腦塗於中原之地，膏脂血液滋潤了野草，只要是有仁心的人看見了，都會到處奔走設法去拯救他們，不能有一天的安居。如今齊桓公只是想成就個人小小的名聲，安然見死不救達兩年之久，多麼殘忍啊！助長別人的災難而想張揚自己的恩惠，加多盜賊的暴虐而想顯示自己的功勳，這是以萬人的生命，來換取自己的名聲，是何種心腸啊？現在假使有一個人突然看見一個幼兒，將要掉到井裏，恐懼和憫憐不忍之心就自然產生了。這是人的真心，這真心一旦產生，就不能壓抑，哪裏還有時間去計較其他的呢？假使有人在這時說：「還沒有掉入井裏就去幫助他，功勞小；掉進井裏才去救他，功勞大。」因此就袖手旁觀，等他掉進去了，才挽起衣裳，浸濕了腳去救他。那麼他的父母以為你有再造之恩，鄉鄰的人以為你有過人之行，於是義氣凜凜，轟動鄉里。回想先前在幼兒還沒掉進去就去救的，小孩的父母不曾道謝，鄉鄰的人也不曾稱讚，就大大不同了。但是如果為這幼兒設想的話，寧可遇到前面那個人呢？或寧可遇到後面那個人呢？唉！這就是王道和霸術的區別！

【研 析】本文一開始，使用「回文」的修辭方式，以求連續不斷之妙，但基本上是失敗的。因為它採取完全迴環往復的方式，缺少變化，像《老子・五十六章》：「知者不言」，接的是「言者不知」，而不是「不言者知」。有了變化，使下句有了不同的內涵。當然，完全迴環往復並不是一無是處，則要兩句內涵不完全相同，如「人人為我，我為人人」，或「國語的文學，文學的國語」（胡適），簡潔而不雷同。本文一開始的兩句，句子迴環往復而意義雷同，所以是敗筆。不過本篇氣盛而又推敲入微，技巧是十分精妙的。

第一段以王者憂名，霸者喜名，籠罩全篇，為以下批評齊桓公之張本。第二段敲定齊桓公養亂以求名。第三段推勘霸者喜名的弊端，是在於用心不真。文中所謂「雲霓之望」、「壺漿之迎」都是出於《孟子》；「孺子將入於井」的譬喻，以及王霸之辨，也是出於《孟子》；文章氣盛，更得自《孟子》。不過孟子不曾如此推勘至隱。這種推定對方心思，對方除非有翻案的鐵證，否則真是百口莫辯。

本文結束先用似詰問似點醒的問句，看似平淡而實激徹，再以「此王霸之辨也」一語頓住，既回應篇首，而又有千鈞之力，實在十分奇絕。

衛文公大布之衣

閔公二年　趙宣子為國政　文公六年　晉悼公即位　成公十八年　晉侯謀所以息民　襄公九年　楚蔿掩為司馬　襄公二十五年　平王封陳蔡復遷邑　昭公十三年　子旗請伐吳　昭公十三年　楚子使然丹屈罷簡兵　昭公十四年　楚城州來　昭公十九年

【題解】衛國在懿公亡國之後，另立戴公於曹邑，但當年戴公死，文公立。文公在楚丘勵精圖治，穿粗布衣、戴粗帛帽，努力建設，教導農民，嘉惠工商，重視教化，任用賢能，所以在魯閔公二年（西元前六六〇年）時，只有兵車三十輛，在位二十多年，終於有兵車三百輛。魯文公六年（西元前六二一年），晉陽處父調趙盾為中軍主將，掌理國政，於是制定規章、修訂法令、清理訴訟、督捕逃犯、使用契約，清除政治上的汙染，恢復被破壞的禮制，重建已廢棄的官職，任賢能以暢通人事管道，作為國家的常法。魯成公十八年（西元前五七三年），晉悼公即位，雖然當時只十四歲，卻有所作為。施恩惠，免勞役，停止追討百姓對國家的積欠，照顧鰥寡、起用賢良、救濟貧困、援助災難、禁止邪惡、減少賦稅、寬恕罪犯、節省器用、用民不違農時。當時各部門長官，都是百姓讚揚的人。被任用的人不失職，做官的人都守本分，爵位不超過德行。軍隊上下有禮，百姓全無怨言，所以能再稱霸於諸侯。魯襄公九年（西元前五六四年），晉悼公率諸侯之師圍鄭歸來，計議休養生息，魏絳請求施恩惠、免勞役，拿出積蓄借給人民。於是自晉侯以下有積蓄的，全部拿出，使財物流通，百姓不困乏，不禁止百姓牟利，而國無貪民。祈禱用財幣而不用牲，招待賓客只用一牲。不製作新器物，車馬服飾只求夠用。這些措施實行一年，國家有節度，於是三度出兵，楚國都不能抗衡。魯襄公二十五年，楚國蔿掩做司馬，子木讓他治理軍賦，於是記錄土地田澤，度量山林木材，規劃藪澤使用，區別高地情況，標出鹽分地，計算水流地，衡量低濕區，然後區分小耕地，畫出低濕畜牧區，在肥沃地帶規劃井田，依收入訂賦稅，儲備兵車馬匹，徵用士兵及武器，完成之後交付子木，《左傳》許其合禮。魯昭公十三年（西元前五二九年）楚平王得位，事先曾許諾陳、蔡復國，所以依承諾重建陳、蔡，賞賜財物給有功的人，赦免罪人，起用被廢的人，連唆使子干要殺他的觀從，都依其願望，當了卜尹。同年，吳滅州來，楚令尹子旗請求伐吳國，楚平王說：「我還沒安撫百姓，沒有事奉鬼神，沒有修防禦設備，沒有安定國家而用民力，失敗了就後悔莫及。」於是不答應。次年派然丹在宗丘檢閱上游地區的兵力，並安撫百姓、救濟貧窮、撫育孤幼、供養病老、收容流浪漢、救助受災戶、寬免孤兒寡婦的賦稅、赦免罪人、禁治姦邪。暢通人事管道，禮遇新人，獎賞功勳，和睦親族，任用賢良。又派屈罷檢閱下游兵力，和上游一樣，而結好四鄰，與民休養生息五年，然後用兵，《左傳》也以為有禮。五年之後，楚國為州來築城，沈尹戌認為楚未能在國內節約，在國外樹德，而如今宮室無度，人民疲弊，不是安撫之道。

呂祖謙列舉了衛文公、晉趙盾、晉悼公、楚蔿掩等治國有方的記載，歎後世不能用其法，並舉楚平王也有類似的作為，只惜不能常守，所以楚國還是不振。

將以天下之事而責之一人之身，本數末度，弛張廢置，品叢目雜，參錯填溢，非立談之間所能決也。必精思熟慮，用心不知其幾，然後粗能通其本原。博問廣詢，閱人不知其幾，然後粗能熟其利害。歷歲踰時，費日不知其幾，然後粗能成其紀綱。法雖備矣，未嘗試而驟欲布之，天下從歟？違歟？欣歟？戚歟？有效歟？無效歟？是皆未可前定也。用法者方且怵然疑，慄然懼，必待事果便，國果治，然後敢自安。法未出之前，營度布置，如彼其勞也！法既出之後，憂疑皇惑，如此其危也！嗚呼！難矣哉！

吾讀《左氏》，至衛文公、趙宣子、晉悼公、魏絳、蔿掩之治國，規摹條畫，巨細畢備，確實切近，可舉而行，如入陶朱❶之室，物物可以濟貧；如發倉公❷之笥，物物可以伐病。非為空言者也！世之為治者，與其鑿空創意如是其難，曷若取數公已成之法，按而行之乎？所以漫不加省者，特易之以為紙上語耳。噫！自衛文而至蔿掩，其治法載在方冊者，雖止於數簡，曾不知其經畫之初，耗精敝神，竭平生之力，然後僅能底於此也。是數公平生之精力，聚於數簡之間，其可以紙上語易之歟？彼苦身而立其法於數千百載之前，我安坐而得其法於數千百載之後，彼任其勞，而遺我以其逸，可謂幸之尤者也。

工之巧者，不肯授人以其法；琴之妙者，不肯授人以其調，固有服役終身而莫得其傳者矣。使幸而得之，其喜為如何！其感為如何！治國之法，非一工一琴比也。今數公治國之良法，表裏纖悉，《左氏》盡發其祕於書，學者一開卷而盡得之，反不知貴重，豈不怪耶？必嘗習畫，然後知珍顧陸之圖❸；必嘗習字，然後知寶鍾王之帖❹。持以示田舍翁，則詆為敗素腐楮耳。苟未嘗留意治體，亦安知數公之遺法可貴哉？

或曰：楚平王之始得國，宥罪舉職，簡兵撫民，其法與數公無異者，然楚終不振，是法不足以為治也。曰：使平王常守是法，而楚終不振，謂法不足為治可也。其後宮室無量，民人日駭，則既不能守是法矣。然則楚之不振者，非法之罪也，廢法之罪也。今日服參朮❺，明日服烏喙❻，乃指參朮為殺人，可不可耶？

【注釋】❶陶朱　即春秋時的范蠡，在輔佐句踐與越滅吳之後，棄官遠去，至陶，稱朱公，以經商致富，後來因以陶朱公稱富者。見《史記・貨殖列傳》。❷倉公　即漢代淳于意，曾為齊太倉長，所以稱倉公。喜好醫術，為治病能手，與扁鵲並稱名醫。見《史記・扁鵲倉公列傳》。❸顧陸之圖　指名畫家的名作。顧指東晉畫家顧愷之，陸指南朝宋畫家陸探微。陸游〈梅花絕句〉：「安得丹青如顧陸，憑渠畫我夜歸圖。」❹鍾王之帖　指書法家的名作。鍾指三國魏鍾繇，王指晉王羲之，皆善書，世稱鍾王。❺參朮　都是根莖藥用植物，參有人參、丹參、紫參、玄參、沙參、苦參等，朮有白朮、蒼朮等，多用於補身。❻烏喙　毒草名。即附子，也稱烏頭。

【語譯】將天下的事情要求一個人去策劃，要衡量本末，有的要大張旗鼓，有的要暫且擱置，由於項目龐雜，彼此又錯綜複雜，不是站在那兒說一說就可以決定的。必須要經過深思熟慮，不知用多少心思，然後才能粗略地了解它的本原。經過廣泛的意見交換，不知要見多少人，然後才能粗略地知道其中利害關係。經年累月，不知要費多少時日，然後才能粗略地完成綱要。方法雖然具備了，沒有經過試驗而想突然頒布天下，人家會依從呢？或是會違抗呢？會高興呢？或是會憂戚呢？將有效呢？或是沒有效呢？這些都是不能事先料定的。用法的人尚且驚恐疑慮，戒懼小心，必定等到做起來果然便利，國家果然安定，然後才敢安心。辦法還沒推出之前，經營布置，是那麼辛勞！辦法推出之後，憂慮惶恐，是那麼深危！唉！真是不容易啊！

我讀《左傳》，讀到衛文公、趙宣子、晉悼公、魏絳、蔿掩他們治理國家，列舉規模，大小都很完備，並且確切而實際，可用來推行，就好像進入陶朱公的家，每件東西都很貴重，都足以救濟貧窮；又好像打開倉公的簍筐，每件東西都有藥效，都足以治病救人。都不是徒託空言的啊！世界上治理國家的人，與其憑空創意這樣的困難，為什麼不取這幾位已成功的辦法，照樣去遵行呢？他們之所以漫不經心不加注意，是以為那只是紙面上的話而輕視了它。唉！從衛文公到蔿掩，他們治理的方法記載在木版簡冊上的，雖然只是數個簡片，難道不知道他們當初經營策劃的時候，耗精費神，盡一生之力，然後僅能得到這些。所以這幾位先人盡一生的精力，聚集記在這幾片竹簡之間，豈能以為是紙面上的話而輕忽呢？他們勞苦其身而建立法度規模於幾百年之前，我們安逸地坐著而得其法度規模於幾百年之後，他們承當了勞苦，而給我們安逸，可以說是幸運中的幸運者了。

工藝精巧的，不肯把方法傳授給別人；琴藝高妙的，不肯把譜調傳授給別人，都有一輩子幫他們做事而得不到傳授的。假使幸而得到，那是如何的欣喜！如何的感激！而治國的方法，不是工藝或琴技可以比擬的。現在幾位先賢治國的好方法，裏裏外外詳詳細細，《左傳》把所有的奧祕都寫在書上，學習的人只要一打開書就可以全部得到，反而不知道珍惜貴重，豈不是怪事嗎？一定要曾經學過繪畫，然後才能知道顧愷之和陸探微的畫是珍貴的；一定要曾經學過書法，然後才能知道鍾繇和王羲之的法帖是珍貴的。如果拿這些去給老農夫看的話，就會被指為是破敗的素絹和紙張罷了。假使不曾留意治國的體要，又怎麼能夠知道這些先賢所留的治國之法是可貴的呢？

或許有人會說：楚平王在剛得位的時候，也赦免罪犯、舉賢任職、檢閱兵力、安撫百姓，他的方法和那幾位先賢沒有不同，但楚國還是沒有振興，所以那些方法並不能使國家平治。我以為：假使平王能一直用這些治國之法，而楚國始終不振興，於是說這些方法不足以治國，那是可以的。但後來他擴建宮室沒有節制，百姓生活於驚駭之中，那他已不能守這些法度了。這麼說來，楚國沒有興盛起來，不是那些治國之法的過錯，而是廢棄那些治國之法的過錯。就像今天服用了人參白朮，而明天吃了烏喙，卻指責人參白朮把人毒殺了，這可以或不可以呢？

【研析】古有治國之良法，詳載於典冊，後人不能用，這固然足以慨歎，但這種文章不容易寫好。要寫好它，就要有精巧的設計。讀者不妨先自忖將怎麼寫，然後再看呂祖謙的安排。

先強調治國之法規劃不易，從構思到諮詢到定案，連用幾個「不知其幾」並列，以強調其難。接著談須行天下，他先設想幾句問話，以強調其疑懼，以歸結其難，這是第一段。第二段提出幾位先賢的治國之法，完備可行，但人們漫不注意。為使文章有波瀾，於是先推想理由，然後再去推翻這些理由。第三段以工藝及琴技不輕易傳人，人知其可貴，而治國之方卻不知貴重，豈不可怪，再以字畫為例，說明惟有習之者才知可貴。這也是先說可怪，然後再剖析，以知其不可怪，並意在言外，指責不惜先賢治國之法，就是未嘗留意治體。文章到此，本可結束，卻又自己設問，提出楚平王也用過這些治國之法，但楚終不振，是不是其法不足治國？然後自答，說明是他不能常守其法，以非其法之罪作結，使文章所探討的內容更進一層。

由於作者善於設定理由，又加以推翻；歎其可怪，又剖析不可怪；設問其法是否不良，然後再加否定。先後數度翻騰，所以文章波瀾迭起；加上巧工妙琴、字畫珍品，以及藥物等譬喻，加強了文章妙趣與說服力。其巧妙的安排，實在令人歎服。

晉荀息請假道於虞以伐虢

僖公二年　虢公敗戎於桑田　僖公二年

晉復假道於虞以伐虢滅虢滅虞　僖公五年

【題解】魯僖公二年（西元前六五八年），魯大夫荀息請求以屈地所產的駟馬和垂棘所產的玉璧，向虞國借路以攻打虢國，晉獻公說：「這都是我的寶貝啊！」荀息說：「只要借得到路，東西就像放在外庫一樣。」晉侯說：「有宮之奇在那裏，我們恐怕難以如願。」荀息說：「宮之奇為人懦弱，不能強諫，而且從小在宮裏和虞君一起長大，虞君親暱他，不會聽他的諫言。」於是派荀息到虞國借路，虞公答應了，還請求虞軍先攻，宮之奇勸阻無效，滅了虢國的下陽。但這一年虢公仍在桑田打敗戎人。三年之後，晉侯再度借道攻虢，宮之奇說了脣亡齒寒的道理，虞公說：「晉和我同宗，怎麼會害我？」宮之奇說：「虢仲、虢叔是王季的兒子，做過文王的卿士，有功於王室，晉國都要滅它，怎會愛惜虞國？何況虞國會比桓叔、莊伯更親嗎？怎會愛惜呢？」虞公說：「我祭祀豐潔，神必保護我。」宮之奇則說鬼神惟德是依。虞公不聽，宮之奇帶了族人離開虞國，並預言虞國過不了這一年，晉國不必再舉兵，這次一定把虞一起滅了。果然晉國滅了虢國，回程把虞也滅了。

呂祖謙以為人臣諫君，在君未明白之前，不在已明白之後，虞公早知其中利害，只是貪璧馬而圖僥倖，宮之奇不了解國君的心理，雖忠也無能為力，並論荀息不得稱之為智。

諫之用，在於君未喻之前，而不在於君已喻之後。此人臣事君之常法也。然君已喻而不諫，其名一，其實二。已喻而不為耶，是不待諫也；

已喻而不改耶，是不當諫也。既曰喻矣，其猶不改，何也？怵其利而冒其害也。人臣之極諫者，吾聞其語矣，曰：是必姦，是必詐，是必危，是必亡。深切著明，庶幾君之一悟耳。今君已知其為姦詐，已知其為危亡，不勝其欲而直犯之，反飾游辭而拒我，又奚以諫為？

虞以貪，虢以驕，自取滅亡，皆不足深論，吾獨怪虞公拒宮之奇之諫，其語太不切事情。久而後悟：虞公姑飾游辭，以對宮之奇耳。晉獻公戕害同宗，滅霍滅魏，不可以一二數，皆置勿議。請事以假道一事論之，晉姬姓也，虞姬姓也，虢亦姬姓也。晉加兵於虢，而虞公乃語宮之奇曰：「晉吾宗也，豈害我哉！」虞公雖昏，未至於遽忘虢公之姓也！其言果何謂耶？蓋虞公心知晉非善意，特怵於璧馬之利，不能自制，冒其害而為之，若正告人以真情，曰：吾甚愛璧馬，不暇顧晉之詐，則必為人所姍笑，故枝辭❶曲說，汎為悠悠之言，苟以塞宮之奇口而已，其心豈以晉為誠不害同宗者哉？奇遂謂虞公誠不知晉虢為同宗，乃若教乳兒稚子者，提其耳而誨之，何其暗於事情也！

虞公亟欲絕奇之言，以謂若與奇論人事，則吾說有時而窮，不若託之神怪，推墜於混瀁茫昧之中，俾無所攷質。於是又曰：「吾享祀豐潔，神必據我。」亦特借神怪以拒奇，初非真以為神可恃也。奇復區區進其說，贅矣！大抵君未知其不然，故當告之以不然；君已知其不然，復瀆告之不然，無益也。奇則忠矣，然何補於成敗之數哉？

至於荀息以璧馬之微，覆瀆虢如反掌，世皆以為智；以吾觀之，息亦未得為智也。息之為晉謀，一工而一拙。息之料宮之奇，一中而一失。璧馬復歸，而坐得兩國，工矣。驪姬申生之釁，近在肘腋，曾不能謀，拙孰大焉？預料宮之奇雖諫將不聽，固已奇中。若奇前後之諫，蹇蹇不屈，而反謂其懦，不能強諫，非失耶？彼料宮之奇或中或失，未足以為晉之存亡，乃若拙於內難而不能謀，此晉所以國統屢絕而幾不血食也，焉得智？

【注釋】❶枝辭　支雜無章，或無關宏旨浮而不實的言詞。

【語譯】諍諫的運用，是在於國君對事理還沒弄清楚之前，而不在國君已清楚之後。這是臣子事奉國君的通則。但國君已明白而不再諍諫，說起來好像只是一種情況，其實是有兩種情形。國君已明白而不去做，是不必再諫了；已明白而不肯改，是不應當再諫了。既然已明白了，仍然不肯改，這是為什麼呢？那是為利益而動心，甘心冒受害的風險。作為臣子極力諍諫的，我聽過他們說的話：指出那一定是姦邪的，那一定是詭詐的，那一定是危險的，那一定會滅亡的。既深切又明白，希望國君能夠感悟罷了。如今國君已經知道那是姦詐的，已經知道那會危亡的，但禁不住貪欲的誘惑而去犯了它，反而用掩飾不實的話來拒絕我，那又何必諍諫呢？

虞因貪婪，虢因驕縱，於是自取滅亡，都沒有什麼好說的，我只是奇怪虞公拒絕採納宮之奇的諫言，他的話實在很不實際。久了以後我才領悟：虞公姑且掩飾浮說虛言，以對付宮之奇罷了。晉獻公殺害同宗，滅霍國和魏國，難以一一計數，這些都不說吧！就專以借路這件事來說，晉國是姬姓，虞國是姬姓，虢國也是姬姓啊！晉國對虢國用兵，而虞公對宮之奇說：「晉國是我們同宗的，哪裏會害我呢！」虞公雖然昏庸，總不至於突然忘了虢公的姓吧！他的話為什麼這樣說？其實虞公心裏明知晉國不懷好意，只是因璧玉寶馬的利誘而動心，禁不住要冒風險去做，如果他明白地以真情告訴別人，說我很喜愛璧玉和寶馬，已顧不得晉國的詭詐，那就一定被人取笑，所以拉雜而不直接說出來，汎汎地說一些沒有深刻道理的話，暫且堵一堵宮之奇的口罷了。他的內心哪裏會以為晉國是很誠懇不害同宗的呢？宮之奇於是以為虞公真的不知道晉國和虢國同宗，還像教吃奶的幼童那樣，提著他的耳朵指導他，多麼不明白事情的情理真象呀！

虞公急著想阻絕宮之奇的諫言，以為如果和宮之奇討論人和事，那我有時會無言以對；不如託之鬼神，把話題推到深廣渺茫之中，便沒有辦法考察其本體。於是又說：「我祭祀又豐盛又潔淨，神一定保佑我。」也只是藉神怪來拒絕宮之奇的勸諫，也並不是真以為鬼神可以依靠。宮之奇辛苦地加以分析，實在是多餘的。大體說來，國君不知道不是那樣，所以就應該告訴他不是那樣；國君已經知道不是這樣，還褻瀆他，告訴他不是這樣，是沒有益處的。宮之奇是忠心的，但對成敗已定的氣數又有什麼補益呢？

至於荀息以微少的璧玉和駿馬，覆滅虞國和虢國，就像翻個手掌那麼容易，世人都以為他聰明；依我看，荀息還不能算是聰明人。荀息為晉國的謀略，有一件很巧妙，有一件很拙劣。荀息猜度宮之奇，有一項猜中了，有一項沒有說中。璧玉和馬匹都又物歸原主，而得到了兩個國家，這謀略是很巧妙。驪姬陷害申生的禍害就發生在身旁，卻沒有謀略化解，還有比這更拙劣的嗎？預料宮之奇雖然會進諫，但不會被採納，固然很奇妙的猜中了。但像宮之奇前後兩度的進諫，耿耿不屈，卻猜說他懦弱不能極力進諫，不是沒說對嗎？他預料宮之奇有的說中了，有的沒有說中，不足以影響晉國的存亡，像他對國家內部的災難，很拙劣而不能策劃，這造成國家的統緒幾度斷絕而幾乎得不到祭祀，怎麼算得上是聰明呢？

【研　析】 荀息以璧玉和駿馬行其假道滅虞之計，宮之奇力諫勁切，都是為後人所讚歎，所稱許！呂祖謙卻要說宮之奇之諫多贅言，荀息不可謂智。在沒有新史料發現的情況下，要做這種翻案文章，是多麼不容易！但他做到了。

當然就討論的主題來說，荀息只是陪襯，而他要挑剔宮之奇的諫言，卻從虞公的回應入手，令人十分意外，卻不能不佩服他的巧妙。

在剖析批駁的要點決定之後，從「諫之用，在於君未喻之前，而不在於君已喻之後。」入手，這個命題大體不成問題，君以一人之耳目要知曉天下事，要判定天下事，有賴於臣屬，諫之大用，也在於此。他突然把「君已喻而不諫」分為兩種狀況，一是知而不為，一是知而不改，都是諫而無益。這一段理論的建立，是批評宮之奇諫言的張本。第二段揣摩虞公所謂「晉吾宗也，豈害我哉」，是知而不改，所以宮之奇就不必再諫了；第三段揣摩虞公所謂「吾享祀豐潔，神必據我」，也是知而不改，宮之奇也不必再諫了，於是呂氏說宮之奇之諫，忠而無益。最後一段以荀息為晉謀，一工而一拙；料宮之奇一中而一失，小事見其智，大事見其愚，不可謂智。

照呂氏這一分析，宮之奇非善諫者，荀息非善謀者。不過平心而論，宮之奇以他與虞公的關係，在國家存亡之際，豈能不力求言盡意盡，明知是枝辭曲說，也要使他無言以對，或許還可以讓他改變主意，宮之奇是不能放棄任何機會的。至於荀息不能彌申生之難，這恐怕不是在他能力範圍之內。照呂氏的歸咎方式，當時晉國大夫都是不能謀國的庸才了，要不然為什麼沒有一個可以阻止呢？照他這麼說，任何時代只要有一個能人智士，國家就不會有禍害發生了，這可能嗎？

齊寺人貂漏師

僖公二年　寺人貂立無虧　僖公十七年　宋襄伐齊立孝公　僖公十八年

【題解】魯僖公二年（西元前六五八年），齊國的寺人貂開始在多魚洩漏軍事機密。十五年後齊桓公死了，易牙進入宮中，和寺人貂藉著內官有權勢的人，殺群吏以立公子無虧，孝公逃亡宋國。桓公從十月乙亥死，到十二月辛巳才入殮，前後已六十七天。原來齊桓公有三個夫人，但都沒有生兒子，而內寵如同夫人的有六人，各生一個兒子。桓公和管仲把鄭姬所生的孝公，託付給宋襄公，以他為太子，但易牙和寺人貂都得到衛共姬的寵信，而又得齊桓公的寵信，桓公又答應他們以衛共姬所生的公子無虧為繼承人。管仲死，五公子都求立為嗣君。到桓公一死，寺人貂就先下手了。可是孝公到了宋國，宋襄公於次年春天率領諸侯攻打齊國，齊人殺了公子無虧，宋襄公於是立齊孝公。齊孝公之後，昭公、懿公、惠公相繼在位，都是齊桓公如夫人所生的兒子，頻頻發生弒奪的事。

呂祖謙用誅心之法，揣摩管仲如何與齊桓公約定，如何坐視寺人貂張狂，以致桓公諸子相殘，身死不殯，批評霸業求功利，到頭來無功利而有禍殃，所以治國除王道之外，別無他途。

管仲始進說於桓公：盤遊縱佚之屬，皆曰不害伯。其深戒痛絕，以為害伯者，獨參用小人而已。仲之意謂有抑必有揚，有拘必有縱，故其得政之始，首與桓公約，中分齊國為二，舉一國之樂皆歸君，舉一國之權皆歸我。我與君以樂，君與我以權。以是樂而市是權，兩相貿易，要約既定，各守封疆，截然如胡越之不可相犯，自今日以後，仲苟進苦言以阻桓公之樂耶，則仲為負桓公；桓公苟用小人以侵仲之權耶，則桓公為負管仲。其所以得君專，持權久，成功偉者，恃此約也。

夫彼所謂寺人貂者，苟崇臺榭，盛狗馬，侈聲色以奉桓公游宴之樂，是固仲所許也。今乃恃寵干政，漏泄軍事，則正犯仲之約矣。兵事尚神密，泄他人之軍事，猶不免誅，況伯國節制之師，豈容人輒亂之乎？為仲者盍質桓公以素約？尸貂於軍門可也，顧乃隱忍坐視而不爭，意者闇而不知爭乎，則仲非闇人也；意者懦而不敢爭乎，則仲非懦人也！其所以不爭者，殆必有說矣。弈者舉棋纔三四，斂手而甘敗者，國棊也；倒奩空枰，大敗塗地，爭猶不止，則棊之下者耳。仲，國棊也，先自見不勝之兆於冥冥之中，安得不知難而止乎？是故智者之敗在心，愚者之敗在事；智者之敗在神，愚者之敗在形。智者之敗，同室不知；愚者之敗，國人皆知。使仲必待舌敝力屈，然後始肯處於不勝之地，亦何以為管仲哉？

仲與桓公要約如此之明，桓公首負約而使貂亂軍政。自常情論之，仲之理甚直，桓公之理甚曲，仲之爭必勝，桓公之爭必不勝，仲何反自處於不勝而遽不爭也？曰：仲始與桓公約，既以佚樂與桓公矣，資人君浮靡淫麗之樂者，屬之君子乎？屬之小人乎？名曰佚樂，未有不資小人者；名曰小人，未有不貪權勢者。已許其縱佚樂，而禁其近小人，是授人以田，而奪其耒耜也。已容其近小人，而禁其奪吾權，是與盜者同處，而惡其攘竊也。世寧有是理耶？仲急於功利，亟欲得齊國之柄，不暇長慮卻顧而為是約，至於漏師多魚之時，仲固已默然陰悔初約之謬矣。失之於初，不能救之於末，此仲之所以吞聲而不敢較也。

若他人居仲之地，必不度事勢而爭之，雖使桓公或勉聽其言而逐貂，然逐貂之後，誰與桓公供耳目之娛？誰與桓公極心志之欲？苟復求如貂者繼之耶，則盜權猶自若也！苟求不盜權者置之君側，必擁腫鞅掌❶然後可耳！輿臺❷閹寺輩，能希君之意者，必能盜君之權；不能盜君之權者，亦必不能希君之意。桓公左右誠皆擁腫鞅掌之徒，則塊然❸宮中無以自適，必反責管仲曰：「爾所以許我者，享為君之樂也，我所以與爾權者，亦以易吾之樂也，今吾蹙迫槁乾，曾不能少享為君之樂，豈非爾欺我耶？」是則用貂之初，仲固可持左券❹而責桓公之負約，逐貂之後，桓公亦將持右券責管仲之負約也。君臣相咎，必至相暌，仲之身將不得安於齊國矣。管仲桓公君臣之交聞天下，一旦相責至此，豈不貽笑後世耶？仲之隱忍而不爭者，畏此辱也！

況自貂始進之時言之，桓公所以敢用貂者，以仲許之也。當是時，仲為主而貂為客。自貂嬖寵之時言之，桓公所以未疏仲者，以不害貂也。

當是時，貂為主而仲為客。君臣之歡潛移，客主之勢互變。昔也貂為仲所容，今也仲為貂所容，方且取容之不暇，矧曰逐之乎？

逮仲之將死，始明數貂之姦，列於易牙開方❺之間，欲併逐之。平時則不敢排擊，以為保身之計；將死則盡言不諱❻，以取知人之名。其自為謀亦巧矣！仲之謀雖巧，然既開禍亂之原，雖彌縫障蔽，終不能遏庶孽交爭，國統殆絕。天下之事，信非巧者所能辦也。

嗚呼！仲之輔桓公，其自期何如耶？蓋將混文軌，一統類，雖山戎孤竹❼之屬皆入封略，猶以為褊也！晚節末路，至使桓公不能自定其子，區區借仲屬之於宋襄焉。仲始欲致桓公於何地，今反不能保一子，而託之他人，想仲發言屬宋襄之際，顏忸怩而口囁嚅，跼天蹐地❽，無措身之所矣。吾讀書至此，未嘗不憐其衰而哀其窮也。世之詆伯者，必曰尚功利。五伯桓公為盛，諸子相屠，身死不殯。禍且不能避，豈功利之敢望乎？是知王道之外無坦途，舉皆荊棘；仁義之外無功利，舉皆禍殃。

彼詆伯以功利者，何其借譽之深也！

【注釋】❶擁腫鞅掌　臃腫笨重老實的人。語出《莊子．庚桑楚》：「擁腫之與居，鞅掌為之使。」注：「擁腫，朴也；鞅掌，自得也。」疏：「擁腫鞅掌，皆淳朴自得之貌。」朱駿聲箋：「擁腫、鞅掌，皆疊韻連語，謂愚蠢無知之人。」擁腫，即臃腫。❷輿臺　地位低微的人。古人將人分為十等，輿為第六等，依次為隸、僚、僕、臺。見《左傳》昭公七年。❸塊然　孤獨的樣子。《莊子．應帝王》：「塊然獨以其形立。」另一解為安然自得。❹左券　古代刻木為契，分左右兩半，雙方各執其一，作為憑信，左半叫左券，右半叫右券，左券用以待合，右券可以責取。左券有如今所謂的存根聯。❺易牙開方　二人名。易牙是齊人，又叫雍巫，善調味，傳說曾烹其子以進桓公。開方是衛公子，事桓公十五年，不曾返衛探其母。二人與寺人貂皆得桓公寵而專權，桓公死，立公子無虧，齊遂大亂。見《史記．齊世家》。❻將死則盡言不諱　管仲病，桓公問誰可以為相。管仲說：「知臣莫若君。」桓公問易牙如何，管仲說：「殺子以適君，非人情，不可。」又問開方如何，管仲說：「背親以適君，非人情，難近。」問豎刁如何，管仲說：「自宮以適君，非人情，難親。」見《史記．齊世家》。豎刁即寺人貂。❼山戎孤竹　指接近齊國的部族和小國。山戎，即北戎，居今河北東部，春秋時與齊為鄰。孤竹，古國名，故城在今河北盧龍縣至熱河朝陽縣一帶。❽跼天蹐地　窘迫無所容身。跼，曲身彎腰。蹐，小步行路。

【語譯】管仲剛被重用的時候，向齊桓公強調：流連遊樂縱情安逸之類，都不會妨害霸業。他最深惡痛絕必須戒除，以為會妨害霸業的，惟獨是任用小人而已。管仲的意思，是認為有所抑制，就必須有所舒放，有所拘束，就必須有所放縱，所以他得政掌權之初，首先和齊桓公約定，把有關齊國的事務中分為二，凡是可以讓人快樂的事，都歸國君享用；處理事務的大權，都歸我掌理。

我把快樂給了國君，國君把大權交給我。是以快樂買權力，兩方交易完成了約定，各守界限，清楚劃分就像北胡南越互不侵犯。從此以後，管仲如果苦言進諫，以阻止齊桓公行樂，就是管仲辜負了桓公；桓公如果用小人侵犯管仲的權力，便是桓公辜負了管仲。管仲之所以得到國君完全的信任，掌權久，完成偉業，就是仗恃著這個約定。

至於那個叫寺人貂的人，如果只是建築高大的臺榭，養很多好狗和名馬，備設了音樂和美色，以供奉桓公的宴遊享樂，這本是管仲所允許的。如今竟然仗恃著君王的寵愛，干預國家政事，洩漏軍事機密，則已完全侵犯管仲的約定了。軍事行動要神祕才好，洩漏了他人的軍事機密，都還不免被殺，更何況是霸主所節制的軍隊，哪裏容許人搗亂呢？當時管仲何不以當初的約定質問桓公？把寺人貂處斬於軍門是可以的，但他忍耐下來，坐視而不爭，有人或許以為管仲昏瞶而不知力爭，但管仲並不是昏瞶的人；或許以為管仲懦弱而不敢力爭，但管仲也不是懦弱的人啊！他之所以不力爭，一定有他的原因。下圍棋的人，棋子才下了十分之三四，就停手而承認失敗，那是國手級的棋士；把盛棋子的盒子都倒空，棋盤上的棋子也被吃光了，已經一敗塗地，還爭個沒完沒了的，那是棋士中最低級的。管仲就像是國手級的棋士，已經在冥冥中看出不能取勝的跡象，怎麼不會知難而退呢？所以智者的失敗在於心中就可預知，愚者的失敗在形之於事才會知道；智者的失敗在心神就已決定，愚者的失敗在於形體才會顯露。智者的失敗，住同室的人都還不知道；愚者的失敗，全國的人都看得見。假使管仲必等到舌敝脣焦、力氣用盡，然後才肯承認失敗，那怎能算得上是管仲呢？

管仲和桓公約定這麼明白，桓公首先違背約定而讓寺人貂干擾軍政。從常情來說，管仲的理氣正直，桓公自己理曲，所以管仲力爭一定得勝，桓公要爭一定會輸，管仲為什麼自居於失敗之地而不力爭呢？我認為管仲當初與桓公約定，既然把安逸享樂給了桓公，而提供國君浮華放縱享樂的人，是屬於君子呢？是屬於小人呢？稱之為安逸快樂的，沒有不借重小人的；稱之為小人的，沒有不貪愛權勢的。已容許他接近小人，而禁止他奪取我的大權，那是給人田地而奪取了他的翻土農具。既已答應他縱情逸樂，而禁止他親近小人，那是和盜賊同居而又討厭他去偷去搶。世界上難道有這種道理嗎？管仲急於功利，急於得到齊國的權柄，來不及深思熟慮而作這種約定，等到寺人貂在多魚洩漏軍事機密的時候，管仲已默默地暗自後悔當初的約定是荒謬的了。當初既然錯失，後來已無法補救了，這就是管仲之所以忍氣吞聲而不敢計較的原因。

假使別人處在管仲當時的境地，一定不能衡量事情形勢而力爭，雖然使桓公或許勉強聽他的話而驅逐了寺人貂，但驅逐寺人貂之後，誰能提供桓公耳目聲色的娛樂？誰能讓桓公滿足身心的慾望追求？如果再找一個像寺人貂的人來接替，那麼盜取權柄還不是跟以前一樣！如果要找一個不盜取權柄的人安排在國君的身邊，那就要老實臃腫笨重的人才可以啊！那些地位低微閹割的太監，能夠迎合國君心意的，一定能盜取國君的權柄；不能盜取國君權柄的，也一定不能迎合國君的心意。桓公的左右都是臃腫笨重的老實人，那麼他就孤獨地在宮中沒有辦法求得舒適，一定回過頭來責怪管仲說：「你所答應我的，讓我享有君王的快樂，我之所以給你權柄，也是用來換取我的快樂，現在我枯燥不堪，一點都不能享受當君王的樂趣，這難道不是在欺騙我嗎？」所以在用寺人貂的時候，管仲固然可以用左券來責怪桓公的違約，驅逐寺人貂之後，桓公也可以拿右券來責怪管仲的違約了。君臣相歸咎，一定造成相背離，那管仲就不能在齊國安身立命了。管仲和桓公的君臣之交是名聞天下的，一旦相責怪到這地步，豈不是要給後世當笑話了嗎？管仲之所以忍耐而不力爭，就是怕蒙受這種恥辱的啊！

況且就當初寺人貂被任用來說，桓公之所以敢用寺人貂，是管仲所同意的。當那個時候，管仲居於主位而寺人貂居於客位。就寺人貂受寵倖的時候來說，桓公之所以沒有疏遠管仲，是因為他不曾危害寺人貂。當這個時候，寺人貂居於主位而管仲居於客位。君臣的情感在暗中轉移，主客的形勢在交互變化。以前是寺人貂被管仲所容納，現在是管仲為寺人貂所容納，當時管仲想求得人家的容納都來不及了，哪裏還敢說要驅逐他呢？

等到管仲將死，才明白數說寺人貂的姦邪，把他列在易牙、開方之間，想把他們一起驅逐。平時不敢排斥抨擊，是為保全自己著想；將死的時候全部說清楚而不忌諱，是要博取有知人之明的美名，他為自己所定的謀略是相當巧妙了。管仲的謀略雖然巧妙，但已開啟禍亂的源頭，雖然能彌補縫隙，除去壅蔽，但終究不能遏止庶子的相互奪位，國家統緒的危絕。天下的事實在不是巧用心機的人所能解決的。

唉！管仲輔佐桓公，他自己期望能做到什麼地步呢？他將書同文，車同軌，統一綱紀，連山戎、孤竹都歸入封疆版圖，都還嫌褊小呢！到了晚年，走上人生的末路，竟讓齊桓公都不能自己安排子嗣，辛苦地和管仲把立太子的事託付給宋襄公。管仲當初想要致桓公到何種境地，如今卻不能保護兒子，而託付給別人，想想管仲開口要託付宋襄公的時候，臉色羞愧，欲言又止，曲身小步，幾乎沒有容身之地了。我讀書讀到這件事，沒有不憐憫他的衰微，而哀歎他的困窘。世人批評霸者崇尚功利，五霸以齊桓公最盛，但落到幾個兒子相殘殺，而他自己死了都不能入殮。禍亂都不能避免，豈敢奢望功利呢？由此可知，王道之外沒有其他平坦的道路，全都是荊棘；仁義之外沒有功利可求，全都是災禍。那些以功利批評霸者的人，讓霸者分沾美譽未免太多了吧！

【研析】寺人貂在多魚洩漏了軍事機密，沒看到史書記載管仲有什麼反應，於是推到當初他為相的時候，有「以樂易權」的交易協定，再充分利用「歷史想像」，把桓公身旁的權力鬥爭，其情其勢，寫得歷歷在目。又推定管仲將死，才敢批評寺人貂，是要獲取知人之名。這種推勘入微的方法，實際上完全是「莫須有」的推論。但由於他問辨明盡，筆力遒勁，成為千古快心之論，甚至以「功利」為譽詞，不許霸者佔用，更是前所未有的創論。

第一段推論管仲「一國之樂皆歸君，一國之權皆歸我」，提出「約」字，是文章的眼目。第二段論寺人貂洩漏軍情，桓公負約，可是管仲不能據約除掉寺人貂。第三、四兩段以佚樂未有不資小人，說明當初君臣之約是荒謬的，而推想管仲因此不吭聲。第四段更生氣活現地想像桓公會責管仲的情形。第五段則想像寺人貂和管仲的客主易位，所以管仲不敢計較。第六段推定管仲病時批評寺人貂，那是巧取知人的美名。第七段結論，推重王道，貶抑霸者，連功利二字也予以剝奪，作全面的否定。

首段提出了「約」，約是交易行為，概括管仲的一生。先是與君交易，以取權柄；接著是與小人交易，以換取共存；最後與國家交易，以換取美名，所以說他「自為謀亦巧矣」。然後再以「天下之事，信非巧者所辨」，來否定他一生的功業。這種運用歷史想像，推勘入微，以定其「莫須有」之罪名，不但對被批評者不公平（因為古人已不能爭辯），而對批評者來說，也有失溫厚，正如他下一篇所說的，「旁觀者亦憮然有不直」之心。再說寺人貂洩漏軍情，可能受到相當的懲罰，而到十五年後再有惡跡(管仲臨死也沒能說出他的惡行)，可見相當收斂，而說那時管仲「取容之不暇」，恐非實情。

卷十

會陽穀謀伐楚

僖公三年　齊歸蔡姬　僖公三年　齊侵蔡伐楚　僖公四年

【題解】魯僖公元年（西元前六五九年），由於鄭國親齊，所以楚國來伐。齊、魯、宋、鄭、邾，結盟於犖，以謀救鄭。次年冬天，楚國再伐鄭，所以僖公三年齊、宋、江、黃，在陽穀會見，策劃攻打楚國。次年，齊桓公率諸侯的軍隊，攻打蔡國。齊侯攻打蔡國，是因齊侯和蔡姬在園囿坐舟遊樂，蔡姬故意搖動小舟，讓齊侯害怕，又不聽阻止，齊侯一怒之下把她送回蔡國，並沒休離，但蔡國竟把她改嫁了。齊敗蔡國之後，就接著伐楚，楚王派使者來問：雙方素無瓜葛，君王何以來楚？管仲回答說：「以前召康公命我先君說：『五侯九伯，你都可以征伐他們，以便輔助王室。』賜我先君征伐的範圍：東到大海，西到黃河，南到穆陵，北到無棣。王室所需要包茅你們不進貢，不能用來漉酒迎神，寡人為此而來問罪，昭王南征而沒有回去，寡人為此來責問。」楚使回答說：「貢品沒有送，這是寡君的錯，今後豈敢不送！至於昭王沒有回去，君王還是去問水濱的人吧！」

經過一陣僵持談判，楚王派屈完與諸侯之軍立盟通好。齊師乃退。

呂祖謙以為管仲責問周昭王的事，責問得不好，如果責問楚國僭稱為王的事，楚國就難以推託了。

甚小人之惡者，寬小人之惡者也；多小人之罪者，薄小人之罪者也。

小人之懷惡負罪者，其心未嘗一日安也，一旦為人所發，情得計露，手足失墜，何辭之敢爭？其所以旅拒不服者，抑有由矣！是非小人之罪也，治小人者之罪也。

治小人者，疾之太過，求之太深，謂正指其罪惡，無所附益，未足以深陷小人。由是於本惡之外，復增其惡以甚之；於本罪之外，復增其罪以多之。小人始悻然不服，雖旁觀者亦憮然有不直君子之心矣。所謂小人者，方患無以自解也，日夜幸吾一言之誤，一字之差，乘隙以破吾之說。今吾乃故為溢毀無實之辭，使彼得以藉口，是遺小人以自解之資也。彼之惡本實，因吾增之，反變實惡為虛惡；彼之罪本實，因吾增之，反變實罪為虛罪。則為小人者，惟恐君子增加之不多耳。嗚呼！君子何苦坐一偽而喪百真，小人亦何幸借一誣而解百謫乎！

大商坐肆，持權衡而售物，銖而銖焉，兩而兩焉，鈞而鈞焉，石而石焉，人交手授物，無敢出一語者。苟陰加權衡而罔利，所贏者僅若毫髮，眾皆競棄之，將立為溝中瘠矣。權衡已定，加則為貪；罪惡已定，加則為濫。是故取貨財者，取所不當取，則當取者必反不能取；治小人者，治所不當治，則當治者必反不能治。但取所當取，帑藏自不能容；但治所當治，姦宄自不能遯，又何必曲取而過治也哉？

齊桓公與管仲為伐楚之役，苟直指其不共貢職以討之，則適投其病，楚必稽首而歸罪矣。而君臣過計，以不共貢職之罪為不足，遂遠求昭王不復之事，欲張楚之罪，大吾出師之名，以蓋侵蔡之私。抑不知膠舟之禍年踰數百❶，荒忽茫昧，不可考質，楚安肯坐受其責乎？此所以來水濱之悔也。使桓公管仲苟止以包茅責楚，而不加以昭王之問，則言出而楚服矣，尚何待進師至陘，而僅得其請盟乎？

影者形之報也，響者聲之報也，刑者罰之報也，高下輕重，咸其自取。豈有一形而兩影，一聲而兩響者哉？君子之用刑，當聽其自犯，而不置我於其間。多，與之為多；寡，與之為寡。苟不勝其忿，而以私意增之，是我之刑，而非刑之刑也。伐人國，覆人族，殘人身，而參之以我。吁！危哉！以小人而謗君子，謂之誣；以君子而增小人之罪，亦謂之誣。小人之誣君子，全體之誣也；君子之誣小人，一事之誣也。小大雖殊，然終同歸於誣而已矣！君子方疾小人之為誣，而復效其為誣，亦何以責彼哉？惜乎伐楚之際，無以是語桓公者也！

然則楚之罪果止於不共王祭而已乎？曰：否！楚聞周之衰，竊王號以自娛，淫名掩於天子，罪未有先焉者也。桓公管仲方求出師之名，尚遠取數百年之罪以加楚。使知其僭王，必無反為楚隱之理，今恬不加問，是必不之見。楚之僭王，天下知之，何為齊之君臣獨不見乎？此無他，惟有意求出師之名，所以愈求而愈不見也。人之求墮簪者，簪橫吾之前，或瞀亂而不能見，簪曷嘗自匿哉？心切於求，則目眩於視也。桓公管仲之不見楚罪，其以是哉？

【注釋】❶膠舟之禍年踰數百　指周昭王南征而死於漢水的事。依《竹書紀年》昭王十九年，祭公和辛伯從王伐楚，喪師於漢水。至於所謂膠舟之禍，是依據《帝王世紀》，說昭王要渡漢水，船人惡之，以膠船進王，到中流膠化而沒，王崩。昭王為成王之孫，康王之子，其死距齊桓公伐楚已三百多年。

【語譯】過分譴責小人的惡行，那是在寬容小人的惡行；誇大了小人的罪過，那是在減輕小人的罪過。小人身負罪惡的，他的心不曾有一天的安寧，一旦被人揭發，實情已明朗，奸計已敗露，就手足失措，還敢用什麼話來爭辯呢？他們之所以會聚眾抗拒不肯屈服的，是有原因的呢！這不是小人的過錯，而是懲治小人的人的過錯。

懲罰小人的人，痛恨他們過了頭，責備他們也過深，以為正確地指出了他們的罪惡，沒有再多附加一些的話，就不足以徹底懲治他們。於是在他們原有的惡行之外，再增加一些惡名來加重它；在原本的罪過之外，再增加一些罪名以誇大它。小人們早先忿恨不平，雖然是旁觀的人，也悵然不以為君子的心是對的。所謂小人這些人，正在憂愁沒有辦法求得辯解的藉口，日夜盼望我們說錯一句話，或說錯一個字，乘機來破除我們的說辭。現在我們故意說出過分毀謗和不實的話，使他們得到藉口，這正是送給小人辯解的資本。他們的惡行本來是真實的，因為我們加油添醋的結果，反而把真實的惡行變成假的了；他們的罪過本來是真實的，因為我們加油添醋的結果，反而把真實的罪過變成假的了。所以這些小人，是惟恐君子不多加油添醋。唉！君子何苦去犯「為了加一項假的而失去百項真實」的過錯，小人也多麼僥倖能藉一項誣妄而解脫了百項的譴責啊！

大商人在店裏坐鎮，拿著秤賣東西，一銖就一銖，一兩就一兩，三十斤就三十斤，一石就一石，當面交貨，沒有人敢說他什麼。假使暗地裏在秤上動手腳，而得到非分的利益儘管只有像毫髮一般，大家都競相鄙棄他，他不久就淪落為溝中的瘦骨了。衡器的標準已定，加了它就是貪贓；罪惡之名已定，加了它就是濫法。所以賺取財物，要是賺取他所不該賺取的，那麼他所該賺取的也都得不到了；治小人之罪，要是治他所不該治的罪，那麼他所該治的罪也不能治了。只要賺取他所該賺取的，那麼財物會賺到連倉庫都裝不了；只要治他所該治的罪，那麼奸險的人自然逃不掉，又何必枉加罪名而懲治過重呢？

齊桓公和管仲為討伐楚國的戰役找理由，如果只直指楚國不履行進貢包茅的職分以討伐他，那就擊中了他的要害，楚國一定要磕頭而認罪了。但君臣計畫過了頭，以為沒有進貢包茅的罪，還嫌不夠，於是就遠溯到周昭王南征而沒有生還的事，想藉此加大楚國的罪過，正大我國興師問罪之名，以掩飾侵犯蔡國的私心。卻不知道昭王的膠船之禍已過了幾百年，已遙遠模糊，無法考察，楚國怎麼肯接受這個指責呢？這才招來要齊軍自己去問水濱之人的輕侮。假使桓公和管仲僅以進貢包茅的事來責備楚國，而不另加「昭王南征而不返」的責問，便可一說出罪狀就讓楚服罪了，又何必等到進兵陘地，才得到他們請求立盟呢？

影子是形體的回映，回響是聲音的反應，刑責是罪罰的回報，它的高下輕重，全由自取。哪裏會有一種形體出現兩種影子，一種聲音出現兩種回響呢？君子衡量刑責，應當完全照罪犯所犯的罪，而不加入我的主觀成分。犯的罪多，處的刑就多；犯的罪少，處的刑就少。如果不能克制忿怒，而以自己的意思增加刑責，那便是我所施的刑責，而不是刑法所施的刑責了。要討伐人家的國，覆滅人家的族，傷殘人家的身，而參以自己主觀。唉！這實在很危險啊！由小人毀謗君子，稱之為誣陷；由君子來加重小人的罪刑，也可以說是誣陷。小人誣陷君子，是全面性的誣陷；君子誣陷小人，是某一件事的誣陷而已。大小雖然不同，但終歸都是誣陷呀！君子正痛恨小人的誣陷，而又效法他們誣陷的行為，又如何責備他們呢？可惜在齊國興兵伐楚的時候，沒有人把這些話告訴桓公！

然而楚國的罪過果真只是沒有向周王進貢用以祭祀的東西？我認為這可不止呢！楚國得知周室的衰微，於是僭號稱王以自我陶醉，侵越名分掩蓋天子，罪過沒有比這更可優先懲治的了。桓公和管仲正為出兵伐楚找藉口，還遠取幾百年前的罪過加在楚國身上。假使他們知道楚國僭用王號，一定沒有反為楚國隱諱的道理，如今竟然不加以責問，那一定是沒有發現這件事。楚國僭用王號，天下人都知道，為什麼齊國君臣竟然沒有發現呢？這沒有別的，只因他們刻意去找出兵的藉口，正是越刻意去找越不容易發現。人們去找掉到地上的簪子，簪子明明就在眼前，或許因心神不寧而沒有發現，簪子又何嘗自己隱藏呢？內心急於找它，於是眼睛昏花而看不見。齊桓公和管仲沒有發現楚國的大罪，不就是這個原因嗎？

【研　析】批評桓公和管仲以「昭王南征而不返」責問楚國，是不恰當的。不責其僭王之罪，而責三百年前可以推託的罪名，宜其不能服楚。主旨就這麼簡單，道理也很單純，似乎幾句話就可以說得清清楚楚，又如何寫成一篇文章？這就要靠技巧與功力。

文章一開始，就不同凡響，提出異於一般常理推斷的命題，認為對小人的惡行，過分譴責等於寬容，過於誇大等於減輕，於是推論小人不服罪，常是懲治者的錯，這種異乎常理的論說，使文章不凡，並能吸引讀者。第二段是第一段的說明，認為誇大或增添小人的罪名，正使他們有了辯解的藉口和資本，使他們能因一項不實之罪名，推諉百項罪行。第三段以商人用度量衡作生意為譬喻，說明懲罰小人，要公平定罪，才能服人。第四段才論及主題人物，以為齊桓公和管仲以昭王不復的事，誇張楚國之罪，所以反而不足以服楚。第五段強調君子定人之罪名，要恰如其行，不能以私意增之，不能誣妄。第六段論楚之罪惡在於僭竊王號，並以心切於求，反而不見作結，頗有餘韻。

本文就其論旨，十分平常——楚罪不在昭王南征不返，而在僭竊王號。但從「甚其惡，反以輕之；多其罪，反以少之」入手，便成奇文。前面論增誇小人的罪惡，正是「遺小人以自解之資」，透情刻理，直指以周昭王之事責楚的不當，到最後結束時才指出楚之大罪，使文氣昂揚，精神百倍，再以「求簪」譬喻，而有餘音嫋嫋之致，都是技巧之所在。

楚伐鄭　僖公三年　齊執陳轅濤塗　僖公四年　申侯城賜邑鄭伯逃歸　僖公五

年

鄭殺申侯以說齊　僖公七年

【題解】這是一系列有關鄭大夫孔叔和申侯的記載。魯僖公三年（西元前六五七年），楚國再攻鄭國，鄭文公想求和，孔叔反對，他說：「齊國正為我們奔忙，背棄恩德是不祥的。」次年，齊桓公率領諸侯進逼楚國，而與楚立盟。陳大夫轅濤塗對鄭國申侯說：「諸侯的軍隊取道於陳、鄭之間，我們為供給軍隊需求，必定困乏。如果讓他們往東走，向東夷炫耀武力從沿海邊回國，我們就省事了。」申侯贊成，於是濤塗便向齊侯建議，齊侯也同意了。但申侯卻向齊侯說：「軍隊在外頭久了，如果往東走而遇到敵人，恐怕不能打仗，如果取道陳、鄭之間，由兩國提供物資，比較可行。」齊桓公很高興，而把虎牢之地賜給他，並把轅濤塗逮捕而攻陳，陳國求和而轅濤塗也被釋放。轅氏怨申侯出賣了他，於是在僖公五年，諸侯會盟時，勸申侯在賜邑築城，並說：「把城建得美觀，可擴大名聲，子孫永不忘記，我幫你請求。」於是申侯向諸侯請求而建得很壯觀。卻又向鄭伯說：「申侯把城建得那麼好，是準備叛亂的。」申侯因此得罪了鄭伯。這次諸侯會盟於首止，是為阻止周惠王廢太子的事。周王怨怒而挑撥鄭伯親楚晉而不要參加立盟。鄭伯要逃盟時，孔叔勸阻，說：「國君不可輕率從事，否則會失去親近你又能援助你的人，到時候將有禍害。到有禍害時再求立盟，所失必多。」但鄭伯不聽而逃歸鄭國。僖公七年，齊人伐鄭，以責其逃盟。孔叔以為：既不能以德自強，又不能以弱受屈，將會亡國，乃勸鄭伯向齊求和。鄭伯殺申侯以取悅於齊（申侯出身詳見本卷〈楚文王寵申侯〉題解）。

呂祖謙以孔叔守正而免禍，申侯反覆而被殺，強調小人勿以亂世為幸，駁斥「識時務者為俊傑」的主張。

怠善而長姦者，莫如徇時之說。是說之行於世，不知其幾年矣。持之有故也，舉之有證也，辨之有理也，無惑乎傾天下而從之也。其說曰：「徇時者通，忤時者窮。天下堯舜，而我獨共❶鯀❷，是以有放殛之刑；天下桀紂，而我獨湯文，是以有幽縶之禍。故崇山❸幽州之竄宜也，夏臺羑里之囚亦宜也。亂世之不利為善，猶治世之不利為惡也。子欲為善於亂世，盍先自省能飢乎？能寒乎？能傲炎荒❹而輕髡鉗❺乎？能嗜刀鋸而親碪質乎？能也，固可忤時而獨行其志也；如曰『未能』，盍亦隨時上下，以徼寵保身哉？」是說之行，風靡波蕩者，十人而九矣。噫嘻！世之君子果何道而排之乎？

春秋之時，澆偽蠭起之時也，徇時而生者，吾見其人矣；忤時而死者，吾見其人矣。祭仲潘崇之顯榮❻，洩治伯宗之戮辱❼，皆世俗所指以藉其口者也。蓋嘗以齊楚爭鄭之際觀之，鄭伯之臣，終始主齊，不變其說者，孔叔也，反覆趨利，且齊且楚者，申侯也。格之以世俗之說，則孔叔之樸固膠滯，殆難免乎今之世；申侯持詭譎之術，遇澆偽之時，所謂卉之春，而稼之秋也。然孔叔卒無纖芥之禍，而申侯反以殺其身。則世俗之說果可盡信耶？附丁傅者，皆貴於哀帝之朝，而朱博以丁傅敗❽；獻符命者，皆侯於王莽之世，而劉棻以符命誅❾。昔之君子，介然自守，忤時不悔者，其知之矣。

嗚呼！治世者，小人失志之時也；亂世者，小人得志之時也。為小人禱者，必祝其遇亂世而毋遇治世。抑不知事有大謬不然者，小人之在治世，片言犯義，則鐫誚至，跬步觸法則譴責來。含毒蓄險，鬱不得吐，信乎其不得志也！然抑其惡，所以全其身。愛小人者，孰有加於治世乎？嚴師之箠楚，慈母之呵叱，吾見其恩而不見其讎也。亂世則反是矣。貪大者，家亦大；詐高者，位亦高。群讙輩囂，競於為惡，不至於覆宗絕祀不止也。有餌焉以馨其鉤，有錦焉以華其阱，安得不誘而納之死地乎？此申侯所以狃為惡之利而至斯極也。嗚呼！小人者毋以遇亂世為幸哉！

【注釋】❶共　共工。有關共工氏的傳說很多，在此指堯舜時的共工氏，與驩兜、三苗、鯀，被稱為四凶，被流放到幽州。見《書・舜典》。❷鯀　夏禹之父，封崇伯，治水無功，舜殛之於羽山。見《書・舜典》。❸崇山　依《書・舜典》：「流共工於幽州，放驩兜於崇山，竄三苗於三危，殛鯀於羽山，四罪而天下服。」所以此句乃概括四凶而言。❹炎荒　本指南方邊遠之地，炎熱而荒涼。古人觸忤當道，常被貶逐到南方邊遠之地。❺髡鉗　一種剃去頭髮而以鐵圈束頸的刑罰。❻祭仲潘崇之顯榮　祭仲是春秋時鄭大夫，字足，莊公時，從公敗周王師於繻葛，有寵而為卿。莊公卒，立昭公又改立厲公，後來又逐厲公，立子亹，執掌鄭國政事。見《左傳》隱公元年及桓公十一年。參見卷五〈祭仲立厲公〉。潘崇是春秋楚成王時太子商臣的師傅，成王欲廢太子，潘崇為太子設計查證，然後使商臣弒成王，商臣即位為穆王，將他為太子時的房屋財物給潘崇，並使他為大師，而且掌宮中警衛軍。見《左傳》文公元年。❼洩冶伯宗之戮辱　洩冶是春秋時陳靈公大夫，時陳靈公與大夫孔寧、儀行父，淫於夏姬，並展現褻衣。洩冶諫靈公，而為二大夫所殺。事見《左傳》宣公元年。伯宗是春秋時晉大夫，每次朝見，其妻多加勸戒，終因三郤陷害，為晉厲公所殺。事見《左傳》成公十五年。❽朱博以丁傅敗　朱博字子元，西漢杜陵人，依附丁、傅，哀帝時，位至大司空，又代孔光為丞相，封陽鄉侯。後因彭宣劾奏而自殺。丁、傅為外戚，丁太后為哀帝之母，傅氏為哀帝祖母。哀帝時，丁、傅二家，權傾朝廷。見《後漢書・朱博傳》。❾劉棻以符命誅　劉棻為劉歆之子。當初甄豐、劉歆皆為王莽心腹，並作符命，劉棻封隆威侯，甄豐之子甄尋封為茂德侯。甄尋又作符命，言「故漢氏平帝后黃皇室主為尋之妻」，王莽遂收捕甄尋，而株連劉棻。事見《後漢書．王莽傳》。

【語　譯】使人懶於行善而助長姦邪的，莫過於順應時勢的說法了。這種說法通行於人世，也不知道有多少年了。他們可以說得頭頭是道，也可以舉出例證，分析其中的道理，難怪能夠傾動天下而使人信從。他們的說法是：「順應時勢的人可以亨通，違反時勢的人便會困窮。天下歸堯、舜，惟獨我是共工或鯀，所以會遭受放逐殺戮的刑罰；天下歸桀、紂，惟獨我是湯或文王，所以會蒙受囚禁拘捕的禍害。所以共工和鯀等四凶被流放到崇山和幽州，是理所當然的；湯被拘於夏臺，文王被因於羑里，也是理所當然的。在亂世不利於為善，正如在盛世不利於作惡。你想要在亂世行善，何不自己先考量一下，能受得了飢餓嗎？能禁得起寒凍嗎？能傲視邊遠炎荒的環境而不屈，鄙夷剃髮鎖頸的刑罰而不懼嗎？能伏於砧板之上，受刀鋸之刑而甘之如飴嗎？假使能的話，固然可以抗拒時勢獨自完成心願；如果答案是『不能』，那麼何不順應時勢，隨波逐流，以邀取恩寵，以保全自身呢？」這種世俗之說的流行，望風披靡猶如水波蕩漾，十人之中影響了九人。唉！君子究竟要用什麼方法來排除這種說法呢？

春秋時代是充滿澆薄與虛偽的時代，順應時勢而保全性命的人，我們看見了；違背時勢而喪失生命的人，我們也看見了。祭仲和潘崇的顯達尊榮，洩冶和伯宗的殺戮受辱，都是世俗之說所指陳的藉口。就以齊楚二國爭取鄭國的這段歷史來看，在鄭文公的臣子中，始終主張親近齊國而不改變的是孔叔，反覆無常惟利是從，一會兒親齊一會兒親楚的是申侯。以世俗之說來衡量，那麼孔叔的樸實固執而不變通流轉，大概難免受害於當世；申侯憑其詭譎的方法，用於澆薄虛偽的時代，正是所謂花卉逢春天怒放，稻麥在秋天成熟。但孔叔卻始終沒有遭受一點禍害，而申侯反倒招致殺身之禍。那麼世俗之說難道可以完全相信嗎？阿附於丁、傅二氏的人，都在西漢哀帝時得到富貴，但朱博卻因依附丁、傅而死；獻符命的人，都在王莽的時代封侯，但劉棻卻因獻符命而被殺。古代的君子能耿介潔身自守，不順應時勢而不反悔的，是他們知道其中的道理。

唉！政治清明的時代，是小人不得志的時候；紛亂擾攘的時代，是小人得意的時候。小人所祈禱盼望的，一定是希望遇到紛亂的時代，而不要遇到清明的時代。其實事情卻有完全相反的，小人處身在清明的時代，只要隻言片語違反禮義，就會受到責難，只要走錯半步觸犯法網，就會有制裁到來。於是忍著奸險狠毒而不能施展，當然是不得志啦！但抑止他們為惡，所以能保全他們自己。可見愛護小人，還有哪個時代能超過清平的時代呢？嚴師的體罰，慈母的呵責，我們只見其恩而不見其仇的。紛亂的時代，情形正好相反。心越貪的，家業越大；詐術越高的，地位越高。他們成群歡嚷，爭相為惡，不到覆滅宗族斷絕後祀是不肯罷休的。有香餌把釣鉤包得很馨香，有錦布把陷阱裝飾得很華美，哪能不被引誘而進入死亡之地呢？這正是申侯慣於為惡謀利而到絕境的原因。唉！小人是不能因遇到亂世而感到慶幸的啊！

【研　析】本篇是以「孔叔守正而免禍，申侯反覆而被誅」，駁斥世俗「徇時者通，忤時者窮」的說法，但「徇時者通，忤時者窮」於歷史上卻斑斑可考，而孔叔和申侯，畢竟是特例，如何駁斥世俗之說呢？他將人物分君子和小人，將時代分治世和亂世，於是就有了不少的話題。

第一段先駁斥「徇時之說」是怠善而長姦，然後引世俗之論，並說明其結論為「亂世不利於為善，猶治世不利於為惡。」第二段論主題人物，卻從反面說起，為世俗之論舉證，然後舉孔叔與申侯，說明並非全然如此，再舉漢朝的例子為旁證。第三段才痛駁世俗之論，強調小人於治世不敢為惡，固然不得志，但足以保其身，於亂世則覆宗絕祀，才是大不幸。而這種例證之多，就不待一一列舉了。

全文的主題則於第二、三段的最後，予以點明：君子不以禍福易其守，小人毋以遇亂世為幸。以史事正反兩面反覆證辨，勸君子而戒小人，是正大之高論。

楚滅弦

僖公五年　黃不歸楚貢　僖公十一年　楚滅黃　僖公十二年

【題解】楚國的鬬穀於菟，於魯僖公五年（西元前六五五年）率兵滅弦，弦子逃亡到黃國，這時江、黃、道、柏四國正和齊國交好，四國都是弦國的姻親，弦子仗著這個而不去事奉楚國，又不設防，所以被滅。過了六年，楚國因黃國不向楚國進貢，而派兵攻黃國。黃國也仗恃齊國，又以為楚國郢都到河南黃國有九百里的路程，所以拒絕進貢，次年楚人滅黃。

《左傳》所載，即如前所述，說明他們有所仗恃而亡。呂祖謙則歸罪齊桓公不能救二國，絕蠻夷歸向中國之心。

天下之禍，恃人而不自戒者居其最；天下之辱，為人所恃而不能保者居其最。恃人而受禍者，固可責也，所恃者不足恃，而納人於禍，庸非可責之尤者乎？齊桓公攘夷狄以尊中國，弦也黃也僻陋在夷，慕中國之義，自附於齊，恃齊忽楚，相繼覆亡。《左氏》以恃人而忘備責之，抑不知二國之所以忘備者，深信中國以為可恃也，終至於翦滅者，豈非誤信中國而至於此極乎？為中國者誤人於死地，曾不自咎，尚忍隨其後譏之，甚矣！無愧而不知恥也。

人之汎舟者，恃舟師而不戒，酣寢沉醉以溺於水。是人固有罪矣，然岸旁之人罪之可也，舟師罪之不可也。彼由誰致禍？而猶敢罪之耶？是溺人者，非水也，舟師也；滅二國者，非楚也，齊也。二國之滅，未足深恨，吾獨有所深恨者焉。

中國之不競久矣，蠻夷肆行，莫之敢遏，齊桓獨斐然欲扶衰振廢，弦黃又奮然自拔於蠻夷而從之。四方諸侯皆將占弦黃之禍福以為進退，是機也，中國蠻夷勝負之決也。使弦黃既附中國，而社稷奠安，人民豐阜，則皆歆豔，棄戎即華，楚雖倔強，蠻夷間誰與同惡者？今齊桓坐視二國之亡而不能救，附中國者未有福，忤蠻夷者立有禍。人情非病風喪心，豈肯辭福而求禍耶？是驅天下之人而歸蠻夷也！向若桓公倡義之初，蠻夷皆不知慕中國之義，漠然不應，其害猶淺，是何也？彼雖未知從中國之有利，亦未知從中國之有害也。不幸弦黃首恃中國而得禍，雕題文身之俗必指以相語曰：「吾始所以慕中國者，圭璧黼繡之華也，干戚羽旄之美也，豆籩彝鼎之肅也，磬筦鐘鼓之和也，謂可託吾國而無後憂。而今而後，乃知中國之不足恃，彼聲明文物亦徒有其表耳，焉可為所誘而自投於禍哉？」是則二國之滅，猶未足深恨，因二國之滅，而絕蠻夷向中國之心，為可深恨也！

嗚呼！中國猶君子，蠻夷猶小人，小人為君子之害，猶蠻夷為中國之害也。世之名君子者，招小人而誘之曰：「汝術甚危，我道甚安，汝盍去故而就新乎？」間有聞風而來者，實無以與之，既奪其小人謀身之術，而不授之以君子藩身之具。未入於仁，而先入於愚；未入於義，而先入於迂。恃其徒善，曾不隄防，輕犯世忌，以蹈於禍。向之儕輩交責而爭尤之曰：「汝不用吾言，捨便利之舊術，而就緩儒之迂計，今禍福果如何也？向之鄙夷吾黨，而自附於彼，吾謂汝朝升君子之門，暮收君子之利，顧乃顛頓困辱，反不若吾黨循常守故之安，則翦翦拘拘者果足恃耶？」一犬吠形，百犬吠聲❶，而仁義之道荒矣，是皆以君子自名者之罪也。以君子自名者，誠不足恃矣，天下安可以此人之不足恃，而遂疑此道之不可恃耶？將之覆軍者相繼，天下不疑兵書之難行；醫之殺人者相望，天下不疑醫書之難用。世未有因罪其人，而并罪其書者也，萬古六經，反坐腐儒曲士❷輩而廢耶？

【注釋】❶一犬吠形百犬吠聲　古諺語，語出王符《潛夫論・賢難》。後來多以「吠聲」或「吠影吠聲」比喻沒有主見，隨聲附和。在此比喻小人之言，馬上傳遍開來。❷腐儒曲士　迂腐無用的書生，寡聞陋見的人士。

此處指左氏及後世沒有把書讀通的鄉曲之士。

【語　譯】天下的禍患，以仰仗他人而不能自我戒備最為嚴重；天下的恥辱，以被人仰仗而不能加以保護最為嚴重。仰仗他人而遭受禍患，固然可以責備，被仰仗的人不可仰仗而讓人受到禍患，難道不是更應該責備的嗎？齊桓公排斥夷狄以推崇中國，弦國和黃國都處在偏僻鄙陋的蠻夷之地，仰慕中國的禮義，自願依附齊國，仰仗齊國而輕忽楚國，卻前後滅亡。《左傳》以他們依賴別人而忘了戒備來責備他們，但不知這兩國之所以不加戒備，是深信中國是可以仰賴的，他們終於被滅亡，難道不是誤信中國才弄到這種地步的嗎？作為中國而誤人陷於死地，毫不自我認錯，還忍心在人家亡國之後加以嘲諷，未免太不知慚愧而又不知恥辱了。

有人坐在船中，仰仗著船師而不戒備，以致深睡沉醉而溺入水中。這個人固然有錯，但岸邊的人責備他是可以的，船師責備他就不可以了。這是誰造成的禍害呢？怎麼還能責備別人呢？讓人溺水的不是水，而是船師；滅掉這兩國的不是楚國，而是齊國。兩國的滅亡，還不令人十分痛心，我另有感到特別痛心的事。

中國不奮發圖強已經很久了，蠻夷橫行而不敢加以阻止，齊桓公很有成效地想扶持衰微、振興頹廢，弦國和黃國更奮然想擺脫蠻夷而依附齊國。四方諸侯都將以弦國和黃國的禍福，作為自己進退的依據，這是中國和蠻夷決定勝負的關鍵。假使弦國和黃國歸附中國之後，國家安定，人民富足，那麼他們都會很羨慕，於是捨棄戎狄而親附中國，雖然楚國很強悍，蠻夷之中又哪會有和他同謀共惡的呢？現在齊桓公坐視兩國的滅亡而不能去援救，依附中國的沒有得福，背叛蠻夷的立刻遭禍。就人情來說，除非喪心病狂，哪有肯捨棄福利而自求禍害的呢？所以這是驅使天下人都去歸附蠻夷的作風呀！假使當初在倡導中國禮義的時候，蠻夷的人都不知道仰慕中國的禮義，漠然不響應，這樣的害處還小，為什麼呢？因為他們雖然不知道依從中國的好處，但也不知道依附中國有什麼害處。不幸弦、黃二國首先仰仗中國就遭受禍害，那些有黥面紋身之俗的蠻夷之人，一定指著這件事相互走告：「我們當初所以仰慕中國，是因為服飾有華麗的圭璧和黼繡，樂舞有美麗的干戚和羽旄，禮器有肅穆的豆籩和鼎彝，樂器有和諧的磬筦和鐘鼓，以為可以託付我們國家而沒有後顧之憂。從此以後，才知道中國是不可以依賴的，那些禮樂聲教文明，也只是虛有其表罷了，怎麼可以被引誘而自取其禍呢？」所以兩國的滅亡，還不令人十分痛心，因為兩國的滅亡，而斷絕了蠻夷歸向中國之心，那才是令人十分痛心的啊！

唉！中國好比是君子，蠻夷好比是小人，小人想成為君子所可能遭遇的禍害，就好比蠻夷之人想成為中國之人所可能遭遇的禍害。人世間稱之為君子的人，招呼小人而誘導他說：「你的方法很危險，我的方法很安全，你何不捨去舊的方法而用新的方法呢？」其中有的小人聞風而來，但君子實際上並沒有教他什麼，既已奪去了小人謀身的方法，而又不教其君子用以防身的方法。於是沒有進入仁德之路，而先入愚魯之中；沒有走上道義之途，而先入迂闊之境。仗恃著要行善，而沒有禮義作為隄防，輕易地干犯了當世的忌諱，以致陷入禍害之中。於是以前的同伴就交相責備埋怨地說：「你不聽我的話，放棄方便而有利的舊方法，而去依從緩慢而迂闊的計策，如今禍福結果怎樣呢？從前你看不起我們這些人，而自己依附到他們那一伙，我們還以為你早上進了君子的門庭，黃昏就可以得到君子的好處，不料卻顛沛困頓受辱受禍，反倒不如我們依照往常的老方法來得安全可靠，那些淺狹拘泥的人怎麼可以信賴呢？」就像一隻狗看見了東西而吠，一百隻狗聽到了吠聲就跟著吠起來，於是仁義之道就荒廢了，這都是以君子自命的人的罪過。以君子自命的人，是真的不足以仰賴，天下人怎麼可以因為這些人不可信賴，而就懷疑君子之道不可信賴呢？將帥作戰而覆敗的，一個又一個相繼不絕，天下人並不懷疑兵書不能採行；醫生醫死人的，也一個又一個前後相望，天下人也沒有懷疑醫學的書不能用。世人沒有因為歸罪一個人，而也歸罪他所用的書，萬古流傳的六經，怎麼能夠因腐儒曲士的連累而廢棄呢？

【研　析】人貴自立，國家更需要自立自強，豈可與強國結盟，就仰仗強國而不戒備呢？《左傳》在行文中指陳其滅亡的原因，實在無可厚非。可是呂氏強調「天下之辱，為人所恃而不能保者居其最」，並把它說成「誤人於死地」而後譏之，於是就成為無恥之尤了。

本篇以弦、黃之亡，歸罪齊桓之未救，而有兩個重點：先駁《左傳》譏弦、黃之非，再定齊桓「絕蠻夷向中國之心」的大罪。兩個重點分別在第一、三段說明，而兩個重點都運用譬喻以補足題義，構成本文的二、四段。

第二段以舟師為喻，嚴格說來，不免引喻失義。國君是國家的領航人，所以「以舟師喻國君，以乘客喻人民」則可，「以舟師喻霸主，以乘客喻結盟國」則不妥。可是這一段的譬喻，一明左氏之非，一揭齊桓之罪，是非常厲害的。第三段推論齊桓不救弦、黃，絕蠻夷仰慕中國之心，實有深文周納之嫌。二國在今河南省境內，並不是他所說的「僻陋在夷」，而且完全沒有證據顯示四方諸侯「占弦、黃之禍福以為進退」。以「莫須有」定千古罪名，這固然令人歎服呂氏的推勘入微，但也令人感到刀筆吏之可怕，真是欲加之罪，何患無辭。最後一段以君子小人譬喻，確認齊桓絕蠻夷向中國之心，與第二段有異曲同工之妙！

本文全憑類比的譬喻，使文章說理圓足，是另一種結構。欲知譬喻之妙用，細讀本篇即可知之。

楚文王寵申侯

僖公七年

【題解】申侯被鄭文公所殺，已見於本卷〈楚伐鄭〉題解。原來申侯是楚女嫁於申所生，深受楚文王的寵信，當文王將死的時候，把玉璧送給申侯，要他離開楚國。楚文王說：「只有我最了解你，你好利而永不滿足，從我這兒取，從我這兒求，我從不指責你，但我的繼位者就不會這個樣子，你一定難免被怪罪。我死後，你要趕快走，也不要到小國，因為他們也容不下你。」楚文王安葬後，申侯投奔鄭國，也受鄭厲公的寵信，但到魯僖公七年（西元前六五三年），鄭文公殺申侯以取悅於齊。

呂祖謙將楚文王愛申侯，和唐玄宗愛李林甫相提並論，以為楚文王和唐玄宗能知奸邪，可見良知未泯，可是已經為惡所挾持，為惡之深者。

愛而知其惡❶者，天下之至善也，亦天下之至不善也。凡人之情，有所愛則有所蔽，有所蔽則有所忘，不蔽不忘，卓然知其惡於深愛之中，惟天下至公者能之，何以反謂之大不善乎？

知而遠之，善之善也；知而近之，不善之不善也。明皇之於李林甫，德宗之於盧杞❷，同用小人者也，同以小人而致亂者也。彼善於此，則德宗猶愈焉。德宗之言曰：「人皆以盧杞為姦邪，朕獨不覺其姦邪。」是德宗之用杞者，愛而不知其惡者也，不知其惡而用之，猶人情也。若明皇則既知其惡矣，其目林甫以妒賢嫉能❸，品題之妙，雖借辭於張九齡❹之徒，殆不過是。所謂臨亂之君，各賢其臣者，惟不知其惡，是以不能一朝捨也；如使知其惡，亦必不能一朝居也。今明皇既明知林甫之惡，不能減其毫髮之愛，尊寵信任，至十九年之久，豈復近於人情乎？意在於用賢而不知其惡者，德宗也，誤也；意在於用姦而不恤其惡者，明皇也，故也。誤者猶可恕，知其姦而用之者，可勝誅乎？受欺者其罪小，自欺者其罪大，德宗不過為杞所欺耳，是杞之罪大而德宗之罪小也。

明皇洞視林甫之惡，如見肺肝，是林甫本不能欺明皇，而明皇自欺之，罪豈在於林甫乎？

楚文之嬖申侯也，猶明皇之嬖林甫也，明皇知林甫之妒賢嫉能，楚文王亦知申侯之專利不厭，一則終彼之身任之不替，一則終我之身寵之不衰。二君之罪，吾未知其孰輕孰重也？彼子文不知楚文之失，反追誦其明，亦惑矣。

古今以郭公惡惡不能去[5]為大譏。然郭公非愛其惡而不忍去也，實惡其惡而不能去也。郭公雖懦，而惡惡之本心猶未失也，豈若楚文與明皇，既知其惡而猶愛之乎？聲之不可並者，哭與笑也；貌之不可並者，慍與喜也。愛其人必不知其惡，知其惡必不愛其人。異哉！楚文明皇之心！既知其惡，又愛其人，二者並處於胸中，不相陵奪，獨何歟？蓋有說也。善有力，惡亦有力。不見可欲而不亂者，善力尚淺也，他日見可欲，安知其不亂也？不見其姦而不怒者，惡力尚淺也，他日見其姦，安知其不怒也？見可欲而不亂，則其心深入於善，善之力已堅矣。見其姦而不怒，則其心深入於惡，惡之力已堅矣。二君知二臣之姦，乃良知之猶未泯者，至於知其姦而尚愛之，是為惡所持，其力既堅，雖良知不能奪也。吾故論而發之，以為善惡淺深之驗。

【注釋】❶愛而知其惡　見於《禮記・曲禮上》：「賢者狎而敬之，畏而愛之，愛而知其惡，憎而知其善，積而能散，安安而能遷，臨財毋苟得，臨難毋苟免。」❷盧杞　唐滑州人，貌醜好口辯，德宗時為相，專權自恣，陷害楊炎、顏真卿。藩鎮叛亂，以籌軍資為名，收括財貨，怨聲滿天下。李懷光反，暴其惡，貶死澧州。見《新唐書・姦臣傳》。❸其目林甫以妒賢嫉能　玄宗在蜀，曾評唐代宰相十餘人，皆當。評李林甫：「是子妒賢嫉能，舉無比者。」裴士淹因曰：「陛下誠知之，何任之久邪？」玄宗默然。見《新唐書・姦臣傳上・李林甫》。❹張九齡　（西元六七三—七四〇年）唐韶州人，開元二十一年任中書侍郎同中書門下平章事（即丞相），於玄宗生日，進〈金鏡錄〉，每極言得失，並請殺安祿山，後為李林甫所忌，罷相。見《新唐書・張九齡傳》。❺郭公惡惡不能去　齊桓公遊於野，而見郭氏之墟，就問當地人這裏為什麼成廢墟？他們回答因郭公「善善而惡惡」。齊桓公說：「善其善人，惡其惡人，那是人的善行，怎麼會覆亡呢？」他們說：「善善而不能行，惡惡而不能去，是以為墟也。」見《新序》。

【語譯】愛而知其惡，那是天下最好的人，也是天下最不好的人。一般人之常情，有所寵愛，就會有所蒙蔽；有所蒙蔽，就會有所疏忽。現在既不受蒙蔽也沒有疏忽，在深愛的時候卓然知其惡，只有天下至公無私的人才能做到，為什麼反而說他很不好呢？

知道這人不好而疏遠他，那是再好不過了；知道這人不好反而親近他，那是再壞不過了。唐明皇對李林甫，唐德宗對盧杞，同是任用小人，同是因小人而招致禍亂。如果要比較哪一個比較好一些，那麼德宗還好一些。德宗曾對人說：「人們都以為盧杞是個姦邪的人，我就不覺得他姦邪。」所以德宗用盧杞，是寵愛而不知道他不好，不知道他不好而任用他，還是人情之常。像唐明皇早就知道李林甫不好，說他妒忌賢能的人，品評高妙，就算讓張九齡這樣的人來品評，大概也不過如此。所謂面臨紛亂的國君，各自任用他以為賢能的人，但不知其惡，所以不能馬上捨棄他；假使能知其惡，就不能讓他在朝廷留一天。如今唐玄宗既然知道李林甫的不好，卻絲毫不減對他的寵愛，受尊榮寵信達十九年之久，這怎能近乎人情呢？本意在任用賢能而不知其惡的是唐德宗，是錯誤造成的；本意在任用姦邪而不考慮其惡的是唐明皇，是故意造成的。錯誤造成的還可以寬恕，知道他姦邪而又重用的，可不是該殺的嗎？被欺騙的罪過小，自我欺騙的罪過大，德宗只不過是被盧杞欺騙罷了，所以盧杞的罪大而德宗的罪小。明皇洞悉李林甫的姦邪，就好像看透了他的五臟內腑，所以李林甫欺騙不了唐明皇，而唐明皇自己欺騙自己，這罪過難道在李林甫嗎？

楚文王寵愛申侯，就像唐明皇寵愛李林甫，唐明皇明知李林甫是嫉妒賢能的人，楚文王也明知申侯是貪得無厭的小人，一個是任用他一直到死不變，一個是寵愛他一直到自己死也還不減。兩個國君的罪過，我不知道哪一個輕哪一個重？而楚令尹子文不知道楚文王的罪過，反而讚揚他有知人之明，也不免太迷惑了。

從古到今都以郭公厭惡惡人而不能排去，視為一大諷刺。其實郭公並不是愛其惡而不忍排斥，而是厭惡其惡而不能排斥。郭公雖然懦弱，但厭惡惡人的本心並沒有喪失，哪裏像楚文王和唐明皇，已知其惡而還愛他呢？兩種聲音不能同時發出的，是哭聲和笑聲；兩種表情不能同時並存的，是怒色和喜色。寵愛這個人必然不知其惡，知其惡就必然不愛其人。楚文王和唐明皇的心理真奇怪呀！既然知其惡，又還愛這個人，兩種情懷並存在胸中而不相侵奪，這是為什麼呢？大體也有道理可說。善有善的力量，惡有惡的力量。沒看到喜歡的而心不亂的人，善的功力還很淺，以後看到喜歡的，怎麼知道心亂不亂呢？沒看到他的姦邪而不怒的人，惡的力量還很淺，以後知道了他的姦邪，怎麼知道不怒呢？看到喜歡的而心不亂，這個人的心已深入善的境界，善的功力已經堅強了。看到他的姦邪而不怒，這個人的心已深入惡的境地，惡的力量已經堅強了。兩位國君知道這兩個臣子的姦邪，是還有良知沒完全泯滅，至於知道他們的姦邪而還愛他們，是因為心已被惡所控制，而且力量堅強，雖然還有良知也不能改變了。我特地把這些說法揭舉出來，作為檢驗善惡深淺的標準。

【研析】楚文王寵申侯而知道他的缺點，申侯的下場如其所料，子文以為「知臣莫若君」，呂祖謙以為知其惡而愛之，其罪深。這本是平常議論，三言兩語已可道盡，呂氏卻以它與唐明皇寵李林甫相提並論，又以唐德宗寵盧杞相比較，而作出一大篇議論來。

一開始就作驚人之筆，說「愛而知其惡」，是天下之至善，也是至不善。因為這原是《禮記・曲禮》以為賢者所能的事，所以說是至善。在《禮記》說的是主觀愛憎之外，也要客觀地了解其善惡，人事常在善中存小惡，大惡之人也或有可取之處。呂氏著眼不在此，卻故意引用，頗有令人目駭心驚之效。

第二段便以唐明皇用李林甫、唐德宗用盧杞為例，說明「不知其惡而用之，其罪淺；知其罪而用之，其罪深」的道理。第三段說明楚文王寵申侯，猶明皇嬖林甫，子文美之，是為大惑。第四段說明他們見其姦而不怒，良知已為惡所持，其心已深入於惡，以強調其「至不善」，以回應第一段。

讀其文，我們不能不佩服其論事的手法，他要證明甲是壞的，卻是先證明乙和丙相形之下，乙是壞的，然後說甲和乙相似，而證明甲是壞的。而且其中自問自答，製造不少波瀾。其實，嚴格說來，楚文王嬖申侯和明皇嬖林甫，並不相同。文王是私嬖申侯，而予取予求，文王知其專利而給利，蝕公府之財利而已。明皇知林甫嫉妒賢能，而使之專權達十九年，敗壞國政，其害更深。再說明皇品評林甫，是在天寶之亂痛定思痛的時候，所以也未必是在重用之時已知其惡。裴士淹說他：「陛下誠知之，何任之久邪？」只是促其反省，擔當責任而已。

齊桓公辭鄭太子華　僖公七年

【題　解】魯僖公五年（西元前六五五年），齊桓公與魯、宋、陳、衛、鄭、許、曹等諸侯相會於首止，並會見王太子鄭，以阻止王太子被廢。周惠王慫恿鄭文公逃盟，鄭文公逃歸。次年，諸侯攻鄭，鄭靠楚軍圍許，得以逃過一劫。可是僖公七年，齊人又攻鄭，鄭伯殺申侯以討好齊國，齊侯仍與魯僖公、宋公、陳世子款，在寧母結盟，策劃攻打鄭國，鄭伯派太子華卻要參加結盟而向齊侯說：「都是洩氏、孔氏、子人氏三族跟您作對，您如果除掉他們而與敝國媾和，我願作為藩屬，對您無所不利。」齊侯準備答應，管仲說：「君以禮和信號召諸侯，而終得姦邪，這不好吧？兒子不違背父親是為禮，守君命共圖時事是為信。還有比違背禮和信更邪姦的嗎？」齊桓公說：「諸侯討伐鄭國，一直不能得逞，現在有機可乘，不也可利用嗎？」管仲說：「君如果以德撫人，然後光明正大責求於人，於是率領諸侯討伐鄭國，鄭國挽救危亡都來不及了，怎能不怕？如果是領著違背父命的罪人去討伐，鄭國就振振有詞了，還怕什麼？而且會諸侯以尊崇德義，如果會盟有奸邪的人名列其中，將如何記載下來以垂示後代？何況諸侯會盟，其間的德刑禮義，沒有一個國家不記載的，如果把姦邪的人列入會盟的成員，國君的盟會就被破壞了，如果國君做了而不記載，那也有損盛德。國君您還是不要同意，鄭國終究會來接受盟約的。子華身為太子，而想藉大國來削弱自己的國家，一定不能免於災禍，鄭國有叔詹、堵叔、師叔三位賢大夫執政，我們不會有那種機會。」齊桓公於是推辭子華的請求，而這年冬天鄭伯派使者到齊國請求立盟，子華也因此得罪鄭國，而於九年後被殺。

歷來對管仲諫桓公多所讚譽，呂祖謙則批評管仲不能激發桓公行善之心，而以外在的毀譽來制約桓公。是以外制內，非聖人之道。

道無待，而有待非道也，待之名烏乎生？以彼待此曰待，以此待彼亦曰待，一彼一此，而待之名生焉。未有彼待彼者也，未有此待此者也。雨在天，稼在田，判然二物也，語人以稼待雨，可信也。帛在機，衣在身，判然二物也，語人以衣待帛，可信也。若語人曰：吾待目而視，待耳而聽，則世固已疑而不信矣。是何也？目，我之目，非借他人之視也；耳，我之耳，非借他人之聽也。我視則視，我聽則聽，本非有待也。雖然，是固非有待之待，猶未免無待之待也！目雖離婁❶，不能自保其不瞽；耳雖師曠❷，不能自保其不聵。是雖無待於他人，而猶待於血氣，尚非我之所得專也。舉天下之物，我之所獨專而無待於外者，其心之於道乎！心外有道，非心也；道外有心，非道也。心苟待道，既已離於道矣；待道且不可，況欲待於外哉？

古之學者為己❸，非以人不足為也，通天下無非己，不見有人之可為也。其動其靜，其語其默，未有由乎人者。飭躬厲行，非以揚名也；別嫌明微，非以避謗也；簡賦省刑，非以求民也；深謀遠慮，非以防患也。本無所待而作，亦豈有待而止哉？有所慕而作者，外無慕則不作也；有所畏而止者，外無畏則不止也。曰作曰止，皆待於外而不出於我，則吾之為善既無本矣。無本之水，朝滿夕除；無本之善，朝銳夕墮，是烏可恃耶？

鄭子華以世子而賣其國，齊桓公貪其利而將受之，從管仲之諫而止，世莫不誦管仲之言以為當。以吾觀仲之言，何其不知本也！其言曰：「諸侯之會，其德刑禮義，無國不記，記姦之位，君盟替矣；作而不記，非盛德也。」仲不能以道格君之心，使自為善，反待簡冊之毀譽以制之。噫！為善果待於外，使自古無史官，諸侯無史籍，將放意而不復為善耶？不導其君以心制物，而反以物制心，是以外而制內也。幸而桓公以好名之心，易好利之心，僅從管仲之諫。若桓公好利之心勝好名之心，則殘編腐竹何足以制桓公耶？仲之說至是而窮矣。

信如是，則聖人立左右史以記言動者，亦豈以外制內耶？非然也，恃史冊以自制者，固待外也，視史冊為外物者，亦未免有外也。至理無外，藩以私情，蔀以私智，始限其一身為內，而盡棄其餘為外物。乃若聖人之心，萬物皆備，尚不見有內，又安得有外耶？史，心史也，記，心記也，推而至於盤盂之銘❹，几杖之戒❺，未有一物居心外者也。嗚呼！此豈管仲所及哉？

【注　釋】❶離婁　古之明目者，相傳能於百步之外，見秋毫之末。《莊子・駢拇》作離朱，《孟子・離婁上》作離婁。❷師曠　春秋晉國的樂師，生而目盲，能辨音以知吉凶。見《左傳》襄公十八年，亦見《孟子・離婁上》。❸古之學者為己　古代學者是為充實自己，以別於後之學者為得他人之欣賞或肯定。語出《荀子・勸學》。❹盤盂之銘　古帝王常在日常用品上鐫刻文字，以誌不忘。《禮記・大學》：「湯之盤銘曰：『苟日新，日日新，又日新。』」《大戴禮記・武王踐阼記》：「盥盤之銘曰：『與其溺於人也，寧溺於淵。溺於淵，猶可游也；溺於人，不可救也。』」❺几杖之戒　《大戴禮記・武王踐阼記》：「几之銘曰：『皇皇惟敬，口生詬，口戕口。』杖之銘曰：『惡乎危於忿疐，惡乎失道於嗜慾，惡乎相忘於富貴。』」

【語　譯】道是不必有所待的，如果需要有所待，就不是道了。待的名稱是怎麼產生的呢？以那個對待這個，稱之為待；以這個對待那個，也稱為待。一是那個，一是這個，而待的名稱就產生了。後來沒有那個對待那個的，也沒有這個對待這個的。雨在天空，農作物在地上，完全是不同的東西，所以告訴人家說：農作物有待於雨，那是可信的。布帛在織布機上，衣服是穿在身上，也是完全可分別的東西，所以告訴人家說：衣服有待於布帛來做，這也是可信的。如果告訴人家說：我有待於眼睛來看，有待於耳朵來聽，那麼人家就懷疑而不信了。這是為什麼呢？眼睛，是我的眼睛，不是借用別人的來看；耳朵，是我的耳朵，不是借用他人的來聽。我看就看見了，我聽就聽到了，本來就不要有所待。雖然如此，這原非有所待的待，但仍不完全是無所待的待呢！離婁的眼力最好了，但不能自保他不會成為瞎子；師曠的耳朵最好了，但不能自保他不會成為聾子。所以雖然無待於他人，但仍有待於血氣，這可不是我們自己可以取決的。全天下的東西，完全取決於自己而無待於外的，大概是心之於道了吧！心之外還有道，就不能算是心了，道之外還有心，就不能算是道了。心如果有待於道，那已經離開道了；有待於道，尚且不可，更何況要待之於外呢？

古代的人求學修德，完全是為了自己，並不是別人不足以讓我們有所作為，而是全天下都為自己修德，不因為有人在旁才去做。所以他們一舉一動，或言語或靜默，沒有為別人的。自我約束，敦品勵行，不是為了揚名於外；避免嫌疑，注意小節，不是為了避免謗言；減少賦稅，輕免刑罰，不是為了有求於民；周密計畫，考慮長遠，不是為了防範禍患。這些原本不是有所待而作，哪裏會是有所待而止呢？如果有所仰慕才做的話，一旦外頭沒有所仰慕的對象，就不會再做了；有所畏懼才停止的話，一旦外頭沒有所畏懼的對象，就不會停止了。要做或不做，都有待於外在的因素，而不是出於自己的本願，那麼我們的為善就失去了本源。沒有本源的水，早上滿的，下午就沒了；沒有本源的善，早上興致勃勃，下午就摧殘殆盡，這怎麼可以仗恃呢？

鄭國子華以世子的身分，出賣自己的國家，齊桓公貪得鄭國的利益而將要接受，後來聽從管仲的諫言而停止，世人沒有不頌揚管仲的話以為說得很正當。但我看管仲說的話，是多麼不知本源！他說：「諸侯的盟會，其間施德加刑，舉措是否合乎禮義，沒有一個國家不記載的，如果把姦邪的人列入會盟的地位，國君您所主持的盟會就被破壞了；如果做了而不記載，那也有損盛德。」管仲不能以道正國君之心，使他自己為善，反而期待史冊的毀譽來制約國君。唉！為善如果真要期待外在的壓力，那麼自古以來沒有史官，諸侯沒有史籍的話，豈不是將放縱恣意而不再為善了嗎？管仲不引導國君以內心克制外物，反而以外物來左右內心，這是以外在因素來壓制內在的本性。幸而齊桓公以好名之心，取代了好利之心，僅僅得到聽從管仲諫言的效果。如果齊桓公好利之心強過好名之心，那麼那些殘缺的史編、乾朽的竹簡，怎麼能夠制止桓公呢？管仲遇到那種情況說也沒用了。

假如真是這樣的話，那麼聖人設立左史和右史，用來記言和記事，不也是以外在因素來壓制內心了嗎？不是的，仰仗史冊以克制自己的，固然是有待於外，把史冊當作外物的，也不免有心外之物。天下至理沒有內外之分，因私情而加以區分，因私智而所以蒙蔽，才限以一己之身為內，而其餘一概排除，稱為外物。至於像聖人之心，萬物皆備其中，還不見有什麼是內的，又怎麼有外呢？史是心史，記是心記，由此推衍，至於盤盂上的銘文，几杖上的誡辭，沒有一件是屬於心之外的。唉！這哪裏是管仲所能知道的呢？

【研　析】 本篇以一個「待」字，作為通篇的骨幹，而「待」涵蓋期待、對待之意，是從《莊子·

逍遙遊》「此猶有待者也」和〈齊物論〉「吾有待而然者也」的「待」，脫化而來，頗有理學家論道的意味。

第一段拈出「待」字，說明道無待於外。第二段說明古之學者為己，而不是待於外在的毀譽，如果人的舉止作為，都待於外，那麼為善就無本了。第三段批駁管仲之諫完全就外在毀譽，幸虧桓公好名，否則管仲之諫就無效了。最後以聖人之心萬物皆備，無一物居心外，並再批評管仲作結。

一個「待」字，包括一內一外的對待，以及有待於外的期待，取一字雙關而成完整的結構。從對待之意入手，而說到待之於外的待，批評管仲以簡冊毀譽，制止桓公好利之心，是待之於外，也是以外制內，最後又歸結到內外對待的問題，強調聖人無一物居心外，此非管仲所能及。既呼應起首，又說到管仲，是兩面俱到的作結方法。其結構和作結的巧妙，是很值得注意的。

至於對管仲諫言的批評，完全是針對後半段「諸侯之會……無國不記」，而前半講禮講信，並不「待於外」，所以這批評不免有斷章取義之嫌。

晉里克帥師敗狄　僖公八年

【題　解】魯僖公七年（西元前六五三年，依《史記・晉世家》則在次年），因為重耳奔狄的關係，晉國由里克率兵，梁由靡駕主帥兵車，虢射為車右，以攻狄，敗狄於采桑。梁由靡說：「狄人不會因敗走而羞恥，如果追擊，一定大勝。」里克說：「讓他們害怕就好了，不要因追擊招惹其他的狄人。」虢射說：「不追擊就向他們示弱了，一年之後狄人會來侵擾。」次年夏天，狄人果然來伐晉，以報復采桑之役。

里克是傾向重耳的，所以他不追擊狄人，可能是怕把狄打敗，狄交出重耳，重耳就完了。呂祖謙論此事，則以為治戎狄如治姦民，要嚴懲使之不敢近。驕之使它滅亡，聖人不忍為，寬之讓它肆虐，聖人不肯為。因本篇論聖人對待夷狄之道，在滿清的時代，不免有忌諱，所以「四庫全書」本刪去本篇。

治戎狄如治姦民，姦民狎官府則多訟，戎狄狎邊鄙則多難。一日之懲，而終身不敢入官府者，善政也；一戰之威，而百年不敢近邊鄙者，善謀也。戎狄之性，折則服，縱則驕。彼其悍然執兵翦我郊保，燔我積聚，毆我馬牛，蹂我稼穡。羽檄雷動，車馳轂擊❶，謀臣勞於朝，戰士勞於野。賴天之靈，宗廟之福，幸而一勝，反抑鋒按銳，縱之徐驅而歸，為夷狄者，勝有重利，敗無他虞，亦何苦而不為寇哉？是故狃於為寇之利，視吾邊境如登虛邑，吾被邊之民，歲暴骨而月裹瘡，哭泣之聲未絕，而鼓鐸之音已振矣。是何待戎狄之厚，而待吾民之薄耶！

然此亦非所以厚戎狄也，恕生侮，侮生怒。恕之與怒，相反而相生者也。始吾恕戎狄，以為不足治，其侵不問，其衂不迫，犬羊之心❷，恣睢桀驁，意我之不能師，陵侮暴犯，非人所堪❸，於是不勝其忿，掃境內之眾，窮誅極討，覆其巢，鋤其根，以逞吾憾。召今日之怒者，庸非前日之恕乎？嫚書之恕，所以召絕幕之怒也；渭橋之恕，所以召定襄之怒也❹。故曰此非所以厚戎狄也。小治之於未侮之前，傷少而怨淺；大治之於積侮之後，傷多而怨深。孰厚孰薄？孰寬孰猛？必有能辨之者矣！吾是以知：里克之待戎狄不得為仁，而梁由靡之策亦未始為虐也！

主里克之說者，歷舉宣王之詩❺，嚴尤之論❻，以謂王者治戎狄正當如此。抑不知理有似而差，言有類而異。敺之而已者，嚴尤之稱宣王也；懼之而已者，里克之沮梁由靡也。兩者相去不能以寸，然謂之敺，則不止於懼矣；謂之懼，則本未嘗敺矣。其言淄澠也，其理涇渭也❼。

宣王之詩：「薄伐玁狁，至於太原。」太原周境也，宣王之逐戎狄，不盡吾境不置也。乃若采桑之戰，實在屈之北，平陽之西南，固晉地也，狄尚在吾地，里克僅得小勝，遽卷甲而不進，安得自附於宣王之師乎？宣王縱戎狄於吾境之外，而里克乃縱戎狄於吾境之內，世比而同之，過矣！

吾嘗論縱戎狄者有二，驕之使不吾忌，待其自墮術中者，詐者之事也，為阱以陷獸者也。寬之使知吾不足忌，遂敢肆其貪噬者，懦者之事也，開門以招盜者也。古今之縱戎狄者，揣其情，研其實，不出二說而已矣。前一說，聖人不忍為也；後一說，聖人不肯為也。

【注釋】❶轂擊　車轂相碰撞。通常以「轂擊肩摩」形容人車往來擁擠。轂是車軸中間車軸貫入處的圓木。安裝在車軸兩側軸上，使車軸保持直立不至內外傾斜。❷犬羊之心　即指蠻夷戎狄之心。犬羊常以喻才質低劣者，如曹丕〈與曹植書〉：「以犬羊之質，服虎豹之文。」❸非人所堪　不是一般人所能忍受。《金華叢書》本原作「非人所揕」，揕當為堪之誤。❹嫚書之怨四句　匈奴單于冒頓於呂后時，寫信說要跟呂后結合，呂后大怒，但從季布之言，忍而復書。漢文帝時，匈奴兩度入侵，漢大軍於長安渭水旁備寇，匈奴出塞，漢兵不追。武帝時，衛青出定襄，霍去病出代，遠出沙漠擊匈奴。絕幕，即渡越沙漠。幕，通「漠」。詳見《漢書．匈奴傳上》。❺宣王之詩　指《詩．小雅．六月》，為宣王北伐之詩，本文所引「薄伐玁狁，至於太原」在其第五章。❻嚴尤之論　嚴尤為王莽將，王莽將發三十萬眾，具三百日糧，十道並出，窮追匈奴，嚴尤諫之，其中說到：「當周宣王時，獫允內侵，至於涇陽，命將征之，盡境而還。其視戎狄之侵，譬猶蟁蝱之螫，敺之而已，故天下稱明，是為中策。」力主縱先至者，深入霆擊。詳見《漢書．匈奴傳下》。❼其言淄澠也其理涇渭也　比喻二人之言，似乎相似難辨，其中道理卻分明不同。淄、澠二水，都在山東省，相傳二水味異，合則難辨，惟春秋齊國易牙能辨。見《列子．說符》。涇、渭二水，在陝西省會合，涇清渭濁，於會合時仍見分別。

【語譯】懲治蠻夷戎狄就像懲治姦邪刁民，姦邪刁民常到官府，就有更多爭訟；蠻夷戎狄常擾邊界，就有更多的災難。一次的嚴懲，使刁民終身不敢進官府，這是善政；一次的戰役，使戎狄百年不敢接近邊界，這是善謀。蠻夷戎狄的特色是：折敗了他，他就會服服貼貼；放縱了他，他就會驕大放肆。他們凶悍地以武力破壞我們防衛的措施，焚燒我們儲存的財糧，掠取我們飼養的牛馬，蹂躪我們耕耘的作物。戰報傳來，朝野震動，兵車馳騁擁擠於道，謀臣辛苦於朝廷，戰士奔命於戰場。仰賴上天的威靈，與宗廟的福佑，幸而打了勝仗，卻反而抑止了鋒芒銳氣，放走他們，慢慢地把他們趕回夷狄之地的話，那他們打勝就有重大的利益，打敗也沒有其他的顧慮，怎麼會不來侵犯呢？所以他們習慣於侵擾而獲利，把我們的邊境當作無人之境，我們被侵犯的邊界人民，年年有人暴露屍骨，月月有人包紮傷口，哀泣之聲還沒停止，而戰鼓之聲又來了。這對待戎狄是多麼優厚，而對待我們的人民，又多麼無情啊！

不過這也不是厚待蠻夷戎狄之道，因為你寬恕他們，會招來他們更多的侵侮，侵侮一多，我們也就被激怒了。所以寬恕和震怒，是相反而又相生的。開始的時候我們寬恕了戎狄，以為不必懲治他們，他們侵犯時不加以聞問，挫敗時不加以逼迫，這些蠻夷戎狄的心，就更為狂妄凶暴，以為我們不能出兵討伐，於是侵凌入侮，武力犯境，非人們所能忍受，於是禁不住憤怒，傾動境內之兵，極力討伐，翻覆他們的巢穴，斬除他們的根源，以發洩我們心中的憤恨，招致今天憤怒的，難道不是前日的寬恕嗎？當年向呂后寫輕佻的信，寬恕了他們，所以招致非遠渡沙漠不可的震怒；當年渭橋縱容了他們，所以才有出兵定襄的震怒。所以這並不是用來厚待戎狄之道。小小懲治他們於未侮犯之前，傷害少而結怨淺；大大懲治他們於一再侮犯之後，傷害多而結怨深。到底哪一種仁厚哪一種刻薄？哪一種寬和哪一種猛烈呢？必定有人能辨別的哩！我們由此可以知道：里克這樣對待戎狄不能說是仁厚，而梁由靡的策略也未嘗就暴虐呢！

支持里克說法的，將列舉周宣王的詩、嚴尤的論點，以為王者懲治夷狄就應當這樣。但不知道理由雖然相似但有差別，話雖然類似也有不同。「把他們驅逐就是了」，這是嚴尤所稱許的宣王做法；「使他們畏懼就是了」，這是里克阻止梁由靡的藉口。兩種說法只差一點點，但稱為驅逐，就不只是讓他們畏懼；稱為畏懼，就原本不曾驅逐。他們的話就像淄水、澠水那樣難辨，道理卻像涇水、渭水那麼分明不同。周宣王的詩，就說：「征伐玁狁，到達太原。」太原是周的邊境，宣王驅逐戎狄，不把他們從邊境全部趕出去，是不停止的。至於采桑的戰役，實際上是在屈城的北面，平陽的西南，本來就是晉國的地方，戎狄還在自己的土地上，里克只是得到小小的勝利，就突然收起兵甲而不前進，怎麼能夠自比於宣王的軍隊呢？宣王縱戎狄於中國邊境之外，而里克是縱戎狄於中國的境內，人們把它相提並論以為相同，那就錯了！

我認為放縱蠻夷戎狄有兩種情形，驕縱他們使他們不顧忌我們，等待他們進入我們所預設的計謀之中，這是詐騙者的作風，就像做好陷阱來捕捉野獸那樣。另一種是寬容他們，使他們知道我們不足以顧忌，於是使他們更大膽放肆地併吞掠奪，這是懦弱者的作風，就像開門請強盜進來那樣。古今縱容戎狄的人，揣摩他的內心，研究他的實況，就不外這兩種而已。前面那種作法，聖人是不忍那樣做的；後面那種作法，聖人是不肯那樣做的。

【研析】這篇是探討對待戎狄之道，反對縱容，力主驅逐嚴懲。呂祖謙是南宋人，當時北邊邊患不已，朝廷有主和主戰之爭，所以呂氏批評里克「懼之而已」，是有借古諷今的作用。

首先以戎狄比作姦民，主張懲之使懼，以為縱容戎狄，就是薄待邊民。第二段更進一步說明，縱容之道不是厚待，不能早日戢其亂心，積侮之後大動干戈，傷多而怨多。第三段論里克「懼之而已」，不同於宣王之詩，也不同於嚴尤之論。第四段結論，以為縱容戎狄有兩種心態，都為聖人所不許。

全文層層剖析，必將縱容戎狄說得一無是處而後已，以為縱容非仁人寬厚之道，非聖人愛物之心，只有將戎狄逐出邊疆，是唯一的可行之道。這種立場在清代是犯忌的，所以《四庫全書》本刪去此篇是可以理解的。至於里克的不追擊，可能是為顧全重耳，此並非呂祖謙之所不能知，只是本文既然在強調「打擊戎狄」，就不再旁生枝節，以免蕪雜而難有條理。

宋太子茲父請立子魚

僖公八年

【題　解】 魯僖公八年（西元前六五二年），宋桓公病了，太子茲父一再請求說：「目夷（子魚）年長而有仁德，請立他為君。」桓公於是要立子魚為君，子魚推辭說：「茲父能夠把國家推讓給別人，還有比這更有仁德的嗎？我比不上他，而且我繼位名不正、言不順！」於是趕緊退出。茲父即位，即為宋襄公，而以子魚為左師。

呂祖謙以為宋襄公讓位，是矯情求名，並指出後人不知聖人，總是以利心來衡量聖人。

無故而為駭世之行，求名之尤者也，宋襄公之遜於子魚是也。以統則正，以親則嫡，以勢則順，無故而欲推之他人，非求名果何說也？然求名之罪，人所共指，不足深責，乃若不明乎善，則學者所同病，所當先論也。

宋襄所以無故而遜國者，吾知之矣。其心急欲自表見於世，悒然恨無善之可為，故操奇以駭世耳。築山於平地者，以其無山也，使居泰華之旁，必不築也。鑿沼於平地者，以其無沼也，使居江海之旁，必不鑿也。平地無山，故版築而強為山；平地無沼，故疏鑿而強為沼。彼矯激而強為駭世之行者，豈非平居自視無善之可為，不得不出此耶？

人之言曰：「天下之善，遇之不可不為，不遇不可強為。」其視宋襄進一等矣，亦未免五十步笑百步❶也。一歲之間，自春至冬，一日之間，自朝至暮，一國之間，自君至民，一身之間，自頂至踵，無時非善，無物非善，周流充塞，隨在隨滿。今乃謂：「遇善則可為，不遇善則不可為。」吾不知擇何物為善，棄何物為不善耶？古人為善，惟日不足，世俗乃嘆善之難遇，何其反也？以魯遇宋謂之遇，以齊遇陳謂之遇，以子路遇荷蓧❷謂之遇。為善而欲遇善，善豈在外耶？君子明乎善者，天理渾然，生生不息，不知有善之可擇也，不知有不善之可棄也。尚不見精，何者為粗？尚不見純，何者為駁？雖極世所謂至高之節，如堯舜之揖遜，亦世俗自為之名耳。步趨也、言語也、飲食也、寢息也，皆人日用之常也，而兀者獨羨人之步趨，以為不可及，豈步趨果難於言語食息之屬哉？自兀者觀之則然也！堯舜之事布在天下，若禮樂、若法度、若征伐、若巡狩、若歷試、若揖遜，皆因理之固然，本未嘗置輕重於其間也，則所謂揖遜者，特堯舜萬事中一事耳。世俗指其一事為高，而忽其餘事為常者，無他焉，彼自見其捐一金之難，而駭堯舜忘天下之易，遂誇大以為至高之節，矯情而效之。此宋襄之徒所以每不絕於世也。

噫！堯舜之揖遜，堯舜曷嘗自知其高哉？以世俗之心度之則高耳！然則非特幽囚野死之毀❸，為以利心量聖人也，誦堯舜揖遜以為高者，正所謂以利心量聖人也！

【注釋】❶五十步笑百步　比喻自己跟別人有同樣的缺點和錯誤，卻以自己的程度較輕而嘲笑別人。語出《孟子・梁惠王上》，謂作戰時退五十步的人嘲笑退一百步的人太膽怯。❷子路遇荷蓧　子路隨孔子出行而落後，遇見用拐杖挑著竹器的老人，而問他有沒有遇見孔子，老人只批評他四體不勤、五穀不分。子路恭敬地站著，老人留宿子路，並殺雞招待，又讓自己兒子拜見子路。子路第二天趕上孔子，並告訴孔子，孔子說那是隱士，叫子路回去看，但老人已出去了。見《論語・微子》。❸幽囚野死之毀　《史記正義》引《竹書》云：「昔堯德衰，為舜所因。」又引《竹書》云：「舜囚堯，復偃塞丹朱，使不得與父相見也。」《史通・疑古》引《汲冢書》云：「舜放堯於平陽。」《廣宏明集》引《汲冢竹書》云：「舜囚堯於平陽，取之帝位，今見有囚堯城。」但今見《竹書紀年》並無記載。

【語譯】無緣無故而表現驚人駭俗的行為，那是求名之過，宋襄公要讓位給子魚就是如此。以世系來說，他是正統；以親疏來說，他是嫡長；以情勢來說，由他繼承是順理成章，沒有緣由推讓給別人，不是求名那又是為什麼呢？然而矯情求名的罪名，是人們所共指的，不必過於苛責，至於像他不明白如何去求善，那是一般學者與他所患的共病，所以應當先討論一下。

宋襄公所以要無緣無故讓國的心理，我們是可以知道的。他內心急於自我表現，以見稱於世，但悒怏遺憾沒有善事可做，所以標新立異以驚駭世俗罷了。要築山在平地之上的，是因為沒有山的關係，假使讓他住到泰山或華山的旁邊，就不必築山了。要挖沼池在平地之上的，是因為沒有沼池的關係，假使讓他住到江海的旁邊，就不必鑿池了。平地沒有山，所以架起泥版灌泥漿勉強築起山來；平地沒有池沼，所以挖土鑿坑勉強掘出沼池來。那些矯情激世而勉強去做驚人行為的人，難道不是平時自己看不到有什麼善事可做，不得不這樣做的嗎？

有人說：「天下的善事，遇到了不可以不做，但遇不到也不必強求。」這比起宋襄公好一些，但還不免是五十步笑百步而已。一年之間，從春季到冬季，一天之間，從早上到晚上，一國之間，從國君到平民，一身之間，從頭頂到腳踵，隨時都有善事，任何人都可有善行，周遍各地，到處充滿，隨時存在，隨時滿盈。如今卻說：「遇到善事就可做，沒有遇到就做不成。」我們難道不知道選擇什麼為善，捨棄什麼為不善嗎？古人為善，就怕時日不夠，世俗的人竟然歎善事難遇，怎麼完全相反？以魯遇宋，稱之為遇，以齊遇陳，稱之為遇，以子路遇荷蓧丈人，也稱之為遇。為善而希望遇到善事，善哪裏是在外求的呢？君子知道所謂的善，是混合天理，生生不息，不知有什麼善可以特別挑選，也不知有什麼不善可以拋棄。還沒看到精的，怎麼知道什麼是粗的？還沒看到純的，怎麼知道什麼是駁雜的？雖然是全世界所推崇的最高的節操，像堯舜的禪讓之治，那也是世俗這樣說罷了。走路跑步、講話、飲食、休息睡眠，都是人的日常生活，而跛腳的人惟獨羨慕人家的走路跑步，以為學不來，難道是走路跑步真的比講話飲食休息這類事困難嗎？從跛腳的人來看確是如此！堯舜的事情展示於天下，像禮樂、法度、征伐、巡狩、歷試、禪讓，都是依理而行的當然之事，本來其中也沒有輕重之分，至於所謂的禪讓，只是堯舜所做萬件事中的一件而已。世俗指出其中一件特加推崇，而忽略其他的事以為很平常，其實這也沒有別的原因，他們發現自己捐出一些金錢都很捨不得，而驚奇堯舜很輕易地不把天下看在眼裏，於是誇大它，說那是最高尚的節操，於是矯情去效法他們。這正是宋襄公這幫人所以常不絕於世的原因。

唉！堯舜的禪讓，堯舜又何嘗自以為高超呢？那是以世俗之心衡量它，才覺得它崇高！不但幽囚野死的毀謗，是以利心來衡量聖人，頌揚堯舜禪讓以為崇高偉大的人，也正是以利心來衡量聖人啊！

【研　析】基於他們是殷商帝王的後裔，宋襄公頗有「時不我與」和「自命不凡」的氣概，造成悲劇英雄的性格，以致泓水之役大敗而死的下場。嗣位時要讓賢，只是其中一端而已。

春秋時代，為爭位而骨肉相殘的不絕如縷，宋襄公要讓位，或被指為沽名釣譽，如果呂氏也此立論，就不突出了，所以他只用第一段，輕輕一點，就轉入「不明乎善」的主題，這段只是點題。第二段以築山鑿沼作譬喻，說明宋襄公駭俗之行，是出於「急欲表現，又恨無善之可為」的心理。第三段說明「無時非善、無物非善」，善不待外求，聖人一舉一動，無一不善，而世俗之人以利心衡量，於是有的行為以為是至高之節，有的行為卻以為是日用之常，而造成宋襄公之流，矯情效法。第四段結論，批評世俗之人，有舜囚堯的謗言，是以利心衡量聖人，而頌揚堯舜者，也是以利心衡量聖人。

這種批評主題人物，更批評世俗之見，是使文章突出的有效作法。但它必須立在穩固的基礎上，呂氏以「利心」為基點，是能言之成理而有說服力的。

卷十一

會於葵丘尋盟

僖公九年

【題解】魯僖公九年（西元前六五一年）夏天，齊桓公和宰周公、魯僖公、宋襄公、衛文公、鄭文公、許僖公、曹共公在葵丘相會，尋求立盟以修好，周王派宰孔賜祭肉給齊侯說：「天子祭祀文王和武王，派我把祭肉賜給伯舅。」齊侯準備下階拜受，但宰孔說：「還有命令呢！天子要我說：『因為伯舅年紀大了，以功勞加賜一等，不用下拜。』」齊侯說：「天威不遠，就在眼前，我小白怎敢貪天子之命而不下拜呢！我惟恐在下位失職顛墜，而讓天子蒙羞，豈敢不下拜。」於是拜於堂下，然後登堂受肉。這年秋天就立了盟約，盟約上說：「凡是同盟的人，在結盟之後，言歸於好。」宰孔先走，途中遇到晉獻公，便說：「可以不去參加會盟了，齊侯不務修德而忙於遠征，所以北伐山戎，南伐楚國，西邊為此會盟，是否向東有所行動，還不可知，至於西邊是不會了，除非有亂事發生。你應該致力於平定禍亂，不必勞於奔波。」於是晉獻公就回國去了，當年九月晉獻公死，齊國派隰朋會秦師送晉惠公回國即位。

呂祖謙認為齊桓公早年以立霸與諸臣相期許，到葵丘之會已達成願望，於是就走下坡了，以此說明志要大，心不可滿，器小易盈，滿必招損。所以「所期不可自小而至於滿」。

天下之為治者，未嘗無所期也。王期於王，伯期於伯，強期於強。不有以的之，孰得而射之？不有以望之，孰得而趨之？志也者，所以立是期也；動也者，所以赴是期也；效也者，所以應是期也。汎然而議，卒然而行，忽然而罷，汗漫荒忽，無所歸宿者，是豈足與為治哉？故期者，聖君賢臣所以先天下之治者也。

期固為治之先，亦或為治之害。自期於強者，至強則止，欲挽之使進於伯，不可得也；自期於伯者，至伯則止，欲挽之使進於王，不可得也。何則？其素所期者，止於如是也。

強而止於強，伯而止於伯，是特安於小耳，雖不足肩盛世而追遐軌，然下視弱國陋邦，其所獲不既多矣乎？謂之無志則可，謂之有害則不可也。抑不知天下之勢，不盛則衰，天下之治，不進則退，強而止於強者，必不能保其強也；伯而止於伯者，必不能保其伯也。驅駿馬而馳峻坂，中間豈有駐足之地乎？

齊桓公拔管仲於縲紲桎梏之中，屬之國政，立談之間，遽以伯功相期，何其壯也！所期既立，左國右高，前鮑後隰，下逮比閭族黨❶之民，夙興夜寐，淬厲奮發，以赴吾君之所期。至於葵丘之會，威加諸侯，名震四海，天子致胙，王人下臨。環以旌旄，崇以壇陛，幕張燎舉。有司戒期，駢圭交舄，抑首就位，弁冕秩秩，穆然無聲。於是桓公降阼遵廷，下拜王命，興俯跪起之容翼如也，環佩衝牙之音鏘如也。隆寵榮光，焜燿在列，申以五命之嚴，示以載書之信。明約顯命，若挾河漢而轟雷霆。區區曹許之君，出於鼠壤蟻封之中，驟見曠古駭俗之偉觀，目眩氣奪，莫敢仰視，雖平日跋扈倔強不受控御如晉侯者，猶膏車秣馬，奔走道路，恐干後至之誅。五伯莫高於桓公，而桓公九合之盟❷，葵丘之會實居其最，一時文物之盛，騷人墨客誇談矜語，至於今不衰。嗚呼！桓公素所期者，及葵丘之會悉償所願，滿足無餘，種之累年，而穫之於今日，信可謂不負所期矣。

所期既滿，其心亦滿，滿則驕，驕則怠，怠則衰，近以來宰孔之譏，遠以召五公子之亂，孰知盛之極乃衰之始乎？吾嘗譬桓公之功業，葵丘未會之前，猶自朔至望之月也，浸長而浸盈；葵丘既會之後，猶自望至晦之月也，浸缺而浸盡。蓋未滿則有增，既滿則招損而已，尚安能復增乎？甚矣！人心之不可滿也，桓公非不知滿之可戒也，所期既滿，其心不得不滿也。使桓公所自期者不止於伯，詎肯至伯而滿哉？桓公之罪在於自期之時，而不在於既滿之時也。

雨驟而沼溢，非雨之罪，鑿沼者之罪也；酒暴而卮翻，非酒之罪，造卮者之罪也。沼之所受有常限，卮之所容有常量，人之所期有常願，踰其限，過其量，塞其願，雖不欲滿而不自知其滿矣。我不為沼，何憂乎十日之霖？我不為巵，何憂乎千釀之醴？桓公素不以伯自期，則下視伯功亦蚊虻之過前耳。吾是以知自期之不可小也。進伯而至於王，極天下之所期，無在其上者，其亦可以息乎？曰：王道果可息，則禹之孜孜，湯之汲汲，文之純亦不已，何為者耶？

【注　釋】❶比閭族黨　《周禮・地族》：「五家為比，使之相保；五比為閭，使之相愛；五閭為族，使之相葬；五族為黨，使之相救。」❷九合之盟　桓公九合諸侯。見於《論語・憲問》。《論語疏》引《史記》以為兵車之會三，乘車之會六。但朱熹以為九為糾的假借，是督導的意思。或有計齊桓公到葵丘之盟凡十三會，不計北杏及陽穀之會則為九。

【語　譯】凡是治理國家的人，都有他所期許的目標。行王道的人以王者為期許的目標，創霸業的人以霸主為期許的目標，謀強盛的人以強者為期許的目標。沒有把箭靶張立起來，箭要往哪裏射去？不把標示展立起來，人怎麼知道往哪邊走？志向就是立下期許的目標，行動就是推向期許的目標，收效就是回應了期許的目標。如果討論目標不深入，付諸行動又太倉卒，隨後忽然又停頓下來，渺茫恍惚沒有依歸的人，難道還可以跟他談治理國家嗎？所以訂立期許的目標，是明君賢臣在治理天下之前所應該先做的事。

期許的目標，固然是治國之前所訂定的，但也有可能成為治國者之害。自我期許成為強者，成為強者就停止前進了，想要引導他成為霸主，是做不到的；自我期許成為霸主，建立霸業就不能有進境了，想要引導他成為王道者，是做不到的。這是為什麼呢？因為他一向期許的，只是限定在這個階段。

希望成為強者便止於強者，希望建立霸業便止於霸主，這是安於小局面罷了，他們雖然比不上太平盛世，夠不上遠大的規模，但比起弱國小邦，不也已經有很多的收穫了嗎？所以說他志向不夠是可以的，說他有害是不可以的。但難道不知道天下的情勢，不走向興盛就趨於衰敗，天下的政治，不前進就會後退，所以強大的人想停留在強大的階段，一定不能保有強大的局面；霸主想停止在稱霸的階段，一定不能保有他的霸業。驅策駿馬馳騁在陡斜的山坡上，中間哪裏還有停足的餘地？

齊桓公提拔管仲於牢獄之中，而把國家的政事囑託給他，短暫的對談，就立刻以建立霸業相期許，是多麼豪壯啊！所期許的目標既然確立，左有國氏、右有高氏，前有鮑叔、後有隰朋，下及鄰里鄉黨的百姓，早起晚睡，努力奮發，以達到國君所期望的目標。到了葵丘之會，齊國的聲威凌駕諸侯之上，威名震動四海，天子賞賜祭肉，派王臣蒞臨。四面環立著旌旗，建築高大的壇階，架起帳幕，點燃火把。官吏主持齋戒訂定日期，捧圭玉的連袂並至，穿鞋履的交錯前來，低頭各就各位，戴著禮帽秩序井然，肅穆無聲。這時齊桓公從側階下來走向堂前，下拜以接受王命，仰俯跪起之禮是那麼莊嚴肅穆，一舉一動環珮碰撞的聲音是那麼鏗鏘悅耳。隆重的寵賜、尊榮的光采，成為金碧輝煌行列中的焦點，展現王命的尊嚴，顯示盟約的公信。明示盟約顯示王命，就像銀河光輝燦爛，像雷霆震威遠播。小小的曹、許二國之君，就像從鼠穴蟻窩出來沒見過世面，突然見到前所未有的驚人大場面，都眼花撩亂心驚膽戰，不敢抬頭仰視，就連平時飛揚跋扈倔強不受約束的像晉獻公，都還為車塗油餵飽馬匹，奔走於道路之中，惟恐因為遲到而受到責罰。春秋五霸以桓公最為崇高，而桓公九合諸侯，以葵丘之會最為盛大，當時文物之盛，那些文人誇耀談論，至今興致不減。唉！桓公一向所期望的，到葵丘之會全都如願以償，得到完全的滿足，就像終年累月的播種耕耘，到今天得到了收穫，真是沒有辜負當年的期許。

所期望的既已滿足，他的心也就滿了，心滿就會驕矜，驕矜就流於懈怠，懈怠就漸衰敗，所以他接著就被宰孔所譏笑，就遠一點來說，就有五公子爭位之亂，誰知道盛大的極致，竟是衰敗的開始呢？我曾譬喻齊桓公的功業，在葵丘之會以前，就像從初一到十五的月亮，逐漸增長逐漸滿盈；葵丘之會以後，就像從十五到三十的月亮，逐漸殘缺逐漸消失。在未滿之前有增無減，既滿之後就只有減損而已，難道還能增長嗎？實在很嚴重啊！人心是不可以滿足的，齊桓公並不是不知道滿足是該有所警惕，但所期許的既已滿足，他的心就不能不滿足了。假使桓公所自我期許的，不只是建立霸業，又怎肯在完成霸業之後就滿足了呢？所以桓公的錯，錯在他自訂目標的時候，而不在於完成目標心滿意足那個時候。

突然下大雨，池沼的水就滿了出來，不是雨的過錯，是挖掘池沼的人的過錯；酒斟得太猛，酒就從盃裏翻湧出來，不是酒的過錯，而是製造盃子的人的過錯。沼池所容納的水有一定的限度，酒盃所容納的酒有一定的分量，人們所期待的有一定的心願，超越了他的限度，超過了他的分量，超出了他的心願，即使不想滿足，也會不自覺地滿足起來。假使我不只是個小池沼，又怎會憂慮連續下十天的大雨？我不只是個小酒盃，又怎會擔心連斟千種的美酒？桓公如果一向不以建立霸業自我期許，那麼看那些建霸的功業，也不過像過眼的蚊蟲而已。我們因此可以知道：自我期許的目標不可以太低小。從霸業進入王道，到天下人所期望的最高目標，沒有人在他之上，是不是也就可以停止了呢？我以為：王道如果真的可以止息的話，那麼大禹的孜孜不倦，商湯的急切奔走，文王的純德仍不停的努力，又都是為了什麼呢？

【研　析】以「器小易盈」譏桓公，正得自孔子以器小譏管仲。「所期不可自小而至於滿」是全篇的主題，而討論卻從「不可無所期」入手。

第一段說明聖君賢相，不可無所期；第二段從「期」而說到達成目標的「止」；第三段從「止」說到不可長「保」，為全篇奠定理論的基礎。從治國之先不能不有所期許，已說出所期許太小則易滿而止，欲長保其成果都不可得。第四段才據此以批評齊桓公，寫其葵丘之會的志得意滿。第五段從「滿則驕，驕則怠，怠則衰」以及月的盈虧作譬喻，說明不可滿。桓公自期太小而至於滿，所以桓公之罪在自期太小。最後一段更以鑿沼和造卮作譬喻，再說明不可自期太小，更以為以王道自期，就永不會自滿而虧敗。

先說明理論基礎，再評斷史事，並運用譬喻，所以使文章具有說服力。但人的立功立德，可有近程目標和遠期目標，然後逐步推進，而且人生理想目標，可以因時而調整。所以，說「桓公之罪，在自期之時，而不在於既滿之時」，是呂氏議論的新意，卻也是可議之處。

晉獻公使荀息傅奚齊　僖公九年　秦伯納晉惠　僖公九年　晉侯殺里克丕鄭　僖公十年　晉乞糴于秦　僖公十三年　秦乞糴于晉　僖公十四年　秦晉戰韓原　僖公十五年

【題解】晉獻公早先讓荀息擔任奚齊的師傅，在魯僖公九年（西元前六五一年），晉獻公病了，召荀息立奚齊，並說：「以這弱小孤兒付託給你，你會怎麼做？」荀息說：「下臣願竭盡輔助的力量，加之以忠貞，能成功是君王的威靈，不成功我願獻上性命。」獻公死後，里克將殺奚齊，要荀息改變立場，荀息以承諾在先而拒絕。於是里克殺奚齊，荀息另立公子卓，里克又殺公子卓，荀息自殺。這時，夷吾以厚重的賄賂，請求秦穆公為外援幫他回國，又賄賂里克和丕鄭作為內應。秦大夫以為夷吾心性忌刻，難以安邦定國，秦穆公卻以為這樣反而對秦國有利，於次年助夷吾回國而為惠公。惠公得位，即殺里克和丕鄭，而又不肯履行當初對秦國割土賄賂的承諾，三年之後晉國饑荒，向秦國乞糧，秦國大力支援。又一年，秦國收成欠佳，向晉國乞糧，晉國拒絕回報。秦穆公乃於魯僖公十五年（西元前六四五年）伐晉，晉惠公被俘。

呂祖謙藉這一系列的史事，說明謀國行事必慎其始，開始一有錯失，往後就難以扭轉。事後的彌補，雖事倍功半，但仍應盡力而為。最後並強調人之取捨應守分際，否則很容易喪失自己有利的地位或條件。這是一篇就其事而作多面分析的文章。

正始者，萬事之本也，始其始而不終其始者，蓋有之矣；不始其始而能終其始者，理之所必無也。吾未聞種稗而得穀者也；吾未聞植棘而得檟者也；吾未聞造醯而得醪者也；吾未聞網魚而得禽者也；吾未聞學墨而得儒者也；吾未聞圖伯而得王者也。失其始而求其終，理之所必無也。

自古及今，失於始而蹈禍釁者，豈惟一人耶？荀息受獻公不正之託，國危身死，死無所名❶，失之於始也。秦穆公不置德而置服，親被晉惠反噬之辱，失之於始也。晉惠公攬一國之利，不見輕諾之害，竟背內外之賂，自取囚縶，失之於始也。失之於始，良平不能為之謀，儀秦不能為之辨，孫吳不能為之戰，墨翟田單不能為之守，百補千營，終亦必敗而已矣！

雖然是說也，為始謀者言之可也，不幸而已失其始者，雖聞吾言，不過拊膺搏髀為無益之悔，果何術而救之乎？曰：見其無始而絕之者，君子之正也；見其無始尚欲扶持之者，君子之恕也。父母之於子，雖其始不遵教戒，已在憲網，已在縲紲，自非甚不可救，父母之心豈遽已乎？經度赴援，使得末減，其罪降重為輕，亦父母之所屑為也。君子視天下，猶父母之視子也，雖見其已失於始，苟未至於勢窮理絕，亦豈惜一舉手之力乎？

荀息以孤身而當眾怨❷之衝，其禍大而不可救；秦穆公雖受侮而終能取償於晉，其禍小而不必救。惟晉惠公之事在二者之間，猶君子之所當論也。惠公始以甘言重賂誘秦，既得國而盡食其言。秦穆公之心未嘗一日忘晉也，至晉饑而秦輸之粟，非憂晉也，積我之厚，形彼之薄，所以怒其眾而將使之也。斯怨也，豈禱請所可謝，言語所可回乎？幸而秦饑乞糴於晉，此天錫晉以釋怨之資也。使君子為晉謀，必曰：「吾久負秦約，常患無以自解。苟因其乞糴，亟如其請而振其急，則秦將見今日之恩，而忘前日之怨。政使怨不盡解，亦可以殺其怒而緩其毒，雖鋒刃相向，其致死於我必不力矣。」彼虢射乃謂無損於怨而厚於寇❸。吁！是何言歟！虢射徒知與粟之無損於怨，不知閉糴之增其怨也。擇禍莫若輕，擇怨亦莫若輕，雖使果如虢射之言，無損於怨，亦猶愈於增其怨，況與之粟，乃所以損其怨乎！慶鄭雖欲救之，然其氣暴，其辭悍❹，適所以起晉惠之怒而已。惜乎慶鄭有救之之心，而未得救之之道也。使君子為晉謀，則失之於始，豈不可收之於終乎？

吾嘗攷論秦晉交爭之際，益知天下之理不可有毫髮之過焉。晉之負秦，理當怨也；秦之伐晉，理當報也，韓原之戰，忿晉惠者，豈特秦人哉？雖晉之眾，亦忿然有不直其君之心矣。逮至秦穆執晉侯而歸，囚之靈臺，則是奪蹊田之牛，報之亦已甚矣❺。惟其報之稍過於理，於是晉人反哀其君之窮，而怨秦之酷，移不直其君之心，為不直秦之心，奮怒踴躍，征繕以輔孺子❻，有不與秦俱生之意。嗚呼！天下之理，果可有毫髮之過耶？千鈞之重，加銖兩而移，信矣哉！

【注　釋】❶死無所名　里克殺奚齊和公子卓，荀息自殺身殉，但《左傳》引《詩》說：「白圭之玷尚可磨也，斯言之玷不可磨也」以批評荀息，所以身死不得善名。❷荀息以孤身而當眾怨　當年驪姬為立其子奚齊為嗣，陷害太子申生及重耳、夷吾二公子，樹敵很多。荀息輔佐奚齊而遭眾怨，里克將殺奚齊，便向荀息說：「三怨將作。」見《左傳》僖公九年。❸虢射句　當秦國饑荒向晉國求援的時候，慶鄭力主救助以報恩，虢射卻說：「皮之不存，毛將安傅？」認為賄賂的事，早已失信，小恩不足以釋怨，猶如皮都不存在了，毛要依附在哪裏？並說給糧食對怨恨不能減輕，反會增加敵人的實力，所以主張不輸糧食給秦國。見《左傳》僖公十四年。❹慶鄭雖欲救之三句　在秦國乞糧時，慶鄭說：「背施無親，幸災不仁，貪愛不祥，怒鄰不義，四德皆失，何以守國？」又說：「背施幸災，民所棄也，近猶讎之，況怨敵乎？」至秦兵伐晉時，他又向惠公說那是國君讓秦兵深入的。一再表現出理直氣盛，讓惠公難以接受。❺奪蹊田之牛二句　這本是申叔時向楚莊王譬喻滅陳國的事。魯宣公十一年（西元前五九八年），陳國有夏徵舒之亂，楚莊王滅陳國而設縣。申叔時譬喻這是奪走了踐踏田地的牛。牽牛踐踏人家的田，固然有錯，但把牛沒收的懲罰未免太重了。見《左傳》。❻征繕以輔孺子　徵賦稅修甲兵以輔助幼子。孺子，即乳子，謂太子未成年。陰飴甥教郤乞以君命賞大夫，眾大夫皆哭，於是作爰田與州兵，徵繕以輔孺子。見《左傳》僖公十五年。

【語　譯】好的開始是做好萬事萬物的根本，有好的開始而沒有好的結果，這是可能的；沒有好的開始而有好的結果，在道理上是不可能的。我沒聽說種雜草而得到稻穀的；我沒聽說種植棘木而得到山楸的；我沒聽說釀造醋而得到濁酒的；我沒有聽說用網捕魚而獲得飛禽的；我沒聽說學墨家之學而成為儒家的；我沒聽說圖謀霸業而完成王道的。開始的時候沒有弄好而求得圓滿的結果，在道理上是不可能的。

從古到今，一開始就有錯失而造成禍端的，哪裏只是一人而已？荀息受到晉獻公不正的付託，以致國家受到危害，自己招致死亡，死後也沒有榮名，是一開始就錯了。秦穆公不為晉國立有德的人，而立服命於他的人，自己就受晉惠公恩將仇報之害，是一開始就錯了。晉惠公為取得一國的權柄，看不到輕易允諾的禍害，竟然不履行在國內和國外的賄賂承諾，自取禍敗而被俘虜，也是一開始就錯了。開始就有了錯失，張良和陳平都施展不了謀略，張儀和蘇秦都不能為他論辯，孫臏和吳起都不能為他攻戰，墨翟和田單都不能為他防守，百般補救千辛萬苦的經營，也終必失敗！

話雖這麼說，但這種話只能對開始策劃的人說，不幸在開始就已錯失的人，雖然聽到我們的話，也不過搥胸拍腿作毫無益處的懊悔，終究該如何補救呢？我們認為：看到事情一開始就不光明正大而禁絕它，這是因為君子是嚴正的；見到開始不光明正大而還想扶持它，這是基於君子的恕道精神。父母對於子女，雖然子女開始就不遵循教誨，不聽告誡，已陷入法網，已關入牢獄，如果不是太不可救藥，父母的心怎會放棄呢？經營規劃去援助他，使得他稍減罪刑，使重罪減輕，也是做父母的人所願意做的。而君子看待天下，就像父母對待子女，雖然看到開始就錯的事，如果不到形勢完全絕望，道理完全說不過去，又怎麼會吝惜舉手之勞，而不肯助一臂之力呢？

荀息以孤弱之身，承當二公子之徒的眾怒，這禍害太大而無法補救；秦穆公雖然受被騙之辱，但終究能從晉國得到報償，這禍害很小而不必補救。只有晉惠公的事是介於二者之間，仍是君子所該探討的。晉惠公開始的時候，是以厚重的賄賂來引誘秦國，等到他取得晉國君位之後，完全背棄了當初的諾言。秦穆公的內心沒有一天不掛記著晉國，到晉國饑荒而秦國把糧食輸送去，並不是真正體恤晉國，而是要累積自己的厚恩，顯示對方的澆薄，用以激怒對方的民眾而將他們派上用場。這些怨恨，哪裏是請求就可以推免，言語就可以轉變的呢？幸而秦國也產生饑荒而向晉國求糧，這正是上天賜給晉國來消除怨怒的機會。假使君子為晉國籌謀的話，一定會說：「我們長久違背了與秦國盟約，常憂慮沒辦法來消除人家對我們的責難，如果藉著他們的求糧，急忙照他們所請求的去救助急難，那麼秦人將看到今天我們所施予的恩惠，而忘掉前日對我們的怨怒。這樣做假使怨恨還不能完全消除，也可以減少其憤怒，緩和其狠毒，雖然兵刃相向，也還不至於到非把我們置之死地不可的地步。」那個名叫虢射的人，竟然說這種事不能減少怨恨，而只是增加敵人的力量。唉！這是什麼話！虢射只知道輸送糧食不能減少對方的怨恨，卻不知道禁運糧食會增加對方的怨恨。禍害到來，不如取其輕，怨怒加身，也不如取其輕，雖然就算真如虢射所說，不能減少怨恨，也總比增加怨恨好一些，何況給予糧食，還可以減少怨恨呢！慶鄭雖然想挽救這件事，但他態度太暴躁，言語太兇悍，正足以引起晉惠公的震怒而已。可惜慶鄭有謀救之心，卻沒有得到謀救之道。假使君子為晉國籌謀，雖然開始時有所錯失，難道在收拾殘局時不能有所幫助嗎？

我曾探討秦晉交爭的時候，更知道天下的理不可以有絲毫的過差。晉國虧負了秦國，是理當有怨恨的；秦國討伐晉國，這是應有的回報，韓原之戰的時候，氣憤晉惠公的，哪裏只是秦人而已？雖是晉國的民眾，也是很氣憤而有不齒晉君的心態。等到秦穆公俘晉侯回國，因在靈臺，那就像奪走了踩田的牛，反應未免過度。因為回應超過了合理的程度，於是晉國的人反而哀傷其君的困窘，埋怨秦國的嚴酷，改變不齒其君的心態，而成為不齒秦國的心理，於是發憤而起，不怕出錢出力，修備武力以輔立太子，而有不與秦共存的意圖。唉！天下之理怎可以有絲毫的過差呢？

雖然有千鈞之重，只要再加一銖一兩，那秤錘也會隨之而移，真的是這樣啊！

【研　析】本篇提出君子謀國行事幾個不同層面的問題。從正始是萬事之本，而說到不能正其始，也該有扶救之心；再說到有扶救之心，也該講求其方法與分際。行文很有法度，層面遞轉，自然而謹密。

第一段強調萬事要正其始，以種瓜得瓜的道理，說明有善始才能有善終。第二段才談及史事，以為荀息受託和秦穆公立晉惠公，都是不能正其始。第三段轉入第二個層面，說明君子基於恕道，在不能正其始之後，仍有扶持救助之心。第四段論晉惠公君臣，惠公不能正其始，虢射沒有救助之心，慶鄭有其心，但態度不好，失其謀救之道。第五段承上段所談的態度和分際，說明秦穆公也失之嚴苛，而造成反效果，說明講求方法與分際的重要。

在紛雜的史事與人物中，能分析出其中的共同點和相異處，並能很有條理、很有層次地串敘其道理，作者技巧之高、功力之深，也就由此可見。

沙麓崩

僖公十四年　隕石鷁退飛　僖公十六年　星孛北斗　文公十四年　梁山崩　成公五年　晉侯論宋災　襄公九年　梓慎論無冰　襄公二十八年　裨竈論周楚　襄公二十八年　子產論參商　昭公元年　大雨雹　昭公四年　士文伯論火見　昭公六年　晉侯問日食　昭公七年　晉侯問史趙　昭公八年　裨竈論

陳災 昭公九年　星出婺女 昭公十年　景王問萇弘 昭公十一年　梓慎論禘 昭公十五年　星孛大辰 昭公十七年　火始昏見 昭公十八年　梓慎望氣 昭公二十年　梓慎對日食 昭公二十一年　梓慎論日食 昭公二十四年　齊有彗星 昭公二十六年　史墨占日食 昭公三十一年　楚雲如赤烏 哀公六年

【題解】《左傳》記載了不少災異的徵兆，如魯僖公十四年（西元前六四六年）沙麓崩塌，晉國卜偃說一年內將有幾乎亡國的大災難，於是晉國兵敗於韓，惠公被俘。過二年，宋國有五顆隕石墜落，六隻鷁鳥因風大而退飛，宋襄公問周內史叔興，叔興說：「今年魯國會有大的喪事，明年齊國有動亂，君王（宋襄公）會得到諸侯的擁戴，但不能長保。」於是魯國有季友、戴伯之喪。次年，齊桓公死，五公子爭位，宋襄公立齊孝公而成霸主，但死於泓水之役。魯文公十四年（西元前六一三年），有彗星進入北斗，周內史叔服說：「不出七年，宋、齊、晉三君都將死於叛亂。」後三年宋弒昭公，五年齊弒懿公，七年晉弒靈公。

凡此種種，呂氏摘錄有關天文災異共二十四條，以為《左傳》所述災祥，過於附會苛細，以為聖人參天地之化育，與萬物為一體，對災祥禍福了然於心。呂氏從客觀自然界的相互影響，解釋災祥因果，否定迷信的成分，卻肯定它有約束人君的功能。

一氣運行乎天地之間，災祥禎兆，未始不以其類應也，麗於上，峙於下，群於中，同本同生，同體同流，未有一物之不類，未有一物之不應，類乎類乎！其天地萬物之樞乎。

有明類，有晦類，有旁類，有互類，有遠類，有反類。肅雨乂暘，謀寒哲燠❶，晷儀之不可測，數術之不可推者，明類也。昆侖旁薄❷，恍惚杳冥，相與於無相與，相求於無相求者，晦類也。盪而相侵，迫而相陵，指其影而射其形，動於室而兆於鄰者，旁類也。經緯羅絡，參錯四薄，其應復為感，其感復為應者，互類也。悶悶其遲，恢恢其容，形若疏而實密，近若差而實精者，遠類也。憂喜聚門，吉凶同域，或順來而逆往，或咎終而休始者，反類也。類與不類，相與為類，類之中復分其類焉。毫而析之，縷而陳之，雖合天下之人皆為研桑❸，空渭濱之竹皆為籌算，亦有所不能計。貫之以理，則一而已矣。千妍萬醜，無二鏡也；千柯萬葉，無二木也；千殊萬別，無二類也。一而萬，萬而一者也。

貫一理而通之者，聖人也；名一說而執一類者，瞽史也。

春秋二百四十二年之間，災眚之見視前世為多，一時為瞽史之學者，占候推步，時合時舛，時得時失。瑣碎繳繞，聽者益厭之，則為說以攻之，曰：「星墜木鳴，川竭谷堙，彼之咎也。德薄道虧，政荒民散，我之咎也。彼為彼，我為我，我不能預彼事，彼亦安能預我事哉？」是說既出，又有為說以攻之者，曰：「居天下之上者，君也；居人君之上者，天地也。聖人患人君在人上，肆情任意，無物可制，故復假在君之上者以制之，此災眚變異之說所以興也。苟明言其無預於人，則聖人之機一旦發露，為君者不復有所畏矣。」是說既出，又有為說以攻之者，曰：「天地人未有不相通者。聖人非虛假災眚以脅人君也。召瑞者德，召妖者暴，昭然不可誣，但不當如瞽史之苛細耳。災眚之來，修吾政，省吾過，以敬天怒，可也；指某災謂由某事，修某事以應某災，不可也。」說至於此，天下之論其定矣乎？未定也。天地之應，未嘗不以其類也。汎謂之災，而不知其所由災；汎謂之怒，而不知其所由怒，何其汗漫而無統也！一人之身，痛發於股，則知其在股；痛發於肱，則知其在肱；痛發於腹，則知其在腹；痛發於心，則知其在心。詎有蹙頞呻吟，而不知痛之所在者乎？天地萬物皆吾體也，惟聖人不為私意小智所間，全體混然，大而無際，一星一雲之祲，一川一阜之變，歷然如疾痛之在身，無不知其所自起，錙錙銖銖，不紊不亂，豈若世之汗漫者哉！

是聖人歷象在身，而不待羲和❹之歷象；璣衡❺在身，而不待璿玉之璣衡也。然堯不信己而信歷，象舜不信己而信璣衡，豈所謂制行以人不以己❻耶？非也，身有歷象而不廢羲和之歷象，堯之所以為堯也；身有璣衡而不廢璿玉之璣衡，舜之所以為舜也。彼謂制行以人不以己者，果足以知堯舜哉？

【注釋】❶肅雨乂暘謀寒哲燠　是《書・洪範》：「曰肅，時雨若；曰乂，時暘若；曰哲，時燠若；曰謀，時寒若。」的省改套用，指天子能肅敬、治理、明智、謀慮，便能及時下雨、天晴、溫暖、寒冷。❷昆侖旁薄取自揚雄《太玄》：「昆侖旁薄，思之貞也。」昆，通「渾」。謂廣大旁礴，混同無垠。❸研桑　指古之善計算者計然和桑弘羊，計然也作計研，故云。計然，相傳為春秋越葵丘濮上人，姓辛氏，字文子，范蠡之師。桑弘羊（西元前一五二—前八〇年），西漢洛陽人，武帝時任治粟都尉，領大司農。二人皆以心算聞名於世。❹羲和　指羲氏與和氏，二人為唐虞時掌管天地四時的官。見《書・堯典》。❺璣衡　即璿璣玉衡，是以玉為飾的天體觀測儀器，為渾天儀的前身。見《書・舜典》。❻制行以人不以己　語出《禮記・表記》：「聖人之制行也，不制以己。」謂聖人不以自己做得到而別人做不到的事責備別人、譏笑別人、規範別人的行為，不以自身的能力為標準。

【語　譯】氣運行於天地之間，那些禍福災異的徵兆，沒有不是以類相應的，成雙於上，並立於下，聚合於其中，同根同生，同體同流，沒有一物不相成為類，沒有一物不相互為應，類啊類啊！該是天地萬物的樞紐。

類有明類、有晦類，有旁類、有互類，有遠類、有反類。天子如能嚴肅，就有及時雨；如有治國的才幹，就會及時晴朗；天子如果有計謀，就會及時寒冷；如果明智，就會及時溫暖；為天文儀器所測量不出，曆法算數所推算不來的，這是明類相應。廣大無垠混同宏偉，隱約不明深遠幽暗，原本不相及的卻相影響，原本不相干的卻相牽扯，這是晦類相從。移動而相侵犯，迫近而相陵越，指著陰影卻是針對著形體，在室內有所舉動而徵兆卻出現在外鄰，這是旁類相通。縱橫錯綜，參雜交迫，相應而相動，相動而又相應的，這是互類相感。渾噩而遲緩，寬廣而包容，形體好像很疏遠而實際上是很密切，關係好像很雜亂而實際上是很精確的，是遠類相對。可憂和可喜的事似乎相聚在一起，吉利和凶惡的事好像共存在一地，有的順利而來，不順而往，有的結果是禍殃，但開始時卻是美好的，這是反類相映。成類和不成類的，也相互對應成類，而類之中還可以再分類。細密分析它，一一陳述它，雖然讓天下的人都像計研和桑弘羊那樣善於計算，伐光了渭水之濱的竹子，都製成計算的竹籌，也不能完全計算清楚。但如果以理貫通，也就只有一個而已。千種嬌柔或萬般醜態，並不需要用兩面鏡子去映照；成千枝條萬片綠葉，並不需要兩棵樹去生成；千般不同萬種差異，並不需要分成兩類加以區別。由一可以分到萬，也可以由萬歸合為一。貫一理以通萬事萬物的是聖人，定名義而專執一類，那是瞽史的作法。

春秋時代兩百四十二年之間，災難的發生比以前多，一時之間，為瞽史之學的人，視天象變化以測吉凶，推算天文曆法之學，有時吻合，有時違反，有時應驗了，有時失誤了。瑣碎附會，聽的人感到厭煩，於是立說加以批評，說：「流星墜地，樹木發鳴，河川枯竭，山谷堵塞，那是天地的災禍。德行淺薄，大道有虧，政事荒廢，人民離散，這是我的罪過。天地是天地，我是我，我不能參合天地的事，天地又怎會牽涉到我的事呢？」這說法產生之後，又有人立說批評，說：「居於天下人之上的是國君，居於國君之上的是天地。聖人害怕國君居於百姓之上，放縱情欲，任意胡為，沒有東西可以制衡他，所以再假借事物在國君之上，來制衡國君，這正是災禍變異之說興起的原因。如果明確指出，那些災難不是因人而起，那麼聖人的用心一旦洩露，當國君的就不再有所顧忌了。」這說法產生之後，又有人立說加以批評，說：「天、地、人，沒有不相通的。聖人不是虛妄假借災難來威脅國君的。有德的召致祥瑞，暴虐的召致妖孽，非常明確不能誣蔑，只是不該像瞽史所說那麼煩瑣罷了。災異到來，要修我政事，省察己過，以畏天怒，這是可以的；如果指出某件災異是因某事而起，要修治某事以對應某件災異，那就不可以了。」

說到這裏，天下之論到此底定了嗎？可還沒有。天地間的感應，沒有不以類相從的。只空泛地說災難，而不知道如何會發生災難；空泛地說天怒，而不知道為什麼會怒，是多麼昏昧而沒有統緒啊！一個人的身體，在大腿發痛就知道痛在大腿，在手臂發痛就知道痛在手臂，在腹部發痛就知道痛在腹部，在心臟發痛就知道痛在心臟。哪有皺眉呻吟而不知痛在何處的呢？天地萬物就好像我們身體，只有聖人不為主觀和小智所隔離壅蔽，渾然為一體，大而無邊無際，一顆星一片雲的異兆，一條河川一座山阜的變化，都很明白猶如疾痛在自己的身上，沒有不知道它的因緣，一絲一毫也不錯亂，哪會像世人那麼昏昧呢！

所以聖人自能推曆觀象在其身，而不必借重羲氏與和氏的曆象；自有璣衡在其心，而不必借重璿玉為配件的璣衡。但堯並沒有完全信賴自己的能力而信賴曆象，舜並沒有完全信賴自己的能力而信賴璣衡，這難道就是所謂制定行事的準則，以一般人為標準，而不以自己為標準嗎？不是的，自身精通曆象而不廢棄羲氏、和氏的曆象，這正是堯之所以為堯的風範；自身有璣衡之能而不廢棄用璿玉所製的璣衡，這正是舜之所以為舜的器度。那些說制定行事準則依一般人的標準，而不以自己為標準，怎麼能夠了解堯舜呢？

【研　析】漢以後的中國知識分子，頗有無神論的傾向，但他們對《尚書・洪範》以下，至董仲舒天人合一之說，大多十分尊重，他們在二者之間如何找到平衡點，本篇可以提供部分的答案。

呂氏以自然之氣運行天地之間，解釋並肯定災祥類應，然後再為類應分別其種類，卻歸結到千殊萬別，實無二類，惟聖人能貫一理而通之，這是前兩段。接著批評瑣碎的占候推步，提出天人二分，以為天地災異與人互不相涉。但接著他又批評前述的批評主張，以其不知聖人的用心。接著又提第三說以批評第二說，以為聖人並非假借災祥以脅人君，而肯定德者召瑞，暴者召妖。最後強調天地萬物皆吾體，所以對聖人來說，天地災異如疾痛在身，無不了然，這正是天人合一的明確譬喻，更以聖人不因主觀感知而廢客觀探索作結，以籠罩全文。

全文用了不少暗典，而且採節略的方式，如「肅雨乂暘，謀寒哲燠」、「制行以人不以己」，如果不明其典故出處，真叫人不知其所云。第三段一再以後說批駁前說，彷如海濤後浪掩沒前浪，頗宏偉壯觀。最後一段推崇堯舜，一方面回應全文的主張，說明聖人何以知災祥，更為第三段所謂聖人之用心，作明確的註腳。所以籠罩全文，既周到而又精闢。文中以「一氣運行乎天地之間」，說明災異與瑞應，不談鬼神而歸諸自然，同時否定聖人假借災祥以脅人君的說法。完全訴諸理性，以開脫先賢迷信與虛妄的罪名，見解獨到，實為高論。

楚子賜鄭伯金

僖公十八年　趙姬請逆叔隗　僖公二十四年　楚子封陳　宣公十一年　晉使魯歸汶陽田　成公八年　鄭伯石辭卿　襄公三十年　楚復取魯大屈　昭公七年

【題　解】魯僖公十八年（西元前六四二年）鄭文公到楚國朝見，楚成王把銅賜給他，不久又後悔，和他盟誓不能以它鑄造武器，鄭國於是用它鑄了三座鐘。僖公二十四年，趙衰在嫡妻趙姬的堅持下，接回在狄所得的叔隗，及其所生的兒子——趙盾，趙姬以為趙盾賢，以他為嫡子，以叔隗為內子。宣公十一年（西元前五九八年）陳國夏徵舒弒君，楚莊王以討亂為名而滅陳，以陳為楚縣，申叔時以為不宜，莊王乃恢復陳國。成公八年（西元前五八二年）晉景公派韓穿到魯國，要求魯國把汶陽之田還給齊國。汶陽之田本為魯國所有，為齊所佔，鞌之戰晉國打敗齊國，逼齊國把它還給魯國，但齊侯從此七年不飲酒、不食肉，晉侯乃決定把鞌之戰齊國的失土全部奉還。魯大夫季文子為韓穿餞行，私談中批評晉侯在七年之中，一予一奪，將失去諸侯的擁戴。襄公三十年（西元前五四九年）鄭大夫子皮把政事交給子產，而鄭侯讓太史命令伯石為卿，伯石辭謝。太史退出後，伯石又請求太史重新發布命令，但命令下來又辭謝。這樣一連三次，才接受策書入朝拜謝，子產因此討厭伯石，但又怕他作亂，就讓他居於子產的次位。昭公七年（西元前五三五年）楚靈王在新臺設宴招待魯昭公，並以大屈之弓為禮物，不久就後悔了，薳啟疆知道了，進見昭公而拜賀，昭公問他為什麼祝賀？薳啟疆說：「齊、晉、越三國都想要大屈之弓，寡君並沒有給他們而給了君王，君王防禦三國以守寶物，怎不祝賀？」昭公害怕，就把弓還給了楚王。

以上五件事並不相干，只是有關予奪辭受之事，從「已受者可辭，已辭者不可受；已奪者可予，已予者不可奪」以說明予奪辭受的重要，常人如此，聖人也如此，但重點並不同於一般的論說。

予奪之際，猶辭受之際也。已受者可辭，已辭者不可受；已奪者可予，已予者不可奪。趙姬既為內子，復推以與叔隗而身下之，已受者可辭也。鄭伯石為卿，既辭而復請命，子產是以惡其為人，已辭者不可受也。楚莊王已縣陳，從申叔時之諫而續其封，已奪者可予也。晉景公剖齊汶陽之田以畀魯，七年之中一予一奪，以納季文子之侮，已予者不可奪也。

君子無苟辭，知其不可復受也；君子無苟予，知其不可復奪也。理不當辭，在我何愧，始辭而卒受之，則愧心生焉；理不當予，在彼何怨，始予之而卒奪之，則怨心生焉。吾尚欲釋有愧為無愧，豈可反使無愧為有愧乎？吾尚欲平有怨為無怨，豈可反使無怨為有怨乎？

王述之未嘗辭官❶，不察者固疑其貪也；伊尹之一介不以予人❷，不察者固疑其吝也。觀其辭受未定之初，人競自處於廉，而處王述以貪，王述固不辨也，及觀其終，則人皆不免於愧，超然居眾愧之外者，王述一人而已矣。觀其予奪未定之初，人競自處於義，而處伊尹以吝，伊尹固不辨也，及觀其終，則人皆不免於怨，泰然居眾怨之外者，伊尹一人而已矣。是故賢王述於後者，貪王述於先者也；聖伊尹於後者，吝伊尹於先者也。聖賢之辭受予奪，非眾人所能識也。

物在彼則謂之辭受，物在我則謂之予奪，一名而二實者也。辭受既不可中悔，予奪其可中悔乎？予奪既不可中悔，若土地廣輪❸之博，爵秩印韍之崇，猶人情之所重者，不能堅決，尚有說也，彼楚成之金，楚靈之弓，淺心狹量，拳拳於一物，何其愈下耶！世俗猶以鑄兵之盟，薳啟疆之說，為楚之得計，抑不知楚成與鄭以金，而禁其鑄兵，則鄭忘楚之賜，而怨楚之猜。是雖不奪鄭之金，而實奪鄭之心也。在楚失有用之寶，在鄭得無用之具，我有所損而彼無所益，計無拙於此矣。魯侯懼薳啟疆之說，而反楚之弓者，非果懼三鄰之窺也，懼楚靈之怒也。不壓以全楚之威，則區區兒戲之說，豈足以動魯侯耶？以堂堂六千里之楚，而下臨蕞爾之魯，今出於正，何索不獲？乃以一弓之故，卑體巧說，惟恐魯之不從，想啟疆之膝一屈，而楚國之威索然矣。信哉！予奪之不可輕也。

予奪不可輕，猶眾人事耳，聖人之視予奪，初未嘗有輕重也。舜視天下如棄敝屣❹，豈舜真輕天下如敝屣哉？孟子特為桃應言之耳。天下者，桃應之所重也，敝屣者，桃應之所輕也，以其所輕而明其所重，欲使知舜之等視輕重而已。孟子止言舜之無所重，而人遂疑舜之有所輕，誤矣。吾將因孟子之言而附益之曰：「舜當其可與，視天下如敝屣；當其不可與，視敝屣如天下。」

【注釋】❶王述之未嘗辭官　王述，字懷祖，晉太原晉陽人，為王湛之孫，曾出任臨海太守、建威將軍、會稽內史，後又任揚州刺史、加征虜將軍，再任散騎常侍、尚書令。而每次受職，皆不虛讓，其有所辭，必不受職。任尚書令時，其子坦之勸他應該推讓，王述問道：「你認為我不能承擔嗎？」其子說：「不是的，但能讓總是美事。」王述不以為然。見《晉書・王述傳》。❷伊尹之一介不以予人　《孟子・萬章上》言伊尹「非其義也，非其道，一介不以予人，一介不以取諸人。」❸廣輪　猶言廣袤，指土地面積，東西為廣，南北為輪。❹舜視天下如棄敝屣　《孟子・盡心上》：「桃應問曰：『舜為天子，皐陶為士，瞽瞍殺人，則如之何？』孟子曰：

『執之而已矣。』『然則舜不禁與？』曰：『夫舜惡得而禁之？夫有所受之也。』『然則舜如之何？』曰：『舜視棄天下猶棄敝蹝也。竊負而逃，遵海濱而處，終身訢然，樂而忘天下。』蹝，又作屣。

【語　譯】給予和剝奪的分際，就如同推辭和接受的分際。已接受的，還可以再推辭，但已經推辭的，就不可以再接受了；已剝奪的可以再給予，已經給予的，就不可以再剝奪了。趙姬已具有嫡妻的身分，然後推讓給叔隗，自己屈居其下，這是已接受的可以再推辭。鄭大夫伯石受命為卿，既已推辭，而又請求重新發布任命，子產於是討厭他的為人，所以已推辭的不可以再接受了。楚莊王已滅陳國而設縣，但聽從申叔時的諫言而續封陳國，這是因為已剝奪的可以再給予。晉景公取齊國汶陽之田給魯國，七年之中先給予而又剝奪，所以受到季文子的嘲諷，因為已經給予的不可再剝奪。

君子不隨便推辭，因為知道推辭之後不可以再接受它。君子不隨便給予，因為知道給予之後不可以再剝奪它。依理不應當推辭的，在我來說沒什麼好慚愧的，開始的時候推辭而終於接受了，於是心生慚愧；依理不應當給予的，在別人來說沒什麼好怨恨的，先給予而又剝奪它，那麼怨恨之心就產生了。我們尚且要除去有愧之心而為無愧之心，怎麼可以反而讓無愧之心成為有愧之心？我們尚且要平復有怨之情而為無怨之情，怎麼可以反而讓無怨之情成為有怨之情？

王述不曾推辭官職的任命，不了解的人以為他很貪婪；伊尹連小小的東西，都不拿來送給人，不了解的人以為他很吝嗇。觀察人們在該推辭或接受還沒有定論的時候，人們爭著使自己處於廉的境地，而讓王述居於貪的境地，王述並不加以辯白，但最後人們都不免感到慚愧，而能超然處於眾人慚愧之外的，只有王述一人而已。觀察人們在該給予或剝奪還沒有定論的時候，人們爭著使自己處於義的境地，而讓伊尹居於吝的境地，伊尹也不加以辯白，但最後人們都不免遭致怨恨，而能泰然處於眾多怨怒之外的，只有伊尹一人而已。那些到後來稱許王述是賢人的人，都是早先以為王述貪婪的人；那些到後來稱讚伊尹是聖人的人，都是早先以為伊尹吝嗇的人。所以聖賢推辭、接受、給予、剝奪的分際，不是眾人所能了解的。

物權在對方那兒，那麼我們所講求的是推辭或接受；物權在我們這邊，那麼我們所講求的是給予或剝奪，一種名稱而兩種情況。推辭或接受的過程中，既不可中途反悔，給予或剝奪難道就可以中途反悔嗎？給予或剝奪的過程中，既不可中途後悔，如果是面積廣大的土地，地位崇高的官爵，這還是一般人情所重視的，不能決斷而反悔，那還有話說，像那楚成王給了銅，楚靈王給了弓，心思短淺，度量狹小，斤斤計較於小小的器物，是多麼卑下啊！世俗之人還以為不鑄成兵器的盟約，以及薳啟疆的遊說，都讓楚國得逞了，卻不知楚成王給鄭伯銅而禁止他鑄成兵器，那麼鄭伯就忘了楚國的恩賜，而怨恨楚國的猜忌。所以雖然不奪回給予鄭國的銅，而實際上已失去鄭國的心。在楚國是失去有用的寶物，在鄭國只是得到沒有用的器具，對自己有所損害而對別人也沒有得益，計謀沒有比這更拙劣的了。魯侯聽了薳啟疆的話而畏懼，把楚國的弓奉還，並不是真的怕三個鄰國的窺伺，而是怕楚靈王生氣。不是以整個楚國的威勢壓制，而以小小的兒戲之說，哪裏足以說動魯侯呢？以堂堂六千里大的楚國，面對小小的魯國，只要出令正當，要什麼哪會得不到呢？而因為一把弓的緣故，卑躬加以巧說，惟恐魯國會不聽從，想當時薳啟疆一屈膝拜賀，而楚國的威嚴就盡失了。的確是這樣的，給予或剝奪是不可輕忽的！

給予或剝奪不可輕忽，這還是眾人的事，至於聖人看給予和剝奪，原本沒有輕重之分。舜把天下看成像可以丟棄破鞋子那樣，舜難道真的把天下看成破鞋子那樣嗎？那是孟子針對桃應來說的。天下是桃應所看重的，破鞋是桃應所看輕的，以他所輕的顯示他所重的，想使他知道舜是把這些看成一樣的輕重。孟子只是說舜沒有特別的看重，而人們於是懷疑舜是特別的看輕，這是錯誤的。我將借孟子的話而加以補充：「舜當他認為可以給予的時候，把天下當做破鞋一樣就給了別人；當他認為不可以給予的時候，把破鞋當做天下一樣不輕易給人。」

【研析】本文在表面上是強調予奪辭受不可輕，而實際上是更強調不可輕予、不可輕辭。因為一般人都知道不可輕奪、不可輕受，而呂氏此論，自然與眾不同。第一段就以《左傳》中鄭伯石、楚莊王、晉景公的故事，說明「已受者可辭，已辭者不可受；已奪者可予，已予者不可奪。」第二段承前段說明其中的道理。第三段突然插入王述不辭官、尹伊一介不以與人，參證不可輕辭、不可輕予的道理。第四段批評楚成王賜給鄭伯銅，而又要他立誓不以這些銅鑄兵器；楚靈王賜魯公大屈之弓，而又讓薳啟疆要了回去，都是失策。最後一段說明予奪辭受不可輕，常人如此，聖人也如此，強調舜視天下如棄敝屣，並非輕天下，也不是輕予奪辭受。

本文表面上是討論五件史事，但實際上是以「楚子賜鄭伯金」與「楚復取魯大屈」為主，其他只是說理的陪襯。《孟子．離婁下》：「可以取，可以無取，取，傷廉。可以與，可以無與，與，傷惠。」本文則別取蹊徑，強調辭則不可復取，予則不可復奪，另出新意，為文避免人云亦云，這種寫法值得參考。

邢人狄人伐衛

十六年

僖公十八年　衛叛晉　定公八年　公孫文子拒衛侯　哀公二十六年

【題　解】魯僖公十八年（西元前六四二年）冬天，邢人和狄人攻打衛國，包圍了菟圃，衛文公表示要讓位，說：「如果誰能治理這國家，我就跟隨他。」大家不同意，而在訾婁擺開陣勢，狄軍就退了。定公八年（西元前五〇二年）因衛國親齊而背晉，晉國為了侮辱衛侯，派涉佗和成何前往。要立盟時，衛人請執牛耳，成何卻說：「衛國只不過像晉國的溫和原，怎能算得上是諸侯？」要歃血時，涉佗扭了衛侯的手腕，王孫賈趕緊上前說：「結盟是用來伸張禮制的，衛君為此而來，如不合禮，怎能受盟？」衛靈公想和晉國反目，但怕大夫們不答應，王孫賈就讓衛侯住在城郊而不入城，眾大夫問其原委，衛侯把受晉國侮辱的事告訴大夫，並且說：「寡人使國家蒙受恥辱，還是改卜其他人作為國君，我願意聽命。」大夫們說：「這是衛國的禍患，不是國君的錯。」衛靈公又說：「還不止如此，他們對寡人說：『一定要你的兒子和大夫的兒子充當人質才行。』」大夫們說：「如果對國家有利，公子就去吧！臣下們的兒子願意追隨。」衛侯又說還得送走工商之人才行。所有要走的人都已訂定動身的日期，衛侯讓王孫賈向大家說：「如果衛國背叛晉國，晉國攻打我們五次，危險的程度如何？」大家說：「攻打五次，我們還有戰鬥能力。」王孫賈就說：「那麼應當先背叛晉國，到危殆的時候再送人質也不遲啊！」於是背叛晉國。晉國立刻降低姿態重新結盟，但為衛國所拒絕。哀公二十六年（西元前四六九年）越軍要送衛出公入衛，公孫彌牟抵禦而敗，便向大家說：「國君帶著蠻夷來攻打國家，國家差點就亡了，我們還是接納他罷！」眾人不肯，他又說：「如果我逃亡對大家有好處，請讓我從北門出去！」眾人也不肯，公孫彌牟安內之後，重賂越人，並大開城門以接納衛出公，衛侯不敢入城，越軍退去，衛國另立悼公，出公乃老死於越。

兩位衛侯先後以遜位激國人同仇敵愾之心，呂氏附引唐代宗與德宗，下詔罪己，使人民爭先赴敵，說明天機可用，最後再以公孫文子拒衛侯，強調動天機不可有人之私心。「天機」一詞，本諸《莊子．大宗師》，指人之稟賦天性，但「機」又有所謂巧詐之機心，乃稱之為人機，使文章有對映之趣，也有轉折變化之妙。

天下之物，有置之則不可見，動之則不可禦者，殆非人力之能為也，機之發於天者也。兄弟鬩於牆❶，鬭狠忿詈，手足之歡無復存矣。他日俱出，塗人毆其兄，為弟者忘向之怨，勃然往救之。是心安從生耶？兄弟之愛天也，鬭鬩之時，其機伏而不見，初未嘗亡也，一日遇塗人之辱，以動吾之機，是機一發，奮厲勁烈，海可倒，山可移，金石可貫，豈薄忿細怨所能遏耶？君臣也，父子也，夫婦也，兄弟也，朋友也，五者天下之大機也，私欲梏之，小智藩之，封縶固密，其機若不可復還也。或叩焉，或觸焉，其機立應，目不容瞬，掣其梏，決其藩，千封萬縶，剝落解散。固有破百年之人偽於一息之間者矣。

唐代宗何如君也？德宗何如君也？昏庸猜虐，民困其暴，固已不復知有君臣之義也。及在播遷流離之中，用柳伉陸贄之言❷，貶損自責，以感發天下君臣之機，真機既生，森不可禦，向日之抑塞，向日之殘酷，向日之橫斂，向日之征徭，後機一衝，前怨咸息，愛君之外，舉無餘念，疾首痛心，爭先赴敵，不越月踰時，而歸二君於故都，祀唐配天，不失舊物。暫動其機，效已若此，況其機素明者耶！

衛國之君，兩用此機。文公以邢狄之侵，避位而激其民，動是機於前，而終能滅邢❸。靈公以晉之侮，亦避位以激其民，動是機於後，而終能亢晉。是非樂於自屈也，不屈己於此，則無以發機於彼也。文公固賢主，若靈公之淫縱侈慢，豈素拊循其民者耶？民之所以畢力拒晉者，非為靈公也，靈公之言適動其愛君之機而不能已也。

雖然，動天之機者，不可雜之以人。邢狄之侵與晉之侮，非有陝郊之危奉天之急也，而文公靈公張大其事，遽自避位，甚己之辱，而起民之怒，其動民之本，既雜而不純矣。故衛國之民，天機雖動，人機亦隨，馴致其患，公孫彌牟反竊是機，以拒出公。非文靈動其機者不端，詎至是耶！以人蔽天猶可也，以人亂天不可也。蔽者其天尚存，方開之以天，而遽投之以人，匿邪於根，洩毒於髓，原本之地為所汩亂，吾不知何時而能去也。心不受病，受病則其狂不可制。真不受偽，受偽則其惡不可除。制心之狂，除真之惡，果終無術而不可解耶？吁！

【注釋】❶兄弟鬩於牆　指兄弟不和，本出《詩・小雅・棠棣》：「兄弟鬩於牆，外禦其務。」原指兄弟鬥於門牆之內，但能共同抵禦外侮。❷柳伉陸贄之言　唐代宗廣德元年（西元七六三年），回紇、吐蕃入侵，代宗奔陝州，太常博士柳伉上疏，請斬專權自恣的程元振，馳告天下。代宗乃削元振官職，放歸田里。見《通鑑輯覽》。唐德宗建中四年(西元七八三年),涇原兵過京師作亂,德宗奔奉天,考功郎中陸贄上疏,請效法成湯下詔罪己,德宗於奉天下詔書,驕將悍卒,皆揮涕感激。見《舊唐書・陸贄傳》及《通鑑輯覽》。❸終能滅邢 文公避位以激其民,詳見題解。在其後七年內(即魯僖公二十五年,西元前六三五年)滅邢。詳見《左傳》。

【語 譯】天下有的東西,靜靜地放置在那兒就讓人看不見,一旦觸動就令人抵擋不住,這大體都不是人力所能做到的,而是發自天性的。兄弟內鬨,狠鬥怒罵,兄弟手足的歡樂已完全不存在了。有一天兩個人一起出門,路上有人毆打了哥哥,當弟弟的人就忘了往日的怨怒,趕緊前往救助他。這種心理是從哪裏產生的呢?兄弟之情是天性,在兄弟內鬨的時候,這稟賦的天性隱伏不見,但仍沒有失去,一旦遭遇路人的侮辱,觸動了天機人性,它一經觸動,便蓬勃強烈,可移山倒海,可貫穿金石,這哪裏是小小的怨憤所能遏止的呢?君臣、父子、夫婦、兄弟、朋友這五倫是天下最基本的天性,因私欲而禁制它,用小的智巧來蒙蔽它,把它嚴密封閉,使它似乎無法再還原了。但只要叩動它,或觸發它,它立刻回應,轉眼之間,打開禁制,衝破牢籠,千繩萬索,都鬆脫解散。常有百年的人力所為,就在一呼一吸之間就被完全破除了。

唐代宗是什麼樣的國君?唐德宗是什麼樣的國君?他們昏庸、猜忌、暴虐,人民受盡殘暴之苦,本來已不再有什麼君臣之義了,可是在他們遷徙逃難的時候,分別採納了柳伉和陸贄的建議,下詔書貶抑自己、責備自己,以感發天下人的君臣天性,這純真的天性產生之後,盛大而不可抗拒,君王往日的壓迫,昔日的殘酷,以往的暴斂之害,從前的徭役之苦,只待後來啟動天性一衝擊,以前所有的怨怒全都平息,除了愛戴國君之外,沒有別的念頭,無不傷心痛恨,爭先殺敵,不多久而讓兩位國君回到故都,得以再祭祀唐朝的宗廟配享上天,沒有任何的損失。一時啟動天機稟性，效果就如此之大，更何況是那些天機稟性一向都保有而又顯明的呢！

衛國的國君，兩次運用了這種天機稟性。文公因邢人和狄人的入侵，暫避君位以激發人民的愛國愛君之心，啟動天機稟性於前，而終於能滅掉邢國。靈公因為受到晉國的侮辱，也避君位以激發人民的愛國愛君之心，啟動天機稟性於後，也終能對抗晉國。並不是他們樂於自受屈抑，他們在這時不屈抑自己，就不能激發天機稟性了。文公固然是賢明的君主，至於像靈公的放縱、奢侈、怠慢，哪裏是平常能撫慰百姓的國君？人民之所以盡全力以抗拒晉國，並不是為靈公，只是靈公的話正足以激發人民愛國君的稟性天機而難以抗拒罷了。

雖然如此，但啟動人民稟性天機的人，是不可以夾雜著個人的私心。邢人和狄人的入侵，以及受到晉人的侮辱，並沒有像代宗奔陝州和德宗奔奉天的危急緊迫，而衛文公和靈公卻誇大其事，竟以退位誇張自己受辱，激發人民的憤怒，動搖人民的根本，就已經駁雜而不純正了。所以衛國人民愛國的天機稟性雖然產生了，但人的謀私機心也就隨之而來，終於釀成禍害，公孫彌牟就偷用了人民的天機稟性，以拒絕出公的回國。假使不是文公和靈公發動這天機稟性的時候心術不正，怎麼會發展到那種地步呢！以人心私欲蒙蔽天機稟性，那還可以；以人心私欲擾亂天機稟性，那就不可以了。因為被蒙蔽時，天機稟性仍然存在。如果正當開導其天機稟性，而突然投入人心私欲，把邪惡隱藏於天性善根，就像滲透毒素於骨髓之中，本原的地方都被汙染攪亂了，我就不知要到什麼時候才能除去它。心不能得病，得病就發狂而不可控制。純真不能接受虛偽，接受虛偽就成惡而不可去除。控制內心的狂病，除去純真所受之惡，當真終究是沒有辦法也難以解除吧？唉！

【研　析】宋人常以「天理」和「人欲」相對，《莊子・大宗師》將人之稟賦天性，亦即宋人所謂的天理，稱之為「天機」，而《莊子・天地》又將人機巧變詐之心，屬於宋人所謂人欲者，稱之為「機心」，於是呂氏就從「機」字上大作文章，將後者稱為「人機」，而與天機相對，稱衛文公與靈公動天機雜以人機，才造成後來有公孫文子拒衛出公回國的事，將三件事作巧妙的串連。

呂氏於第一段先提出天機常存而不見，一經發動，非小忿小怨或人力智巧所能遏止，所能禁制。第二段突以唐德宗和代宗，分別用柳伉和陸贄之言，於大難之時下詔罪己，感發天下君臣之機，人們都盡棄前嫌，爭先赴敵，說明天機效用之大。第三段才落入本題，說明衛文公和靈公也都動天機以抗敵。第四段說明兩個衛君動天機雜以人機，造成後來公孫彌牟效尤以抗拒衛出公的回國，於是強調人機不可亂天機。

本文主要在「機」字的巧用，而兩引唐事，作為證據，並用以比較，又能注意首尾相應，是比較平穩的作法。

秦取梁新里

僖公十八年　梁亡　僖公十九年

【題　解】魯僖公十八年（西元前六四二年），梁伯開拓了疆土，築了城，卻沒讓人民住進去，命名為新里，而被秦國佔取了。次年，梁亡，那是因為梁伯好拓疆築城，人民疲憊不堪，梁伯就嚇唬人民說將有某一方的敵人要來了，他又挖深池溝，嚇唬人民說：「秦國即將來襲。」人民恐懼而潰逃，秦國就趁機滅了梁國。

呂氏藉梁伯欺騙人民而招敵，說明梁伯仍有良心，強調天理常在人欲中，良心與生俱來，能繼者為君子，不能繼者為小人，與孟子所謂「不失其本心」的主張相同。

觀治不若觀亂，觀美不若觀惡。自古及今，蹂踐殘賊而終不可亡者，乃天理之真在也。登唐虞之朝者，舉目皆德政；陪洙泗❶之席者，入耳皆德音。縱橫交錯，無非此理；左顧右盼，應接不暇。果何自以窺天理之真在哉？至於居亂世，遇惡人，所見者莫匪橫逆，所聞者莫匪詖淫，所謂天理疑若殄滅而靡有孑遺矣，然橫逆詖淫之中，天理間發，時見一斑，豈非是理之真在歟？

「我生不有命在天❷？」紂之所以拒祖伊也，人皆知其託辭也。託則託矣，然「天」之一言，胡為而忽出於紂之口哉？「何適而無道❸？」跖之所以答其徒也，人皆知其託辭也。託則託矣，然「道」之一言，胡為而忽出於跖之口哉？紂身與天違，而口忽言天；跖身與道違，而口忽言道。噫！不如是，何以知是理之果不可亡歟？善觀理者，於此所以深致其觀也。

梁伯溺於土功，無故勞民，底於滅亡，議者莫不指罔民以寇，自致駭潰，定梁伯之罪，是則然矣，吾獨於罪之中而知天理之所在焉。人皆以罔民為梁伯之詐心，吾獨以為梁伯之良心。世之論良心者，歸之仁、歸之義、歸之禮、歸之智❹，信未有敢以詐為良心者也。名詐以良心，豈有說乎？曰：詐非良心也，所以詐者，良心也。梁伯之版築❺，其自以為是乎？自以為非乎？如自以為是，必不待罔民以「某寇將至」也，必不待罔民以「秦將襲我」也。惟其心慊然，以為非，恐民之不我從，故虛張外寇以脅之耳。嗜版築而不已者，心之私也；慊版築而不安者，心之正也，詐固非良心，慊獨非良心乎？吾是以知天理常在人欲中，未嘗須臾離也。梁伯欲心方熾，而慊心遽生，孰導之而孰發之乎？

嗚呼！梁伯一念之慊，此改過之門也，此復禮之基也，此堯舜禹湯文武之路也。聖人迎其善端而推之，而廣之，而大之，沛然若決江河，莫之能禦。梁伯一慊方生，而遽繼之以詐，是猶隕雪霜以摧始萌之草，群鷹隼以擊未翼之雛，良心安得而獨勝乎？

與生俱生者謂之良心，毀之而不能消，背之而不能遠。雖甚無道之人，是心或一日而數起也。是心既起，有以繼之，則為君子；無以繼之，則為小人。繼與不繼，而君子小人分焉。故學者不憂良心之不生，而憂良心之不繼。

【注釋】❶洙泗　二水自山東泗水縣合流而下，到曲阜北，又分二水，洙水在北，泗水在南，孔子居於此以教授弟子，後人以此為儒家或孔學的代稱。❷我生不有命在天　我生下來不就有命在天，人們怎麼咒得了我呢？這是當西伯（即周文王）勝黎之後，祖伊戒紂王，紂王所回答的話。詳見《書・西伯戡黎》。❸何適而無道　到哪兒會沒有道呢？盜跖回答門徒，盜亦有道，料度室中有無寶藏，每猜必中，聖也；爭先入室而不懼，勇也；不顧危險而最後出來，義也；知可為而為，知不可為而不為，知也；取少讓多，分物平均，仁也。有此五德而為大盜。見《莊子・胠篋》。盜跖，相傳為春秋後期人。《孟子》和《荀子》皆提及，《莊子・盜跖》說他是柳下惠之弟，從卒九千人，橫行天下。❹世之論良心者二句　《孟子・公孫丑上》以惻隱、羞惡、辭讓、是非之心，為仁、義、禮、智之端，為呂氏之說所本。❺版築　古時築土牆時，以兩版相夾，以泥土灌入而以杵搗之，故曰版築。以稱土木建築之事。

【語譯】觀察治世不如觀察亂世，觀察好人不如觀察惡人。從古到今，人世受盡蹂躪殘害而終究不可滅亡，那正是有天理真正存在著。登上唐堯、虞舜的朝廷，舉目所見都是德政；陪坐在洙水、泗水一帶的講堂，充耳所聞都是德音。縱橫交錯，全都合德合理；左顧右盼，令人應接不暇。到底要從哪兒去看到天理昭彰確實存在呢？至於居處在亂世之中，遭遇到凶惡之人，所見到的莫非是橫暴不順之事，所聽到的無非是邪僻惑亂之言，所謂的天理好像已經滅絕而沒有一點殘留了，但在橫暴不順邪僻惑亂之中，天理會偶而發見，常露出一些光芒，這難道不就是天理昭彰確實存在的緣故嗎？

「我生下來不是有命在天嗎？」這是商紂用來排拒祖伊的話，人們都知道那是託辭。固然是託辭，但「天」這一個字，為什麼會突然出自紂王的口中呢？「到哪裏會沒有道呢？」這是盜跖用來回答徒弟的話，人們都知道那是託辭。固然是託辭，但是「道」這一個字，怎麼會突然出自盜跖的口中呢？紂王行事與天理相違背，而口中忽然說起「天」；盜跖的為人與道相違背，而口中忽然說起「道」。唉！如果不是這樣，怎麼能夠知道天理果真不可亡的呢？善於觀察天理的人，要在這些地方作深入的觀察。

梁伯喜歡大興土木，無緣無故勞民傷財，終於滅亡，批評者都指責他以敵人來犯來欺騙人民，自己招致人民驚駭潰敗，以此來定梁伯的罪名，固然是對的，但我卻能在他這些罪名之中了解到天理的存在。人們都以為他欺騙人民，是出於他騙人的心理，我卻獨以為這是出自梁伯的良心。

世人談論良心，都歸之於仁、歸之於義、歸之於禮、歸之於智，相信沒有人敢把欺詐說成為良心的。稱呼欺詐為良心，難道也有說辭嗎？我說欺詐並不是良心，但他所以要欺詐，正是他有良心。梁伯大興土木，他自以為對呢？還是不對呢？如果自以為是正確的，他一定不用以「某方的敵人將到」來欺騙人民，也不必以「秦國將襲擊我們」來欺騙人民。就因為他內心感愧而不自在，以為這是不對的，怕人民不聽從他，所以就危言聳聽，說敵人快到了來威脅人民。喜歡興築而不肯停止，是出自內心的偏私；愧對興築之事而內心不安，是出自內心的純正。詐騙固然不是良心，感愧之心難道不是良心嗎？我們由此可以知道天理經常存在於人欲之中，不曾有片刻的分離。梁伯貪欲之心正當強烈的時候，愧歉之心突然產生，這是誰誘導的呢？是誰啟發的呢？

唉！梁伯的愧歉之念，這正是他改過的門檻，這正是他回到禮制的基點，這是他走向堯、舜、禹、湯、文、武的途徑。聖人就是能迎合這善端而加以推廣，而加以擴大，於是蓬勃像長江、黃河潰堤，澎湃洶湧令人難以抗拒。可是梁伯一點愧歉之心才剛產生，就馬上行詐騙之術，就好像降霜雪摧殘剛萌芽的草，像成群的鷹隼襲擊還沒長羽翼的小鳥，良心怎能得勝呢？

與生命共同產生的，稱之為良心，就算要摧毀它並不能使它消失，要背棄它也不能久遠。雖然是一個非常無道的人，這良心也許在一天之內，還會數度湧現。這良心既然湧起，能夠繼續保有，就成為君子；不能繼續保有，就成為小人。能繼續保有和不能繼續保有，就分出君子和小人了。所以進德修業的人不憂慮良心不產生，而只憂慮良心不能繼續保有。

【研　析】 梁伯好大喜功，以大興土木為樂，於是謊報敵情，作為勞民傷財的藉口，終致潰滅。以此為題材，除了指責梁伯咎由自取之外，實在難有高論。呂氏卻從梁伯之所以要欺騙民眾，是因為他自知其非，而有愧然之心，這正是良心顯現的表徵。呂氏藉此大做文章，為行文另闢蹊徑。

文章一開始，就提出不尋常的奇論——觀治不若觀亂，觀美不若觀惡。強調在橫逆誨淫之中，天理偶見，正足以證明天理確實存在。接著以暴紂和盜跖的託辭，分別提到「天」和「道」字，說明天理之不可亡。第三段才進入本論，說明梁伯之所以要欺民，是因為自知其非。第四段感喟梁伯有慊然之心，是改過之門，復禮之基，成聖賢之路，只惜繼之以詐，摧折其善心。第五段結論以性善說，強調良心是與生俱來，君子能繼，小人則不能，以此作為君子與小人的分際。

本文前半談天理，後半談良心，而良心不亡，即是天理。天理卻出於紂、跖之口，良心亦存於詐心之中，頗有理趣而新奇。聖人談不失本心，呂氏則論良心之繼與不繼，意同辭異，自有新奇的效果。

卷十二

宋公使邾文公用鄫子

僖公十九年　季平子用人於亳社　昭公十年　楚子用隱太子　昭公十一年

【題解】魯僖公十九年（西元前六四一年），宋襄公逞霸主之威，執滕宣公，又讓邾文公殺鄫子以祭次睢的土地神，以希望得到東夷的歸附，司馬子魚說：「古時六畜不能相互用來祭祀，小祭祀不用大牲口，何況用人作祭品呢？祭祀是為人，百姓是神的主人，殺人祭祀，誰來享用？齊桓公興復了三個將亡的國家，義士還嫌他德薄，而您一次會盟竟侵害二國之君，又用來祭祀昏淫之鬼，以此求霸，不是太難了嗎？能得善終就很僥倖了。」後來宋襄公於泓水一役受傷而死。魯昭公十年（西元前五三二年），魯大夫季平子領兵攻莒國，佔領郠地，奉獻俘虜，開始在亳社用人當祭品，臧武子在齊國說周公大概不會去享用魯國的祭祀，上天也不會降福給魯國。次年，楚靈王滅蔡國，將蔡靈侯的太子殺了以祀岡山，申無宇說：「這是不吉的。五牲不能相互用來祭祀，更何況用諸侯呢？國君一定要後悔。」再過兩年，蔡公入楚，殺太子祿和公子罷敵，楚靈王回不了國都，懊惱殺人之子太多，才有此報應，並自縊而死。

呂氏藉用這三件以人當祭品的案例，闡揚民胞物與、物我為一的道理，只要有物我為一的胸懷，就不做傷民之事，也不會有歹毒之念。

無間則仁，有間則暴。無間則天下皆吾體，烏得而不仁？有間則獨私其身，烏得而不暴？幽明也、物我也，混混同流而無間者也。喜同一喜，喜觸於心，則幽明物我不約而皆喜；怒同一怒，怒觸於心，則幽明物我不約而皆怒。判而為慘舒、休戚、愛憎、哀樂之情；別而為盈虛、予奪、損益、是非之理；散而為禍福、利害、安危、死生之變，彼動則此應，彼發則此知，未嘗有間也。

昔之仁人，所以視民如傷❶者，豈以冥冥之不可欺，昭昭之不可犯哉？幽明物我通為一體，不見有可傷之地也。既傷於民，亦傷於身；既傷於身，復傷於神。噫！知此者，其知仁之方❷乎！

不仁則不覺，不覺則不合。幽明不合，而有人與神之間焉；物我不合，而有人與己之間焉。遂以為苟便於身，何恥乎媚神？苟媚於神，何恤乎害人？以妄傳妄，以偽傳偽，然後囂淫怪誕之說興，然後焄蒿悽愴❸之妖作，然後陰詭側僻之祀起，然後釁塗❹刳剔之亂生。如宋襄、楚靈、季平子之事，蓋有戎狄禽獸之所不忍為者。非天獨賦以酷戾狠逆之性也，私己深，畏神甚，淪惑其心而至此極也。一時之君子，隨而議之❺，是猶詆蚩尤之殘，哂盜跖之貪，適為贅爾，曷若求其為暴之原而滌之乎？

天下之理，有通有塞。其通耶，八荒之外，六合之內，幽明物我，上際下蟠❻，不見其間，孰非吾仁者哉？其塞耶，雖汲汲以愛人利物為志，朝三省而日九思，然在此有毫芒之塞，則在彼有尋丈之間，發於其身，害於其事；發於其事，害於其政，民有不得其死者矣。一念之毒，流金鑠石❼；一念之缺，奔電走霆。雖未嘗以兵殺人，實以心殺人；雖未嘗用人以祭社之神，而實用人以祭心之神也。其視宋襄輩何以大相過乎？通者仁之門也，塞者暴之門也。是故欲仁者，不於其仁，於其通；去暴者，不於其暴，於其塞。

【注釋】❶視民如傷　極言顧念民眾之深。語出《孟子・離婁下》，謂視民常若有所傷，不敢以橫役擾民。宋程顥為縣官，於坐處書「視民如傷」以自警。❷仁之方　仁之道。《論語・雍也》：「夫仁者，己欲立而立人，己欲達而達人，能近取譬，可謂仁之方也已。」❸君蒿悽愴　本指祭祀時祭品的香臭之氣上騰，使人感到悲傷。君，香臭之氣。蒿，氣體上蒸的樣子。但因《禮記・祭義》：「君蒿悽愴，此百物之精也，神之著也。」呂氏乃以指稱百物精怪。❹釁塗　殺牲取血以塗於器物的縫隙。❺一時之君子隨而議之　指司馬子魚批評宋襄公，臧武子批評季平子，申無宇批評楚靈王。❻上際下蟠　上達於天，下滿於地，充塞天地之間，無所不在。語出《莊子・刻意》：「上際於天，下蟠於地。」❼流金鑠石　本指天氣酷熱，溫度極高，連金石都為之銷鎔，此指酷毒之害。

【語譯】心裏沒有隔閡就會仁厚，心裏有了隔閡就流於殘暴。心裏沒有隔閡，整個天下都像是我的身體，怎麼能夠不仁厚？有了隔閡，就只偏愛自己的身體，怎麼能夠不殘暴？無形的（鬼神）或有形的（人類）、身外的物或自我，都如滾滾流水，融合為一，沒有隔閡，沒有區別。一高興都會同樣地高興，喜上心頭，那麼無形或有形、外物或自我，都不約而同地高興；一憤怒就會一起憤怒，怒上心頭，那些無形或有形、外物或自我，都不約而同地憤怒。分別來說，有悽慘或安舒、美好或憂戚、喜愛或憎恨、哀傷或快樂等不同的情緒；有充滿或空虛、給予或剝奪、減少或增加、對的或錯的等不同的事理；有災禍或福祉、利益或損害、安全或危險、死亡或生存等不同的變化，那邊一有動靜，這邊馬上回應；那邊一發生，這邊立刻知道，是不曾有隔絕的。

以前那些仁厚的人，他們之所以會深深體恤人民的痛苦，難道是因為在冥冥之中有鬼神，所以不敢欺騙，在昭昭日月之下有眾目，所以不敢侵犯嗎？無形或有形、外物或自身，既然流通為一體，就看不到有哪個地方可以加以傷害了。傷害了人民，就如同傷害了自身；傷害了有形的身，就如同傷害了無形的神。唉！知道這個道理，就知道仁的途徑了吧！

沒有仁心就沒有相互與共的感覺，沒有相互與共的感覺就不會融合無間。無形和有形不能融合，而有了人和神的隔閡；外物與自我不能融合，而有了他人和自我的隔閡。於是認為只要對自己有利，諂媚鬼神有什麼羞恥可言？只要能諂媚鬼神，傷害別人又怎麼會不忍心呢？把不實的話不實地傳開，把錯誤的話錯誤地傳揚，於是那些輕狂惑亂荒誕怪異的說法就興起，然後有了為人所膜拜的百物精怪，然後詭祕不正的祭祀產生了，然後血祭挖剖人體的亂行發生了。像宋襄公、楚靈王、季平子以人作為祭祀牲品的事，是連有的戎狄異類都不忍心做的。並不是上天特別賦予他們殘酷狠毒的心性，只是他們私心太深，恐懼鬼神太甚，以致迷亂其心，淪喪本性，才到那種境地。當時的君子，隨即批評他們，這好像是指責蚩尤的殘暴，笑盜跖的貪婪，只加一些多餘的批評罷了，為什麼不探求他們殘暴的原因而設法去除呢？

天下之理有通達的，有閉塞的。通達的在八方荒遠的地方之外，天地東西南北四域之內，不論無形或有形，不分外物或自身，充滿而無所不在，其間不見任何的隔閡，哪一個不在我仁心廣被之中呢？那閉塞的，雖然急著以愛人愛物為職志，每天一再反省並多方思考，然而在此只要有一絲一毫的阻塞，就在那兒產生八尺一丈的距離，發生在他的身上，就妨害他的行事；發生在他行事之中，就為害了他的國政，人民就會求生不能求死不得了。一個惡毒的念頭，酷烈得連金石都會被銷鎔。一個飛馳的念頭，快如閃電雷霆。雖然沒有用武器殺人，但實際上在心頭上已殺了人；雖然沒有用人作為牲品來祭祀社稷之神，但實際上已用人作為牲品來祭祀心頭之神。看了這些人，還能對宋襄公這幫人大加斥責嗎？通達而沒有隔閡是造成仁心寬厚的關鍵，閉塞而有所隔閡是造成兇狠殘暴的關鍵，所以要培養仁德的人，不在於仁心的講求，而在於通達其理；要去除殘暴的人，不在於殘暴之心的收斂，而在於除去心中的閉塞。

【研　析】殺人作為祭品，是很殘忍的事，《左傳》已引用司馬子魚、臧武子、申無宇的話，批評宋襄公、季平子、楚靈王的不是。後人評此，如果以殘忍不仁著眼，就很難有新意，呂氏從「無間」「有間」立論，而以「通塞」申說，既新穎又精闢。

文章一開始就提新穎的立論——無間則仁，有間則暴。讀者乍讀之下，當然不明其所指，而這相反相成的簡要命題，自然能引起讀者的興趣。第一段就是在說明這個命題，闡釋「視天下皆吾體」就是無間。第二段說明仁人將「幽明物我通為一體」，所以無可傷之人、無可傷之物。第三段則反面說不仁之人，沒有一體之感，有人神之別，重人我之分，有私心，懼鬼神，所以殘人以逞一己之私心。最後一段以通塞申論無間有間，通則無間以致仁，塞則有間以致暴。

論文章結構，本篇極為整鍊，以有間無間起，再以無間有間分論，各為一段，再以通塞作結。其論幽明物我，本是老生常談，但其中「復傷於神」以及「用人以祭心之神」二說，則發前人所未發，最為奇絕。

衛旱伐邢

僖公十九年

【題解】魯僖公十九年（西元前六四一年），衛國大旱，想祭山川而占卜，但結果不吉。甯莊子就說：「從前周地饑荒，打敗殷商就收成豐足。現在正當邢國無道，諸侯之中沒有霸主，上天或許要讓衛國攻打邢國吧！」於是照他的話而起兵，天也下雨了。

呂氏以為衛國興師而雨，只是湊巧，甯莊子假天騙民，倖而得逞，為後世之不幸。因為後世東施效顰者眾，多假借天意與聖人以愚惑百姓。

昔之善用兵者，託於神怪以使其眾，雖苟收一時之勝，其患有遂流於後世而不可解者矣。然所託者，出於人之所共疑，則其患淺；出於人之所共信，則其患深。卜偃之牛聲❶，田單之禽翔❷，陳勝之書帛❸，樊崇之探籌❹，皆託神怪以譎眾者也。是其說妖誕不經，可以欺愚者，而不可以欺智士；可以欺小人，而不可以欺君子；可以欺一時，而不可以欺後世。亦何足與深辨哉？乃若衛之伐邢，其所託者，有不得不辨者焉。

天者人之所大也，聖人者人之所尊也，以天為辭，人孰敢違？以聖人為辭，人孰敢議？衛方欲伐邢而患無以使其眾，甯莊子乃因歲旱之災，為動民之具，其言曰：「昔周饑，克商而年豐，今邢方無道，天其或者使衛討邢乎？」甯莊子之意，不過欲假天之神，借武王之重，取眾人之所共信者，誑脅其民而使之戰耳。滹沱之濟，非果能前知其冰也❺，濟適與冰會也。伐邢之役，非果能前知其雨也，師適與雨會也。逢其適然，而人遂以為必然，甯莊子之說遂行於後世矣。

是役也，雖衛國之幸實後世之不幸也。後世徒見伐邢之役，言脫於口，師出於境，雨降於天。三者相隨，如枹如鼓，如影如響，不約而俱應，遂以為天道果可以意窺，天變果可以術移，歸亢旱於乾封❻，歸星變於輔弼❼，歸火災於丁傅❽，矯誣上天，文飾六經，傲然無所忌憚，導其源而遺其毒者，庸非甯莊子乎？

噫！甯莊子欲僥倖一勝，尚有他塗也。勢可以使人，氣可以使人，賞罰可以使人。激揚奮發，豈患無術？何為輕取古今之所共信者，一朝而隳壞之耶？雖然，不知天，則壓以天之大而不敢辨；不知聖人，則壓以聖人之尊而不敢爭。虛服其名，而實闇其理，此甯莊輩所以每得行其說也。

真知天與聖人者，異是矣。親見憲貧回夭❾，而不疑天之禍善；親見慶富跖壽❿，而不疑天之利淫。雖聞速貧速朽之言，而斷然知其不出於夫子⓫。雖聞血流漂杵之言，而斷然知其不出於武王⓬。蓋其所知者在理不在事，在實不在名也。政使百甯莊子，亦豈能眩之哉？

【注釋】❶卜偃之牛聲　魯僖公三十二年（西元前六二八年），晉文公死了，在出殯的時候，靈柩發出如牛的叫聲，卜偃要大夫們下拜，聲稱西邊有敵人入侵，出兵必獲勝，於是發生秦晉殽之戰。晉襄公披喪服出兵，大獲全勝。見《左傳》。❷田單之禽翔　戰國時，燕攻齊，下七十餘城，即墨守將死，眾人推田單為將軍，田單令城中的人飯前要祭祖先於庭中，於是引來很多飛鳥在城上飛翔，燕兵深感怪異，他便宣布有神人來為軍師，然後再用反間計及火牛陣打敗燕軍以復國。詳見《史記・田單列傳》。❸陳勝之書帛　秦二世元年（西元前二〇九年），陳勝率徒役赴路，中途遇雨遲到，依法當斬，乃與吳廣叛秦，為假託神怪，以丹書帛，寫「陳勝王」三字放入在魚網中的魚腹之內，讓人從魚腹中取得而感到怪異。見《史記・陳涉世家》。❹樊崇之探籌　王莽後期，琅邪人樊崇起兵，而為赤眉，當其勢大，欲立漢宗室以為號召，以景王血緣最近之劉家子弟三人，探取筒中之札，劉盆子探得「上將軍」書札，於是以此為符命而立為帝，後來都歸降光武帝。見《後漢書・劉盆子傳》。❺滹沱之濟二句　西元二十三年，王郎自稱為成帝之子，招降劉秀，當時劉秀在薊，想募兵對抗，不果，南馳到下曲陽，傳聞王郎兵在其後，眾人驚恐。到滹沱河，前面候吏回報，河水流動，無船可渡，大家更為恐慌。光武派王霸前往探視，王霸為了不使大家恐慌，就說已凝結成冰，可以渡過。光武說候吏果真亂說，於是向前推進，河水果已結冰，大軍只剩幾匹馬還沒渡過，冰也就化了。見《後漢書・王霸傳》。❻歸亢旱於乾封　漢武帝於西元前一一〇年封於泰山，改元為元封，隨即乾旱。公孫卿說：「黃帝時封禪就天旱，上天三年不下雨，以使封土乾燥。」漢武帝乃下詔尊祠龍星。見《史記・孝武本紀》。❼歸星變於輔弼　漢成帝綏和二年（西元前七年），火星運轉心宿三星附近，議者以為大凶，當時有會郎賁麗長於星象，以為當由大臣承受。成帝乃賜冊責丞相翟方進未盡職，翟方進即日自殺。見《漢書・翟方進傳》。❽歸火災於丁傅　漢成帝崩而無子，以定陶王為嗣，即位而為哀帝，以祖母傅氏為帝太太后，其母丁氏為帝太后，哀帝在位六年而崩，由中山孝王之子立，而為平帝。王莽掌政，貶傅太后為定陶共王母，貶丁太后為丁姬，並奏請改葬，挖傅太后冢，崩壓死數百人；開丁姬槨，火出四五丈，灌水乃滅。王莽於是奏稱：「前共王母在世時僭居桂宮，皇天震怒，所以正殿有火災；丁姬死時葬非其禮，如今火焚其槨，這些都是天以災變告人，所以該改為媵妾。」❾憲貧回夭　原憲和顏回，都是孔子的得意弟子，原憲貧窮，顏回二十九歲，髮盡白而早死。見《史記・仲尼弟子列傳》及《孔子家語》。❿慶富跖壽　崔杼弒齊莊公，立景公，以慶封為左相，富有而好淫樂。見《左傳》襄公二十五年及二十八年。盜跖已見之於前。⓫雖聞速貧速朽之言二句　有子問曾子有沒有向孔子問過「喪失」之道，曾子說：「老師說過：喪位要快一點貧，喪命要快一點腐朽。」有子斷言這不是孔子的本意，後來問子游，才知道「喪不如速貧」，是針對南宮敬叔失位後，賄賂於朝廷，所以才這麼說的。「死不如速朽」是因桓魋設計石槨，匠人用了三年的工夫都未能完成，所以才這麼說的。事見《禮記・檀弓上》。⑫雖聞血流漂杵之言二句　孟子以為盡信書不如無書，他以為武王伐紂是「以至仁伐不仁」，不至於血流漂杵那麼慘烈。見《孟子・盡心下》。

【語　譯】以前善於用兵的人，有時假託神怪以差遣眾人，雖然能收到一時戰勝的效果，但留後患於後世而難以消除。至於他們所假託的，如果為人們所共同懷疑的，留下的後患比較輕淺；如果為人們所共同相信的，留下的後患就比較深重了。晉國卜偃假託棺中牛聲，齊國田單假託禽鳥飛翔，秦末陳勝假託魚腹帛書，赤眉賊樊崇假託抽取書札，這些都是假借神怪以騙取眾人的擁戴。他們的說詞都是荒誕不經，可以騙愚笨的人，而騙不了聰明的讀書人；可以騙小人，但騙不了君子；可以騙人於當時，但騙不了後世。這些怎麼足以作深入探討呢？至於衛國去討伐邢國，他們所假託的，就不得不深入探討了。

天意是人們所推崇的，聖人是人們所尊重的，以天意為藉口，人們誰敢違背？以聖人為藉口，人們誰敢議論？衛國正想要攻伐邢國而憂慮沒有辦法使人民聽從，甯莊子就借用乾旱的災害，作為動員人民的藉口，他說：「以前周地饑荒，打敗殷商就收成豐足，現在正當邢國無道，上天或許要衛國去討伐邢國吧？」甯莊子的意圖，只不過是想假借上天的神明，借重武王的威望，取得眾人共同的信賴，半哄騙半脅迫使人民投入戰爭的行列罷了。光武帝要渡滹沱河的時候，並不是真的知道前往的時候就能結冰，只是要渡河的時候正好結冰。衛國要討伐邢國的時候，並不是真的知道起兵後會下雨，只是有所行動正好遇到下雨。剛巧碰上了，而人們以為是必然的因果，甯莊子的說辭就流傳於後世了。

這一次的戰役，雖然是衛國的幸事，實際上是後世的不幸。後世的人只見到討伐邢國的戰役，話說出於人口，軍隊出於邊界，雨就從天上降了下來。三件事相隨而來，就像擊槌鼓就出聲，像有形體就有影子，有聲音就有反響，不約而有回應，於是以為天道可以用自己去臆測，天氣的變化可以有辦法轉移，把天氣乾旱說成上天要使封土乾燥，把星象變化歸咎於輔弼大臣，把火災說成丁傅二氏的罪孽，假借上天之名，假借六經粉飾其辭，昂然沒有絲毫的顧忌，開其源頭留其遺毒的，難道不是甯莊子嗎？

唉！甯莊子想要僥倖得到一次戰爭的勝利，還有其他的途徑可循。形勢可以利用來動用民力，氣勢可以利用來動用民力，賞罰可以利用來動用民力。要激發民心，奮發人心，難道會沒有辦法嗎？為什麼那麼輕易取用人們所共信的，將它一下子就毀了呢？雖是如此，明明不知天道，卻以天之大來壓制人，使人不敢明辨真假；明明不懂得聖人，卻以聖人之尊來壓制人，使人不敢爭是非。人們空服上天與聖人之名，而實際上是不明其中的道理，這正是甯莊子這幫人常常遂行其說的原因。

真正知道天理與聖人之道的，可不是這樣。孔子親眼看到原憲貧窮、顏回早逝，並不懷疑上天降害於好人；親眼看見慶封富有、盜跖長壽，並不懷疑上天降利於不守本分的人。曾子雖然聽到孔子說「喪失祿位，最好早一點變窮；人死了，最好早一點腐朽」的話，但有子斷然以為這不是孔子的本意。孟子雖然見到殺人流血連杵都漂流的記載，但斷然研判那不會是武王所做的事。他們所知道的是其中的道理，而不在於事件；在於其實質，而不在上天或聖人的名。為政者即使有一百個甯莊子，又怎麼能夠被眩惑呢？

【研　析】呂氏本其反對「怪力亂神」的一貫主張，嚴厲批評甯莊子出兵伐邢以求雨的做法，以為甯莊子雖然詭計得逞，但貽害後世十分深遠。

文章一開始就正面提出其論點，說明古代善於用兵的人常託神怪以譎眾，舉先秦的卜偃和田單，秦末陳勝和新莽時的樊崇為例，但以為只能欺愚者，不能欺智士；能欺於一時，不能欺於後世。可是甯莊子伐邢乃所託不同，所以值得探討。文章到第一段最後才點題，極力凸顯這件事的特殊性，這是先畫龍而後點睛的技巧。

第二段直接批評本題，分析甯莊子冒險求倖的意圖，將它與漢光武渡滹沱河相提並論。第三段指出甯莊子僥倖得逞，影響深遠。指出公孫卿將乾旱託之天意；漢成帝將星象天文之變，歸咎天譴宰相；王莽將火災歸罪於兩位已死的太后，都是假託天意毫無忌憚，都是受甯莊子的影響。第四段指責甯莊子出此下策，並指出其術常能得逞的原因。最後一段以聖人異於此，作為結論。

全文引用八個歷史事件，並因甯莊子託諸聖人，而以強調聖人異於是作結，使文章很具有說服力。

子魚諫宋公圍曹

僖公十九年

【題　解】魯僖公十九年（西元前六四一年），宋國圍攻曹國，是因為曹國不肯順服。司馬子魚對宋襄公說：「當年文王聽說崇侯品德不好而去討伐，但用兵三十天，崇國沒有降服。於是退兵修明教化，然後再出兵，崇國在對壘時就投降了。《詩》說：『能做妻子的典範，能做兄弟的表率，以此齊家治國。』現在國君的德行可能不夠完美，而以武力伐人，怎能成功？何不暫且先自我反省修德，等到完美之後再出兵呢？」

呂氏藉耕與織的民生兩件大事，說明循序漸進的必要，以批評宋襄公的急功好利，最後更以耕織解決人類衣食的兩大需求，說明默默工作者的偉大。

天下之情，不見其速，未有見其遲者也。浴焉而食❶，食焉而繭，繭焉而繅，繅焉而織，歷數月而後得帛。凡蠶者皆以為固然，不聞厭其遲也。耕焉而種，種焉而耘，耘焉而穫，穫焉而舂，歷一歲而後得粟。凡農者皆以為固然，不聞厭其遲也。身修而后家齊，家齊而后國治，國治而后天下平。是猶自浴而至織，自耕而至舂，一階一戺，豈可妄躐哉？由三代以前，亦未聞有厭其遲者也。

見倚市門者，得帛於一笑之頃，則回視蠶婦數月之勞，不勝其遲矣。見坐賈區者，得粟於一日之間，則回視農夫終歲之勞，不勝其遲矣。功利之說興，變詐之風起，棄本徇末，忘內事外，競欲收富強之效於立談之餘，反顧王道，豈不甚遲而可厭哉？是宜子魚舉文王之事，而終不能止宋襄之師也。

儒者之論曰：「蠶而帛，農而粟，身而治，正也；不以蠶，不以農，不以身，雖得利如不正何？」嗚呼！小人之情，惟利是嗜，既衣其帛，何恤乎不蠶之名？既食其粟，何恤乎不農之名？既享其治，何恤乎不身之名？為是論者，豈足以柅小人之心而閉之哉？則盍反其本矣？

天下之所以有僥倖而得帛者，以蠶婦陰為之織也；天下之所以有僥倖而得粟者，以農夫陰為之耕也。如使天下盡厭耕織，焚其機，斧其耒，則雖有巧術，何從而得帛？雖有巧計，何從而得粟？皆將凍於冬而餒於塗矣。彼僥倖而收功利，豈真其力哉？亦聖人之遺澤，三綱五常❷之猶未亡者，陰有以扶持之也。向若聖人皆效後世之欲速，蹙其根，涸其源，以爭日暮之利，則大經大法，殄滅無遺，人之類❸不能自立於中國久矣。當是時，城皆戎狄之城，吾亦無城之可爭；地皆禽獸之地，吾亦無地之可奪，雖有欲速之心，果何所用其速哉？

然則後世共詆薄以為遲鈍迂闊者，乃其所恃以生者也。無賢者，則不肖者不能獨立；無智者，則愚者不能獨存。彼其相戕相賊，歲消月鑠，而戴髮含齒之屬❹，終不可盡者，意者其中必有所恃也。所恃者，果專在於聖人乎？曰：否。

【注　釋】❶浴焉而食　蠶經選種而後飼養。浴，是育蠶選種的一種方法。即將蠶種浸於鹽水或以野菜花、韮花、白豆花製成的液體中，汰弱留強，進行選種，稱為浴蠶。❷三綱五常　三綱指君臣、父子、夫婦之道。五常指仁、義、禮、智、信。❸人之類　指中國人。呂氏鄙夷戎狄，以為他們非人之類，所以以人之類與戎狄、禽獸對稱。❹戴髮含齒之屬　指人類。因《列子・黃帝》有「有七尺之骸，手足之異，戴髮含齒，倚而趨者謂之人。」之句，所以以此稱人類。

【語　譯】天下一般常情，假使沒有看到特別快的，就不會發現特別慢的。蠶經過選種而後飼養，飼養之後吐絲結繭，結繭之後才能繅絲，繅絲之後才能織布，是要經過好幾個月才能得到絹帛。凡是養蠶的人都認為這是理所當然，從來沒聽說有人嫌它太慢的。先耕土地然後播種，播種然後除草，除草然後收穫，收穫然後舂米去殼，是要經歷一整年然後得到糧食。凡是農夫都認為這是理所當然，從來沒聽說有人嫌它太慢的。修養自己品德然後才能使家邑親睦，家邑親睦然後才能使國家安和，國家安和然後才能使天下太平。這好像養蠶從選種到織布，農夫從耕地到舂米，像登階入門，是一階一階登上去，一門一門開進去，怎麼可以隨便超越的呢？在夏、商、周三代以前，從沒有聽說有人嫌這樣太慢的。

試看那些倚門賣笑的妓女，得到絹帛在於逢迎賣笑的片刻之間，回頭看看那些養蠶的婦女要用好幾個月的勞力才能取得，未免太慢了。試看那些坐在商場的生意人，得到糧食只在於交易的一日之間，回頭看看那些農夫要整年勞苦才能取得，未免太慢了。重功利的學說興起，講求詐騙的風氣盛行，於是捨本逐末，忘了國內人民的福祉，專求對外的擴張，競相收取富強的效果於片刻的問對之間，回頭看推行王道之政，怎會不覺得太緩慢而嫌棄呢？也就難怪子魚舉出文王征伐崇侯的史實，仍阻止不了宋襄公的軍事行動。

讀書人常說：「由養蠶而得到絹帛，由耕作而得到糧食，由修養品德而得以治國平天下，這才名正言順；不養蠶，不耕作，不修身，雖然得到利益怎麼能名正言順呢？」唉！小人的情懷，唯利是圖，既然穿了絹帛，怎麼會顧忌不養蠶的指責呢？既然吃了糧食，怎麼會顧忌不耕作的批評呢？既然享有政權，怎麼會顧忌不修身的指責呢？發這種議論，怎麼能夠遏止小人的私心而加以根絕呢？為什麼不推求他們根本的立足點呢？

天下之所以還有僥倖而得到絹帛的人，那是背後有養蠶的婦女為他養蠶織絲；天下之所以有僥倖而得到糧食的人，那是背後有農夫為他耕作。如果讓天下的人都厭棄耕種和織布的工作，燒毀了織布的機械，劈壞了耕作的農具，那麼即使有再巧妙的權術，要從哪裏取得絹帛呢？即使有再巧妙的計謀，要從哪裏取得糧食呢？那都要凍死在冬天而餓死在道路上了。那些人之所以僥倖而獲得功利，難道真的是他們的力量嗎？說來都是聖人所遺留的德澤，三綱五常之所以沒有沉淪，是背後有它在扶持著。假使以前的聖人都仿效後世的急功好利，挫害它的根本，乾涸它的源頭，以爭取一朝一夕的利益，那麼維繫天地常軌運作的大經大法，就完全滅絕了，那麼中國人早就不能自立於中國了。當那時候，所有的城都成戎狄擁有的城，我們已沒有城可爭；所有的地都是禽獸橫肆的土地，我們已沒有地可奪，雖然有急功好利之心，果當要如何求快呢？

這麼說來，後世的人所共同批評與輕視，認為是遲鈍不聰明、迂腐不通達的人，卻正是他們所賴以為生的人。世間沒有賢人，那些不肖之徒不能單獨生存；沒有智者，那些愚笨的人不能單獨生存。他們相互殘害，年年有所折損，月月有所傷亡，但頭上長著頭髮、口裏長著牙齒的人類，終究不會滅絕，想來一定是有所依仗。人們所依仗的，果真只是那些聖人嗎？答案當然是否定的。

【研　析】本篇專就宋襄公「不務修德而急於伐人」，批評其「欲速而不知本」。全文以耕織為喻，以與修德相提並論，最後竟從所喻耕織轉出後世所詆薄者，正是其賴以為生者，頗令人省思。

第一段即以養蠶取帛不厭其遲，耕耘得粟不厭其遲，說明三代以前視修德平治為理所當然。第二段以倚門賣笑，與坐收交易之利，比擬急功好利之求。第三段批評一般儒者之論，未能探得本原。第四段乃探本之論，說明僥倖得帛得粟，都是背後有默默工作者。功利之說可以得逞，是因為聖人德澤所扶持。第五段說明聖人德澤固然偉大，默默工作者更不可或缺。

本篇的論說方式，迥異於前一篇比附史事的論證方法。全以淺近的事理作為譬喻，從辛勤的工作者，說到貪求僥倖的急功好利者，從急功好利者，再說到默默工作者與聖人。為其所鄙夷，卻正賴其以為生。最後則因為聖人之偉大，人們比較能取得共識，所以更強調默默辛勤工作者的貢獻，而用簡單問答，使文章有不盡的餘意，更能發人深省。

本篇論述雖酣暢淋漓，但難免有可疵議之處，如第四段後半，以為人之類不能立於中國久矣，並說城皆戎狄之城，地皆禽獸之地，演繹過甚，戎狄之城何以不可爭，禽獸之地何以不可奪，也未見說明，這種推論過當，為論說文所該避免。

隨叛楚

僖公二十年

【題解】魯僖公二十年（西元前六四〇年），隨國率領漢水東邊的小國背叛楚國。這年冬天，楚國派鬭穀於菟率兵攻伐隨國，逼和之後回國。《左傳》評隨國太自不量力，能量力而為，就可避免失敗，成敗在於自己，而不在於別人。並引《詩・召南・行露》，以喻人要有所畏而不動，量力而後動。

呂氏本篇是從無可翻案處翻出新意。左氏「量力而動」和「善敗由己」之說，本無可議，呂氏乃由「善敗由己」，強調自強，批評左氏的「量力論」過於消極。

君子憂我之弱，而不憂敵之強；憂我之愚，而不憂敵之智。國為敵所陵而不能勝者，非敵之果強也，罪在於我之弱也；為敵所陷而不能知者，非敵之果智也，罪在於我之愚也。強者弱之對也，我苟不弱，則天下無強兵；智者愚之對也，我苟不愚，則天下無智術。後之為國者，終歲憂敵之強，而未嘗一日憂我之弱；終歲憂敵之智，而未嘗一日憂我之愚。使其移憂敵之心而自憂，則誰敢侮之哉？

以隨之陋，而鄰於楚，以隨之君臣與楚成子文抗，其強弱智愚判然矣。隨非惟不知自憂，而又且不知自量，怒臂以當轍❶，亟蹈禍敗。左氏以不量力譏之允矣。其言曰：「隨之見伐，不量力也。量力而動，其過鮮矣。善敗由己，而由人乎哉？」左氏之論，以謂楚雖強暴，終不敢無故加兵於隨，使隨自知力不如楚，甘處於退怯，則禍何由至哉？伐隨者楚也，召楚者隨也。是隨之敗由己之敗，而不由人也。見伐者雖在人，無致伐之端者顧不在我耶？

嗚呼！信如是說，乃所謂由人而不由己也！畏楚而不敢先動者，固出於隨矣，所以制隨而使之不動者，非楚耶？是其不動者，名由於我，而實由於人也。有宗廟、有社稷、有民人，而寄存亡之命於他國，惴惴自保，惟幸不見侵，陋矣。漢陽諸姬楚實盡之❷，彼豈皆先犯楚者哉？隨雖量力自守，恪遵信約，疆埸有釁，楚之執事豈其顧盟？然則隨雖自守，不能禁楚之吞噬。存亡之權，固由楚而不由隨也。左氏能誦善敗由己之言而止耳，孰知夫善敗由己之理乎？

天下之事，未有不由己者。善者己也。極其善，則為堯為舜，為禹為湯者，亦己也。敗者己也。極其敗，則為桀為紂，為幽為厲者，亦己也。前無禦者，欲聖則聖；後無挽者，欲狂則狂。隨侯果知此理，則「位天地，育萬物❸」，無不由己，況區區之楚，何足畏耶？而左氏不知己之尤，反以畏楚為量力，抑不知適所以墮人之力也。

古之所謂量力者，蓋有說矣，養而未充也，為而未成也，修而未備也，於是量力而未敢輕動焉。吾之所以未動者，非憂彼之強，憂我之弱也；非憂彼之智，憂我之愚也，所憂固在於己而不在於人也。養已充，為已成，修已備，則有所不動，動而無敵。今之伸豈不由向之屈乎？苟以齷齪自保為量力，則人將自安於弱而終於弱矣，自安於愚而終於愚矣。噫！墮天下之力者，獨非量力之論歟？

【注釋】❶怒臂以當轍　喻自不量力，輕率對抗。此由《莊子・人間世》螳臂當車的寓言而來。怒臂是奮臂；當是擋；轍是車的軌跡，即車道。❷漢陽諸姬楚實盡之　漢水以北的姬姓侯國，都被楚國滅盡了。見《左傳》僖公二十八年，是城濮之戰之前，晉大夫欒枝以宗族大義激晉文公對楚國作戰的話。❸位天地育萬物　讓天地安居正位，讓萬物順利生長。語出《禮記・中庸》。指人能存養省察，到與天地同功的地步。

【語譯】君子只憂慮自己太微弱，而不擔心敵人太強大；憂慮自己太愚蠢，而不擔心敵人太聰明。國家受到外敵的侵犯而不能得勝，並不是敵人太強大，錯在自己太微弱；被敵人所陷害而不能察覺，並不是敵人太聰明，錯在自己太愚蠢。強大是和微弱相對來說的，我們自己如果不微弱，那麼天下就沒有強大的敵人；聰明是和愚蠢相對來說的，我們自己如果不愚蠢，那麼天下就沒有聰明的騙我伎倆。後來擁有國家的人，終年憂慮敵人太強大，卻不曾有一天去憂慮自己的微弱；終年憂慮敵人太精明，卻不曾有一天去憂慮自己的愚蠢。假使讓他改變憂慮敵人之心來擔心自己，那麼還會有誰敢去侵侮他呢？

以隨國的鄙小，與強大的楚國為鄰，以隨國君臣和楚國成王和子文相抗衡，他們之間誰強誰弱誰智誰愚，非常明顯。隨國不但不知道為自己擔心，而且又不能衡量自己的力量，竟然像隻螳螂伸著手臂去阻擋車道，馬上陷於災禍敗亡。左氏以自不量力來譏諷他們，這是適當的。他說：「隨國所以被攻伐，是自不量力所致。如果能確實評估自己的力量才去做，就很少會有過失。可見成敗是自己造成的，難道是別人決定的嗎？」依左氏的說法，楚國雖然強大橫暴，終究不敢無緣無故發兵攻打隨國，假使隨國自己知道武力不如楚國，甘心處在退守的地位，採取低姿態，那麼禍害怎麼會到來呢？雖然討伐隨國的是楚國，但招惹楚國的，卻是隨國。因此隨國是自己招惹禍敗，而不是別人。是不是發兵攻伐，雖然是別人決定的，但讓自己沒有被攻伐的藉口，難道不是在於自己嚒？

唉！假使真是這麼說，那才是操之於別人不操之於自己呢！畏懼楚國而不敢先發動攻勢，固然是出於隨國的意圖，但所以能制止隨國而使他不敢發動攻勢，難道不是楚國嗎？所以他不發動攻勢，名義上是操之於自己，而實際上是操之於別人。一個有宗廟、有社稷、有人民的國家，而把生死存亡的命運寄託在別的國家，戰戰兢兢以求自保，只圖僥倖不被侵犯，那就太差勁了。那時漢水一帶的姬姓諸侯，都被楚國滅盡了，他們難道都先冒犯楚國了嗎？隨國即使衡量了自身的力量，退守自保，遵守盟約，一旦邊疆有了爭端，楚國的當政者難道還會顧及盟約嗎？因此隨國即使衡量自身力量只求自保，並不能阻止楚國的併吞。所以隨國存亡之權，是操之在楚而不操之在隨。左氏只能說成敗在於自己的話而已，怎能了解成敗在於自己的道理呢？

天下的事情，沒有不操在自己的手中。要求善成善，在於自己。成就善的極致，就成為堯、成為舜、成為禹、成為湯那種人，也是在於自己。將成惡敗事，在於自己。成為惡敗的極致，就成為夏桀、成為商紂、成為周幽王、成為周厲王那種人，也是在於自己。前面沒有人擋著，要成為聖人就可以成為聖人；後面沒有人拉著，要成為狂徒就可以成為狂徒。隨侯如果真的了解這個道理，那麼連「安定天地，化育萬物」，也都操之在自己，何況是小小的楚國又有什麼好害怕的呢？而左氏最不懂一切操之在己的道理，反而以畏懼楚國是自知量力的作法，卻不知這正足以敗壞人的力量。

古人所說的量力，是在某些情況下說的，當有所培養而還不到充足的時候，當有所作為而還沒成功的時候，當有所修繕而還不到完善的時候，於是量力而不敢輕舉妄動。我之所以還沒有作為，並不是憂慮對方太強大，而是擔心自己還微弱；不是憂慮對方太聰明，而是擔心自己還愚蠢，所憂慮的在於自己而不在別人。當培養已經充足了，作為已經有成了，修繕已經完備了，那麼可以有所不動，但動起來就天下無敵。所以今天的伸張難道不是由於以前受委屈所換來的嗎？假使以偏促一隅只求自保稱為量力的話，那麼人將自安於弱小而老死於弱小，自安於愚蠢而老死於愚蠢。唉！敗壞天下人力量的，難道不是那「量力論」嗎？

【研　析】一個人或一個國家，不可「不量力而妄動」，以免遭致禍害，這是天經地義的；左氏譏隨國「不量力」，主張「量力而動」，強調成敗由己不由人，都是無可厚非的。但呂氏卻推衍出左氏之意，是甘處退怯，量力自保，於是抨擊其立場消極，終究還是成敗由人，以翻出新意。凡是要抨擊表面看來四平八穩的說法，或可參考此篇作法。

文章一開始，提出「君子只憂慮自己太弱，不擔心敵人太強」為立論的依據。由於強弱是相對的，所以這「憂己不憂人」之說，原本沒有強大的說服力，但卻已為左氏「由己不由人」之說，鬆動了立論的礎石。

第二段直論本事，先說隨國不量力，然後稱許左氏的批評，再推論左氏的見解，似乎是主張退怯自保。於是抨擊左氏只憂慮敵人強大，主張委曲求全，不合「君子憂己不憂人」的原則，違背左氏自己所提「成敗由己不由人」之說。第三段強調「成敗由己不由人」，指責左氏不懂操之在己的道理，其「量力」之說足以敗壞其力量。最後一段闡釋「量力」說，是在養之未充、為之未成、修之未備，於是有所不動的時候才說的。最後更以為左氏之說，足以令人自安於愚弱，老死於愚弱，予以抨擊。

平心而論，左氏只是就隨國當時未能掌握外在客觀形勢加以批評，並不涉及隨國如何爭強的內在問題，呂氏就一口咬定左氏主張一味退怯以自保，這是不公平的。但議論文在必要抨擊對方的時候，總是在其所未談，或談得不周延之處，加以推論，以鬆動對方四平八穩的立論基石，而寫出一篇氣勢磅礴的議論文字來。不過我們要注意的是：這種推理類似於「強調的謬誤」(fallacy of accent)，因著重點的不同，於是褒貶有異。如果過於強詞奪理，將為識者所不取。

宋襄公欲合諸侯

僖公二十年　宋為鹿上之盟　僖公二十一年　楚執宋公　同上　宋公伐鄭　僖公二十二年　楚宋戰於泓　僖公二十二年　宋襄公卒　僖公二十三年

【題 解】魯僖公二十年（西元前六四〇年），宋襄公想會合諸侯，臧文仲聽了，就說：「跟別人去完成共同的願望，是可以的；要別人去完成一己的欲望，是很少成功的。」次年春天，宋襄公與齊、楚在鹿上會盟，向楚國要求那些歸附楚國的中原諸侯奉宋公為盟，楚人答應了，公子目夷以為小國爭盟，是禍不是福。這年秋天，諸侯在盂地會見宋公，在會中楚人抓了宋公攻宋國，冬天在薄地會盟，釋放宋襄公。翌年夏天，宋公攻鄭國，楚人攻宋以救鄭，宋公準備迎戰於泓水，宋軍已排好陣勢，楚軍還沒完成渡河，司馬主張此時攻擊，為宋公所不允，等楚軍渡河完成，未排成陣勢，司馬再要求攻擊，仍為宋公所不許，等楚軍排成陣勢再交戰，宋軍敗了，宋公的腿受傷了，左右的人歸罪襄公，襄公卻說：「君子不傷害已受傷的人，不俘虜頭髮花白的人。古人作戰，不在險隘的地方阻擊，寡人雖是殷商亡國的後代，也不攻擊沒有排好陣勢的人。」子魚笑他不懂爭戰，強敵受制於地形，是上天助我，不妨加以利用；既是強敵，就是老頭也要俘虜，明恥教戰，講求殺敵。如果憐惜敵人傷兵，不如一開始就不傷他；憐惜敵人老兵，不如不戰而降。宋襄公於次年也因傷而死。

呂氏於本篇不用奇峭之句，不採佻巧之法，指陳宋襄公迂愚不合聖王之道。

由涿鹿而至牧野，舉帝王之兵，更數十戰。由六經[1]而至諸子，談帝王之兵，踰數萬言，效非不明，而說非不詳也。及宋襄公為泓之役，而以帝王之兵自許，反至喪敗。後世指其一戰之失，盡疑數十戰之功為不可信；指其一言之謬，盡廢數萬言之理為不可行。果哉？說之遽也。是說既行，帝王之兵，人共視以為迂闊遲鈍之具，儒者相與力挽而極辨之，終莫能勝。意者未知爭之之說乎！

輿薪之不見，而自謂能見秋毫者❷，愚也；責其不見者，亦愚也。撞鐘之不聞，而自謂能聞蚋飛者，愚也；責其不聞者，亦愚也。信之在前，責之在後。不見輿薪者，方自譽其目之明，人固已不信之矣，豈待其真不見秋毫而始責之乎？不聞撞鐘者，方自譽其耳之聰，人固已不信之矣，豈待其真不聞蚋飛而後責之乎？古之難知，秋毫也，蚋飛也；今之易知，輿薪也，撞鐘也。欲驗宋襄言古道之是非，當先觀宋襄料今事之中否。

宋襄生於宋，豈不知宋之弱？迫於楚，豈不知楚之強？乃不量宋之力，偃然自為盟主，欲屈強楚之君於會，其愚而不能料事一矣。齊桓之伯，宋襄公耳目所接也，宋襄自觀信義與齊桓孰愈？壤地與齊桓孰愈？兵甲與齊桓孰愈？齊桓九合諸侯，終不能屈致楚子，而宋襄乃驟欲致之，其愚而不能料事二矣。盂之會，宋襄身見執於楚，幾不免虎口❸，僅能縱釋，曾未閱時，忘前日之辱，忘前日之懼，忘前日之禍，尚敢稱兵與楚爭鄭，自取傷敗，其愚而不能料事三矣。是三者皆匹夫匹婦之共曉，宋襄尚不能知，況所謂帝王之兵制，遠在千百年之外，斷編遺簡，若滅若沒，若存若亡，是豈宋襄之所能知乎？觀其料今事之疏，即可驗其談古道之謬，雖未交鋒之前，固預知其必敗也。說者乃以宋襄之敗，為古道之累，是猶見瞶者之誤評宮角，遂欲并廢大樂，豈不過甚矣哉？

或者又謂：「宋襄無帝王之德，而欲效帝王之兵，所以致敗。」亦非也。使帝王之世，人皆服其德，則固不待於用兵矣。德不能服，是以有兵。則兵者生於人之不服也。彼既不服矣，豨縱豕突❹，亦何所不至？我乃欲從容揖遜以待之，適遺之禽耳。吾恐帝王之兵，不如是之拙也。

古之誓師者曰殄殲乃讎❺，曰取彼凶殘❻。凜然未嘗有毫髮貸，其所寬者，惟弗迓克奔而已。奔而歸我，是以弗擊，苟摧鋒而與之爭一旦之命，胡為而縱之哉？是縱降者，帝王之兵；縱敵者，宋襄之兵也，烏可置之一域耶？

公羊子以宋襄之戰，為文王不是過❼。嗚呼！宋襄何足以知文王？若子魚乃真知文王者也。子魚諫宋襄之伐曹曰：「文王聞崇德亂而伐之，軍三旬而不降，退修教而復伐之。因壘而降。」其言藹然而不傷，退然而不伐，妙得文王之本心。至於泓之戰，其諫宋襄之辭，發揚激厲，奮起勁悍，驟與前日異，若與文王不相似。與變推移，不主故常，此真學文王者也。知子魚之善學文王，則知宋襄之不善學文王矣。

【注釋】❶六經　指《詩》、《書》、《易》、《禮》、《樂》、《春秋》。古人以此為聖人經典，百世不易。❷輿薪之不見二句　大的器物都看不見而能看細微處的人。輿薪，一車木材，指大而易見之物品。秋毫，鳥在秋天新生出的羽毛，指極小不易見之物。以二者為喻。見《孟子·梁惠王下》。❸虎口　比喻危險的境地。❹豨縱豕突喻人橫衝直撞，流竄侵擾。豨，豕也。豕駭則唐突直撞，難以控制。❺殄殲乃讎　殲滅你們的仇敵。語出《書・泰誓下》。相傳為周武王伐紂時誓師之言，向軍士們稱「爾」「乃」(你們)。❻取彼凶殘　征服那個凶惡殘暴的人。語出《書・泰誓中》。凶殘，本指紂王而言。❼公羊子以宋襄之戰二句　公羊高在《公羊傳》說宋襄公「不鼓不成列，臨大事而不忘大禮」，周文王也不過此。

【語譯】從黃帝打敗蚩尤的涿鹿之戰，到周武王伐紂的牧野之戰，聖王舉兵作戰，經歷了幾十次的戰役。從六經而到諸子百家的書，談論聖王用兵，也超過幾萬字了。他們的成效並不是不明顯，言論也不是不詳明。可是到宋襄公在泓水與楚國作戰，以聖王用兵自我期許，結果反而敗亡。後代的人指出他這一戰的失敗，使人懷疑聖王幾十次戰役的成功，都以為不可信；指出他這一次言論的謬誤，使人廢棄典籍上幾萬字所說的道理，都以為不可行。果真是這樣嗎？這種論斷未免太輕率了。這種論調如果通行，聖王之兵人們都將視為不切實際又不明快有利的工具，那些讀書人共同努力且極力辯護，也難以挽回爭勝。這大概是由於不明白戰爭的理論吧！

車薪都看不見，而自稱能看見秋毫，這是愚昧的；到時候責怪他不是真的看見秋毫，那也是愚昧的。撞鐘的聲音都聽不到，而自稱能聽到蚊飛的聲音，這是愚昧的；到時候責怪他不是真的聽見飛蚊，那也是愚昧的。因為已相信他在前，然後責怪他在後。看不到車薪的人，當他自誇自己的眼光是如何的明亮，人們本來就已經不相信他了，怎麼要等到證實看不見秋毫再去責怪他呢？聽不到撞鐘的人，當他自誇自己的耳朵如何的聰敏，人們本來就已經不相信他了，怎麼要等到證實聽不到蚊飛再去責怪他呢？古代的事難知，就像秋毫之物和蚊飛之聲；當今之事易知，就像車薪之物和撞鐘之聲。想要證實宋襄公所說的古人之道是對或是不對，就應當觀察他意料當時的事是不是精確。

宋襄公生在宋國，怎麼會不知道宋國的微弱？他受過楚國的逼迫，怎麼會不知道楚國的強大？竟然不衡量宋國的國力，泰然自任為盟主，想在會盟時壓抑強大的楚國國君，這是他愚昧而不能料事的第一點。齊桓公的霸業，是宋襄公親眼所見親耳所聞的，宋襄公自己看看信義之行能比得上齊桓公嗎？擁有的土地比得上齊桓公嗎？準備的甲兵比得上齊桓公嗎？齊桓公能九合諸侯，卻始終不能使楚君屈從赴會，而宋襄公竟突然要楚君來會盟，這是他愚昧而不能料事的第二點。盂地的會盟，宋襄公自己被拘俘，幾乎喪生虎口，只在被釋放的情況下才能回來，沒經多久，就忘了日前所受的屈辱，忘了日前所有的恐懼，忘了日前所蒙的禍害，還敢舉兵與楚國爭奪鄭國，自取毀傷戰敗的後果，這是他愚昧而不能料事的第三點。這三點都是一般人所知道的，宋襄公竟然不知道，更何況聖王用兵的法度，都遠在千百年以前，有關的記載又殘缺不全，早已若有似無，這哪裏是宋襄公所能知道的呢？觀察他謀劃當前事務的疏漏，就可以推知他談論古道的錯誤，所以雖在他還沒跟人交戰之前，就可以預知他一定失敗。有些人說宋襄公的失敗，是受到古人之道的連累，這就好像看見聾子談錯音律，於是想廢棄大樂令，豈不是太荒唐了嗎？

或許又有人說：「宋襄公沒有聖王的盛德，而想學習聖王用兵，所以才招致失敗。」這說法也不對。假使在聖王的時代，人們都順服聖王的盛德，那就根本不必用兵了。盛德不能使所有的人順服，所以才用兵。所以用兵是在於不能順服所有人時才發生的。他們既然不肯順服，就唐突侵擾，什麼事做不出來？我們如果還想用從容禮讓的方式相對待，那就正讓他們生擒而已。我想聖王用兵，不至於如此拙劣。古人誓師出征的時候，說要滅絕你們的仇敵，說要殺那凶惡殘暴的人。都是態度嚴肅不曾有絲毫的寬容，只是不迎擊來奔的人而已。既然投奔而歸服，所以不加以襲擊，如果交戰而爭取旦夕的生命，為什麼要縱容他們呢？所以寬縱降服的人，這是聖王的用兵；寬縱交戰的敵人，這是宋襄公的用兵，怎麼可以相提並論呢？

公羊高以為宋襄公泓水之戰，連周文王都無以過之。唉！宋襄公怎麼能夠了解周文王呢？像子魚那個人才是真正了解文王的人。子魚在宋襄公攻打曹國的時候說：「文王聽說崇侯亂德而加以討伐，但用兵三十天，崇國並沒有降服，於是退而修明教化，而再出兵。崇國在對壘時就投降了。」他的話溫和而不傷人，謙退而不誇耀，實在最能領會周文王的本心。至於泓水之戰，他諫宋襄公所說的話，就慷慨激昂，強悍猛烈，突然和前些日子不同，與文王並不相似。這是因情況不同，也就隨時應變，這才是真正學到周文王的精髓。了解子魚善於學習周文王，也就知道宋襄公不善於學習周文王了。

【研　析】宋襄公泓水之戰，《公羊傳》稱許他臨大事而不忘大禮，以為文王之戰也無以為過。可是《左傳》卻引述子魚之言，對宋襄公大力抨擊。呂氏論此，完全站在《左傳》的立場，抨擊襄公不知聖人用兵之道。

第一段是表明立場，強調宋襄之敗使某些人以為聖人之道行不通，這是不對的。為說明其不對，自然是要說明宋襄之所為，不合聖王之道，最釜底抽薪的辦法是證明他不足以知聖王之道。於是用第二、第三兩段，說明宋襄公不足以知當前之事，何足以知聖王之道。第二段說明眼前之事為輿薪，古代之事為秋毫。不見輿薪，何以見秋毫？以此為立論的基礎，所以費了不少筆墨。

第三段才分三點說明宋襄昧於匹夫匹婦所共知的當前情勢，以此推論他不足知古聖。第四段批評宋襄公的縱敵作法，根本不是聖王之道。第五段更進一步，說明宋襄與文王不能相提並論，並回應宋襄不足以知文王作結，而以稱讚子魚較能知文王本心，以否定宋襄之作為。

在最後一段，提出公羊高之說而沒有正面批駁，卻讚許子魚善學文王，否定宋襄學得文王，使公羊之說不辯而屈，是很高妙的筆法。

魯饑而不害

僖公二十一年

【題　解】魯僖公二十一年（西元前六三九年）夏天，因魯地久不下雨，僖公想燒死求雨無效的巫尪，也有人說是祈雨的女巫，和仰面朝天的骨骼變形人（因為俗說上天哀憐這種人，怕下雨的雨水會流入鼻孔，所以才會乾旱）。臧文仲說：「這不是防備旱災的辦法，修理城牆（一方面防他國藉機入侵，一方面提供得到食物的工作機會，一如當今經濟低迷，加強公共投資之類），省吃儉用，努力農事，勸人施捨，這才是該做的。巫尪能做什麼？上天要殺他們，就不如不生下他們，如果因他們而旱災，燒死他們，旱災會更嚴重。」僖公依臧文仲的對策，使當年雖然農作物歉收，百姓卻沒有太大的傷害。

呂氏原本是傾向無神論的人，對《左傳》臧文仲之說理當十分讚許，但他卻推演左氏之意是天人不相干，而以宋儒天理之說，強調人言之發、人事之修，皆發自天理。

天者，人之所不能外也。信者固信，不信者亦信；從者固從，不從者亦從。使不信者果能不信，是可外也，可外非天也；使不從者果能不從，是可外也，可外非天也。

嗚呼！世之論天者，何其小耶？日月星辰之運則付之天，災祥妖孽之變則付之天，豐歉疫癘之數則付之天，若是者皆非人之所能為。吾知崇吾德，修吾政而已。彼蒼蒼者，吾烏知其意之所在哉？以湯之時而旱❶，天與湯未嘗相參也，當是時，天亂而湯治；以秦之暴而稔❷，天與秦未嘗相參也，當是時，天治而秦亂。天自旱之，湯自養之，天自稔之，秦自暴之，天與人曷嘗相預耶？自世俗之說行，天人始離而不合矣。

魯僖公遇旱而欲焚尪，其陋已甚，賴從臧文仲之諫，亟修旱備，是歲饑而不害。詳考左氏之所載，殆未免世俗之見也。左氏之意，以謂旱在天，備在人，泉枯石燥，土焦金流，人固無如天何。修城節費，務穡勸分，天亦無如人何。饑者，天之所為也；而不害者，人之所為也。果如是說，則所見者，不過覆物之天而已矣。抑不知天大無外，人或順或違，或向或背，或取或捨，徒為紛紛，實未嘗有出天之外者也。順中有天，違中有天，向中有天，背中有天，取中有天，捨中有天，果何適而非天耶？

左氏意以修旱備為無預於天，抑不知臧文仲之諫自何而發？魯僖公之悔自何而生？旱備之修自何而出？人言之發，即天理之發也；人心之悔，即天意之悔也；人事之修，即天道之修也。無動非天，而反謂無預於天，可不為大哀耶？

善觀天者，觀其精；不善觀天者，觀其形。成王之方疑周公❸，其天固嘗蔽也，及天大雷電以風，成王肅然祗懼，與召公太公❹共啟金縢之書❺，執書以泣，始信周公之勤勞，是成王胸中之天，已回於執書以泣之時矣，豈必待天雨反風❻，禾則盡起，然後知天意之回耶？待天雨反風而知天意者，周人之知天也，非召公太公之知天也。

【注　釋】❶湯之時而旱　據《說苑》記載，湯之時大旱七年，後來派人持三足鼎以禱山川，天乃大雨。❷秦之暴而稔　據《風俗通》記載，秦昭王派陳永為蜀郡太守，開成都兩江，溉田萬頃，從此沒有水旱災。❸成王之方疑周公　周武王死，成王年幼即位，由周公攝政，管、蔡二叔傳布流言，謂周公欲篡位，成王乃疑心周公，周公因而至東都雒邑，後來成王悔悟，召周公而平管蔡之亂。❹召公太公　召公名奭，文王庶子，封於北燕，成王時為三公之一。太公即姜太公，封於齊。❺金縢之書　指《書・金縢》。束紮藏於匱，緘之以金，不欲人開啟。蓋周武王患病，周公禱於三王（大王、王季、文王），請以自己代武王受病，史官將其祝冊，存於金縢匱中。後來管、蔡流言，周公避於東都，天災頻仍，雷風交作，大木拔起，國人大恐，成王啟匱得書，乃知周公之忠貞。❻天雨反風　依《經義述聞》之說，《書・金縢》「天乃雨」為「天乃霽」之誤。反風，是風從反方向吹回來，即刮回頭風。

【語　譯】天是人類所無法排除和脫離的。信天的人固然相信不疑，不信的人也將不得不信；聽從天的人固然聽從不悖，不聽從的人也將不由得不聽從。如果使不信的人真能不信，那就是可以排除或脫離了，可以排除或脫離的，就不是天了；如果使不從的人真能不從，那就是可以排除或脫離了，可以排除或脫離的，就不是天了。

唉！世俗談論天的，怎麼把天說得那麼狹隘呢？把日月星辰的運轉歸之於天，把災異妖孽的發生歸之於天，把收成和瘟疫的命運歸之於天，像這一些都不是人力所能辦到的。我只能崇尚自己的品德，修明自己的政治罷了。那浩浩蒼天，我怎麼知道它意圖之所在呢？在商湯的時代有旱災，天變和商湯是沒有牽連的，當那個時候，天道亂而商湯的政治修明；像秦國暴虐的時候卻是豐收，此時的天也是跟秦國沒有牽連的，當那個時候，天道順而秦國殘暴。天降乾旱，湯自求多福以養民，天賜豐年，秦兀自暴虐以殘民，天和人又何嘗相關連呢？自從這世俗之說通行，天和人就相脫離而不相牽合了。

魯僖公遇到乾旱而想燒死巫尪，是太鄙陋了，幸虧聽從了臧文仲的諫言，努力於旱災的防備措施，所以那年雖然歉收而百姓沒受到禍害。詳細考察左氏所記載的，大體還是不能免於世俗的陋見。左氏的想法，以為乾旱在天，防備在人，泉水枯乾、岩石乾裂、土地焦枯、金屬熔化，人對天固然莫可奈何。但修築城堡、節省費用、努力農事、勸人施捨，上天對人也莫可奈何。饑荒的發生，是天所造成的；而不受到災害，是人力所能做到的。如果照這麼說，那麼他們所見到的，不過是覆蓋大地的有形之天而已。卻不知天大無邊，無所不包，人們順應著天或違逆了天，或向著天或背著天，或取法於天或捨棄天只是庸人自擾，其實都沒有脫離天外。順應中有天，違逆時也有天，向著時有天，背著時也有天，取法時有天，捨離時也有天，何時何地會沒有天呢？

左氏以為防備旱災與天無關，卻不知臧文仲的諫言是如何發出？魯僖公的悔悟是如何產生？防備旱災的措施是如何出現？人言之所以發出，是來自天理的發現；人心之所以悔悟，是來自天意的領悟；人事之所以修備，是來自天道的修養。所有一舉一動，無非都來自於天，卻反以為一切與天無關，怎麼不令人歎息呢？

善於觀察天的人才能觀察到天的精微；不善於觀察天的人只能觀察到天的外形。以前周成王正當懷疑周公的時候，他心中的天已經被蒙蔽了，等到天空雷電交作，大風吹起，成王才嚴肅虔敬恐懼，與召公、太公一起打開金縢封存的檔案，捧讀它而哭泣，這才深信周公公忠體國的辛勞，成王心中之天，在他捧讀〈金縢〉書而淚下就已掃盡陰霾了，哪裏要等到下雨又刮起回頭風，什倒的稻禾被吹回挺立之後才知道天意呢？等到下雨刮回頭風才知道天意的，這是周民的知天，不是召公、太公的知天。

【研　析】魯僖公因乾旱而要焚巫尪，臧文仲進諫言，以為該盡人事而防害。這是無可厚非的。但呂氏卻從臧氏之言，推敲左氏之意，是天歸天、人歸人，並不相干。於是另出新意強調人言之發、人心之悟、人事之修，都本乎於天，以評左氏論天過於狹隘。

第一段提出「天大無外」為全文立論的基礎。第二段評世俗論天過於狹隘，將天人離而不合。第三段推敲左氏所載的臧文仲之言，所說的天是形而下的天，並批評這是世俗陋見。第四段指出人言之發、人心之悟、人事之修，全本乎天。最後一段則以周成王疑周公，因〈金縢〉而復信，說成王的胸中之天，並以聖賢知天能知形而上之天，眾人知天只知形而下之天，說明形而上和形而下的差異。

基本上，這是批評前人所見過於鄙陋的文字。首先提出立論的重心，再批評世俗陋見，而後提出新見解，這正是一般論辯的通則。指陳世俗之見，拘於形而下，不及形而上的層次，這種論點是具有說服力的。本篇引用史事，竟然用在結論上，以說明認知的層次，這是非常奇闢的作法，很值得我們細心揣摩。但直指臧文仲之言即左氏之意，又不免將左氏之意演繹過度，這都是值得商榷的。

成風請封須句

僖公二十一年

【題解】任國、宿國、須句、顓臾，四個都是風姓的小城邦，主持太皞和濟水之神的祭祀而服從中原各國。魯僖公二十一年（西元前六三九年），邾人滅須句，須句子逃到魯國，這是因須句是魯僖公母親成風的娘家。成風對僖公說：「尊崇明祀，保護弱小，這是周禮；蠻夷擾亂中原，這是周禍，如果封須句，這是尊崇太皞和濟水之神而修明祭祀、緩和禍患。」

呂氏以成風所謂「周禍」，判斷周澤未衰，並見其不止遺於一人，以強調聖賢之教化影響深遠。

先王之澤，入人之深，雖至於世降道散，猶相與誦說歌詠而不衰。出於學士大夫之談者，教之餘也；出於故家遺老之傳者，俗之餘也；出於田夫野父之口者，治之餘也。習其教，漸其俗，思其治，向望懷想，而不能自已，亦其勢之當然。乃若所謂婦人女子者，足不踰於牆屏，視不下於堂階，組織是供，脯脩是職，其視先王之道果何物耶？

蓋嘗觀《詩》之變風❶，往往多出於婦人女子之手，〈綠衣〉❷莊姜之詩也，〈泉水〉❸衛女之詩也，〈柏舟〉❹共姜之詩也，〈載馳〉❺許穆夫人之詩也，其辭忠厚雅馴，憂而不傷，勁而不怒。藹然文武周公之遺澤在焉，是孰開之而孰誘之耶？吾是以知文武周公之化，固有默行乎禮教風俗政治之外者矣，不然，則婦人女子豈告語之所可及，防範之所可率哉？成周❻之澤，至於使婦人女子不能忘，則文武周公之用功深矣，遠矣，是豈一朝一夕之故哉？

成風請救須句，特以親昵而發，蓋人情之常，不足深道，然其言曰：「崇明祀，保小寡，周禮也；蠻夷猾夏，周禍也。」成風以一女子，而造次發言，不捨周室，非文武周公之遺化潛中其心，陰致其意，詎能至是乎？遠矣！周澤之長也！

吾嘗紬繹成風周禮之說，如仲孫湫❼，如韓宣子❽輩，其知之者代不乏人；至周禍之說，則春秋二百四十二年之間，諸侯皆不能知。知之者成風一人而已。平王之東，降於列國，國異政，家殊俗，各私其私，各戚其戚，燕不謀楚之難，齊不預秦之憂。曰「天禍晉國」者❾，晉人自言晉禍也，未聞在晉而言周禍者也；曰「是衛之禍」者❿，衛人自言衛禍也，未聞在衛而言周禍者也。成風請救須句，自常情言之，必以邾既滅須句，勢將逼魯，實魯之禍，庶幾可動僖公之聽。今乃置魯而專言周禍，周自有禍，何預於魯耶？成風之意則有在矣。

通天下皆周也，魯非魯之魯，乃周之魯也；須句非須句之須句，乃周之須句也。邾為不道，翦滅周之須句，則為周之魯者，安得不被髮纓冠⓫而亟救之耶？諸侯視王室如家，而國則其身也。以家禍為不切於身者，是謂大不孝；以國禍為不切於身者，是謂大不忠。成風之言，孰謂其緩而不切哉？

嗚呼！文武周公既沒數百年，而一女子之所見，猶非周時諸侯之所能及，吾是以知周之所以盛。晉楚齊秦以降數十國，合諸侯之所見，反出於一女子之下，吾是以知周之所以衰，君子未嘗不嘆息於斯焉！

【注釋】❶變風　前人指《詩經》從〈邶風〉到〈豳風〉一百三十五篇為變風，以別於〈周南〉、〈召南〉二十五篇之正風。詩有變風、變雅，其詩出於王道衰微，政出諸侯，不由天子之命，於是政惡為民所怨，政喜則為民所喜，各依其國而有美刺，即為變風。❷綠衣　《詩・邶風》篇名。前人以為衛莊公不能正嫡庶之分，莊姜感傷而作此詩。綠是間色，黃才是正色，以間色為衣，正色為裏為裳，以喻妾上僭而夫人失位。❸泉水　《詩・邶風》篇名。前人謂衛女嫁於諸侯，父母已終，不得歸寧而作此詩以抒懷。❹柏舟　《詩・鄘風》篇名。前人謂衛世子共伯早死，父母要其妻共姜再嫁，共姜作此詩以絕之。後人或以為母氏欲女嫁一人，其女不肯而作。〈邶風〉另有〈柏舟〉之詩，非本文所指之篇章。❺載馳　《詩・鄘風》篇名。此為衛懿公亡國，許穆公夫人〈為衛公主〉自傷不能救衛之詩。❻成周　古地名，即西周的東都雒邑，周公所營，故城在今河南省洛陽市東郊白馬寺之東。❼仲孫湫　春秋齊大夫，魯國有慶父弒子般之難，仲孫湫來魯，回報齊桓公時，說魯國不棄周禮，不可滅。見《左傳》閔公元年，卷八〈齊仲孫湫觀政〉已言之。❽韓宣子　晉六卿之一，名起，奉晉侯命來魯，見《魯春秋》，以為周禮盡在魯。見《左傳》昭公二年。❾曰天禍晉國者　晉國呂相在與秦絕交時說：「天禍晉國，文公如齊，惠公如秦。」見《左傳》成公十三年。❿曰是衛之禍者　衛靈公與晉大夫涉佗、成何立盟而受辱，衛侯要大夫另立新君，大夫說：「是衛之禍。」見《左傳》定公八年，卷十一〈邢人狄人伐衛〉題解已有所引述。⓫被髮纓冠　來不及束髮，只結上冠纓，形容救急之迫切。語見《孟子・離婁下》。

【語　譯】先王的德澤深入人心，影響深遠，雖然經歷了世代的更替和道統的隤散，但仍然被相互傳誦歌詠而不衰竭。出於學士、大夫言論的，是禮教的存續；出於舊臣野老所傳述的，是風俗的流傳；出於農夫野父口中的，是政治的遺澤。承襲禮教，感化風俗，思念德政，思慕懷念不能自已，這也是情勢之所當然。至於婦人女子，都是足跡不出門牆或屏風之外，目光不到殿堂或臺階之下，編絲織布是她們所擔任的，製作食物是她們的職務，她們看先王之道究竟是什麼呢？

我們不妨看看《詩經》的變風，常有一些詩是出於婦人女子之手，如〈綠衣〉是莊姜的詩，〈泉水〉是衛國女子的詩，〈柏舟〉是共姜的詩，〈載馳〉是許穆公夫人的詩，這些詩的文辭，都顯得忠厚而典雅，有憂思而不流於哀傷，剛強而不流於暴怒。有充沛的文、武、周公遺澤存在其中，是誰在開導她們？是誰在誘導她們呢？我們因此可以知道文、武、周公的教化，本來就默默傳布於禮教、風俗、政治之外了，要不然婦人女子哪裏是言語之辭所可告誡，防範之禮所可引導的呢？成周的德澤，連婦人女子都不會忘懷，可見文、武、周公教化功力是多麼深，是多麼遠，這豈是一朝一夕所能造成的呢？

成風請求魯僖公救助須句，是由於親屬之情而發，這是人之常情，不足以深入探討，但她說：「尊崇明祀，保護弱小，這是周禮；蠻夷侵擾華夏，這是周禍。」成風只是女子，在倉促間說話都沒有忘記周王室，如果不是文、武、周公所遺留的教化深入其心，暗地裏轉化為其思想意識，又怎能到這種境地呢？真是深遠啊！周的德澤真是長遠啊！

我們仔細分析成風有關周禮之說，像齊國的仲孫湫，像晉國的韓宣子他們，能知道的在各世代都有不少人；至於周禍之說，在春秋兩百四十二年之間，諸侯都不能知道。知道的只有成風一人而已。周平王東遷，王室衰微如同列國，各國政制不同，各家邑風俗不同，各人偏愛其所私有的，各人親近其親人，燕國不管楚國的災難，齊國不理秦國的憂患。說「天降禍給晉國」的，是晉國人自己說晉國的禍害，沒聽說在晉國而談周禍的；說「這是衛國的災禍」的，是衛國人自己說衛國的災禍，沒聽說在衛國而談周禍的。成風請魯僖公救須句，從常情來說，必定以邾國已經滅了須句，勢必進逼魯國，所以是魯國的禍害，以此來說服僖公。如今竟然不談魯國而專講周禍，周固然有禍，跟魯國又有什麼關係？成風的話是另有深意的。

全天下是周的天下，魯國不是只有魯國人的魯國，更是周朝的魯國；須句不是只有須句人的須句，更是周王室的須句。邾國不守列國之道，滅除周王室的須句，那麼作為周王室名下的魯國，怎麼能夠不急切地去救助呢？諸侯視王室如自己的家，列國就像自己的身體。以為家庭的禍害不切身的人，是為大不孝；以為國家的災禍不切身的人，是為大不忠。成風的話誰能說它迂緩而不切身呢？

唉！文、武、周公死後數百年，一個女子所見，非周時的諸侯所能比得上，我們由此可以知道周為什麼盛大。晉、楚、齊、秦以下數十國，合諸侯之所見，反而在一個女子之下，我們由此可以知道周為什麼衰微，君子沒有不為此歎息的呀！

【研　析】國君的母親，為自己的娘家求援，原本沒有什麼可討論的，呂氏卻引發出一大篇議論來，而且牽扯「周之所以盛」「周之所以衰」這大結論來，實在不能不令人佩服他的發論之術。

呂氏由成風所謂「周禍」一詞，認定周澤之未衰，以學士、大夫、故家遺老、田夫野父，映出一女子，然後引出四個女子，以見周澤不只遺於一人。第三段引入本題，引述成風之言，以兩個「周」字發論。第四段輕輕將「周禮」帶過，專論「周禍」，以為春秋兩百四十二年不能言及此，以推崇成風。第五段是揣摩成風之意，並強調其識大體而切其要。第六段引申以見周之所以盛、所以衰。

其實成風論「周禍」，未必是器識特大所致，有可能是故意牽扯而堂皇其詞。再說春秋兩百多年沒有人著眼於「周」，也是不公平的說法。管仲請齊桓公救邢，即強調了華夷之辨；城濮戰前，欒枝也向晉文公說：「漢陽諸姬，楚實盡之。」都已就「周」而論禍福，呂氏尚奇，乃不免有走偏鋒之嫌。

秦晉遷陸渾之戎

僖公二十二年

【題解】在周平王向東遷都洛陽的時候，辛有到伊川，見到披著頭髮在野外祭祀的人，便說：「不必等到一百年，這裏便要成為戎人所住的地方了！因為此地的禮儀已先消亡了。」魯僖公二十二年（西元前六三八年）秋天，秦國和晉國把陸渾之戎遷到伊川。

呂氏以物類相召之理，說明陸渾之戎遷伊川，是伊川人自招的，並以天下之可畏，在於心已為夷狄。本篇鄙夷狄而嚴華夷之辨，自為入主之滿清所忌諱，所以《四庫全書》本刪除此篇，亦為朱字綠及張明德等刪節本之所無。

物之相召者，捷於風雨。地夷而人華者，公劉之治豳❶也，以華召華，不旋踵❷而有文武之興王。地華而人夷者，晉帝之納款❸也，以夷召夷，不旋踵而有耶律之俘虜。是知居夷而華者，必變夷為華；居華而夷者，必變華為夷。物物相召者，未嘗不以其類也。

中天下而畫壤者，是為伊洛，萬國莫先焉。天地之所合❹也，四時之所交也，風雨之所會也，陰陽之所和也。自伊洛而俯睨夷狄，猶鈞天帝居與世溷然，相去不知其幾千百等。政使風俗隳壞，何至遽淪於夷狄乎？辛有一見被髮之祭，預期為戎於百年之前，而秦晉之遷陸渾，果不出其所料者，抑有由矣。

曠百世而相合者，心也；跨百里而相通者，氣也。伊洛之民，雖居中華聲明❺文物之地，然被髮野祭，意之所向，已在於大荒絕漠之外矣。故以心感心，以氣動氣，安得不為陸渾之遷哉？既為沮澤，潦水自歸；既為羶肉，螻蟻自集；既為夷俗，戎狄自至。辛有所以能預期於百年之前者，非有他術也。閒田隙地，散在九州者尚多也，秦晉必徙於此，而不之他焉；陸渾亦必居於此，而不之他焉，是豈嘗擇而處之哉？風聲氣習，自相感召，以默而驅之，潛而趨之，蓋有不能自已者矣！是故秦晉非能徙，不得不徙；陸渾非能居，不得不居。罪在此而不在彼也。使在我無召戎之具，彼胡為乎來哉？嗚呼！辛有可謂知幾矣！

然其言曰：「不及百年，此其戎乎？」吾以為猶未盡也。善惡無定位，華夷無定名，一渝禮義，旋踵戎狄，彼被髮野祭之際，固已為戎矣，豈待百年而始為戎乎？陸渾未遷之前，戎狄其心者也，陸渾既遷之後，戎狄其形者也。人徒以秦晉之遷陸渾，為亂華之始，不知伊洛之為戎久矣，豈待氈毳其服，穹廬其居，侏離❻其語，然後謂之戎哉？十九年掘鼠牧羊於北海之濱，而未嘗少改蘇武之漢也；承乾身未離唐宮，而已純乎突厥矣❼。天下之可畏者，莫大於吾心之夷狄，而要荒之夷狄次之！

【注釋】❶公劉之治豳　公劉為古代周部族的祖先，相傳為后稷的曾孫，有《詩・大雅・公劉》述其事。據說公劉居於邰，遭夏人亂而遷於豳，周室之興自此始。❷旋踵　轉足之間，形容迅速。❸晉帝之納款　晉帝是指五代後晉高祖石敬瑭，因唐廢宗下詔奪其官爵，又派張敬達討伐，乃求援於契丹，打敗張敬達，見耶律德光，約為父子，即帝位而為兒皇帝。石敬瑭死，其子立，契丹伐之，而命為負義侯，遷黃龍府而亡。見《五代史・晉紀》。❹天地之所合　以下四句所指建王國都城之所在，語出《周禮・大司徒》。謂以土圭日影測量土地，以求不偏於東西南北的中央地方，偏南則炎熱，偏北則寒冷，偏東則多風，偏西則多陰，於夏至那天中午日影一尺五寸的地方為地中，此地天地之氣相合，風調雨順、陰陽和諧，所以土質肥美、物產豐富，可建王國。❺聲明　聲音和光采，指音樂和禮儀。見《左傳》桓公二年：「文物以紀之，聲明以發之。」❻侏離　本指西夷之樂，亦用以形容異地語音難辨。❼承乾身未離唐宮二句　承乾本為唐太宗太子，後因謀反廢為庶人，死於貞觀十九年。為太子時，好突厥語及其衣服、習性，並揚言有天下之後，將數萬騎到金城，然後解髮。左右私相語，以為妖。詳見《新唐書・太宗諸子・常山王承乾傳》。突厥為種族名，為匈奴別種，隋唐時勢力漸強，首領稱可汗，後為回紇所滅，餘眾西奔，滅東羅馬帝國，建突厥帝國（即今土耳其）。

【語　譯】萬物相應而來，比風雨相應還要迅速。夷狄的土地而住中國人的，是公劉到豳地，以中國人號召了其他中國人，不多久而有文王、武王興起王者之業。中國的土地而住夷狄的，是後晉皇帝的賄賂求援，以夷狄召來夷狄，不多久而有耶律德光來俘虜他。由此可知，住在夷狄而能歸向中國的，一定能同化夷狄而成中國；住在中國而歸向夷狄的，一定變中國而成夷狄。大凡各種物類相召致，沒有不是因為同類的關係。

處在天下的中心點而將天下劃分區域的，就是伊川、洛水一帶了，天下萬國沒有比它更接近核心的。它是天地之氣合應的地方，是四季均衡交替的中心，是風雨潤澤的地區，是陰陽調和的地帶。從伊川、洛水地帶而俯視夷狄，就好像在天中央天帝所居之處，望排泄汙穢的溝廁是一樣的，相差不知道有幾千幾百等級。政治使風俗敗壞，也怎麼會一下子就淪落成為夷狄呢？辛有一看見人們披髮野祭，就可在百年之前預計將淪為夷狄，後來秦晉兩國果然把陸渾之戎遷來，完全不出辛有所預料的，這該是有原因的。

相隔百代而能相合的是心，相距百里而能相通的是氣。伊川、洛水流域的人民，雖然居住在中華禮樂昌明文物鼎盛的地區，但披散頭髮野祭，心意已傾向於荒遠的大漠之外了。所以用心來感應心，用氣來引動氣，怎麼會不讓陸渾之戎遷來了呢？既然是低窪的沼澤，到處流溢的水自然會匯集而來；既然是腥臊的羊肉，蛣螻螞蟻自然會聚集而來；既然行蠻夷的習俗，戎狄蠻夷自然會遷徙而來。辛有之所以能在一百年以前就預料得到，並不是有什麼奇妙的本領。荒廢的田地，分布在九州各地的還多得很，秦國和晉國一定要把他們遷到這裏，而不到別的地方去；陸渾之戎也一定要到這裏而不到別的地方去，這難道是經過挑選才安置的嗎？風聲相通，氣習相似，自相感應召致，潛移默化，驅策促使，使他們都難以抗拒的啊！所以這不是秦、晉之力使他們遷徙的，而是不能使他們不遷來；這也不是因陸渾之戎能住到這裏，而是不能讓他們不住這裏。罪在伊、洛而不在秦、晉和陸渾之戎。假使自己沒有招引戎狄的條件，他們怎麼會來呢？唉！辛有可說是見微知著的人啊！

　不過他說：「不必等到一百年，這裏便要成為戎人所住的地方了吧？」我認為他還沒說得淋漓盡致。因為善和惡沒有長遠和絕對的分際，華夏和戎狄也沒有長遠和絕對的稱呼，一旦改變了禮義的分寸，隨即成為戎狄，當他們披髮野祭的時候，就已經是戎狄了，哪裏要等一百年之後才成為戎狄呢？陸渾之戎還沒遷來以前，他們的心已經是戎狄了，只是陸渾之戎遷來之後，他們的外形才成為戎狄。世人只以秦、晉遷來陸渾之戎，是戎狄亂華之始，卻不知伊川、洛水一帶成為戎狄已經很久了，哪裏要等到穿著獸皮、住著氈帳，說著嘰哩咕嚕的蠻語，然後才稱為戎狄呢？在北海邊掘鼠充飢牧羊度過了十九年，蘇武之為漢人並沒有絲毫的改變；而唐太宗的承乾太子，雖然沒有離開過唐朝的宮廷，但已經純粹是一個突厥人了。天下最可怕的，莫過於傾向於夷狄的心，至於蠻荒的夷狄都還在其次呢！

【研　析】辛有一語成讖，呂氏本「物召其類」的道理，說明陸渾之戎是伊、洛自招的，更用文化的觀點而不採血緣的觀點，以為伊川人棄禮而披髮野祭之時，已為夷狄之人了。即採韓愈〈原道〉所謂：「孔子之作《春秋》也，諸侯用夷禮則夷之，進於中國則中國之。」的《春秋》大義，使文章產生無比的新意。

第一段提出「物召其類」為立論的基礎，並以公劉治豳，與後晉亡於契丹，正反兩面為例證。第二段以伊、洛形勢不應遷戎，辛有卻於百年以前見之，強調必有其因。第三段以心相合、氣相通，說明物召其類，論定伊、洛之人自招戎狄。第四段更進一層，本乎「夷狄進於中國則中國之，中國與於夷狄則夷狄之」的道理，指出辛有之說未盡，也批駁「秦、晉遷陸渾為亂華之始」的說法，而以心向夷狄為天下最可畏之事，為全文警策並作結。

本文除立論翻空出奇之外，結構也十分謹密，文章起首以公劉和石敬瑭為正反例證，結束則以蘇武和承乾為正反例證，完全對映。結束一段，頓開異境而造語奇警，有極強大的震撼力。

子圉逃歸　僖公二十二年

【題　解】魯僖公十七年（西元前六四三年），晉惠公將太子圉送到秦國作人質，秦穆公將懷嬴嫁給圉。但五年之後，因晉惠公病了，圉怕不能嗣位而要懷嬴跟他一起逃歸。懷嬴說：「你是晉國太子而屈居在秦國，想逃回去是理所當然，但國君要我侍候你，要安頓你，跟你回去就背棄了君命，所以不敢跟你走，不過我也不會洩露你的計畫。」於是太子圉就棄妻而逃回晉國。惠公死，子圉即位，是為晉懷公，但此時秦穆公助重耳回國，殺懷公而即位，是為晉文公。文公在秦時，秦穆公以五女嫁之，懷嬴即在其中。

呂氏以為懷嬴不能致其誠，僥倖苟免，以致失名節而受辱。連最讚賞《東萊左氏博議》的朱字綠和張明德都以為懷嬴所言不差，後來更有人批評圉將逃歸而謀及婦人最為不智。可見一個人的一言一行，從不同的立場、不同的角度，就會得到不同的結論。

謀於塗者，不若謀於鄰；謀於鄰者，不若謀於家。非遠則愚而近則智也，愛淺者其慮略，愛深者其慮詳。理也，亦勢也。四海九州之人，卒然相遇，倏然相遭，猶斷梗枯槎，偶相值於大澤之陂，恩何從而生？愛何從而發哉？問焉而不對者有矣，間有對者，謾對也，非真對也。叩焉而不應者有矣，間有應者，謾應也，非真應也。操兩可之論，近足以免我之累，遠足以逃彼之責，則自以為得計矣。其為人謀而忠者，蓋千萬而一遇耳。乃若家人婦子則不然，同分義，均休戚，其反覆謀議於家庭者，非相為賜也。如手足之赴頭目，不知其然而然也。內無所隱，故其情真；外無所飾，故其語真。以真遇真，懇款惻怛，往往得利害之真焉。彼家人婦子之智，非果踰於他人也，智者之略，固不如愚者之詳也。故家人婦子之謀，智慮有所不及，聰明有所不逮，則付之無可奈何而已矣，豈肯僥倖苟免而懷不盡，如塗人之為耶？

異哉！嬴氏之於子圉，何其親則同室，而情則塗人也？當子圉逃秦而歸，嬴氏曾不為之反覆計議，遽告之宜歸，以順其意，又不與之俱，以脫其身，又自詭不泄，以解其疑。意之所主，特欲自為僥倖苟免之計，而子圉之利害未嘗過而問焉。苟免固賤行也，然世人之苟免者，猶曰：「姑以免吾身焉！」父子一體也，夫婦一體也，害於彼則傷於此矣，此嬴氏所以始欲苟免，而終不免於二嬖之辱❶也。

昔之烈女，不幸而處不可兩全之地，固有殺身以致吾義者矣。況子圉之事，未至於不可兩全耶。使嬴氏當子圉之謀歸，易辭以對曰：「子淹卹於秦者非他，所以合秦晉之交也，今不忍數年之不燕，而蔑棄敝邑，若二國何？寡君有社稷之事，不得以身服役，而使賤妾得侍巾櫛。子介然有他志，是寡君不得事子也，妾將復於寡君。」嬴氏苟能為此言，則子圉憚嬴氏之告，必不敢與逃遁之謀，嬴氏席秦伯之勢，必不至為子圉之害，秦伯顧嬴氏之愛，必不入重耳之策，父子夫婦之間，顧不兩全乎？嗚呼！嬴氏果出於此，則可以成父之志，可以解夫之禍，可以盡婦之道，可以全己之節，可以續惠公廢絕之祀❷，可以解秦伯戎狄之議❸。一舉而數利附，使嬴氏少致思焉，則何憚不出於此也？

思之苟，生於情之疏；情之疏，生於義之薄。土薄則無豐殖，雲薄則無甘霖，鐘薄則無震聲，味薄則無珍膳。未有薄其誠於先，而厚其謀於後者也。然則嬴氏之不能謀，豈在於子圉逃秦之時哉？

【注釋】❶二嬖之辱　指懷嬴受二君寵幸。二君指晉懷公和晉文公。懷嬴本為子圉之妻，子圉逃歸而即位，為晉懷公。秦穆公大怒，召逃亡在外的重耳，嫁以五女，以文嬴為夫人，而懷嬴置其下。重耳為子圉之伯父，即位後為文公。後來懷嬴生公子樂，為質於陳。晉襄公死後，賈季欲立之，但趙盾說辰嬴賤，且「二嬖，淫也。」見《左傳》文公六年。❷續惠公廢絕之祀　子圉為惠公子嗣，但為晉文公所殺，惠公自此絕後，文公為惠公之兄，自此晉侯所傳為文公之血脈。❸秦伯戎狄之議　秦穆公立晉文公而晉強，奠定霸業，秦穆公勢力乃不能向東伸展，尤其在晉文公死時，敗秦軍於殽，秦穆公僅霸西戎，未能為中國盟主，而中國以戎狄視秦。

【語　譯】和陌生的路人商量事情，不如找鄰人商量；和鄰人商量事情，不如和家人商量。並不是跟我們比較陌生疏遠的人就比較笨，比較親近的人就比較明智，只是交情淺的人為你考慮事情會比較粗疏，交情深的人為你考慮事情會比較周詳。這是理所當然，也是勢所難免。四方九州遠地的人突然相遇，忽然相聚在一起，就像被砍斷的莖幹，和乾枯的枝條，偶然交錯在大湖澤的岸邊，感恩之情如何產生？相愛之情如何發展？問而對方不回答的，固然是有的，偶而有回答的，也是隨便回答而不是真的回答。諮詢而對方不回應的，當然是有的，偶而有回應的，也是隨便回應而不是真的回應。用模稜兩可的說法，近的來說，可以不讓我受累；遠的來說，可以逃避別人的責備，就以為其計得逞了。要遇到盡心盡力為我籌謀的，大概千萬次才能遇到一次了。假如是家人、妻子、子女就不一樣了，相同的情分，共通的道義，分享喜樂，分擔憂苦，在家庭再三計畫研議，並不是相互恩賜，而像手和腳為頭為眼睛服務是非常自然的。在內無所隱瞞，所以感情很純真；對外無所掩飾，所以說話很真實。以純真加上真實，懇誠憂慮而往往才能真正了解其中的利和害。那些家人妻子兒女的智慧，並不是真的超過別人，只是聰明的人如果粗疏了，本來就不如愚笨的人的周詳考慮。所以家人妻子兒女的謀略，如果是智慧不夠，有些思慮不及，聰明程度不如別人，那是莫可奈何的事，怎麼會存心僥倖苟且敷衍而不盡心盡力，如陌生的路人那種態度呢？

真奇怪呀！嬴氏對於子圉，為什麼親密地在一起生活，而感情卻像路人呢？當子圉要逃離秦國而回去晉國，嬴氏不曾為他反覆計議；竟立刻告訴他應當回去以迎合他的意圖，而自己又不跟他一起逃走，更自我表白負責不洩露消息，以解除他的疑慮。看那主要意圖，只是為自己僥倖免除禍害做打算，而對子圉的生死利害毫不關切。苟且求得免禍，原本就不是高尚的行為，但世上企圖苟且免禍的人，還厚著臉皮說：「暫且就這樣來免除我的禍患吧！」父子本來就是一體的，夫妻也是一體的，害了那個就傷了這個了，所以嬴氏當初想苟且免禍，而終究免不了「受兩君寵幸」的恥辱。

古代的貞節烈女，如果不幸處在不能兩全其美的境地，本來就有犧牲生命以保名節的。何況子圉的事情，根本不到難以兩全的地步。假使嬴氏在子圉計畫逃回去的時候，改變說法說：「你受委屈留在秦國，並沒有別的，只是用來鞏固秦晉的邦交，如今不能忍耐幾年的不如意，輕棄秦國，對這兩個國家如何交代？我們國君有國家大事在身，不能親自來服侍你，而派我來侍候你的生活起居。你竟然另有企圖，那麼我們國君就不能事奉你了，我將回報於我們國君。」嬴氏如果能夠說這番話，那麼子圉將害怕嬴氏的回告，一定不敢再有逃回晉國的打算，嬴氏依靠秦穆公的力量，一定不至於被子圉所害。秦穆公顧念嬴氏所愛，一定不會再有送重耳回國取位的計畫，那麼父子之間和夫婦之間的關係，不就兩全其美了嗎？唉！嬴氏如果真這麼做，就可以完成君父的意願，可以解除丈夫的禍害，可以盡到妻子的責任，可以保全自己的名節，可以承續晉惠公廢絕的祭祀，可以消除秦穆公被視為戎狄的譏諷。一舉而數得，假使嬴氏能再多作思慮，哪還怕不會有這些結果呢？

思慮的苟且不周全，是出於感情的疏離；感情的疏離是出於恩義的澆薄。土地澆薄就沒有豐厚的收成，雲層疏薄就沒有充足的雨水，響鐘質薄就沒有渾厚的聲音，味道淡薄就沒有珍貴的佳餚。沒有誠意淡薄於先而計畫周密於後的。這麼說來，嬴氏不能為丈夫好好計畫，哪裏是在子圉逃離秦國的時候才偶然發生呢？

【研 析】懷嬴為子圉之妻，子圉即位為晉懷公，但子圉為質於秦，當時為了回去即位而逃歸。若就結果而論，子圉逃歸，觸怒了秦穆公，使其助重耳歸國，所以逃歸是不智的，呂氏一口咬定懷嬴的不逃不告，是自求免禍，所以大肆抨擊。

第一段說明與人謀事「愛深則慮詳，愛淺則慮略」的道理，為評懷嬴的立論基礎。第二段論懷嬴的不逃不告，是自為僥倖苟免的打算，但結果自取其辱。第三段舉出懷嬴當時應有的態度，應該是以告穆公挾子圉留於秦。第四段評其恩義澆薄，沒有誠之於先、謀之於後。

呂氏為了指責懷嬴態度的不是，不惜將惠公廢祀、秦穆公不能主盟中國，都歸咎於此，未免牽累太多。朱字綠以為「嬴氏割枕席之私，勉圉歸以就大計」並沒有大錯，張明德以為嬴氏「詞嚴義正，委婉盡情」，為巾幗鬚眉。懷嬴當時為夫婦之情，或父女之義，確是兩難。子圉生性忌克，一如其父，為回國嗣位，必不擇手段。既要背秦，又何懼殺嬴氏？所以當時嬴氏如果以告穆公脅迫子圉，必遭子圉毒手。呂氏以宋代倫常標準，評斷古事，不免太強調二嬖之辱，而責懷嬴太過。惠懷忌克，終於廢祀，秦穆公違蹇叔之諫而敗，豈能讓懷嬴負責？其結果又哪裏是一個女子所能逆料？

卷十三

邾敗魯於升陘

僖公二十二年

【題解】魯僖公二十一年（西元前六三九年）冬，邾滅須句，須句子投奔魯國，次年春天，魯僖公攻打邾國，須句得以復國。僖公打敗邾國後，輕視邾國而不設防，臧文仲說：「國家無所謂弱小，不能輕視。沒有防備，人雖然多，也不足以仗恃。《詩》說：『戰戰兢兢，如同面臨深淵，如同踩著薄冰。』又說：『敬慎小心，上天普照光明，得到天命不容易啊！』以先王的美德，還有所困難、有所畏懼，何況我們小國呢？君王不要以為邾國弱小，蜂蝎都有毒，何況一個國家呢？」僖公不聽。八月，僖公和邾軍在升陘作戰，魯軍大敗，邾人獲得僖公的盔甲，把它掛在邾國的魚門。

呂氏一方面分析僖公輕敵的原因，一方面強調君子的修為，卻憑其新奇的用語，將道理說得有峰迴路轉之妙。

天下有常勝之道。大勝小，強勝弱，多勝寡，此兵家之定論也。大有時而敗於小，強有時而敗於弱，多有時而敗於寡，豈所謂常勝者或不可常耶？非然也，用兵以力相加也，使各極其力，則小終無勝大之理，弱終無勝強之理，寡終無勝多之理。惟恃大、恃強、恃多，隳廢其力而不能用，則與無力者同，顧不如小者、弱者、寡者，猶有毫末之力也。以吞舟之魚，而俯視螻蟻，其小大之相去，豈止相什百而相千萬哉？碭而失水，反為螻蟻之食❶，人以為小勝大也，抑不知得水則魚大而蟻小，失水則魚小而蟻大。置其形而論其力，則是大勝小，而非小勝大也。強弱眾寡之相勝，皆此類也，故曰大勝小，強勝弱，多勝寡，兵家之定論也。魯與邾戰，兵未接之前，人皆意魯之必勝矣，然升陘之役，僖公卑邾而不設備，雖有眾與無眾等爾。魯不若邾，猶有一旅之兵，一割之用，是魯無魯而邾有邾也，以有對無，勝安得不在邾？敗安得不在魯乎？

吾嘗論僖公之為君，納莒拏之俘❷，受介葛盧之朝❸，聱然軒然，自處於眾人之上，是亦一僖公也。奔走於葵邱之會❹，周章於踐土之盟❺，惴然眇然，自處於眾人之下，是亦一僖公也。彼一僖公耳，昨勇今怯，朝盛夕衰，何其多變而無特操耶！殆非專僖公之罪，其居使之然也，僖公所居者魯，以魯而臨介莒，則自大視細，心不期驕而驕；以魯而望齊晉，則自細視大，心不期畏而畏。既見大國之可尊，必見小國之可忽。斯其所以禍生所忽，而召魚門之辱與？

臧文仲之諫忠矣，惜其能箴僖公之病，而未知僖公受病之源也。僖公受病之源安在哉？使僖公易地而居齊晉，則將變畏為驕；易地而居介莒，則將變驕為畏。吾是以知，尊大國者，非僖公也，魯也；忽小國者，非僖公也，魯也。僖公不以己為己，而以魯為己，故大於魯者，吾亦大之；小於魯者，吾亦小之。豈非為居之所移乎？

昔者舜自側微而登至尊，木石不能使之愚❻，鹿豕不能使之野，耕稼不能使之勞，陶漁不能使之辱，袗衣鼓琴❼不能使之逸，牛羊倉廩❽

不能使之奢。蓋居為舜所移，而舜未嘗為居所移也。噫！當僖公之時，有能誦舜之事，以起僖公之病，庶幾其有瘳乎！

【注　釋】❶碭而失水反為螻蟻之食　振蕩而失水，大魚反而被小蟻吃了。此由《莊子‧庚桑楚》：「吞舟之魚，碭而失水，則蟻能苦之」而來。呂氏稱螻蟻，則包括螻蛄和螞蟻，但螻蛄不吃動物，所以稱螻蟻並不恰當。❷納莒挐之俘　魯僖公未即位之前，魯慶父弒閔公而奔莒，僖公以賂求慶父，莒人遣返慶父，莒人於僖公元年（西元前六五九年）求賂，公子友將其擊敗而俘獲莒子之弟挐。❸受介葛盧之朝　介為地名，葛盧為君名，來朝見魯僖公於僖公二十九年（西元前六三一年）。❹葵邱之會　由齊桓公主盟，周王派宰孔賜齊侯胙，與盟者還有宋子、衛侯、鄭伯、許男、曹伯。事在僖公九年（西元前六五一年）。❺周章於踐土之盟　僖公二十八年（西元前六三二年），晉文公侵曹伐衛，敗楚於城濮，五月癸丑，晉文公與魯僖公、齊侯、宋公、蔡侯、鄭伯、衛子、莒子盟於踐土。當晉侯伐衛，魯國派公子買戍於衛，衛敗，僖公殺公子買以取悅於晉，並請求楚國諒解。踐土之盟，僖公又趕緊與盟以求自保。周章，周折。❻木石不能使之愚　以下以木石、鹿豕為說。見《孟子‧盡心上》：「舜之居深山之中，與木石居，與鹿豕遊，其所以異於深山之野人者幾希。」❼袗衣鼓琴　穿繡有文采的衣服，彈琴作樂。《孟子‧盡心下》：「舜之飯糗茹草也，若將終身焉，及其為天子也，被袗衣，鼓琴，二女果，若固有之。」❽牛羊倉廩　給他牛羊，為他築倉廩。《史記‧五帝本紀》：「堯賜舜絺衣與琴，為築倉廩，予牛羊。」

【語　譯】天下有常勝的道理。大的勝小的，強的勝弱的，多的勝少的，這是兵家早有定論的。可是大的有時敗給小的，強的有時敗給弱的，多的有時敗給少的，這難道所謂常勝的，是不可常嗎？

不是的，用兵是以武力加之於對方，假使雙方都盡了力，那麼小的就沒有勝大的道理，弱的終究沒有勝強的道理，少的終究沒有勝多的道理。只有仗恃自己大、仗恃著自己強、仗恃著自己多，於是鬆弛頹廢自己的力量而不能用，那就和沒有力量一樣了，就不如那些小的、弱的、少的，畢竟還有一些力量了。

以能吞船的大魚，看那些螻蛄螞蟻，大小相差豈只是十倍百倍，或千倍萬倍呢？但振蕩而失去了水，反而被螻蛄螞蟻所吃掉，人們以為是小的勝了大的，卻不曉得有了水，魚是大的，螞蟻是小的，沒有水，那魚是小的，螞蟻是大的。把形體擱在一邊，而討論他們的力量，便是大的勝小的，而不是小的勝過大的了。那些強弱、多寡之相互取勝，都是屬於這一類的，所以說大的勝小的，強的勝弱的，多的勝少的，是兵家的定論。魯國和邾國的戰爭，在還沒交兵的時候，人們都意料魯國一定打勝仗，但升陘的戰役，僖公輕視邾國而不準備安排，雖有很多的人卻和沒有部隊一樣。魯國不如邾國，就好像有一旅的裝備，只作鉛刀一割之用，所以有魯國卻像沒有魯國，而邾國的力量雖小卻確實存在而可用，以有對沒有，勝利怎會不在邾國的一邊？失敗怎會不在魯國的一方呢？

我們探討一下魯僖公當國君的作為，將莒拏加以俘虜，接受介葛盧的朝見，則傲然軒昂，自居於眾人之上，是這一位僖公。在葵邱會盟的路上來回奔走，在踐土之盟煞費周章，則又恐懼卑微，自居於眾人之下，也是這一位僖公。就只這麼一位僖公，前些時勇猛，如今卻怯弱；早上壯盛，傍晚就衰微，是多麼善變而沒有節操啊！其實這也不全是僖公的罪過，是他所居處的地位使他如此，僖公居處在魯國的地位，以魯國面對著介國和莒國，於是自以為大而看別人渺小，心裏不想驕傲也會驕傲起來；以魯國面對著齊國和晉國，於是自覺渺小而看別人壯大，心裏不想害怕也會害怕起來。既然看到大國要尊崇，必然是見到小國就輕忽。這該是禍害產生由於輕忽，以致召來魚門之辱的原因吧？

臧文仲的進諫，可說是忠誠的，只可惜他能規諫僖公的過失，卻不知道僖公會有過失的根源。僖公造成過失的根源在哪兒呢？假使讓僖公改變所處的地位，而居於齊國和晉國的地位，就將變畏懼為驕傲；居於介國和莒國的地位，就將變驕傲為畏懼。我們因此可以知道，尊崇大國，不是僖公個人的因素，而是因為魯國的關係；輕忽小國，不是僖公個人的原因，而是由於魯國的緣故。僖公不把自己當做自己，而把魯國當做自己，所以比魯國大的，我就認為它大；比魯國小的，我也就小看它了。這難道不是被居處的地位改變了嗎？

以前，舜從卑微的地位而登上至尊的帝位，當初居於木石之間，並不能使他愚笨；與鹿豬為伍，並不能使他野蠻；耕田種植不能使他感到勞苦；燒窰捕魚不能使他感到屈辱；身穿繡衣彈琴作樂，不能使他腐化；給了牛羊築了倉庫，不能使他奢侈。這是居處的地位被舜所改變，而舜不曾因居處的地位而改變。唉！當僖公的時代，如果有人能說出舜的故事，以救治僖公的過失，或許僖公就會好了呢！

【研　析】魯僖公目中無邾，不聽臧文仲之諫，於是有魚門之辱，呂祖謙卻能將它說成「魯無魯而邾有邾」，是升陘之役勝敗的原因，十分雋妙，更推論出「僖公不以己為己」，造語新奇，妙意環生。

文章一開始，說很平常的大勝小、強勝弱、多勝寡的道理，至於得到相反的結果，那是自恃而落敗，自恃者無所施展，等於沒力量。第二段落實到事物，說明一有一無，有力者必勝的道理，然後說到僖公輕敵，造成「魯無魯而邾有邾」，所以魯國必敗。第三段分析僖公見大國而尊，見小國而忽，是召致魚門之辱的原因。第四段深究僖公的心態，完全著眼於魯國，心中只有魯國而沒有自己。最後一段舉出舜的修為，不因自己居處地位的不同而改變其操守，而以感慨沒人能將這道理告訴僖公作結。

本文闡平凡之理而用新奇之語。用「無魯」以至「不以己為己」的新奇語言，說明「雖強大必勝，但驕矜必敗」，以及「君子不因境遇而變其度」的平常道理。由於筆觸靈動，不但妙意橫生，還能把結論寫得「無人識此，惟我能之」，豪情萬丈，其筆路很值得我們尋繹。

鄭文夫人勞楚子入享於鄭

僖公二十二年

【題解】魯僖公二十二年（西元前六三八年）十一月丙子那一天的早上，鄭文公夫人羋氏和姜氏在柯澤慰勞楚成王，楚王派師縉把俘虜和從敵人頭上割下的左耳，拿給她們看。《左傳》引君子之說，認為這是不合禮的，因為女人送迎不出門，和兄弟相見也不出門檻，戰爭時不接近女人的用具。第二天，楚王到鄭國接受九獻的享禮，在庭中陳列禮物百件，又加籩豆六件。宴享之後，晚上由文羋奉送回營，還讓楚王帶了兩個鄭國女子充當侍妾。於是叔詹說：「楚王恐怕不能善終，行禮儀竟至無別，無別不能稱為禮，怎麼能得到善終？」諸侯也由此知道他不能成霸業。果然六年之後，楚為晉所敗，城濮之戰粉碎了楚王建霸的美夢，而在魯文公元年（西元前六二六年）楚成王為其子商臣所弒。

《左傳》記載此事，頗有讚許叔詹高瞻遠矚的意味，但呂氏以為叔詹僅知楚子取二姬非禮，卻不知楚子受享已非禮，所以譏其所見已晚，並不是懂得禮的人。

見奔而謂之敗，見鬪而謂之讎，見憊而謂之疾，何其見之晚也！未奔之前，有先敗焉；未鬪之前，有先讎焉；未憊之前，有先疾焉。冥冥之中，其先固已瞭然而不可揜，豈必待見形而後悟哉？

楚子帥師過鄭，納文夫人之勞，受享祀之僭，又取鄭二姬以歸，固蠻夷之常態，不足以汙簡冊，吾獨怪叔詹之言，何其見之晚也！叔詹譏楚子取鄭之二姬，曰：「為禮卒於無別，無別不可謂禮。」是叔詹徒知無別之非禮，而不知受享之非禮也。使楚子不取二姬，則叔詹將遂以受享為禮之正矣。孰知夫受享之際，乃無別之先乎？當鄭之享楚子也，陳其鼎俎，肅其尊彝，蠲其巾冪❶，豐其殽脩❷，威儀可則，進退可度，宜叔詹不悟其非禮也。

抑不知生天下之善者，出於敬；生天下之惡者，出於慢。一籩一豆之相去，其為禮也微矣，嚴之而不敢犯者，敬心存也，是心苟存，將無所不敬。推而上之，至於守君臣、父子、夫婦之分，為世大法者，同一敬也。忽之而無所顧者，慢心生也，是心苟生，將無所不慢。推而下之，至於亂君臣、父子、夫婦之分，為世大戒者，同一慢也。是故今日謹一籩一豆者，即他日謹君臣、父子、夫婦之分者也；今日易一籩一豆者，即他日易君臣、父子、夫婦之分者也。

楚爵則子，而輒當上公九獻之儀❸，庭實旅百之盛，加籩豆六品之侈，其於燕享之禮，固已無別矣。燕享之無別，即男女之無別也，均為無別耳。始之罪不為輕，而後之罪不為重；始之罪不為小，而後之罪不為大，豈可立等於其間哉？

燕享之禮無別，其罪隱；二姬之無別，其罪彰。叔詹捨其隱而譏其彰。噫！何其見之晚也。吏必先明法，然後可以責人之踰法；士必先明禮，然後可以責人之踰禮。叔詹猶以鄭之享楚為禮，則既不知禮之為禮矣，又何責楚子之踰禮哉？

【注釋】❶巾冪　古代覆蓋尊、彝等禮器的巾。《國語・周語中》：「陳其鼎俎，淨其巾冪」，本文即用於此。❷腶脩　本指搗碎加上薑桂的乾肉。在此泛指享祀用的食品。❸上公九獻之儀　依《周禮・秋官・大行人》：「上公之禮，饗禮九獻。」九獻是主人的獻賓，達九次之多。

【語譯】見他逃奔而說他敗了，見他們離析而說他們有仇恨，見他憔悴而說他有病，所見未免太晚了吧！在還沒逃奔之前，就已經敗了；還沒離析之前，就已經有仇恨了；還沒憔悴之前，就已經有病了。冥冥之中，原先就已經很清楚而難以掩飾，哪裏一定要等到表現在外才知道呢？

楚子率領軍隊經過鄭國，接受鄭文夫人的慰勞，接受僭越禮制的享祀，又帶走兩個鄭國的女子，這原本是蠻夷常有的事，不足以記載它以弄髒了簡冊，我只是奇怪叔詹的話，他看見事情是多麼晚啊！叔詹譏評楚子帶走鄭國兩個女子，說：「行禮儀而終致無別，無別不可以稱之為禮。」這麼說來，叔詹只知道無男女之別不合禮制，而不知道接受享祀的不合禮制。假使楚子不把兩個女子帶回軍中，那麼叔詹將以為楚子受享是合於正禮了。誰知在楚子受享的時候，已經是男女無別的先聲呢？當鄭國宴享楚子的時候，陳設了大鼎和砧板，恭敬地用著禮器，潔淨了禮器的覆巾，豐厚了碎肉乾肉等食物，威儀可以讓人效法，進退可作為法度，叔詹不知道它不合禮制是可以理解的。

但不知造成天下之善，是出於誠敬之心；造成天下之惡，是出於輕慢之心。一個竹編的籩器和一個木製的豆器的差別，在於禮數上相差是很微小的，但很嚴格而不敢錯亂，是因為存著誠敬之心，這種心如果能保存，就將無所不敬。以此往上推衍，以至遵守君臣、父子、夫婦的本分，成為人世間共同遵行的大法則，都是同一種誠敬之心。怠忽而無所顧忌，輕慢之心就產生了，這種心如果產生，就將無所不輕慢。以此往下推衍，以至混亂君臣、父子、夫婦的職分，成為人世間共同警惕的鑑戒，就是同一種輕慢之心。所以今天在一個竹編的籩器和一個木製的豆器上謹慎小心，以後就能在君臣、父子、夫婦的分際上謹慎其操守；今天在一個竹編的籩器和一個木製的豆器上輕忽變易，以後就會在君臣、父子、夫婦的分際上輕忽變亂。

楚國的爵位只是子爵，而受用上公九獻的禮儀，庭中羅列百品的盛宴，正禮之外又加籩豆六品的奢華，他們在宴享的禮儀上，原本就沒職分的差別了。在宴享時沒有職分的差別，就等於男女在禮分上沒有區別，都一樣是混而無別。起初宴享之禮沒有等級差別的罪過並不比較輕，後來不守男女之禮的罪過並不比較重；當初不守宴享之禮的罪過並不比較小，後來不守男女之分的罪過也不比較大，怎麼能夠在這中間定下標準劃分出等級呢？

宴享的禮儀沒有等級差別，這種罪過比較隱約；帶兩個女子入軍中，不守男女之禮，這種罪過比較顯而易見。叔詹就把隱約的擱在一邊，而譏諷比較顯而易見的。唉！所見不免太晚了。官吏必先明白法律，然後才可以責備別人犯法；士人必先明白禮制，然後才可以責備別人違背禮制。叔詹仍以為鄭國宴享楚子是合於禮制，那麼他就不是知道禮之所以為禮了，又怎能責備楚子不守禮制呢？

【研　析】這一篇頗有故意找碴、雞蛋裏挑骨頭的意味。《左傳》以為叔詹洞察機先，呂氏卻說他後知後覺，要作翻案論辯之文，本文自有其參考價值。

要說人後知後覺，先為所謂先後下定義。說明未形於外而能見之，才算是先見之明。首段從敗、雔、病三事，說明其事已成，而後才會有奔、間、憊之外象。見事應在見形顯象之前。第二段指出楚子受鄭文夫人之慰勞、越禮的享宴，叔詹未加譏評，而只譏評取二姬以歸的事，以推敲其未譏者，是不知其非禮。於是用第三段說明小處不知敬慎，就會犯世之大戒。第四段實指楚子受九獻之禮是僭越，其有慢心，當然就會取二姬以歸。第五段結論，指出叔詹只見其彰顯違禮的事，而不見其隱約處，所以不能說是知禮，也就不足以責備楚子了。

其實，《左傳》記載此事，已引君子以評鄭文夫人勞楚子為非禮。而叔詹之譏，也只說「為禮卒於無別」，這「無別」二字，也可概括燕享之禮的部分。再說《左傳》引叔詹之言，旨在於預示楚子不能建霸，與日後不能善終，也顯示叔詹的洞察機先。而呂氏則在叔詹似乎不曾提及的部分，大做文章。寫文章或可如此找話題，但論事之是非，就不免失之於苛了。

楚子文使成得臣為令尹

僖公二十三年　范武子請老宣公十七年

【題　解】魯僖公二十三年（西元前六三七年）秋天，楚國的成得臣領兵攻打陳國，是因陳國和宋國結盟的緣故。於是佔取了焦、夷兩地，在頓地築城而後回國。令尹子文以為他有功，就要把自己當了二十六年的令尹讓給他。叔伯說：「那國家怎麼辦？」子文說：「我就是用以安定國家的。有了大功而不能居高位，這樣的人能夠讓國家安定的可沒有幾個。」五年之後，得臣於城濮戰敗，自縊而死。

魯宣公十七年（西元前五九二年），晉景公派郤克到齊國，召請齊侯參加盟會，齊頃公讓其母等於帷幕之後觀看，郤克因跛足（或說瞎一眼，或說駝背）而被婦人所笑，郤克發怒，出來後發誓，不報此辱，不渡黃河。當時晉中軍帥范武子（士會）要告老退休，告訴兒子說：「我聽說，有喜有怒盤踞在心頭的人，行止能合於禮法的人不多，不依禮度的倒很多，《詩》說：『君子如果發怒，禍亂大體會很快阻止；君子如果喜悅，禍亂也大體會很快停歇。』君子的喜怒是可以止禍的，如果不能阻止，就反而會助長。郤克大概想止亂於齊國吧？不然，我怕他會增長禍亂的。我打算告老，讓郤克能滿足心願，禍亂才能解除，我跟著你們恭敬從事吧！」於是請求告老，由郤克執政，三年之後，大敗齊師於鞌。

呂氏以為聖人以權位為控制憤怒和欲望的防線，而子文與范武子竟然將它作為讓人宣洩憤怒和滿足欲望的工具，是不對的，更批評子文「靖國」之說，對後世為害很大，頗能暢其議論。

多而不可滿者，慾也；銳而不可極者，忿也。治慾之法，有窒而無開；治忿之法，有懲而無肆。處己是法也，處人亦是法也。

或者之論曰：「飢者得食則止，渴者得飲則止，寒者得衣則止，熱者得濯則止，慾者得求則止，忿者得報則止，我慾可窒，我忿可懲，乃若他人之忿慾，不有以少償之，彼亦安肯遽止乎？」嗚呼！此非忿慾之譬也，忿慾譬則火，然畏火之怒，而投薪以濟之，則其勢隨投而隨熾。忿慾譬則盜，然畏盜之怒，而授刃以濟之，則其勢隨授而隨增。薪者火之資也，刃者盜之資也，權位者忿慾之資也。假其資而望其止，天下寧有是也？

先王尊權位以示天下，所以嚴萬世之巨防也，何人而無慾？何人而無忿？忿慾方興，局於無權無位而不得展，足將行而復駐，手將舉而復斂，口將言而復默，念將生而復消。有谿壑❶貪惏之慾，鬱勃炮燔之忿，莫不限於權位之巨防而止。止則回，回則有趨於善者矣。天下方馳騖於忿慾而不知反也，先王固未嘗與之爭也，嚴吾權位之巨防，使忿慾者窘於無資，氣衰力怠，道窮途絕，倀倀然而無所歸，雖吾不使之趨於善，而彼自不得不趨於善。然則權位者，真先王閉忿慾之巨防也歟？先王以是為忿慾之防，後世以是為忿慾之資，何其反也？

楚成得臣有功於陳，子文推令尹之位與之，以塞其慾。齊侯既辱郤克，范武子遽請老，而授郤克政，使逞忿於齊。噫！令尹豈賞功之物！而晉數百年之社稷，亦豈二三臣逞憾之具歟？楚非置兩令尹也，幸而一成得臣有功耳，如使數人者並立大功，吾不知子文復何以與之？春秋之時，行人見辱者，何國蔑有？姑以晉言之，若解揚之見執於宋圍❷，韓起羊舌肸之見挫於楚靈❸。是數事者，如與郤克之辱並發於一時，則晉師亦將車敝馬汗，東馳西逐，偏遶天下，盡報諸臣之怨而後已歟？

甚矣！子文武子之不思也，將以飽其慾，適以滋其慾；將以散其忿，適以張其忿。故得臣之慾，與位俱長，成師而出，服陳服蔡，服魯服鄭，服曹服衛❹，嗜勝不止，貪以遇大敵，迄至城濮之敗，軍覆身殞，為天下笑。向若子文不畀以大柄，雖驕縱怨望，不過煩司敗之刀鋸耳，楚必不至於不競，晉必不至於獨霸，西廣、東宮、若敖之卒，亦必不至於偕死也。至於郤克搴之戰，雖曰幸勝，然忿不思難，至欲質齊侯之母，苟無魯衛之諫，則以晉之驕，當齊之怒，背城借一❺之際，吾未知齊晉雌雄之所在也！不幸而敗於垂成，則亂原禍端，武子安得不任其咎乎？得臣之慾，得子文之位而盛；郤克之忿，得武子之位而伸。君子視人之忿慾，不能救則已矣，安可假其資而成其惡乎？

吾嘗攷論二子之言，武子誦已亂之詩，而誤領已亂之意❻，猶未足深責。彼子文之語叔伯者，一何悖耶！曰：「吾以靖國也，夫有大功而無貴仕，其人能靖者有幾？」凡人爵不足酬功，慊之者固多矣，若遽作不靖，危其國家，自非盜賊小人，未必皆有是心也。子文之為是言，將概以盜賊小人待天下耶？自子文之言出，人臣之立大功者，人君或懼其不靖，反加屠戮，是功者身之賊也。以是位而答是功，不復問其材之能否，使播其惡於民，是功者位之賊也。既立大功，自謂居危疑不賞之地，而姦謀始生，是功者國之賊也。一有大功，則為身之不幸，位之不幸，國之不幸，孰敢以功業自奮者耶？《詩》曰：「誰生厲階？至今為梗❼！」

【注　釋】❶谿壑　本謂溪谷溝壑，以形容貪欲難以飽足。因《國語・晉語》有「谿壑可盈，是不可饜也。」便以谿壑之心喻無厭之欲。❷解揚之見執於宋圍　事見魯宣公十五年（西元前五九四年），宋被楚所圍，向晉告急，晉景公因伯宗阻止而不救，派解揚到宋，使宋不降。但解揚為鄭國所囚而獻給楚軍，楚莊王要他登樓車反其言，解揚卻藉以傳達晉君之命，後仍為楚莊王所釋放。見《左傳》。❸韓起羊舌肸之見挫於楚靈　楚靈王求婚於晉，晉平公派上卿韓宣子送晉女於楚，以上大夫叔向為介，楚王欲拘二人並使其為太監以屈辱晉國，後因薳啟疆進諫而止。楚王又要使叔向有所不知而出醜，又未能如願，於是厚待二人。見《左傳》昭公五年。❹服陳服蔡三句　魯僖公二十七年（西元前六三四年），僖公請楚兵以伐齊，次年楚國與陳侯、蔡侯、鄭伯、許男共伐宋。又次年，晉文公為救宋而伐曹，向衛國借道，衛國不許，所以在城濮之戰之前，陳、蔡、魯、鄭、曹、衛都服於楚，而背齊、晉。❺背城借一　指決一死戰。即在城下，借以一戰。❻武子誦已亂之詩二句　范武子引《詩・小雅・巧言》：「君子如怒，亂庶遄沮；君子如祉，亂庶遄已。」其詩本指禍亂之來，是由於君子信讒言，所以說君子如果聞讒言而怒，禍亂便可停止；君子如果聞喜言而喜，禍亂便可消失。春秋時代引詩抒志，多斷章取義，呂氏說其誤會止亂之意，恐非實情。❼誰生厲階至今為梗　梗，指為害。見《詩・大雅・桑柔》第三章，本指執政者為國家困頓、人民流離失所的罪魁禍首。

【語　譯】很多而不可能滿足的，是人的慾望；很強而不可能到終極的，是人的憤怒。對待慾望的方法，是有所阻止而不是開啟；對待忿怒的方法，是有所壓抑而不是放任。對待自己是這樣，對待別人也是這樣。

或許有人會說：「飢餓的人得到食物就不飢餓了；口渴的人得到飲料就不口渴了；寒冷的人得到衣服就不寒冷了；燥熱的人得到水洗就不燥熱了；有慾望的人得到所求的就沒有慾望了；忿怒的能夠報復就沒有忿怒了。而且自己的慾望可以禁止，自己的忿怒可以壓抑，至於別人的忿怒和慾望，如果不讓他稍為得償，他怎麼肯就此罷休呢？」唉！這些不是忿怒和慾望的好譬喻，忿怒和慾望就譬如火那樣，怕火燒得太猛烈，投木柴去平緩它，那麼火勢會隨著投木柴而更強烈。忿怒和慾望也像盜賊，怕盜賊生氣而拿刀給他想來緩和他，結果盜賊的氣勢隨著給刀刃而更增強。木柴是火的能源，刀刃是盜賊的資本，權位是忿怒與貪欲者的資源。給他資源而希望他停止，天下難道還有這種道理嗎？

古代聖王尊崇權位以示天下，用來嚴正千秋萬世的禮防，哪個人沒有慾望？哪個人沒有忿怒？忿怒和慾望生起，受到沒有權沒有位的限制而不能伸展，腳剛要行動就又停住，手將要舉起就又回縮，口將要講話就又沉默，意念將產生就又打消。有無窮的貪婪之欲，壯盛的憤怒之火，沒有不是受到權位的限制而有防止的作用。防止而使人回心轉意，回心轉意就趨向於善道了。當天下人正馳騁於忿怒和貪欲之途而不知回頭的時候，古聖先王並不跟他們計較，只是嚴守權位的防線，使忿怒和貪欲的人得不到資源而受到困窘，等事過境遷，氣衰力竭，無計可施，失望而不能稱心如意，雖然我不促使他走入善道，而他也不得不走向正途。這麼說來，權位確實是古聖先王制止忿怒與貪欲的重要防線吧？古聖先王以它為忿怒和貪欲的防線，後代的人以它為忿怒和貪欲的資源，是多麼背道而馳啊！

楚國的成得臣在討伐陳國的時候立功，子文把令尹的職位讓給他，以滿足他的慾求。齊侯已經屈辱了郤克，晉國范武子突然告老退休，而把政權交給郤克，使他能發洩其忿怒。唉！令尹的職位哪裏是賞功的獎品！而晉國這幾百年的大國，又怎麼是少數的臣子用來發洩憾恨的工具呢？楚國並沒有設兩個令尹的職位，幸而只有一個成得臣立功而已，如果有好幾個都立了大功，我就不知道子文再用什麼來獎賞？春秋時代，奉命出使在外的人受到屈辱，哪一國沒有？姑且以晉國來說，解揚在宋國被圍時被派到宋國，為鄭國所俘虜；韓起和羊舌肸到楚國，也被楚靈王所屈辱。這幾件事如果和郤克受屈辱發生在同一個時期，那晉國的軍隊豈不是將兵疲馬憊，東奔西跑，繞遍天下，以報完群臣的仇怨才能罷休呢？

子文和范武子實在太欠考慮了，想飽足他們的慾望，正滋長他們的慾望；想舒洩他們的忿怒，正擴張他們的忿怒。得臣的慾望，隨著他地位的提高而增長；成軍而出兵，順服了陳國、蔡國、魯國、鄭國、曹國和衛國，貪得勝利而不知足，終因貪婪而遇到大敵，到城濮之戰，兵敗身亡而為天下所笑。假使早先子文不授給他大權，他雖然驕縱怨怒，也不過是在論戰爭功罪時，因敗而加刑罷了，楚國必然不至於從此難以與晉抗爭的地步，晉國也必然不至於從此獨霸諸侯，西廣、東宮、若敖這些士兵也不至於陪著去陣亡。至於郤克在鞌之戰，雖然僥倖戰勝，卻忿然不考慮日後的禍害，甚至想要以齊侯的母親為人質，假如沒有魯國和衛國的諫言，那麼以晉國的驕矜，面對齊國作最後的掙扎，我們都難以預料齊國和晉國的勝敗呢！如果不幸在最後即將大功告成的時候才失敗了，那麼推溯禍亂的根原，范武子怎能不承擔這個罪過呢？得臣的貪欲，得到子文的權位以後更為強烈；郤克的忿怒，得到范武子的權位以後更為伸張。一個君子看到別人的貪欲和忿怒，不能加以解除救助也就罷了，怎麼可以增強它而成其罪惡呢？

我們再探討兩人所說的話，范武子誦止亂的詩篇，而誤會止亂的意思，還不足以深加責備。子文向叔伯所說的話，是多麼違背事理啊！他說：「我這麼做是為了安定國家，有了大功而不能居高位，這樣的人能讓國家安定的有幾個呢？」凡是人所領受的爵位，不能酬庸到讓人滿足的程度，不滿意的人固然很多，如果說就此不能安寧而危害國家，假使不是盜賊和小人，都未必有這樣的想法。子文說這樣的話，不是把天下人和盜賊小人等量齊觀了嗎？自從子文這話說出之後，凡是為人臣子的立了大功，為人國君的或怕功臣不能安於其位，反而加以屠殺，所以功勞反成為殺身的禍因。以某一種職位來酬庸有某一種功勞的人，不再考量他的才幹是不是可以承擔那個職位，於是讓他為害人民，那麼功勞反成為權位的禍根。已經立了大功，自以為處在被猜疑而不能得賞賜的地位，於是產生了姦險的陰謀，那麼功勞反而成為國家的禍苗。一有了大功，成為個人的不幸，官職的不幸，以至國家的不幸，那有誰還會努力奮發去建立大功呢？這正如《詩經》所說的：「是誰造成這禍害的階梯呢？直到今天，還為害不已！」

【研　析】堯舜禪讓，為後世所讚美，楚子文和晉士會能以執政大權，讓予他人，也為常人所不及。但呂氏卻以「授忿慾者以資，足以成其惡」，把子文和士會批評得一無是處，而且筆鋒凌厲，議論淋漓確切。

他首先提出「慾望多而不可滿，忿怒銳而不可極」為立論基礎。第二段以或許有人會如何如何，來暢發前說，並運用譬喻加以說明。第三段提出權位之用，在於阻止慾忿，如果以它授予忿慾者，成為他們的資本，那就天下大亂了。第四段說明權位不是賞功之物，也不是臣子用以發洩憾恨的工具，以指責子文和范武子。第五段指責子文授得臣令尹之位，害了得臣和楚國，以及楚國的軍民；范武子授政予郤克，雖有戰功，也差一點功敗垂成。最後一段則極力批評子文「靖國」之說，貽害無窮。

論功行賞，本是用人之術，因其慾而伸之於仇敵，也是權術的運用，但他們不該成為國家決策者。決策權淪入忿慾者之手，將造成國家的禍害，這或許可以說是軍政分治說的濫觴。用人惟才，而非以功；有功可賞，而非授之以權位，這該是相當進步的政治理念。

晉懷公殺狐突

僖公二十三年

【題解】魯僖公二十三年（西元前六三七年）九月，晉惠公死，懷公即位，命令晉人不得跟隨逃亡在外的人，規定期限，到期不回來，絕不寬赦。狐突的兒子毛和偃，追隨公子重耳留在秦國，不肯奉召。懷公逮捕狐突說：「把兒子召回就赦免你！」狐突說：「當兒子能得到官職，父親教他盡忠的道理，這是古代的禮制。把名字寫在簡冊上，委質於主人，如果有三心二意就是罪過，下臣的兒子在重耳那兒已有多年，召他回來，是教他三心二意。當父親的人教兒子三心二意，自己如何事奉國君？刑罰不濫用，是君主的賢明，也是下臣的願望；如果濫用刑罰以圖快意，誰能不受罪罰？」懷公殺了狐突，卜偃從此託病不出門，以為國君不賢明，殺人以逞一己之快，必難長久。次年二月，懷公被殺。

呂氏指出晉懷公不責己而責人，於是自取敗亡，所以說納重耳於晉，害死懷公的，正是懷公自己。

明於觀人，暗於觀己，此天下之公患也。見秋毫之末者，不能自見其睫；舉千鈞之重者，不能自舉其身，甚矣！己之難觀也。人皆知以己觀己之難，而不知以人觀己之易。同是言也，彼言之則從，我言之則違，其必有故矣。同是事也，彼為之則是，我為之則非，其必有故矣。因人之善，見己之惡；因人之惡，見己之善，觀孰切於此者乎？晉懷公不知己之無以致人，徒責人之不從己，殆未嘗以人而觀己也？

懷公，晉國之君，彼重耳特一亡公子耳。狐趙之徒出從重耳，陷狄困衛，逃齊脫楚❶，人有不堪其憂者矣。乞食投塊，觀浴操戈❷，人有不堪其辱者矣。風羈雨絏，過都歷邑，人有不堪其勞者矣。使其一日捨重耳而從懷公，則里閭歡迎，姻族畢至，擊鮮釃酒，舒發故情，此天下之至樂也。高軒華轂，豹飾羔裘，前趨後陪，光生徒馭，此天下之至榮也。堂宇靚深，自公退食，體胖心廣，四顧無虞，此天下之至安也。懷公盍亦以人觀己乎？從彼者憂如是、辱如是、勞如是，而狐趙輩乃就之而不辭。從我者樂如是、榮如是、安如是，而狐趙輩乃棄之而不顧。則德之優劣厚薄，不待言而可見矣。

懷公盍亦因此自反曰：樂也、榮也、安也，人之所同嗜也，狐趙之徒所以崎嶇從重耳者，豈與人異情哉？其棄樂而就憂者，必重耳之德有以勝其憂也；其棄榮而就辱者，必重耳之德有以勝其辱也；其棄安而就勞者，必重耳之德有以勝其勞也。況吾以晉國之大，而增修其德，則人之從我者，既有道德之樂，又有名位之樂；既有道德之榮，又有名位之榮；既有道德之安，又有名位之安，重耳無我之所有，而我有重耳之所無，有無之相形，人將不待招而至矣。此猶為懷公而言，非論之至者也，德之休明，冰天桂海❸，荒區絕漠，將奉琛重譯，而皆來臣，何至下與一亡公子爭數僕役哉？陋矣！懷公之褊也。

懷公肆其褊心，不知反己，徒殺人以逞，使在外者絕向我之意，而堅事讎之志，計無失於此者矣。雖重耳苟安於外，彼毛偃挾不戴天之讎，思欲一逞，豈容重耳之安於外乎？是則納重耳於晉者，非秦伯也，非狐趙也，懷公也！

【注　釋】❶陷狄困衛逃齊脫楚　重耳奔狄，但於晉惠公即位後，又派寺人披，伐於渭水之濱，重耳居狄十二年，乃投奔齊，但路過衛國，衛文公不以禮待之，乞食於田野農夫，農夫給予土塊。到齊，齊侯配以姜氏，重耳乃樂不思晉，齊桓公死後，狐偃與姜氏謀，醉而遣之，離齊經曹、宋、鄭而到楚。楚子玉欲殺重耳，幸為楚成王所阻，後乃離楚到秦，由秦穆公助其得國。見次篇題解。❷乞食投塊觀浴操戈　重耳經過衛國，乞食於野人，野人給予土塊。經曹時，曹共公聞重耳駢脅，觀其裸浴。又在離齊時，被灌醉而以車載之離去，重耳醒而怒，以戈逐狐偃。乞食及觀浴，皆重耳所受之辱，狐趙之徒固然同受其辱，操戈乃重耳加諸狐偃之辱。詳見次篇題解。❸桂海　即南海。

【語　譯】善於觀察別人，不善於觀察自己，這是世人共同的缺點。能看見秋天鳥羽末梢的人，不能看見自己的睫毛；能舉起千鈞之重的人，不能舉起自己的身體，觀察自己實在太難了。人們都知道由自己來觀察自己很難，而不知道由別人來觀察自己很容易。同樣的話，他說了人家就順從，我說了人家就違背，它一定是有原因的。同樣的事情，他做了就是對的，我做了就不對，它一定是有原因的。藉著別人的善，看自己的惡；藉別人的惡，看自己的善，觀察人哪有比這更確切的呢？晉懷公不知道自己無德以服人，只是責怪別人不聽從於他，這大概就是不曾藉別人來觀察自己的緣故吧？

當時，懷公是晉國的君主，重耳只是一個亡命於外的公子。狐偃和趙衰這些人流亡在外追隨重耳，在狄陷入絕境，在衛受到困窘，逃出齊國，脫離楚國，都是人們所不能承當的憂患。向人求食，人家給予土塊，受觀浴之辱，遭戈逐的委屈，都是人們所不能忍受的屈辱。風雨中羈旅在外，做人的隨從，經過多少國都城邑，是為人們所不能承當的勞苦。假使他們一旦捨棄重耳而依附懷公，於是將在鄉里受到歡迎，親戚全來了，切著鮮肉，喝著美酒，敘故舊之情，這是天下最快樂的事。坐著高大華麗的車子，穿著豹紋裝飾的羔羊皮襖，前面有人開道，後面有人跟隨，連奴僕和駕車的人都同感光彩，這是天下最光榮的事。住著高大深邃的華屋，退朝之後悠遊自在，無所憂慮，於是心廣體胖，這是天下最安適的生活。懷公為什麼不能從別人身上來觀察自己呢？跟著重耳的人，是如此憂患、如此蒙辱、如此辛勞，但狐偃和趙衰他們卻追隨而不推辭。跟著我的人，是如此快樂、如此榮耀、如此安適，而狐偃和趙衰他們卻棄而不顧。那麼品德的高下優劣，不說也可以看出來了。

懷公為什麼不因此自我反省一下：快樂、榮耀、安適，都是人們所共同喜歡的，狐偃和趙衰他們之所以備受坎坷以跟隨重耳，難道是他們的情懷和常人不同嗎？他們放棄快樂而願受憂患，必定是重耳的美德感召勝過他們所受的憂患；他們放棄榮耀而願受屈辱，必定是重耳的品德感召壓過他們所受的屈辱；他們放棄安逸而願受勞苦，必定是重耳的道德感召強過他們所受的勞苦。何況我以晉國之大，如能再增強自己的品德，那麼跟從我的人，既有沐浴在道德的快樂，又享有名位的快樂；既有沐浴在道德的榮耀，又享有名位的榮耀；既有沐浴在道德的安適，又享有名位的安適，重耳沒有我所擁有的，而我有重耳所沒有的，在「有」和「沒有」相對之下，那些人將不必我去招徠而自己就會來了。這還是對懷公來說的，並不是說達到極致的人，一個道德美好盛明的聖人，即使遠在冰天雪地的北極和南方桂海，或蠻荒絕域的人，都會奉著寶物、透過輾轉翻譯，前來稱臣，怎麼會卑劣到跟一個流亡在外的公子爭幾個僕役呢？懷公的胸襟未免太狹隘了。

懷公放任自己狹隘的胸襟，不知道自我反省，只是殺人以逞一時之快，使流亡在外的人，斷絕了歸向懷公的意圖，而堅強他們事奉懷公仇敵的心志，計策沒有比這個更糟糕的了。即使重耳要在國外苟且偷安，那狐毛、狐偃也基於不共戴天的殺父之仇，很想逞其復仇的心願，哪裏容許重耳在國外苟且偷安呢？因此，送重耳回晉國得位的，不是秦穆公，也不是狐偃、趙衰，而是懷公啊！

【研　析】要指陳晉懷公不責己而責人，則以「明於觀人，暗於觀己」入手，以常理說明，而引到「以人觀己」之術，為懷公所欠缺。第二段對照懷公與重耳當時地位的懸殊，強調懷公條件的優厚，卻為狐趙棄而不顧。第三段指陳晉懷公不能反躬自省，未能善用自己的有利地位，胸襟也太狹隘。最後以懷公胸襟狹隘而失策，反促使重耳回國作結。

本文採用對照比較的方法，以鞏固其論證。第二段比較懷公與重耳的地位與條件，其給予臣屬的，重耳是憂、辱、勞，懷公卻能使之樂、榮、安，逐一作對比。最後結束說納重耳於晉的是懷公，有如晉太史董狐說「趙盾弒其君」，是可以理解推理的。卻又別有荒謬與突愕之感，悠然有餘韻。這都是本文的特出之處。

晉重耳奔狄至降服而囚

僖公二十三年　秦伯納重耳至頭須請見　僖公二十四年

【題解】晉公子重耳受到攀誣的時候，晉軍到蒲城攻伐，蒲城人想要迎戰，重耳不同意，他說：「依靠君父的命封，才享有俸祿，才得到眾人的擁戴，有眾人的擁戴而抗拒君父的命令，這罪過太大了。我還是逃亡吧！」於是逃亡到狄，有狐偃、趙衰、顛頡、魏武子、司空季子等人追隨他。在狄娶季隗，經十二年而後離開。路過衛國，衛文公不加以禮遇，在五鹿向人乞食，野人給他土塊，公子發怒，要用鞭子打人，狐偃說：「這是上天的賜與。」公子叩頭把土塊放到車上。到達齊國，齊桓公為他娶妻，並給馬八十匹。公子滿足於齊國的生活，跟隨的人認為這樣會消磨壯志，在桑下密謀離去，養蠶的侍妾在樹上聽到，向姜氏告密，姜氏殺了她，促使重耳離去，但重耳不肯。姜氏轉而與狐偃密謀，將公子灌醉，送離齊國。公子醒後執戈逐狐偃。到曹國，曹共公聽說公子骨相特殊，要看他裸體的樣子，看了公子洗澡。僖負羈之妻勸僖負羈籠絡公子，乃送食物與玉璧，公子接受食物，送還玉璧。到宋國，宋襄公也送馬八十匹。到鄭國，鄭文公不加禮遇，叔詹加以勸諫，但鄭文公不聽。重耳到楚國，楚成王設宴款待，問重耳以後如何回報，重耳說楚比晉富庶，晉無以回報。再三追問下，才答應以後自己如果成為晉君，萬一晉楚二軍於中原相遇，願避讓九十里，若楚軍不退，就要周旋到底。子玉請楚王殺重耳，楚王不肯，把重耳送到秦國。秦穆公送給他五個女子，懷公在秦所娶的懷嬴也在其中。懷嬴捧著水盆侍候重耳，重耳洗後甩手，水濺懷嬴，懷嬴責問他怎麼可以鄙視秦國的女子？重耳趕緊脫去上衣，自囚謝罪。

魯僖公二十四年（西元前六三七年）正月，秦穆公派兵送重耳回晉，到黃河邊，狐偃要求退隱而還璧玉。公子投璧玉於河，誓與狐偃同心。次月殺懷公而即位為文公。呂甥和郤芮怕文公將對他們不利，密謀燒公宮、殺文公。寺人披得知而請見文公，文公派人責其兩番奉命而來殺他，都兼程提早趕到。寺人披說：「臣原以為國君這次回來，已經知道為君之道了。如果還沒有，還有災難會到來。執行國君的命令，只有一心一意，這是古來的禮制。除去國君所惡的人，只有全力以赴，蒲人和狄人，對我來說算什麼呢？您現在當了國君，難道就沒有處於對立地位的蒲、狄嗎？齊桓公把射鉤的私怨放到一邊，而讓管仲輔助他，君王如果不作此圖，我自己會走，不必您下令，而且走的人會很多，哪裏只是我這個受過宮刑的人？」晉文公立刻接見他，他便說出呂甥和郤芮要叛變的事，晉侯終免於難而二人為秦穆公所誘殺。另外，晉文公原有個小跟班——頭須，是管理財物的，當晉侯流亡在外的時候，頭須私取財物逃走，用那些財物設法讓文公回國。等到文公回來，頭須請見，晉侯推說正在洗頭不見客。頭須說：「洗頭時心是倒過來的，心倒過來意圖也就反過來了，難怪我不被接見。留在國內的人守衛國家，跟隨在外流亡的人是親近的僕役，都是有貢獻的，何以要怪罪留下來的人呢？國君記匹夫之仇，怕的人可就多了。」僕人轉話給晉侯，晉侯立刻接見了他。

晉文公自出亡至於霸天下，拔身流離阨困之中，而成閎大豐顯之業，一時諸臣狐、趙、胥、郤推挽翊贊之功居多焉，疇諸臣之功次者。文公未入之前，必以反晉之謀為冠；文公既入之後，必以城濮之戰為冠。吾獨以為反晉之功，不若去齊，而城濮之諸將，序績論勳，曾未及寺人披頭須之萬一也。

天之生物，自蘖而條，自華而實，特造化之小者耳。霜焉雪焉，勁烈刻厲，翦擊其枝葉，剝傷其膚理，然後能反膏收液，鬱積磅礴，發而為陽春之滋榮，此天下之大造化也。必有大彫落，然後有大發生；必有大摧折，然後有大成就。文公安齊之富，無復四方之志，苟從行諸臣亦徇其欲，則終身營丘❶一布衣耳。幸而從行者識高慮遠，謀於桑下，載而去齊，奪其燕安之雨露，而壓以禍患之雪霜。激之觀浴沃盥，以起其憤；激之鄭文子玉，以作其憂，乃切乃磋，乃琢乃磨，向來弛墮驕怠之氣掃除咸盡，霸心勃然而生。朝於武宮，不失舊物。向非奪其安齊，亦安能進文公之志而霸之耶？文公始所以眷眷於齊者，屬意於二十乘之馬耳，從者奪文公二十乘之馬，而與文公全晉四千乘之賦，使之棄鴻毛而得泰山，可謂知取予矣。苟不去齊，烏能入晉？然則策復國之勳，安得不以去齊為首乎？

文公既入晉，席未及煖，已忘其初，於寺人披頭須之見，忿然有不平之心。若肆行忿戮，則懼者甚眾，雖幸免焚宮之變，安知他日無蒯聵戎州之釁❷乎？賴披與須力抗危言以警之，文公一聞其警，忿戾俱消，變淺陋褊急之襟量，為廣大易直之規模。隆寬盡下，人皆思奮，以取城濮之勝，豈非披與須一警之力乎？回萬里之迷途者，一呼之力也；瘳十年之廢疾者，一鍼之力也；登五霸之盛烈者，一警之力也。自披、須而視城濮諸將之功，則我源而彼流，我根而彼幹，其小大輕重判然矣。此吾所以高拔、須而下城濮也。

文公方安其小，遽奪之而使不得安於小；文公方驕其大，遽警之而使不敢驕於大。奪於前而警於後，置文公於不得不霸之地。信矣！諸臣之功也。雖然，此非專諸臣之功也，其本實在於文公焉。文公當出亡之初，不校君父之命，既有君人之資矣。其未安齊之前，危於渭濱❸，餓於五鹿，所以動心忍性，增益其所不能者，亦非一日也。雖時有所蔽，一奪一警，初心遽還，遷移改悔，速不容瞬。若文公先無所資，二三臣者雖有斡旋之妙用，亦安所施乎？其君有如是之資，其臣有如是之用，乃僅成霸業而止，此吾所以為文公恨也！

洙泗之濱，席間函丈，聖化天運，奪子貢之學而一貫自通❹，奪顏淵之才而卓爾自見❺。或磬或欬，或顧或盼，或語或笑，一警之下，萬慮消亡。吾未嘗不恨文公生夫子之前，而又自恨今之學者生夫子之後也。嗚呼！夫子則遠矣，乃若夫子之神化，蓋通萬世古今為一爐冶，初未嘗息也，孰謂吾生之晚乎？

【注　釋】❶營丘　地名，周封姜太公於營丘，至春秋齊獻公徙於臨淄。❷蒯聵戎州之釁　蒯聵為衛莊公，在其在位第二年（西元前四七八年），毀戎州聚落並掠其財物，又剃戎州己氏之妻的美髮，作為其夫人之假髮。莊公又役匠人使其不得休息，又欲逐石圃。石圃乃率匠人反叛，莊公倉皇而逃，跌斷了大腿。入戎州己氏家求救，而為其所殺。見《左傳》哀公十七年。❸危於渭濱　晉惠公即位後，重耳和狄君田獵於渭水之濱，惠公派寺人披去殺重耳。見《左傳》僖公二十四年。❹奪子貢之學而一貫自通　子貢即端木賜，小孔子三十一歲，子貢利口巧辭，孔子常黜其辯，子貢長於經商，而受業於孔子，所以說奪其學。❺奪顏淵之才而卓爾自見　孔門弟子中顏回才高好學，最為孔子所讚美，但顏回對孔子有「既竭吾才，如有所立卓爾」之歎。見《論語・子罕》。

【語　譯】晉文公從逃亡在外，到稱霸天下，從流離困窮之中，力爭上流，完成宏顯豐偉的大業。當時諸臣狐偃、趙衰、胥臣、郤縠扶持贊助之功最多，早先諸臣的功勞就居次了。那是因為文公在還沒有入晉得位之前，必以回晉得位的謀略最為重要。文公已入晉得位之後，必以城濮之戰最為重要。我倒以為協助回國得位的功勞不如策劃離開齊國的功勞，而城濮之戰的將領們，論功績勳業，實在不及寺人披和頭須的萬分之一。

上天生長植物，從萌芽而成枝榦，從開花到長成果實，這只是天地間的小造化而已。降霜下雪，勁烈苛厲，侵襲殘害它的枝葉，剝傷它的表皮和內理，然後反而滋潤它的生命力，盛發其蓄積的磅礴氣勢，而成為陽春的繁花，這才是天下的大造化。必先有大凋零大敗落，才有壯盛的發芽滋長；必先有大摧殘大折損，才有偉大的成就產生。文公安享齊國所給予的富饒，不再有揚名四方的心願，如果跟隨的臣子也都順著他的意圖，那他一輩子只是營丘的一個普通人而已。幸而跟隨的人見識高、思慮遠，在桑樹下策劃，載著他離開齊國，奪去如雨如露的安樂滋潤，引來如雪如霜的禍患壓迫。以曹共公觀浴受辱和懷嬴沃盥自囚激發他奮勵之志，以鄭文公不禮和子玉請殺激起他憂患意識，於是像玉石一再切磋琢磨，把以前鬆弛墮落驕矜怠惰的氣習掃除淨盡，稱霸的雄心壯志，勃然而生。回到祖廟拜見祖先，舊有之物完好無缺。在此之前，如果不去除他安於齊國的念頭，又怎能激發文公之志而完成霸業呢？文公當初之所以留戀於齊國，是得意於他有二十輛兵車的馬匹，跟從的人讓文公失去了二十輛兵車的馬匹，而給了他整個晉國四千輛兵車的馬匹；讓他捨棄了鴻毛而得到泰山，可以說很懂得取捨之道了。如果不離開齊國，又怎能回到晉國？那麼策劃文公復國的功勳，怎麼不是以離開齊國最為重要呢？

文公回到晉國，座位還沒坐暖，就已忘了本心初志，在寺人披和頭須求見的時候，有憤恨不平的記仇心態。如果任意殺戮洩憤，那麼會引起眾人的恐慌，就算他能在焚宮叛亂中倖免於難，又怎麼知道他以後不會遇到蒯聵戎州之禍那樣的事呢？幸賴寺人披和頭須坦率不避危難而直言警告他，文公一聽到警告，憤忿乖戾之氣全消，改變淺陋狹隘的心胸，為廣大平直的風範。寬厚待人，使人們都奮發想有所作為，終於得到城濮之戰的勝利，這難道不是寺人披和頭須警告的力量才造成的嗎？喚回迷途於萬里之外的，是呼喚的力量；治好十年痼疾的，是一根針灸的力量；登上五霸盛功偉業的，是這警告的力量。以寺人披、頭須來看城濮之戰諸將的功勞，那麼我是源頭而他們是末流，我是根本而他們是枝幹，其間大小輕重的差別就很清楚了。因此我才特別推崇寺人披和頭須，而貶抑城濮的戰功。

當文公安於小境界的時候，突然除去它，使他不能再苟且自安；當文公驕矜自大的時候，突然警告他，使他不敢再驕矜自滿。奪之在前而警告在後，使文公到不得不稱霸的境地。這真的是諸臣的功勞。雖是如此，這也不完全是諸臣的功勞，根本還是在文公自己。當初文公要流亡在外的時候，不肯與君父之命對抗，已經有了為人國君的條件了。在他沒有苟安於齊國之前，在渭水邊遇到危難，在衛國五鹿受到飢餓，都是用來激勵他的心志，堅忍他的性情，增加他所欠缺的能力的，這也不是一天的事。雖然在這期間，有時被蒙蔽了，但是或奪除、或警告，使他立刻復其本心，即改動或悔改，在極短的期間內完成。假使文公原先沒有具備美好的資質條件，這兩三位臣子雖然有扭轉的妙用，又如何施展呢？國君有這樣的資質條件，臣子有這樣的扭轉妙用，卻僅能止於建立霸業，這正是我為文公感到憾恨的呀！

在洙水泗水之濱，師生相對坐於一丈之間，聖人教化如天體運行，讓子貢棄其所學以忠恕貫天下之道，讓顏回盡其才力，仍感到卓立於前，循循善誘，令人欲罷不能。在咳嗽之間、顧盼之間、笑語之間，一個警告就讓上萬個憂慮消除殆盡。我沒有不感憾恨的是：文公生在孔子之前，未能接受孔子之教；而又自恨當今的學者生於孔子之後，未能親受孔子的教誨。唉！孔子的時代已經很遙遠了，至於孔子的神奇教化，是通古今萬世於一爐，從沒有止息過，誰說我們生得太晚了呢？

【研　析】晉文公在外流亡十九年，後來之所以能得國建霸，在於他得人。得能臣之佐助而成就大業，在《左傳》僖公二十三年敘重耳出亡時，已有所指陳，更藉僖負羈之妻、叔詹及楚成王之口，極力稱許那些隨從之臣。呂氏刻意推崇他離開齊國的謀略，以它和寺人披、頭須的諫言示警為首功。不強調先軫在城濮之戰的權謀運用，而強調寺人披和頭須的諫言，是文章的特出處，也正反映了宋代重謀臣而輕武將的時代特性。

文章以「返晉之功不若去齊」和「城濮諸將之功不如寺人披及頭須」點題。第二段從天地對萬物的造化，說明大摧折才有大成就，說明重耳去齊，置之死地而後生，是復國的關鍵。第三段說明重耳返國，不免驕矜自滿，幸賴寺人披和頭須，使他有廣大易直的規模。第四段則強調重耳自身具有的資質條件，是一切的基礎，但也感慨有君如此、有臣如此，卻只能建霸，不能行王道，深為可惜。最後一段是申論，惜晉文公未能受孔子教化，引出後代學者未能受孔子親炙，未嘗不恨其生也晚，然後卻說孔子神化，治萬世古今為一鑪，所以並不嫌其生也晚。最後極力推崇孔子，對後世學者之幸與不幸的展轉反覆，用筆極為靈活。

末段用引申餘論的方法，固然可以把文章的主題擴大，但容易造成離題，所以不可不慎。古代科考文章，常以頌聖作結，所以如此引申，是很容易讓人接受；但今天文章如此撰寫，容易成為疵病。所以下結論時，如非其間分寸能把握得宜，否則這種引申推論之法，寧可不用，以免弄巧反拙。

晉文公秦穆公賦詩

僖公二十三年　晉侯享公賦詩　文公三年　甯武子來聘公賦詩　文公四年　荀林父賦詩　文公七年　鄭伯宴公賦詩　文公十三年

公享季文子賦詩　成公九年　　公享范宣子賦詩　襄公八年　　叔孫穆子賦詩　襄公四年　　高厚歌詩　襄公十六年　　穆叔賦詩　襄公十六年　　公享季武子賦詩　襄公十九年　　晉侯鄭伯賦詩　襄公二十六年　　慶封來聘賦詩　襄公二十七年　　鄭七子賦詩　襄公二十七年　　薳罷賦詩　襄公二十七年　　穆叔食慶封誦詩　襄公二十八年　　令尹趙孟賦詩　昭公元年　　穆叔子皮賦詩　昭公元年　　季武子韓宣子賦詩　昭公二年　　楚子賦詩　昭公三年　　鄭六卿賦詩　昭公十六年　　小邾穆公季平子賦詩　昭公十七年　　宋公賦詩　昭公二十五年

【題　解】先秦讀《詩》，用以專對，在當時外交場合，都以《詩》賦志，如果不懂《詩》，將無以言。當時賦《詩》見志，全是斷章取義。魯僖公二十三年（西元前六三七年），秦穆公將送晉公子重耳入晉即位，於是宴饗重耳。狐偃認為趙衰比較有文采，要趙衰跟隨。重耳在宴席上賦〈河水〉詩，以海比喻秦，表示自己返國之後，會朝事於秦。秦穆公賦〈六月〉，因為這首詩有「王于出征，以匡王國」，第二章說：「以佐天子」，第三章有「共武之服，以定王國」，是以匡佐天子相期許，所以趙衰說：「重耳拜賜」，重耳趕緊降階稽首。《左傳》記載賦詩者很多，呂氏列出以上二十三則，其實並沒有全部列出，如定公四年秦哀公為申包胥賦〈無衣〉，便沒有列入。

漢以後以《詩》為經，一改往昔「以《詩》為己意之註腳」的用詩方法，而成為「以己意為

《詩》之註腳。」於是加以深求，不免穿鑿附會，弊病百出。呂氏為此痛下針砭，所以雖然以賦詩二十三事為題，卻在論《詩》學，而不在論其事。

至理之所在，可以心遇而不可以力求。斷編遺簡，呻吟諷誦，越宿已有遺落，至於塗歌里詠，偶入吾耳，則雖終身而不忘。天下之理，固眩於求而真於遇也。理有觸於吾心，無意而相遭，無約而相會，油然自生，雖吾不能以語人，況可以力求乎？一涉求於，雖有見非其正矣。日用飲食之間，無非至理，惟吾迫而求之，則隨得而隨失，研精極思，日入於鑿，曾不知是理交發於吾前，而吾自不遇。是非不用力之罪也，乃用力之罪也。天下之學者，皆知不用力之害，而不知用力之害。苟知力之不足恃，盡黜其力，而至於無所用力之地，則幾矣。

二帝三王之《書》，犧、文、孔子之《易》，《禮》之儀章，《樂》之節奏，《春秋》之褒貶，皆所以形天下之理者也。天下之人，不以理視經，而以經視經，刳剔離析，彫繢疏鑿之變多，而天下無全經矣。聖人有憂焉，況觀天壤之間，蟲鳴於秋，鳥鳴於春，而匹夫匹婦懽愉勞佚，悲怒舒慘，動於天機不能已，而自泄其鳴於詩謠歌詠之間，於是釋然喜曰：「天理之未鑿者，尚有此存。」是固匹夫匹婦胸中之全經也，遽取而列諸《書》《易》《禮》《樂》《春秋》之間，并數而謂之六經。羈臣賤妾之辭，與堯、舜、禹、湯、文、武之格言大訓並列，而無所輕重。聖人之意，蓋將舉匹夫匹婦胸中之全經，以救天下破裂不全之經。使學者知所謂詩者，本發乎閭巷草野之間，衝口而發，舉筆而成，非可格以義例，而局以訓詁也，義例訓詁之學，至《詩》而盡廢。是學既廢，則無研索擾雜之私以累其心，一吟一諷，聲轉機回，虛徐容與，至理自遇，片言有味，而五經皆冰釋矣。是聖人欲以《詩》之平易而救五經之支離也，孰知後世反以五經之支離而變《詩》之平易乎？

蓋嘗觀春秋之時，列國朝聘，皆賦詩以相命，詩因於事，不遷事而就詩；事寓於詩，不遷詩而就事。意傳於肯綮毫釐之中，跡略於牝牡驪黃❶之外。斷章取義，可以神遇而不可以言求，區區陋儒之義例訓詁，至是皆敗。春秋之時，善用詩蓋如此！當是時，先王之經浸墜於地。《易》降於卜筮，《禮》墜於僭，《樂》流於淫，史病於弇。雖名聞諸侯如左史倚相❷者，亦不過以誦說《三墳》《五典》《八索》《九丘》❸為能，獨賦《詩》尚未入於陋儒之學。是先王之教，未經踐躪巋然獨全者，惟〈風〉〈雅〉〈頌〉而止耳。此孔子所以既論之六經，而又以首過庭之問❹也。火於秦，雜於漢，別之以齊魯，汩之以讖緯❺，亂之以五際❻，狹之以專門，銖銖而析之，寸寸而較之，豈復有《詩》？噫！安得春秋賦詩之說語之？

【注　釋】❶牝牡驪黃　指非本質的表面現象。秦穆公派人求馬而得於沙丘。穆公問什麼樣子的馬？對方說：「牝而黃。」派人去取，竟是「牡而驪」。這故事本指求駿馬不必拘泥性別及毛色。後指無關宏旨的表象。見《淮南子・道應》。❷左史倚相　楚國左史倚相，周景王稱許是良史，能讀《三墳》、《五典》、《八索》、《九丘》。見《左傳》昭公十二年。❸三墳五典八索九丘　皆相傳的古書。後人附會，稱《三墳》為伏羲、神農、黃帝之書；

《五典》為少昊、顓頊、高辛、堯、舜之書；《八索》乃八卦之說（或謂八王之法）；《九丘》為九州之志（或謂九州亡國之戒）。❹首過庭之問　孔子在堂上，他的兒子鯉走過庭院，孔子問他學《詩》了沒有？並告訴他：「不學《詩》，無以言。」第二次問他學禮了沒有，又告訴他：「不學禮，無以立。」見《論語・季氏》。❺讖緯　讖書和緯書的合稱。讖緯起於秦，大盛於東漢，王莽篡位及劉秀起兵，都利用它以籠絡人心。緯書附會六經，讖書更誕妄，詭為隱語，預決吉凶。曹魏以後，皆以為禁，隋煬帝派人四方搜書而焚毀並將人處死，才漸衰微。❻五際　《齊詩》說詩，附會陰陽五行，認為每當卯、酉、午、戌、亥是陰陽終始際會的年頭時，政治上必然發生重大變故。說見《漢書・翼奉傳》注。

【語　譯】最根本最極致的道理，是可以隨心領會，卻難以勉強探求。零散不全的典籍資料，吟哦朗誦，過了一夜就已忘了一些，至於在道路流傳的或鄉里所詠誦的歌謠，偶然聽到了，就可能一輩子都不會忘記。天下的真理，有心追求時反而迷惑，無心巧遇才能真領會。理引動了我們的心，無意間相遇，沒有約定而相會，油然而生，連我們都難以告訴別人，更何況怎樣去勉強追尋呢？一旦有心強求，就算有所見，也已經不是最正確的了。日常生活飲食之間，沒有不存在至理的，但我們迫切探求，就隨而有所得，也隨而有所失，竭力研究思考，逐漸穿鑿失真，卻不知真理交錯在我們眼前，而我們卻沒有能把握。這不是沒有努力的過錯，而是用力太過的過錯。天下的學者，都知道不努力的害處，卻不知道努力的害處。假使知道努力並不可靠，於是完全不勉力強求，而到無所努力的地步，那就差不多了。

堯、舜和商湯、文王、武王的《書》，伏犧氏、文王、孔子的《易》，《禮》記載儀禮典章，《樂》富節奏，《春秋》寓褒貶，都是形成天下至理的。但後代的天下人，不以理的觀點來看這些經，而以經籍文章的觀點來看這些經，於是割剖分析、雕飾美化、穿鑿附會、變化巧詐，而天下就沒有完好的經了。聖人感到憂慮，於是觀察天地之間，蟲在秋天悲鳴，鳥在春天歌唱，而凡夫凡婦的歡欣、勞苦、逸樂、悲傷、憤怒、舒揚、慘淡，都出於自然的造化是不可能阻止的，自行發舒於詩歌謠詠之間，於是放心而高興地說：「天理還沒有被穿鑿破壞的，惟有在這兒被保存著。」這原本是凡夫凡婦胸中的全經，突然取它排在《書》、《易》、《禮》、《樂》、《春秋》之間，合計而稱為六經。羈旅之臣和卑賤之妾的言辭歌詠，和堯、舜、禹、湯、文、武的格言訓誥並列在一起，不分輕重。聖人的意圖，大概是要用凡夫凡婦胸中的全經，來補救天下那些被割裂殘破的經書。使讀書人知道：那些所謂詩的，原本就是產生在里巷田野之間，脫口而出，提筆而成，不能用義例來訂定規格，不能用訓詁來限制，那些講究體例規格和文字解釋的學術，在《詩》就完全派不上用場。這些方法既然不用了，那麼就沒有繁雜的探索研究來煩心，在吟詠諷誦時，隨著音聲流轉，天機回現，在從容優游之中，那些最根本最極致的道理，自然隨心領會，隻言片語都雋永有味，而五經的壁壘也消散於無形。所以聖人是想用《詩》的平易以挽救五經的支離破碎，誰知後代反而以五經的支離破碎來改變《詩》的平易呢？

我們可以看到：春秋時代各國之間朝會聘問，都要賦詩以傳達命令或旨意，論事借用詩句，但不還就詩句來論事；論事寄寓於詩，但不還就事情而論詩。意旨傳達中肯而精微，跳脫於雌雄黑黃等表面形相之外。截取其中一章或一句的意義，可以心神領會而不可用言語說明。淺陋的小儒，他們那些體例解析和字句注釋，到此完全廢棄。春秋時代善於用詩到如此的境地！在那個時候，先王的經典漸趨沒落。《易》落入卜筮之術，《禮》因僭越而敗壞，《樂》流於淫蕩，史書有乖戾之弊。雖然在諸侯之間很有名望的楚國左史倚相，也不過是以能夠誦說《三墳》、《五典》、《八索》、《九丘》被讚許，惟獨《詩》還沒有成為淺陋小儒的研究範圍。所以先王之教，沒有被糟蹋蹂躪而屹立獨存的，只有〈風〉、〈雅〉、〈頌〉而已。這正是孔子所以會在討論六經之外，在兒子走過庭院時問他有沒有讀過的第一本經典。《詩》在秦的時候被焚燒，在漢的時候很混雜，分別了齊家的《詩》學和魯家的《詩》學，又把讖緯之說混雜其中，以「五際」之說紛亂它，用專門術語狹隘了它，做一銖一毫的精微分析，做一分一寸的細密比較，這哪裏還是《詩》呢？唉！怎麼不用春秋時代賦詩的說法來告訴他們呢？

【研　析】本篇是呂氏提出對《詩經》的看法。

第一段強調天下至理可遇而不可求。以為至理高妙，不可言詮，頗受《莊子》及當時禪宗的影響。呂氏為了否定漢儒瑣碎的考證，不惜以佛、道之說，為其立論的依據。第二段以《詩經》不是先王之言而出於匹夫匹婦之口，說明聖人以它為經典的原因。這段敘述並不合歷史的事實，卻力圖自圓其說。後代所謂經，是因為孔子以其教弟子的緣故。在孔子之時，那些書大都還沒有被支離解析、穿鑿附會的問題。呂氏之說不免是穿鑿巧說。第三段以春秋時代賦《詩》言志，才是得《詩》之精髓，後代學《詩》過於穿鑿，對《齊詩》五際之說，極力抨擊。

這是漢儒重義例訓詁，與宋儒重義理探求之爭，呂氏雖力圖自圓其說，但事關「讀書是否該力求」的一般問題，以及經學史的問題，呂氏之說都有待商榷。不過他以春秋時代賦詩為話題，引入有關《詩經》的論述，卻在結束時又回扣題目的文章作法，倒很有觀摩的價值。

◎新譯尚書讀本

郭建勳／注譯

《尚書》即「上古之書」之意，為中國最早的史書。書中涉及中國原始社會末期到春秋時期的歷史，記敘其間的歷史事件和政治、社會制度，甚至有天文地理介紹，內容豐富廣泛。其中與政治的關連最為密切，既是對古代帝王政治經驗的總結，也為後來的統治者提供借鑑和依據。它同時也是中國散文史上最早的文本之一。雖然它的內容古奧難懂，但透過本書準確、簡練而流暢的注譯解析，讓您閱讀《尚書》一點都不困難。

◎新譯公羊傳

雪克／注譯　周鳳五／校閱

《公羊傳》是一部為解釋《春秋》而作的重要典籍，本書則是為讓讀者讀懂《公羊傳》而寫成的最佳注譯本。其中「原文」採清阮元校刻本為底本，「說明」是每年傳義的分條概述，「語譯」以直譯的方式行文，「注釋」就史事、制度、名物等詞語作簡要的注解。綜上四部分，相輔相成，讓讀者掌握傳文的各層意涵。

◎新譯穀梁傳

顧寶田／注譯　葉國良／校閱

在《春秋》三傳中，《穀梁傳》雖不如《左傳》、《公羊傳》影響之大，但唐代列為九經之一，宋代列為十三經之一，可見亦是儒家經典中頗具權威的一部，對中國古代思想文化有相當重要的影響。本書之注譯力求準確、簡明、通俗，不旁徵博引、羅列眾說，極適合一般讀者研讀。

◎新譯國語讀本

易中天／注譯　侯迺慧／校閱

《國語》是中國最早的一部國別史著作，記錄了周朝王室和魯國、齊國、晉國、鄭國、楚國、吳國、越國等諸侯國的歷史，在內容上偏重於記述歷史人物的言論。它歷經兩千多年的時間淘洗卻歷久彌新，沾溉了歷朝歷代不知多少文人的筆鋒。本書以淺顯的現代注釋、生動流暢的白話語譯，消泯了文言文的障礙，把古籍拉進現代。閱讀之後，便能深刻體會到《國語》之所以成為中國古代說話寶典的精采之處。